GESELLSCHAFT UND THEOLOGIE

Systematische Beiträge
Sozialwissenschaftliche Analysen
Praxis der Kirche

Abteilung: Praxis der Kirche. Nr. 8

Herausgegeben von Christof Bäumler, Hans-Dieter Bastian, Günter Biemer, Rudolf Bohren, Max P. Engelmeier, Norbert Greinacher, Manfred Josuttis, Franz Kamphaus, Peter Krusche, Alois Müller, Yorick Spiegel, Rolf Zerfaß.

Nr. 1: H.-D. Bastian (Hg.), Experiment Isolotto

Nr. 2: E. M. Lorey, Mechanismen religiöser Information

Nr. 3: Y. Spiegel (Hg.), Pfarrer ohne Ortsgemeinde

Nr. 4: H. Bartsch (Hg.), Probleme der Entsakralisierung

Nr. 5: W. Marhold, Fragende Kirche

Nr. 6: M. K. Bowers/E. N. Jackson/J. A. Knight/L. LeShan, Wie können wir Sterbenden beistehen

Nr. 7: H.-D. Bastian (Hg.), Kirchliches Amt im Umbruch

Nr. 8: H. J. Clinebell, Modelle beratender Seelsorge

Nr. 9: J. W. Knowles, Gruppenberatung als Seelsorge und Lebenshilfe

HOWARD J. CLINEBELL

Modelle beratender Seelsorge

Mit einem Nachwort von Helmut Harsch

KAISER · GRÜNEWALD

Titel der Originalausgabe: Basic Types of Pastoral Counseling

Aus dem Amerikanischen von Christian Hilbig (Kap. I–IX)
und Waldemar Pisarski (Kap. X–XIII).
Redaktionelle Beratung: Helmut Harsch und Yorick Spiegel.

 ISBN 3 459 00768 0
Matthias-Grünewald-Verlag, Mainz. ISBN 3 7867 0328 0

Umschlaggestaltung: Ingeborg Geith & Willem Weijers und Kröhl/Offenberg. Gesamtherstellung: Buch- und Offsetdruckerei Wagner, Nördlingen. Printed in Germany.

INHALT

Und er wird genannt: Wunderrat.
Jes. 9,6

Wo richtige Führung fehlt, kommt ein Volk zu Fall; doch wo viele sind, die Rat wissen, steht es wohl.
Sprüche 11,14

Wandelt euch um durch die Erneuerung des Sinnes.
Röm. 12,2

I. DIE GEGENWÄRTIGE HERAUSFORDERUNG DER BERATENDEN SEELSORGE

An einer gefährlichen Küste, die schon vielen Schiffen zum Verhängnis geworden war, befand sich vor Zeiten eine kleine, armselige Rettungsstation. Das Gebäude war nicht mehr als eine Hütte, und dazu gehörte nur ein einziges Boot; aber die Handvoll Freiwilliger versah unentwegt ihren Wachtdienst und wagte sich tags wie nachts unermüdlich und ohne Rücksicht auf ihr eigenes Leben hinaus, um Schiffbrüchige zu bergen. Dank diesem bewundernswerten kleinen Stützpunkt wurden so viele Menschen gerettet, daß er bald überall bekannt wurde. Viele der Erretteten und andere Leute aus der Umgebung waren nun auch gern bereit, Zeit, Geld und Energie zu opfern, um die Station zu unterstützen. Man kaufte neue Boote und schulte neue Mannschaften. Die kleine Station wuchs und gedieh.

Vielen Gönnern dieser Rettungsstation gefiel das ärmliche und schlecht ausgerüstete Gebäude nicht mehr. Die Geretteten benötigten doch einen etwas komfortableren Ort als erste Zuflucht. Deshalb wurden die provisorischen Lagerstätten durch richtige Betten ersetzt und das erweiterte Gebäude mit besserem Mobiliar ausgestattet. Doch damit erfreute sich die Seerettungsstation bei den Männern zunehmender Beliebtheit als Aufenthaltsort; sie richteten sie sich noch gemütlicher ein, da sie ihnen als eine Art Clubhaus diente. Immer weniger Freiwillige waren bereit, mit auf Bergungsfahrt zu gehen. Also heuerte man für die Rettungsboote eine eigene Besatzung an. Immerhin schmückte das Wappen des Seenotdienstes noch überall die Räume, und von der Decke des Zimmers, in dem gewöhnlich der Einstand eines neuen Clubmitglieds gefeiert wurde, hing das Modell eines großen Rettungsbootes.

Etwa zu dieser Zeit scheiterte vor der Küste ein großes Schiff, und die angeheuerten Seeleute kehrten mit ganzen Bootsladungen frierender, durchnäßter und halbertrunkener Menschen zurück. Unter den schmutzigen und erschöpften Schiffbrüchigen befanden sich Schwarze und Orientalen. In dem schönen Clubhaus herrschte das Chaos. Das Verwaltungskomitee ließ deshalb gleich danach Duschkabinen im Freien errichten, damit man die Schiffbrüchigen vor Betreten des Clubhauses gründlich säubern könne.

Bei der nächsten Versammlung gab es eine Auseinandersetzung unter den Mitgliedern. Die meisten wollten den Rettungsdienst einstellen, da er unangenehm und dem normalen Clubbetrieb hinderlich sei. Einige jedoch vertraten den Standpunkt, daß Lebensrettung die vorrangige Aufgabe sei und daß man sich ja schließlich auch noch als »Lebensrettungsstation« bezeichne. Sie wurden schnell überstimmt. Man ließ sie wissen, daß sie, wenn ihnen das Leben all dieser angetriebenen schiff-

brüchigen Typen so wichtig sei, ja woanders ihre eigene Rettungsstation aufmachen könnten.
Das taten sie dann auch.
Die Jahre gingen dahin, und die neue Station wandelte sich genauso wie die erste. Sie wurde zu einem Clubhaus, und so kam es zur Gründung gar einer dritten Rettungsstation. Doch auch hier wiederholte sich die alte Geschichte. Wenn man heute diese Küste besucht, findet man längs der Uferstraße eine beträchtliche Reihe exklusiver Clubs. Immer noch wird sie vielen Schiffen zum Verhängnis; nur – die meisten der Schiffbrüchigen ertrinken[1].

Mit diesem treffenden Gleichnis veranschaulicht Theodore Wedel die latente Gefahr, die der Kirche droht – die Irrelevanz. Dieses Übel wird dann besonders verhängnisvoll, wenn die Kirche nach außen hin »erfolgreich« ist. Die Parabel will erhellen, daß allein die Grundbedürfnisse des Menschen es sind, denen letzte Bedeutung zukommt. So bedarf es der Verbindlichkeit da, wo Menschen schmähen und hoffen, fluchen und beten und wo sie nach Erfüllung und sinnvoller Kommunikation hungern. Allein durch die beratende Seelsorge kann die Kirche deswegen für die Menschen mit ihren Bedürfnissen relevant bleiben. Nur durch sie kann sie die »frohe Botschaft« in die »Sprache der zwischenmenschlichen Beziehungen«, wie es Reuel Howe nennt, übertragen – eine Sprache, in der der Pfarrer heilkräftige Kunde denen weitersagen kann, die gegen Entfremdung und Verzweiflung ankämpfen. Die kirchliche Beratung hilft der Ortsgemeinde, eine Lebensrettungsstation zu bleiben, ohne zum Stammtisch zu entarten, eine Stätte der Heilung und ein Hort des geistlichen Lebens, ohne ein Museum zu werden.
Mittels dieser beratenden Seelsorge werden die Bereiche unseres Lebens geborgen, die an den unsichtbaren Klippen der Angst, der Schuld oder der Unzulänglichkeit Schiffbruch erlitten haben. Die mitmenschliche Atmosphäre einer Gemeinde kann durch einen wirksamen Beratungsdienst, der vom Pfarrer und ausgebildeten Laien wahrgenommen wird, wesentlich gebessert werden. So kann die Gemeinde wirklich der Ort der Versöhnung, der Heilung und des inneren Wachsens werden.
Die beratende Seelsorge führt direkt zur Erneuerung und zu neuem Leben in der Kirche, da hier Menschen, Beziehungen und Gruppen erneuert werden. Sie kann uns helfen, die Kirche zu *sein*, da sie uns in den Stand setzt, Liebe zu geben und zu emp-

---

[1] Dies Gleichnis erzählte ursprünglich *Th. O. Wedel* in seinem Artikel: Evangelism – the Mission of the Church to Those Outside Her Life, in: The Ecumenical Review, Oktober 1953. Die obige Version ist eine Paraphrase von *R. Wheatcroft*, veröffentlicht in: Letter to Laymen, Mai–Juni 1962, 1.

fangen, – die Kirche, in der die Liebe Gottes in der Mitmenschlichkeit erfahrbar wird. Die Beratung ist somit ein Instrument der *Erneuerung durch Versöhnung*, da sie unsere Entfremdung von uns selbst, von unseren Familien, von unseren Mitchristen, von Menschen außerhalb der Kirche und von einer tieferen Beziehung zu Gott überwinden hilft. Dadurch öffnet sich der Weg zu einem neuen Bewußtsein. Augen werden aufgetan, die vormals in angstvoller, schuldbeladener Introvertiertheit blind waren für die Schönheit, die Tragik, die Wunder und den Schmerz, die uns umgeben. Durch die beratende Seelsorge entdecken wir neue Dimensionen unseres Menschseins. Unsere verkümmerten Gaben zur Authentizität und Vitalität werden frei. Wir erfahren in unserem Umgang mit anderen echte Intimität und unsere eingekerkerte Kreativität wird freigesetzt, die in jedem Menschen schlummert. So werden wir echte Persönlichkeiten und dadurch zur erneuernden Kraft in Kirche und Gesellschaft.
Die beratende Seelsorge kann zum Träger der Erneuerung werden, da sie ermöglicht, was unserer Zeit scheinbar unmöglich geworden ist: wahrhafte Kommunikation. Die meisten von uns können die Enttäuschung des Pfarrers nachempfinden, der seinem Psychotherapeuten klagte: »Mein Alltag ist geprägt von unzähligen Kontakten, doch selten kommt es zu wahrhafter Kommunikation.« Dieses allgemeine Verhängnis droht die Kreativität eines jeden in unserer hektischen Konsumgesellschaft zu lähmen – einer Gesellschaft mit der Tendenz zur zwischenmenschlichen Oberflächlichkeit. *Dieses* Verhängnis blockiert die Erneuerung der Kirche zu einem versöhnenden sozialen Organismus, da sie nicht dazu kommt, Menschen zu erneuern. Das ist es, was die Kirche hindert, eine Lebensrettungsstation zu sein, welche den Menschen aus seiner gegenwärtigen Verlorenheit, aus seinem Schiffbruch im Meer der Gesellschaft zu bergen vermag.
Es ist gar nicht so einfach, eine tiefere Beziehung mit einem Menschen zu pflegen. Läßt man sich darauf ein, wird man für das Personsein des anderen empfänglich – für seinen Schmerz, für seine Möglichkeiten, seine Leere oder seinen Reichtum, für sein ureigenes Ineinander von Hoffnung und Verzweiflung.
Die wahrhafte, tiefe Kommunikation mit dem anderen ist schmerzhaft, denn unweigerlich läßt sie uns in die dunklen Winkel unserer eigenen inneren Welt blicken. In seiner Leere begegnen wir der eigenen. Sein Zorn und seine Schuld bringen unseren Zorn und unsere Schuld zum Klingen. Doch einzig und allein durch solch eine tiefe Beziehung können wir den anderen heilen

und ihn in seinem Selbst wachsen lassen. So vermag auch allein derjenige, dem in seinem Innern neues Leben geschenkt wurde, »geistliche Geburtshilfe« zu leisten und im Menschen und dann auch in der Kirche neues Leben zu ermöglichen. Mittels der beratenden Seelsorge können solche »Geburtshelfer« neuen geistlichen Lebens erwachsen.
Als Menschen mit Jesus in Berührung kamen, spürten sie zweifellos etwas von jener Kraft, die aus der völligen Offenheit für das eigene Selbst, für den anderen und für das Universum erwächst. Was nehmen die Menschen wahr, die mit *uns* in Berührung kommen? Ist es das lärmende Gedränge dieser unserer erbarmungslosen Zeit? Die beratende Seelsorge als ein Instrument zur Vertiefung der Beziehungen vermag jene belebende, neue Kraft der Kirche zuzuführen, so wie ein frischer Regen auf ausgedörrtes Land fällt.

Erneuerung der kirchlichen Beratung

An jedem neuen geschichtlichen Punkt und in jeder neuen Umgebung muß die Kirche neue Mittel und Wege finden, um dem leidenden Menschen zu helfen. Sie muß neue Kanäle anlegen, durch die sie den Dienst der Versöhnung, des Heilwerdens und des personalen Wachstums leiten kann. So allein wird sie für die tiefere Not des Menschen relevant bleiben. Heute bilden die verschiedenen Methoden der beratenden Seelsorge die Wege zum Heilwerden und Reifen.
In der gegenwärtigen Situation der Kirche gewährt die zunehmende Beschäftigung mit Seelsorge und pastoraler Beratung einen hoffnungsvollen Lichtblick. Seit dem Zweiten Weltkrieg ist das Interesse an diesem Gebiet stark gewachsen. Es gibt genügend Zeichen dieser erstarkenden Vitalität: der zunehmende Erfolg der Klinischen Ausbildung für Pfarrer (Clinical Pastoral Training), die intensivere Seelsorgeausbildung an den Universitäten und Seminaren, die starke Ausbreitung von kirchlichen Beratungsprogrammen, die zunehmende Bedeutung der beratenden Seelsorge für die Pfarramtspraxis, das Anwachsen der Promotionen auf diesem Gebiet, die Gründung der American Association of Pastoral Counselors[2], die sich ausweitende Lite-

[2] Dachorganisation der auf dem Gebiet der seelsorgerlichen Beratung ausbildenden Pfarrer und Psychologen mit dem Sitz in New York.

ratur und die gegenwärtigen Versuche, Laien für die Seelsorge heranzuziehen. Es ist aufregend zu sehen, wie der uralte Dienst an den Mühseligen und Beladenen gerade in unserer Zeit wieder ganz neu auflebt. Die Herausforderung für jeden von uns besteht darin, an dieser kraftvollen Bewegung aktiv *teilzunehmen* und nicht nur beobachtend *abseits* zu stehen. Denn hier eröffnet sich die Möglichkeit, sich ganz neu um die zu kümmern, die am Rande unserer modernen Straßen von Jericho liegen, ihrer Selbstachtung beraubt, niedergeschmettert von den Krisen und Tragödien dieser Zeit.

Beratende Seelsorge am Scheideweg

Soll die Erneuerung der Seelsorge die treibende reformerische Kraft der Kirche werden, die sie sein könnte, müßte manches zuvor anders werden. Die beratende Seelsorge muß in Theorie und Praxis ausgereifter werden. Man muß ihre theologische Basis verbreitern, eine Methodik ausarbeiten und ihren spezifischen Beitrag zur Hilfe am Menschen aufdecken, wobei man sie gegen die Hilfsdisziplinen hin abgrenzt. Der Pfarrer als Berater benötigt ein neues Selbstverständnis seiner Geltung, seiner Rolle, seiner Funktionen und seiner Ziele. Da er Geistlicher ist, muß sein Selbstverständnis eine theologische Grundlage haben, die sich aus seinem Wissen um den Grund allen Lebens, Redens und Tradierens in der Kirche ableitet. In der neueren Literatur sind zu diesem theologischen Selbstverständnis des Beraters wichtige Beiträge geliefert worden[3]. Die Stoßrichtung dieses Buches geht deshalb mehr in die andere Richtung, da es die Methodik der Seelsorge ausweiten und ihre Modelle verbessern will.

Ich bin überzeugt, daß Theorie und Praxis der Seelsorge an einem Scheidewege stehen und sich ändern müssen, wenn sie für neue Dimensionen und Möglichkeiten einer erneuerten Kirche von Belang sein wollen. Gelingt es, dieses Problem zu lösen, wird für die Kirche ein neuer Abschnitt im Dienst an den Mühseligen und Beladenen beginnen.

Dieser Aufbruch hat in der Kirchengeschichte keine Parallele.

---

[3] *S. Hiltner,* Preface to Pastoral Theology, Nashville 1958; *W. E. Oates,* Protestant Pastoral Counseling, Philadelphia 1962; *E. E. Thornton,* Theology and Pastoral Counseling, Englewood Cliffs, N. J. 1964; *C. A. Wise,* The Meaning of Pastoral Care, New York 1966.

Nie zuvor hatten wir so viele Möglichkeiten, wie sie sich uns heute durch die Erneuerung von Seelsorge und Beratung, durch die Reformbewegung in den Kirchen, durch all die erregenden Erkenntnisse der Humanwissenschaften und die neuartigen Techniken der Psychotherapie eröffnen. Wenn man all das in den Dienst der beratenden Seelsorge einbringt, wird sich durch die Kirchen ein Strom der Heilung ergießen. Jetzt ist es Zeit für solchen dramatischen Durchbruch. Wollen wir dieses Ziel erreichen, erfordert es unser aller Selbstdisziplin und Hingabe. Meine Hoffnung ist, daß die Ideen und Methoden, die in diesem Buch dargestellt sind, ihren Teil zu diesem Ziel beitragen.
Die *Praxis* der beratenden Seelsorge ist schon auf dem richtigen Wege. Alte Methoden werden angezweifelt, ihre Effektivität von vielen praktisch tätigen Beratern in Frage gestellt. In der Praxis wurde überall modifiziert und geändert. Wichtig ist dabei, daß unsere theoretischen Konzeptionen bei diesem Umschwung mithalten, oder es wird uns die Grundlage für künftige Weiterentwicklungen fehlen.

Das Hauptziel der beratenden Seelsorge

Um die Funktion der beratenden Seelsorge bei der Erneuerung der Kirche zu verstehen, muß man um das *Hauptziel* dieser pastoralen Disziplin wissen. Ist es möglich, ein grundlegendes Problem zu eruieren, das all die treibt, die um Hilfe bei Beratungsstellen nachsuchen, ganz abgesehen von ihren speziellen Lebensnöten? William Glasser[4] hat einleuchtend versucht, diese Frage zu beantworten. Seiner Ansicht nach leiden alle Menschen, die psychiatrische Hilfe in Anspruch nehmen, vornehmlich unter der latenten *Unfähigkeit, ihre personalen Grundbedürfnisse zu befriedigen.* Diese Unfähigkeit bedingt alle anderen persönlichen Probleme und zwischenmenschlichen Konflikte. Durch sein Verhalten, sei es auch noch so gestört, versucht der Mensch, seine Grundbedürfnisse zu befriedigen. In dem Maße, in dem diese Bemühungen scheitern, wird er sich selbst und andern zum Problem. Diese Sicht gewährt einem einen tiefen Einblick in das Wesen der Grundprobleme der Menschen, die zur Beratung kommen.

---

[4] Reality Therapy, New York 1965, 5. *Glassers* therapeutische Methode ist für den beratenden Pfarrer von großer Bedeutung.

Glasser behauptet, daß die Menschen nur zwei grundlegende personale Bedürfnisse haben: zu lieben und geliebt zu werden, zu fühlen, daß man sich selbst und anderen etwas wert ist. Ich möchte das auf ein einziges, wesentliches Bedürfnis zurückführen: *authentische Liebe in einer verläßlichen Beziehung zu erfahren.* Die emotionalen Bedürfnisse eines Menschen werden *sämtlich* in dem Maße befriedigt, in dem er eine mitmenschliche Beziehung unterhält, die durch »gegenseitige Sensitivität und Verständnis für die Bedürfnisse des anderen«[5] gekennzeichnet ist. Das meine ich mit »authentischer Liebe«. Hat einer sie ausreichend in seiner Kindheit erfahren, so entwickelt er sich zu einem liebevollen Menschen, der auf natürliche Weise die Bedürfnisse anderer erwidert, und damit sein eigenes Bedürfnis, *Liebe zu geben wie zu empfangen, zur Erfüllung bringt.*

Die übrigen Bedürfnisse personeller Art[6] leiten sich von diesem Urbedürfnis nach solcher Liebe, in der Beziehung zu mindestens einem Menschen, ab. Man braucht ein *Gefühl des eigenen Wertes,* dann wird einem auch der eigentliche Wert anderer erfahrbar. Diese grundlegende Wertschätzung des Selbst und anderer ist ein unentbehrlicher Wesenszug authentischer Liebe. Was sich oft als »Liebe« ausgibt – eine Kaschierung von Manipulieren und Benutzen des anderen –, entwürdigt die Selbstachtung beider, dessen, der sie gibt, wie dessen, der sie empfängt. Aber in dem Maße, in dem Liebe wirklich genuin ist, bestärkt sie die Wertschätzung, die man einander zukommen läßt.

Ein anderes Bedürfnis des Menschen ist es, *verantwortlich zu leben,* dh. die Entfaltung der Persönlichkeit des anderen nicht zu beeinträchtigen, die Befriedigung seiner Bedürfnisse nicht zu verhindern[7]. Verantwortung, Struktur und Grenzen sind einer

---

[5] Diese bündige Definition reifer Liebe stammt von *R. Wescott.* Hervorzuheben ist, daß eine reife Beziehung nie im strikten Sinne eine Quid pro Quo-Beziehung ist. *D. H. Rhoades* formuliert dies so: »Es gibt ... zwei Gründe für eine reife Liebe. Der eine besteht darin, daß der andere Mensch sie braucht, wer er auch immer ist, und daß er sie um so mehr braucht, je weniger er sie verdient. Der andere Grund ist der, daß Liebe wesensmäßig zur Reife gehört.« Faith for Fellowship, Philadelphia 1965, 115. Die Bedürfnisse eines Menschen müssen zumindest minimal befriedigt werden, soll dieser die Bedürfnisse anderer weiterhin befriedigen können. Hat ein Mensch jedoch einen beachtlichen Grad an innerer Reife erreicht, so hat er die innere Sicherheit und Stärke, auch dort zu geben, wo er nicht empfängt.

[6] Diese Bedürfnisse werden ausführlicher bei *H. J. Clinebell Jr.,* Mental Health Through Christian Community, Nashville 1965, 147 bis 148, besprochen.

[7] Die Betonung der Verantwortlichkeit steht im Mittelpunkt von *Glassers* Therapie.

echten Liebesbeziehung eigen. In der Liebe der Eltern zu ihrem Kind fehlt etwas Wesentliches, wenn sie dem Kind keine Grenzen setzen und zu strafen versäumen. Reife Liebe enthält immer die Verantwortung und Achtung vor den Bedürfnissen des anderen.

Ein drittes ist das Verlangen des Menschen nach *innerer Freiheit.* Mit den Worten der Frau eines Alkoholikers: Ein Mensch muß »sich selber in der Gewalt haben«. Eine solche Freiheit schließt die Freiheit ein, man *selbst* zu *sein.* Sie ist einer warmen, offenherzigen Kindheitsbeziehung zu einem Menschen zu danken, der diese innere Freiheit besaß und deswegen das eigene Bedürfnis nach wachsender, in sich ruhender Persönlichkeit zu respektieren vermochte. In solch einer Beziehung entsteht und gedeiht inneres Freisein. Die Achtung der inneren Freiheit des anderen ist ein wesentlicher Teil authentischer Liebe.

Ebenso ist das Bedürfnis nach erlebter *Sinnerfüllung* etwas, worauf ein Mensch angewiesen ist. Nicht nach einem abstrakten, philosophischen Sinn sehnt sich der Mensch, sondern nach der tiefen, ursprünglichen Überzeugung, daß das Leben zuverlässig und des Einsatzes wert ist – trotz seiner Grausamkeit, Agonie und seiner Widersprüche. Solch eine Überzeugung erwächst aus den liebe- und vertrauensvollen Beziehungen in der Kindheit und danach. Der Psychoanalytiker Erik H. Erikson prägte den Begriff »Urvertrauen«, um dieses grundlegende Gefühl, daß das Leben zuverlässig ist[8], auszudrücken. Es stammt aus der Mutter-Kind-Beziehung, die sich im ersten Lebensjahr entwickelt, wenn die Mutter ein warmherziger, verläßlicher, liebevoller Mensch ist.

Dem Wunsch nach Sinnerfüllung eng verwandt ist das Bedürfnis nach einer ebenso liebevollen, verläßlichen Beziehung zu Gott. Daraus spricht die vertikale Ausrichtung menschlichen Verlangens nach Erfüllung. Hier liegt auch die Ursache für die Tatsache, daß der Mensch »unheilbar religiös« ist. Der bekannte Satz Augustins drückt das aus: »Du hast uns zu dir hin geschaffen und unser Herz ist unruhig, bis es Ruhe findet in dir.« Übersetzt man es in die psychologische (und bei weitem prosaischere) Sprache, heißt das nichts anderes, als daß der Mensch seinem Wesen gemäß danach verlangt, daß das Verhältnis zu Gott erfüllt und heil ist.

Die Beratung durch den Seelsorger nutzt eine Beziehung zwischen zwei Personen oder in einer kleinen Gruppe, um dem

---

[8] Identity and the Life Cycle, New York 1959.

Menschen zu helfen, seine Lebensprobleme angemessen zu bewältigen und seine personalen Möglichkeiten zu verwirklichen. Das erreicht er dadurch, daß er innere Blockierungen abbauen hilft, die von befriedigenden Beziehungen abhalten. Dies ist das Hauptziel der Beratung. Menschen, die Hilfe in der Beratung suchen, sind meist in ihrer Fähigkeit, befriedigende Beziehungen zu pflegen, so blockiert, daß akute oder chronische Schäden entstanden sind. Bei solch einer Blockierung können die verschiedensten Faktoren wirksam sein: das Fehlen von beglückender Liebe in der Kindheit, eine traumatische Krise (zB. ein Trauerfall, eine Krankheit, Arbeitslosigkeit), lähmende, innere Konflikte, entnervende Angst, die Folgen einer verantwortungslosen Lebensführung oder der zerstörerische Teufelskreis dysfunktionaler, unbefriedigender Beziehungen. Wie auch immer die jeweiligen Ursachen aussehen mögen: diese Menschen sind unfähig, so zu kommunizieren, daß ihr Bedürfnis nach fundamentaler innerer Erfüllung gestillt wird. Sie suchen Brot, finden aber nur Steine. Der bohrende Hunger nach Liebe bewirkt eine Unzahl innerer Verstimmungen, psychologischer Symptome und zwischenmenschlicher Konflikte. Diese Qual, dabei die Hoffnung, von ihr erlöst zu werden, treibt sie zum Berater oder bricht ihr Inneres auf für die Hilfe, die ein Pfarrer zu leisten vermag.

Die beratende Seelsorge ist in dem Maße wirksam, wie sie dem Menschen hilft, seine Kommunikationsfähigkeit voll befriedigend zu verbessern. Entsprechend kann sie folgendes für ihn erreichen: *Er wird in der Lage sein, die Last seiner Probleme und Verantwortlichkeiten zu bewältigen. Er wird zur Erfüllung seiner einmaligen personalen Möglichkeiten wachsen. Er wird konstruktive Beziehungen entwickeln. Sein Verhältnis zu Gott wird sinnvoller werden. Er wird ein Faktor der Erneuerung in seiner Familie, Kirche und Gesellschaft werden.*

Der Zweck dieses Buches

Dieses Buch soll dem Gemeindepfarrer (bzw. dem Studenten oder dem Vikar, der sich auf das Gemeindepfarramt vorbereitet) helfen, sich die bestmöglichen Fähigkeiten in den verschiedenen Methoden der Beratung anzueignen, die in seiner Praxis vonnöten sind. In dieser allgemeinen Zielsetzung sind speziellere Aufgaben inbegriffen.

(1) *Es geht in diesem Buch darum, Verfahrensweisen zu erörtern, die Voraussetzung jeder seelsorgerlichen Beratung sind* (s. Kapitel III). Diese allgemeinen Anweisungen bilden das Fundament für den jeweiligen differenzierten Gebrauch spezieller Beratungstechniken, wie sie in den Kap. IV–XII beschrieben werden.

(2) *Ein weiteres Ziel des Buches besteht darin, eine differenzierte Typenlehre der Beratung zu entwickeln.* Damit gehe ich aufs neue auf die Versuche ein, die volle Weite der Beratungsaufgaben eines Seelsorgers zu erfassen und auszuloten. Beratende Seelsorge erschöpft sich nicht in einer speziellen Technik; sie umfaßt vielmehr eine Vielfalt von Formen seelsorgerlichen Wirkens. Sie kann also nicht nur aus einer einzigen Methode bestehen, im Gegenteil: um hilfreich wirksam zu werden, bedarf es einer Fülle von Methoden. Um die mannigfaltigen Nöte all derer lindern zu können, die ihn um Hilfe angehen, muß der Pfarrer in der Methodenwahl elastisch sein und die Verfahrensweisen zur Verfügung haben, die den Problemen, Möglichkeiten, Belastungen und Grenzen des einzelnen jeweils entsprechen. *Er muß in der Lage sein, die ganze Skala seiner Möglichkeiten frei und der jeweiligen Situation angepaßt nutzbar zu machen.* Bei einem Menschen, der in einer bedrängenden Krise keinen Ausweg mehr sieht, muß er die Hilfsbereitschaft des »Eltern-Ich« zur Wirkung bringen[9], um dem anderen den Halt bieten zu können, den dieser zur Bewältigung seiner Situation braucht. Um aber einem Menschen wirklich helfen zu können, der keine festen Normen und inneren Kontrollorgane hat, muß der beratende Seelsorger die wohlwollende und doch autoritär bestimmte Elternrolle übernehmen, die *keineswegs alles durchgehen läßt.* Andererseits muß ein Klient mit sehr bedrängendem Schuldgefühl die Vergebung des Seelsorgers erfahren. Das heißt nicht, daß dieser fortwährend verschiedene Rollen spielen müßte. Das würde nur die zwischenmenschliche Echtheit und Unmittelbarkeit – Voraussetzung jeder fruchtbaren Beratungsbeziehung – zunichte machen. Vielmehr läßt der Berater verschiedene Dimensionen seiner ausgeprägten Persönlichkeit wirksam werden, entsprechend den jeweiligen Notwendigkeiten und Beratungssituationen.

Die erwähnten Beratungsmethoden sind unter den folgenden Kategorien behandelt: die unstrukturierte oder informelle Beratung; die Ehe- und Familienberatung; die stützende Beratung;

[9] Dieser Begriff *E. Bernes* wird in Kap. VI behandelt.

die Beratung in Lebenskrisen; die Beratung in Überweisungsfällen; die seelsorgerliche Gruppenberatung; die konfrontierende Beratung; die religiös-existenzielle Beratung. Manche dieser Methoden können auch innerhalb verschiedener Klassifizierungen behandelt werden.

Die Vorstellung, die der Pfarrer von seinem Dienst hat, leitet sich aus seinem Bild von den Beratungsformen und -zielen ab, an die er sich seiner Meinung nach zur Erfüllung seiner Aufgabe halten sollte. Alle obengenannten Formen sind für seinen Dienst am Menschen unerläßlich. Ja noch mehr, *der Pfarrer hat eine Schlüsselposition inne, sie angemessen anzuwenden,* vorausgesetzt, er ist genügend in ihnen ausgebildet. Die Kenntnis und Beherrschung all dieser Formen ist notwendig, um den Pfarrdienst wahrhaftig ausrichten zu können. Dieser Überlegungen wegen müssen sie für die *pastorale* Beratung als *normativ* angesehen werden.

Es sollte ganz klar sein, daß in den meisten Fällen in den verschiedenen Stadien einer Beratungsbeziehung verschiedene Methoden Verwendung finden, oft sogar während einer Sitzung. Die Methoden sind *Werkzeuge,* die wahlweise durch den Pfarrer angewandt werden. Ebenso wie ein Schreiner ganz verschiedenartiges Werkzeug benötigt, um ein schönes Möbelstück herzustellen, bedarf der Berater einer Vielfalt von Methoden, um eine Ehe oder gar das Wertgefüge eines Menschen wiederherzustellen. Jeder erfahrene Pfarrer weiß, daß die verschiedenen Seelsorgekontakte sowohl Flexibilität als auch Findigkeit erfordern, um das, was er an Beratungsmethoden gelernt hat, auch anzuwenden. Das, was er aus eigenen inneren Konflikten gelernt hat, mag ihm mehr helfen als all sein Wissen über Beratungs»techniken«. Trotzdem, je mehr er von den verschiedenen Beratungsverfahren weiß, desto besser kann er seine individuelle Erfahrung, seine persönlichen Gaben und seine schöpferische Phantasie einsetzen. Eine der Intentionen dieses Buches besteht darin, den Leser zu ermutigen, seine Wendigkeit und Effektivität zu verbessern, indem er *sich seinen individuellen Zugang zur Methodik der Seelsorge schafft.*

(3) Ein anderes Ziel des Buches besteht darin, *den Leser in einige der neuen kreativen Methoden der Psychotherapie einzuführen, die für die Seelsorge von Bedeutung sind.* Diese Methoden werden in der Form vorgestellt, in der sie in die Seelsorge übernommen wurden. Wir leben in einer Zeit erstaunlicher Fortschritte auf dem Feld der Psychotherapie. Neue Theorien über das Wesen der Therapie und neue therapeutische Techniken brechen auf

wie Blumen im Frühling. Wir müssen als Christen offen sein, mit diesen neuen Methoden zu experimentieren und nach effektiveren und bedeutsameren Seelsorgeweisen Ausschau zu halten.

Folgende Methoden weisen Theorie und Praxis der beratenden Seelsorge in ganz neue Richtung: die *rollenbezogene Eheberatung*, die *Familientherapie* (John E. Bell und Virginia M. Satir), die *Transaktionsanalyse* (Eric Berne), die *Intervention bei Lebenskrisen* (Gerald Caplan), die *Realitätstherapie* (William Glasser), die *existenzanalytisch orientierte Psychotherapie* (Rollo May, Victor Frankl, J. F. T. Bugental) und die starke Richtung der *Ego-Psychologie.* Aus all diesen Forschungen kann der Pfarrer neue Einsichten und Hilfen für seine Beratungspraxis gewinnen. Das Ziel dieses Buches besteht darin, dem Gemeindepfarrer das Wichtigste, verständlich und auf seine Praxis zugeschnitten, zu vermitteln.

In ihrem Buch »Pastoral Care in Historical Perspective« bezeichnen die Kirchengeschichtler William A. Clebsch und der Seelsorgespezialist Charles R. Jaekle die Gegenwart als ein »Übergangsstadium der Seelsorgedisziplin«. Zur Frage, ob die Kirche die säkulare Psychotherapie in den Dienst der Seelsorge stellen soll, schreiben sie:

»Man kann hierbei aus der Geschichte der Seelsorge lernen, daß die Aufgeschlossenheit für neue psychologische Theorien und Einsichten als mächtige Grundtendenz sämtliche Epochen der Seelsorge durchzieht. Die Pastoraltheologie war immer willens, ihre Aussagen über seelische Erkenntnisse, Theorien und Terminologien vom psychologischen und allgemeinen Sprachgebrauch zu beziehen. Überblickt man die gesamte Geschichte der Seelsorge, findet man also keine spezifisch christliche Psychologie oder eine eigene Sprache, in der die Probleme des Menschen beschrieben werden, sondern das einzige konstante Proprium bilden die seelsorgerliche Haltung und die vier geistlichen Dienste: Heilen, Stützen, Leiten und Versöhnen.«[10]

Die Autoren folgern dann aus dieser Betrachtung der Geschichte der Seelsorge für die gegenwärtige Übergangsphase: »Halte dich offen für die verschiedensten, sich oft widersprechenden psychologischen Theorien, denn die Psychopathologie des Menschen ist komplex, verworren und nie abgeschlossen.«[11]

Diese geschichtlich fundierte Maxime ist zutreffend. Nur wenn wir für neue Verstehensweisen der Persönlichkeitsstrukturen und der Therapie offen bleiben, werden wir die Probleme, die oben angesprochen wurden, bewältigen. Allein diese Offenheit

---

[10] Englewood Cliffs, N. J. 1964, 79.
[11] AaO.

wird uns den schöpferischen Durchbruch ermöglichen, der die revolutionären Kräfte, die in der Seelsorge angelegt sind, freisetzt. Sicherlich wird die Zukunft zeigen, daß manche der neuen Methoden für den Pfarrer nur von geringem Nutzen waren. Der Weg zu besseren Fähigkeiten in der Seelsorge kann auf Holzwege und Umwege führen, aber die einzige Alternative hieße, sich erst gar nicht auf den Weg zu machen!
Ich bin fest davon überzeugt, daß allein die direkte Auseinandersetzung mit den neuen psychotherapeutischen Forschungen die seelsorgerlichen Fähigkeiten des Pfarrers verbessert, seine grundlegende Einstellung zur Pastoraltheologie vertieft und sein Interesse an der Weiterbildung weckt.
(4) Es ist die Absicht dieses Buches, *einen verbesserten Entwurf der beratenden Seelsorge vorzulegen, der nicht der auf Einsicht ausgerichteten, aufdeckenden Psychotherapie verpflichtet ist, sondern auf zwischenmenschlichen, stützenden, Ich-anpassenden, realitätsorientierten Therapiemethoden fußt.* Ich nenne diesen Entwurf »beziehungsorientierte (relationship centered) Beratung«. Die Einsichten, die ich aus den neuen psychotherapeutischen Theorien gewonnen habe, weisen durchgehend gleiche oder ähnliche Grundstrukturen auf. Das seelsorgerliche Modell, das durch meine Forschungen und meine praktische Arbeit schrittweise Gestalt annahm, wurde immer verständlicher und geschlossener. Dieses Modell verbindet die verschiedenen Methoden, die in diesem Buch vorgeführt werden, zu einem einheitlichen Entwurf. Ich veröffentliche dieses Modell, um den Pfarrer in seiner Beratungspraxis anzuleiten und ihm Mut zu machen, mit den verschiedenen Methoden zu experimentieren. Dabei soll er seinen eigenen, individuellen Beratungsstil entwickeln und die verschiedenen Dimensionen seiner Persönlichkeit erschließen. Ich kann kein fertiges System oder eine Rezeptsammlung von Beratungsmethoden anbieten, sondern nur einen Probeentwurf, in dem eine Vielzahl von Methoden verarbeitet ist. Ich hoffe, daß dabei so etwas wie ein Forschungskatalysator für Gemeindeberatung herauskommt, der zu einer weiteren Überprüfung der Theorie und zu praktischen Neuerungen anleitet.
(5) Ein letztes Ziel dieses Buches besteht darin, *zur Methode der Praxis-Übungen bzw. des Rollenspiels zu ermutigen,* das die Selbsterfahrung und die Beratungsfähigkeit des Pfarrers vertieft. Diese Methode ist ganz einfach. Ihr Wert hat sich wiederholt in Hochschulkursen sowie einer Vielzahl von Beratungs-workshops, in der klinischen Ausbildung und bei Fallbesprechungen für Gemeindepfarrer erwiesen.

Wie man am meisten von diesem Buch profitiert

Es folgt hier eine Anleitung zum Gebrauch des Buches, der seinen praktischen Wert so weit wie möglich ausschöpft.

Erster Schritt: Überfliegen Sie das ganze Buch. Versuchen Sie einen Überblick über die verschiedenen Verfahrensweisen zu gewinnen.

Zweiter Schritt: Beginnen Sie wieder von vorn. Lesen Sie sorgfältig. Machen Sie sich bei jedem Kapitel Ihre eigenen Gedanken. Notieren Sie Ihre Eindrücke, Kritik wie Zustimmung, Einwände und alle unbeantworteten Fragen. Unterstreichen Sie die Kernsätze. Nehmen Sie die Theorien und Anwendungsvorschläge nicht einfach hin. Widersprechen Sie! Fragen Sie: »Wie läßt sich das auf meine Beratungspraxis anwenden?« Bleiben Sie im Gespräch mit den Stellen, die Ihnen zu schaffen machen. Diskutieren Sie, soweit es Ihnen möglich ist, mit einem anderen Pfarrer oder Theologiestudenten, der ebenfalls dieses Buch liest, die wichtigsten Thesen und Methoden. In einer kleinen Gruppe läßt sich der Lernprozeß durch Interaktion beträchtlich vertiefen.

Dritter Schritt: Suchen Sie sich einen, zwei oder drei Partner zu Praxis-Übungen. Das sollten Kollegen sein, die an der Erprobung neuer Methoden interessiert sind, um ihre beraterischen Fähigkeiten zu verbessern. Auch die eigene Frau kann ein wertvoller Partner sein (eine starke Ehebeziehung vorausgesetzt). Das Übungsteam sollte sich zu regelmäßigen (womöglich wöchentlichen) Sitzungen treffen und dabei Material aus der eigenen Praxis oder aber diejenigen Fälle aufgreifen, die am Ende jedes Kapitels beschrieben sind. Diese Übungen sollten so etwas wie ein Experimentierfeld für die seelsorgerliche Beratung werden. In ihnen erlernt der Seminarist grundlegende Beratungsfähigkeiten, der erfahrene Pfarrer kann neue Methoden ausprobieren, und das alles ohne das Risiko, psychisch belastete Menschen zu gefährden.

Folgendermaßen sollte eine Praxis-Übung *ablaufen.* Nehmen nur zwei Personen teil, wechseln sie sich in der Rolle des »Beraters« und des »Gemeindegliedes« ab, bei dreien fügt man die Rolle des »Beobachters« hinzu. Einer macht den Anfang und übernimmt die Rolle einer Person, die er ohne Erfolg beraten hat oder deren Probleme er gut kennt. Er versucht, sich in das »innere Bezugssystem« (Rogers) des Betreffenden hineinzufinden und dessen Rolle zu spielen. In der Weise übt man das so wichtige einfühlende Verstehen. Anders als beim konventionellen Rollenspiel soll sich aber der »Berater« so verhalten, wie er es gewöhnlich tut. Er spielt *sich selbst* und experimentiert dabei mit verschiedenen Methoden. Nachdem die Übung zehn bis fünfundzwanzig Minuten gedauert hat, »demaskieren« sich die Teilnehmer und besprechen das, was sich abspielte. Das »Gemeindeglied« beginnt und erzählt dem »Pfarrer«, welche Gefühle ihn während des Gesprächs bewegten. Anschließend teilt der »Pfarrer« seine Gefühle und Beobachtungen mit. Beide beurteilen das Geschehene, tauschen die Rollen und versuchen es von neuem.

Ein Beobachter vertieft den Lerneffekt der Praxis-Übung. Ist er darin geübt, zwischenmenschliche Dynamiken aufzuspüren, wird er Dinge registrieren, deren sich die agierenden Partner nicht bewußt waren. Er könnte zum Beispiel sagen: »Ich hatte den Eindruck, daß ihr euch in eine verbale Kraftprobe verwickelt habt. Ich frage mich, ob das wirklich so war, und wenn, warum?« Die Tonbandaufzeichnung und das wiederholte Abspielen der Übung ist sehr hilfreich, vor allem wenn kein Beobachter zur Verfügung steht. Der Berater, der sich zum erstenmal selber im Vollzug hört, ist normalerweise genauso überrascht wie jemand, der seine Stimme zum erstenmal vom Band hört. »Ich wußte gar nicht, daß ich bei meiner Beratung so viel rede«, ist eine typische Reaktion. Da jede Rolle einen anderen Lerneffekt hat, sollte man öfter wechseln, um jedem Teilnehmer das Durchspielen mindestens zweier Rollen pro Sitzung zu ermöglichen. Hat der »Berater« schon einige Erfahrung, hilft es dem »Gemeindeglied«, wenn er seine eigenen Probleme als Beratungs-»Fall« verwendet. Verfügt noch keiner der Teilnehmer über praktische Erfahrung, sollte man einen erfahrenen Berater bitten, die Gruppe so oft wie möglich zu besuchen.

Je vertrauter eine Gruppe mit der Methode wird, desto größer ist der Ertrag der Übungen[12]. Besonders wichtig ist, daß die Teilnehmer sich so gut kennen, daß sie völlig offen ihre Eindrücke auszusprechen vermögen. Ich erinnere mich an eine Übung, in der das »Gemeindeglied« bei der Auswertung bemerkte: »Ich hatte das Gefühl, daß du mich mit deinen Worten

[12] Anfänglich mag es den Anschein haben, als hätten die Übungen keinerlei oder nur geringen Wert. Das Unbehagen der Teilnehmer wird sich in einem Übermaß an nervösem Humor ausdrücken, oder das Wettbewerbsdenken verwandelt das Ganze in eine Art »Sport«, wobei der Klient seine Rolle unrealistisch erschwert oder unkooperativ ist. Zeigen sich solche Angstsymptome, sollten sie in der Gruppe offen diskutiert werden. Weitere Informationen über das Rollenspiel: *A. F. Klein*, Role Playing in Leadership Training and Group Problem Solving, New York 1956.

überfahren hast. Irgendwie ist es dir nicht gelungen, meine Gefühle wahrzunehmen.« Dies war die erste Gelegenheit, bei der der »Pfarrer« (der schon lange beraterisch tätig war) etwas davon erfuhr, wie er auf sein Gegenüber wirkte. Dank dieser Konfrontation gewann er einen neuen Zugang zur Selbsterkenntnis. Selbst Teilnehmer mit großer Erfahrung entdecken, daß bestimmte Dimensionen ihrer Personalität bei ihrer Seelsorgetätigkeit ungenutzt bleiben, andere falsch eingesetzt werden.

Vierter Schritt: Wenden Sie Ihre neuen Beratungstechniken bei passender Gelegenheit *in der Gemeinde* an, nehmen Sie jedoch weiter an den Übungen teil. Dabei sollten Fälle aus der gegenwärtigen Praxis, besonders die, die zu scheitern drohen, in den Sitzungen nachgespielt werden.

Fünfter Schritt: Fühlen Sie sich in Ihrer beraterischen Wirksamkeit trotz der Beratungsübungen erheblich blockiert, so wenden Sie sich *unter allen Umständen wegen einer Supervision* an einen klinisch ausgebildeten Pfarrer, Psychiater, Psychologen, Sozialarbeiter oder einen Geistlichen mit einer Zusatzausbildung auf dem Gebiet der Seelsorge. Brechen Sie Ihre Tätigkeit nicht aus Enttäuschung ab. Die Ausbildung zum erfahrenen und sensiblen Berater ist gewöhnlich langwierig und mühsam. Sie erfordert – wenn man nicht außergewöhnlich »charismatisch« begabt ist – entsagungsvolle Kleinarbeit und ständige Selbsterforschung. Der Weg zum guten Seelsorger ist hart, und die Pforte eng wie bei allen künstlerischen Fertigkeiten. Einen anderen Zugang zu diesem wichtigen Ziel scheint es jedoch nicht zu geben.

II. DIE THEOLOGISCHE BEGRÜNDUNG DER BERATENDEN SEELSORGE, IHR AUFGABENFELD UND IHRE EINZIGARTIGE CHANCE

Wir Menschen der Gegenwart sind aus unserer einstigen Heimat vertrieben und treiben nun rastlos dahin in der Strömung einer mobilen, ständig sich verändernden Gesellschaft. Wir fühlen uns einsam und verloren inmitten einer Masse von Menschen, keiner scheint sich um uns zu kümmern, immer mehr bestimmen über uns Maschinen, die uns dienen und doch gleichzeitig versklaven, bis wir ihnen gleich und selbst zu Automaten werden. Der andere bleibt uns fremd; begegnen wir uns, huschen wir aneinander vorbei oder prallen voneinander ab wie Gummibälle. Wir sind hohle Menschen, wir wissen nichts vom inneren Leben des anderen und nehmen bloß das Äußere wahr. Vom anderen entfremdet oder durch ihn manipuliert, bleiben wir innerlich leer, Verlorene, um die sich niemand kümmert. Noch nie ist das Verlangen nach irgendeiner Zuwendung so groß gewesen. Wie kann ein Pfarrer in solch einer Welt für die da sein, die ihm anvertraut sind?

Paul E. Johnson[1]

Beratende Seelsorge ist eine Antwort auf das Verlangen nach konkreter Zuwendung, wie es von belasteten Menschen innerhalb der Kirchengemeinde, aber auch von zahllosen anderen bekundet wird, die nirgendwo kirchlich beheimatet sind, aber sich gleichwohl in einer Krisensituation an einen Pfarrer wenden. Von all denen, die beratende Hilfe vom Geistlichen in Anspruch nehmen, gehört ein beträchtlicher Teil überhaupt keiner sinngebenden Gemeinschaft an. Sie sind das Strandgut unserer Gesellschaft. Sie bedürfen unbedingt der seelsorgerlichen Hilfe. Doch auch die anderen, die »inmitten unserer eigenen Gemeinde in sich selbst verkapselt sind«[2], leiden nicht weniger, wenn auch nicht so augenfällig. Demzufolge erstreckt sich das Aufgabenfeld der beratenden Seelsorge nach innen und nach außen, hin zu den Menschen, die je an ihrem Ort Konflikten und Problemen ausgeliefert sind.

---

[1] Where are we now in Pastoral Care, in: Christian Advocate, September 1965, 7.

[2] So formulierte es einmal ein Psychiater, der auch aktiv in seiner Gemeinde mitarbeitet. Er fordert eine »intensivere Mission nach innen« zugunsten solcher Menschen. (*C. W. Morris*, The Terror of Good Works, in: Pastoral Psychology, September 1957, 25).

Wenn ein Pfarrer, der mit seiner Gemeinde vertraut ist, am Sonntagmorgen seinen Blick über die Gottesdienstbesucher schweifen läßt, erblickt er viele, die eine schwere Last zu tragen haben und insgeheim unter tiefen Wunden leiden. Oft ist er der einzige, dem sich das innere Leben solcher belasteter Menschen erschlossen hat. Er sieht den Oberschüler, dessen Freundin schwanger ist, den Mann, der seine Frau tags zuvor in die Nervenheilanstalt einliefern mußte, das ältliche Fräulein, das von ihrer Familie geschnitten wird, den Mann, der der Spielleidenschaft verfallen ist, die junge Frau, die der tragische Tod ihres Mannes in tiefe Depressionen gestürzt hat, die Mutter, die vom Arzt erfuhr, daß ihr Kind Leukämie hat, das junge Ehepaar, das kurz vor der Scheidung steht, den Alkoholiker in aussichtslosem Kampf gegen sein Laster, das Ehepaar, dessen Sohn das Studium nicht schafft, den Teenager, der sich seiner sexuellen Phantasien halber schuldig fühlt, die paranoide Frau, deren psychiatrische Behandlung keinen Erfolg zeigt, die Frau, die sich ein Gewächs entfernen lassen muß und nicht weiß, ob es Krebs ist, den Mann, der verstört der leeren Zukunft seiner baldigen Pensionierung entgegensieht.

Viele von ihnen vertrauen das zerbrechliche Gebilde ihres Lebens dem Geistlichen und seinen beraterischen Fähigkeiten an. Ob er dies Vertrauen verdient oder nicht, in ihrer tiefen Verzweiflung schließen sie ihr Herz vor ihm auf. In ihren Augen ist er der zuständige Mann, der Seelsorger, der Vertrauen verdient. Er soll ihnen auf ihrer Wanderung durch das finstere Tal ihres Lebens zur Seite sein. Ist er hierfür nicht gerüstet, dann gibt er ihnen Steine statt dem Brot, nach dem sie verlangen. Mit den Worten von Wayne E. Oates ist dies der Tatbestand:

»Der Pfarrer kann es sich nicht aussuchen, ob er beratend tätig sein will oder nicht ... Es geht nicht um die Wahl zwischen beratender Seelsorge und keiner beratenden Seelsorge, sondern um die Wahl zwischen beratender Seelsorge in disziplinierter und fundierter oder in fahrlässiger und dilettantischer Form.«[3]

Im Jahr 1960 wurden die Ergebnisse einer erstmaligen Untersuchung über die »normale« erwachsene Bevölkerung unseres Landes veröffentlicht. Im Auftrag der Universität Michigan wurden Hunderte von Amerikanern als repräsentativer Querschnitt interviewt. Ihre Antworten spiegeln klar und deutlich

[3] *W. E. Oates,* An Introduction to Pastoral Counseling, Nashville 1959, VI.

die Gefühle und Verhaltensweisen, Probleme und Bedrängnisse erwachsener Amerikaner[4].

Erschütternd war das Ausmaß von Störungen, die in dieser Studie zutage traten. So wertete beispielsweise die Hälfte der Befragten ihre Ehe als »sehr gut«. Mehr als die Hälfte derer, die sich sehr glücklich verheiratet wähnten, fühlten sich ihrer Rolle als Ehemann oder Ehefrau nicht gewachsen. Beinahe ein Viertel gab zu, irgendwann einmal in ihrem Leben als Erwachsene einem Nervenzusammenbruch nahe gewesen zu sein. Meist war dies auf den Tod eines geliebten Menschen oder auf Schwierigkeiten im Beruf zurückzuführen. Ein Viertel bekannte, sich »ständig große Sorgen« zu machen.

Beinahe jeder Vierte meinte, ein Problem zu haben, zu dessen Lösung fachliche Hilfe nötig wäre. *Jeder Siebente* hatte tatsächlich darum nachgesucht. 42 Prozent waren zu *Geistlichen* gegangen und 29 Prozent zu Ärzten, nur 31 Prozent wandten sich an Psychiater, Psychologen oder Eheberater entweder in deren Privatpraxis oder im Rahmen einer Beratungsstelle[5]. 54 Prozent der Protestanten, die mindestens einmal in der Woche zur Kirche gehen, suchten den Pfarrer auf, als sie persönliche Hilfe brauchten. Selbst 33 Prozent von denen, die selten zur Kirche gehen, wählten einen Pfarrer als Helfer[6]. Angesichts dieser Daten gibt es keinen Zweifel, *daß den Pfarrern eine zentrale, ja entscheidende Rolle als Beratern in unserer Gesellschaft zukommt*[7]. Die Geistlichen stehen an vorderster Front im Kampfe um Befreiung leidender Menschen von ihrer Bedrückung.

Entsprechend wird von der Mehrzahl der Gemeindeglieder die Seelsorge zu den Hauptaufgaben des Pfarrers gerechnet. Eine von Murray H. Leiffer durchgeführte Untersuchung ergab, daß 87 Prozent der befragten Laien der Meinung waren, ein angehender Pfarrer sollte auch zu einem fachkundigen Berater ausgebildet werden[8].

Die Zeit, die von Pfarrern für beraterische Tätigkeiten aufgewendet wird, differiert gewaltig. Richard V. McCann ermittelte in einer Untersuchung eine Gruppe von Pfarrern, die nur

---

[4] *G. Gurin/J. Veroff/S. Feld,* Americans View their Mental Health, New York 1960.

[5] AaO. 307. (Einige der Befragten hatten sich an mehrere Stellen um Hilfe gewandt.)

[6] AaO. 335.

[7] AaO. 319.

[8] *D. Johnson,* Self Understanding in Pastoral Counseling, in dem Sammelband, hg. von *W. E. Oates,* The Minister's Own Mental Health, Great Neck, N. Y. 1955 ff., 133.

2,2 Stunden pro Woche beratend tätig sind[9]. Eine Befragung von 34 Pfarrern in Vorstadtgemeinden Pittsburghs jedoch ergab, daß diese 30 Prozent ihrer Zeit auf die Seelsorge verwandten[10]. Auch wenn der Pfarrer nur eine Art Teilzeitberater ist, darf das kein Freibrief zur Nachlässigkeit auf diesem Gebiet sein; er verwendet ja auch nur einen Bruchteil seiner Zeit auf Predigt und Unterricht und ist gleichwohl verpflichtet, hierbei sein Bestes zu geben. Auf keinem Sektor der Pfarramtspraxis kann aber fehlende Qualifikation ähnlich verheerende Folgen haben, begegnet er doch in der Beratungssituation dem Menschen in seiner tiefsten Not und größten Verletzlichkeit. Eine gelungene oder mißlungene Beratung kann die entscheidenden Weichen für die Zukunft stellen.

Das Bemühen um eine qualifizierte Seelsorgeausbildung zielt aber nicht bloß darauf ab, möglichst keinen Schaden anzurichten, sondern mehr noch darauf, die eigenen Fähigkeiten zu steigern, um den Mühseligen und Beladenen echte Hilfe leisten zu können. Ein befähigter Seelsorger ist oftmals in der singulären Lage, Weggenosse eines anderen Menschen zu sein auf dessen zuinnerst ablaufender Wanderung der Heilung entgegen. Als Geistlichem ist ihm der Zugang gewährt zu dem heiligen Grund, auf dem sich das Wachstum zum neuen Personsein vollzieht. Er wird zum Katalysator im erlösenden Heilungsprozeß, zur seelsorgerlichen Hebamme bei der Wiedergeburt zu neuen Dimensionen des Menschseins. Der Pfarrer, der den Preis solchen gewissenhaften Studiums und Trainings gezahlt hat, um die geforderte Befähigung zu erlangen, kennt auch die Freude und das Wunder, die aus der Einsicht erwachsen: »Meine Person mit all ihren Mängeln und ihrer Unzulänglichkeit hat ein Instrument sein dürfen, dessen sich die Macht des Universums zur Heilung eines anderen Menschen bediente.« Beratende Seelsorge erweist sich als pastorale Funktion, die viel abverlangt, aber auch viel gibt. Alle Mühe, die ein Student oder Pfarrer hierfür aufwendet, trägt reichen Lohn für den inneren Menschen.

Was J. F. T. Bugental vom Privileg des Psychotherapeuten gesagt hat, trifft auch für den Seelsorger zu: »Für unsere kurz bemessene Zeit hat man uns auf die Schultern unserer Genossen gehoben, damit wir einen Blick in jenes ferne Land tun, in dem der wahre Mensch Heimat hat.«[11]

---

[9] Action for Mental Health, New York 1961, 135 f.
[10] *J. W. Eaton* u. a., Pastoral Counseling in a Metropolitan Suburb, in: Journal of Pastoral Care, Sommer 1963, 93–105.
[11] The Search for Authenticity, New York 1965, 375.

Die Ausbildung in beratender Seelsorge fördert den Pfarrer schließlich auch auf den anderen Gebieten seines Dienstes als Mittler der Erneuerung: Predigt, Katechese, Gemeindeversammlung, Gottesdienstgestaltung, Verwaltungsarbeit, Arbeit mit Gruppen, Evangelisation, Familienarbeit, Sozialdiensten, Gemeindeleitung und sonstigen Arten pastoralen Wirkens, die direkt mit der Beratung nichts zu tun haben[12]. Ein guter Berater sein heißt, mit anderen so umgehen und kommunizieren können, daß ein Reifeprozeß in Gang kommt. *Begegnung und Kommunikation* bilden den Hintergrund zu allen Facetten des Pfarrdienstes; somit kommen ihm Sensitivität und Geschick, die in der Seelsorgeausbildung erworben werden, auch insgesamt zugute. Was er beispielsweise im Achtgeben auf die Gefühle eines andern gelernt hat, wird sich tiefgreifend auf all seine pastoralen Kontakte auswirken. In der Beratung wie in der Verwaltung kommen die gleichen Kräfte zwischenmenschlicher Interaktion und verborgener Bedürfnisse ins Spiel. »Daß man danach sensibler und informierter wahrnimmt, ist das wichtigste Ergebnis psychologischer Ausbildung«, bezeugen Harry und Bonaro Overstreet[13]. Diese *Wahrnehmungsfähigkeit* spielt bei der Erneuerung des Seelsorgedienstes eine wesentlich größere Rolle als die *Beratungstechniken an sich.* Nur im Bunde mit dieser Wahrnehmungsfähigkeit sind die Techniken von Nutzen.

Beratende Seelsorge und Auftrag der Kirche

Um Aufgabe und Bedeutung der beratenden Seelsorge zu ermessen, muß der Pfarrer ihre Funktion im Rahmen des Gesamtauftrags der Kirche erfaßt haben. In einer maßgebenden Studie haben H. Richard Niebuhr, Daniel Day Williams und James M. Gustafson als das letztgültige und umfassende Ziel kirchlichen Handelns erkannt, »unter den Menschen die Liebe zu Gott und dem Nächsten zu mehren«[14].

Wie schon im Kap. I dargelegt, ist ein emotional gestörter

[12] Die Erkenntnisse der beratenden Seelsorge auf die anderen Aufgaben des Pfarrers zu beziehen, war das Ziel meines früheren Buches: Mental Health through Christian Community, Nashville 1965. *Th. W. Klinks* Buch: Depth Perspectives in Pastoral Work, Englewood Cliffs, N. J. 1965, bringt ebenfalls die in der Beratung nötige Sensitivität mit dem weiteren Feld des Pfarrdienstes in Verbindung.

[13] Like a Mighty Army, in: Pastoral Psychology, 1954, 33.

[14] The Purpose of the Church and its Ministry, New York 1956, 31.

Mensch außerstande, Kontakte zu unterhalten, die zur gegenseitigen Befriedigung der Bedürfnisse verhelfen. Er leidet unter seiner Blockierung und der Unfähigkeit, wahrhaft zu lieben. Hier sind wir am Kern des Problems: er *kann* Gott und den Nächsten nicht wahrhaft lieben. Sagt man einem solchen Menschen: »Du mußt Gott und den Nächsten mehr lieben«, so gleicht man demjenigen, der einem Schiffbrüchigen, welcher sich inmitten der Weite des Ozeans an einen Balken klammert, zuruft: »Das einzige, was dir helfen kann, ist fester Boden unter den Füßen.« Nichts wahrer als das! Und doch ist dem anderen damit in nichts geholfen. Wo ist er denn, dieser feste Boden, und wie bekomme ich ihn unter meine Füße? Das möchte dieser Mensch wissen. Und gerade hier setzt die beratende Seelsorge ein, da sie dem Ratsuchenden hilft, Gott, den Nächsten und sich selbst wieder lieben zu können. So verstanden, sind die Methoden der beratenden Seelsorge bei der Erfüllung des grundlegenden Auftrags der Kirche nicht zu entbehren und von unschätzbarem Wert. Unser aller Liebesfähigkeit ist mehr oder weniger beeinträchtigt. Bei denen indes, deren Liebesfähigkeit gänzlich verkümmert ist, kann die beratende Seelsorge bewirken, daß sie von ihrer inneren Stagnation und ihren Minderwertigkeitsgefühlen freiwerden und zu einer schöpferischen, fruchtbaren christlichen Existenz aufbrechen. Solchen Menschen wird der kundige Berater zum Werkzeug der heilenden, helfenden Kraft Gottes, zum Mittler seiner befreienden Liebe.

Ein Beratungskontakt vermag zur Überwindung der Entfremdung von uns selbst, vom anderen und von Gott, die ja die eigentliche »Sünde« ist, beizutragen. Pfarrer und Pastorand haben es bei ihrer zwischenmenschlichen Tiefenkommunikation mit elementaren theologischen Problemen zu tun. Ob man diese mit ihrem theologischen Namen belegt oder nicht, Tatsache ist, daß sie die geheime Mitte jeder Beratung bilden: Sünde und Erlösung (dh. Versöhnung), Schuld und Vergebung, Gericht und Gnade, geistlicher Tod und Wiedergeburt. Im vollen Wortsinn ist die *Wiedergeburt* zu einem neuen Leben, das reich ist an Sinngehalten und Beziehungen, das eigentliche Ziel der beratenden Seelsorge. Sie bekennt sich damit zu jenem jungen Zimmermann und Propheten, der sagte: »Du mußt von neuem geboren werden.« Auf solche Weise macht die Kirche dem Menschen die Wahrheit erfahrbar, die allein innerlich freimachen kann: die Wahrheit über sich selbst, den Mitmenschen und Gott. Es gibt an der recht geübten seelsorgerlichen Beratung nichts, was dem Auftrag der Kirche widerspräche.

Seit alters hat man die Aufgabe der Kirche dreigeteilt in *Kerygma* (Verkündigung und Lehre des Evangeliums), *Koinonia* (Gemeinschaft in dem Erhöhten) und *Diakonia* (tätiger, Liebe übender Glaube). Die beratende Seelsorge ist zwar vorrangig ein Werk der *Diakonie*, des liebenden Dienens, doch wird durch sie auch das *Evangelium proklamiert* und *Koinonia* gestiftet. Für viele Menschen ist Gott tot. Das Wort »Gott« erscheint ihnen als leeres Symbol. Sie haben jede Beziehung zu ihm verloren. Sie sind unfähig, die frohe Botschaft aufzunehmen. Manchen von ihnen macht die Beratung das Evangelium erst wieder verstehbar, da sie für das Leben und ihre Umwelt aufgeschlossen werden. Denn *all das kann ihnen nicht eher wieder lebendig werden, ehe sie nicht die bedingungslos annehmende Liebe in einer Begegnung selber erfahren haben.* Ehe sie nicht durch eine existentielle Begegnung mit einem anderen begnadet worden sind, kann sie die christliche Botschaft weder erreichen noch befreien. Eine helfende Beziehung ist ein Ort, an dem diese Gnade Fleisch wird.

Da viele Gemeindeglieder nur sehr begrenzt in der Lage sind, Beziehungen zu unterhalten, die sie emotional befriedigen, können sie kaum etwas zum Entstehen der *Koinonia* beitragen. Ihre Präsenz ist trennend anstatt einend, pathogen und nicht heilend. Nach den Erfahrungen Ludwig Binswangers hilft die Psychotherapie solchen Leuten bei der Vorbereitung zu einem Leben in echter Gemeinschaft, der *Koinonia*[15]. Sie werden *in den Stand gesetzt*, selbst zur Vitalität der heilenden, erlösenden Gemeinschaft ihrer Gemeinde beizutragen.

Man braucht sich nicht zu wundern, daß in einer Beratungsbeziehung oft christliche Wahrheitsmomente aufbrechen. »Was an der Offenbarung Gottes durch Christus wahr ist, wird sich allüberall im menschlichen Leben Geltung verschaffen und ist somit erfahrbar und aufweisbar«, sagt David E. Roberts[16]. Die Tatsache, daß Menschen durch die Seelsorge aus dem Gefängnis ihrer Neurosen befreit werden, daß sie ihre Entfremdung überwinden, ihre Liebesfähigkeit steigern und ihre mitmenschlichen Beziehungen verbessern, wirft ein helles Licht auf die Wahrheit theologischer Aussagen, die über alles menschliche Mit- und Gegeneinander gemacht werden. Eine echte Beratungsbeziehung kann deshalb eine Weise der Gegenwart Gottes, eine Wirkung des Leibes Christi sein: Inkarnation der Liebe Gottes im Dienst am leidenden Menschen.

---

15 *U. Sonnemann,* Existence and Therapy, New York 1954, 343.
16 Psychotherapy and Christian View of Man, New York 1950, 142.

Die Gegner Jesu hatten offenbar den Eindruck, daß er sich zuviel und zulange mit den Mühseligen und Beladenen, den Gescheiterten und Kranken abgab. Fest steht in jedem Fall, daß *er selbst* diesen Teil seines Auftrags für den wesentlichen hielt. Sein Gleichnis vom Hirten, der die neunundneunzig Schafe verläßt, um dem einen verlorenen zu helfen, kennzeichnet seine Fürsorge für den einzelnen, der in Not ist. Seine Worte: »Nicht die Gesunden brauchen den Arzt, sondern die Kranken« (Mark. 2,17), weisen klar und deutlich das Selbstverständnis seines Dienens auf. Die Worte aus Jes. 61, mit denen er seine Sendung proklamiert, lassen sich ebenso aller seelsorgerlichen Beratung voranstellen: »... den Gefangenen Befreiung zu verkündigen und den Blinden das Augenlicht, die Zerschlagenen zu befreien und zu entlassen ...« (Luk. 4,18). In seiner Rolle als Berater tritt der Pfarrer in die Fußstapfen dessen, der der »große Arzt« genannt wurde.

Die beratende Seelsorge als christliches Handeln

Inwiefern ist die beratende Seelsorge »christliches« Handeln? Sie sollte sich in ihren *Zielen, ihrer Begründung, ihren Verfahrensweisen, ihren Kraftquellen, ihren Mitarbeitern und ihrer letztgültigen Motivation zum Engagement* als christlich erweisen.

Ziele: Wie schon gezeigt wurde, soll die Beratung erreichen, daß der Mensch tüchtiger darin wird, vertrauensvoll, liebend und schöpferisch mit anderen und mit Gott zu kommunizieren. Derartig erneuerte Beziehungen bilden das Herzstück christlichen Lebens.

Begründung: Die beratende Seelsorge bezeugt, daß alles Heilen und Reifen von Gott kommt. Werden die von Gott geschenkten Heilkräfte, die im Innern des Menschen und in seinen mitmenschlichen Beziehungen liegen, nicht von dem befreit, was sie blockiert, kann ein Heilungsprozeß nicht in Gang kommen. Der Berater ist der Katalysator in einem Vorgang, den er nicht hervorbringt, den er nur auslösen und fördern kann. Diese Grundlegung zur Seelsorge ist theologisch triftig und hat praktische Konsequenzen, da sie das Selbstverständnis des Beraters korrigiert. Er wird nur dann Erfolg haben, wenn er weiß, daß Heilen und Reifen sich seiner bedienen und nicht auf sein psychologisches Geschick gründen. Er muß sich die bekannten Worte des Paulus zu eigen machen können: »Ich pflanzte, Apollos hat begossen, Gott aber hat das Gedeihen gegeben« (1. Kor. 3,6).

Techniken: Die Kraft, die in jeder Beratungsbeziehung wesentlich zur Heilung verhilft, liegt in der Annahme, die ohne alles Verdienst frei geschenkt wird und etwas von der Barmherzigkeit Gottes weitergibt. Erst wenn der andere die Atmosphäre der *Agape* zu atmen vermag, wird seine Persönlichkeit gedeihen. Immer wieder wird in der Beratung die tiefe Wahrheit der großartigen Zusicherung offenbar: »Denn vermöge der Gnade seid ihr gerettet durch Glauben« (Eph. 2,8). Der »Glaube« ist dabei das Zutrauen, das im anderen entsteht, wenn ein tiefes Einvernehmen (rapport) zwischen beiden erwächst, wie es im Wirkungsfeld akzeptierender Liebe gedeiht, die sich der andere nicht zu verdienen oder zu erarbeiten braucht. (Einen Menschen annehmen heißt freilich *nicht*, daß der Berater unverantwortliche Züge im Verhalten des anderen akzeptiert.)

Kraftquellen: Die pastorale Seelsorge wird aus der reichen Weisheit und Vollmacht der hebräisch-christlichen Überlieferung gespeist, wie sie in Gebet, Schrift, Sakramenten, Liturgie und dem Leben der Kirche zuhanden sind.

Mitarbeiter: Geistliche sind »repräsentative christliche Personen« – repräsentativ für Glauben, Überlieferung, Leben und Gemeinschaft der Kirche, die »christliche Sinngehalte im Blick auf die Leiden der Menschen zur Geltung bringen«[17]. Der beratende Seelsorger steht mit seiner Person für seine christliche Tradition und Gemeinde, ob er sich nun in seiner beraterischen Tätigkeit der religiösen Sprache und Riten bedient oder nicht. Die Tatsache, daß er in den Augen der Pastoranden einer christlichen Gemeinde vorsteht, wird sich auf all sein Beraten auswirken.

Die letztgültige Motivation beratender Seelsorge: Dietrich Bonhoeffers bekannter Satz »Gott ist mitten in unserem Leben jenseitig«[18] kann uns als Umschreibung der letztgültigen, christlichen Motivation eines beratenden Seelsorgers dienen. Denn wenn der Pfarrer von diesem »jenseitigen« Element in jedem Menschen und allem Begegnen angerührt ist, gewinnt er einen

---

[17] Vgl. *W. A. Clebsch* und *Ch. R. Jaekle,* Pastoral Care in Historical Perspective, New York 1967, 4 f.
[18] Widerstand und Ergebung, 1964[12], 308.

Blick für diese religiös-existentielle Dimension aller Probleme. Letztgültige Dinge – der Sinn des Lebens, der Schrecken des Nichtseins und die Urangst – stehen in jeder Beratungssituation auf dem Spiel, ob man sich dessen bewußt ist oder nicht. Der Seelsorger weiß, daß sich viele Fragen nur weltanschaulich bzw. vom Glauben her beantworten lassen. Dieses, das Psychische transzendierende Element hat für die beratende Seelsorge große Bedeutung und zeugt für das Gewicht der letztgültigen Motivation des Geistlichen: dem anderen beizustehen, daß er mit Gott in ein rechtes Verhältnis kommt.

Die unvergleichlichen Möglichkeiten der beratenden Seelsorge

Das Proprium der *Ausbildung*, die der Seelsorger durchlaufen hat, ist ihr Hintergrund von Theologie, Philosophie, Ethik und Religionswissenschaft und sein Vermögen, diese mit der Beratungsaufgabe mit Hilfe der Disziplin der Pastoralpsychologie zu verknüpfen. Er verbindet sein Wissen auf diesen Gebieten mit jenen Aspekten seiner Ausbildung, welche sich mit derjenigen der anderen beraterischen Berufe überlappen. Letzteres sollte im Idealfall Entwicklungspsychologie, Psychopathologie, Gruppendynamik sowie die Techniken der Einzel- und Gruppenberatung einschließen. Im Durchschnitt ist er in dieser Hinsicht beträchtlich weniger (häufig *zu* wenig) ausgebildet als die anderen hauptberuflichen Berater.

Dank seiner theologischen Ausbildung vermag der Pfarrer in besonderem Maße denjenigen Beistand zu leisten, die mit ethischen Konflikten, Mischeheproblemen, religiösem Zwiespalt und solchen letzten Fragen belastet sind, wie sie den umtreiben, der eine tragfähige Einstellung zum Leben sucht oder mit der Angst vor dem Sterben fertig werden möchte. Paul Tillich nennt die Seelsorge eine »helfende Begegnung in der Dimension letztgültiger Betroffenheit«[19]. Der Pfarrer sollte so ausgebildet sein, daß er in seiner Beratungstätigkeit den Anforderungen angesichts dieser Dimension gewachsen ist. Hier findet sein Dienst der Sinngebung statt. Er sollte sich bemühen, *Experte auf dem Gebiet des geistlichen Wachstums* zu werden, dh. zu wissen, wie sich dieses fördern läßt und wie man zur Beseitigung der Hemmnisse helfen kann, die dem entgegenstehen.

[19] Rede vor der National Conference on Clinical Pastoral Education in Atlantic City im November 1956.

Verglichen mit anderen Beratern befindet sich der Geistliche in einer besonderen Situation dank seiner sozialen *Rolle.* Wie schon erwähnt, sehen diejenigen, die sich ratsuchend an ihn wenden, in ihm eine *religiöse* Autorität, den Leiter einer christlichen Gemeinde und den Repräsentanten von Werten und Überzeugungen ihrer Tradition. Mit anderen Worten: Er wird zu einer religiösen »Übertragungsfigur«, da seine symbolische Rolle in den Ratsuchenden eine Vielfalt weit zurückliegender früher Erfahrungen und Gefühle wachruft. Im Gegenüber mit ihm wird ein Gewirr solcher Gefühle lebendig: verknüpft mit den Eltern, Gott, Himmel, Hölle, Sex, Religionsunterricht, Tod, Beerdigungen, Kirche und Gottesdienst, Recht und Unrecht usw. Ein Seelsorger, *der Gefühle zu erspüren weiß,* kann damit traumatische oder verzerrte frühere Eindrücke korrigieren und reifere Einstellungen herbeiführen. Ist er eine geistlich und emotional gereifte Person, so kann er von allen Aspekten seines Amtes her einen dauerhaften förderlichen Einfluß auf diese tiefsitzenden Gefühle ausüben. Dadurch, daß er seine Gemeindeglieder eine akzeptierende und dazu doch auch sanft konfrontierende religiöse Autoritätsfigur erleben läßt, vermag er ihr Wachstum hin zu einem reiferen und befriedigenderen Verhältnis mit Gott zu fördern.

Kontakt und Rahmen des Beratungsdienstes, den der Pfarrer versieht, tragen wesentlich zu seinem Proprium bei. Den Kontext bildet der Pfarrdienst in seinem ganzen Ausmaß: ein Dasein für andere, ein Dienst des Nährens und des Helfens. Den Rahmen aber gibt die lebendige Gemeinde der Gläubigen ab, die Kirche am Ort. Seine Tag für Tag wahrgenommenen Kontakte zu einer großen Zahl von Menschen aller Altersschichten, in guten wie in bösen Tagen, bieten ihm zahllose Gelegenheiten der Hilfeleistung. So kann er ernstliche Probleme bei seinen Gemeindegliedern schon lange vor dem Eintritt in die kritische Phase erkennen, die sie dann spezielle Stellen oder andere Berater aufsuchen läßt. Seine ständigen Kontakte mit einzelnen Familien, dem Mutterboden gesunder oder gestörter personaler Entfaltung, kommen ihm für seine Beratungspraxis unvergleichlich zugute. Sind die Gruppen und Kreise in seiner Gemeinde lebendig (dh. bedürfnisbefriedigend), können sie seinen Dienst an den Belasteten ergänzen und in seiner Wirksamkeit vertiefen[20]. *Kein anderer beratender Beruf wird jahraus, jahrein von*

[20] Fehlen ihnen diese vitalen Qualitäten, dann muß der Pfarrer Wege finden, sie innerlich zu erneuern oder neue, für das Leben der Gemeinde relevante Gruppen zu schaffen.

einer ähnlich tragenden Gemeinschaft begleitet, um seine Arbeit zu unterstützen. Mit seinem Beratungsdienst kann der Seelsorger zur Brücke werden, über die so mancher der Verlassenen in unserer entpersönlichten Gesellschaft zu einer Gruppe gelangt, die ihm das Gefühl der Geborgenheit vermittelt und seinen Bedürfnissen entgegenkommt. Ein anderer Aspekt des Propriums, das den Beratungsdienst des Geistlichen auszeichnet, haben wir darin zu sehen, daß ihm Erwartungen entgegengebracht werden im Blick auf die *religiösen Kraftquellen*, die er als regulären Teil seines Auftrags zu verwalten hat und – hoffentlich – auch dazu recht ausgebildet ist. Bringt er diese gewissenhaft und wohlüberlegt zur Geltung, können solche »Reserven« ein beträchtliches Element in den verschiedenen Formen der beratenden Seelsorge bilden: insbesondere bei der stützenden Beratung, der Krisenberatung, der konfrontierenden, der tiefenpsychologischen und der religiös-existenziellen Beratung.
Neben der Schrift, den Sakramenten und dem Gebet kann auch die durch Jahrhunderte gesammelte Weisheitsfülle der christlichen Überlieferung zur lebensvollen Kraftquelle im Beratungsdienst werden. Anton T. Boisen formuliert das so:

»Der kundige Priester bzw. Pfarrer bringt für sein heilendes Wirken an seelisch Kranken gewisse Einsichten mit. Er ist bewandert in den Zeugnissen der großen Denker des Menschengeschlechts und hat die abenteuerliche Suche des Menschengeistes nach erfüllterem Leben, wie sie einzelne Persönlichkeiten und ganze Völker unternehmen, nachverfolgt. Er weiß von den tiefen Sehnsüchten des menschlichen Herzens und der Bedeutung der schöpferischen Kräfte, die das Bekehrungserlebnis wie auch die akute psychische Störung durchwalten. Er kennt das elementare Verlangen nach Liebe, die düstere Verzweiflung aufgrund von Schuld und Entfremdung von denen, die wir lieben, und die Bedeutung der Vergebung im Glauben an die Liebe, die das Universum durchwaltet und in deren Augen keiner verdammt ist, der sich zur Besserung anschickt. Auf solches Wissen gründet sich der wichtige Beitrag des erfahrenen Geistlichen weit mehr als auf bestimmte Techniken.«[21]

Schließlich hat die beratende Seelsorge ihr Proprium darin, daß sie *im geistlichen Wachstum das wesentliche Ziel* des Beratungsgeschehens sieht. Diese Perspektive sollte den Blick des Pfarrers leiten, ob er nun im praktischen Vollzug explizit darauf eingeht oder nicht. Er wird darauf hinwirken, daß dem Pastoranden die Beziehung zu Gott und dem Nächsten von neuem sinnvoll und bestimmend wird. Dabei wird es sich bewahrheiten, daß die Vertiefung der Kommunikationsfähigkeit, die die Beratung be-

[21] The Exploration of the Inner World, New York 1936, 285.

wirkt, auch eine reifere und erfüllendere Beziehung zu Gott anzubahnen vermag. Jedoch bei vielen Menschen stagnieren die religiösen Dimensionen ihres Lebens und bleiben weiter gestört, obgleich sie in anderen Beziehungen längst über dieses Stadium hinaus sind. Sie brauchen in religiöser Hinsicht ganz eigene Hilfe. Für die meisten Geistlichen gehört eine gereifte, versöhnte Gottesbeziehung zu den unveräußerlichen Zügen einer gesunden, ganzheitlichen Persönlichkeit. Hält man sich an diese Orientierung, werden auch die Beratungsbeziehungen davon beeinflußt sein, ob man nun »religiöse« Fragen erörtert oder andere. Denn wenn aus dem seelisch-geistlichen Leben des Menschen in erster Linie Konflikte und Schuldgefühle herrühren, wird sich hierauf auch das Hauptaugenmerk bei der Beratung zu richten haben.

Grenzen und Möglichkeiten des Pfarrers als Berater

Um seine Rolle als Berater besser zu verstehen, muß sich der Pfarrer seiner Grenzen und Möglichkeiten auf diesem Gebiet bewußt werden. Dies sind die *Nachteile:*

(1) *Zeit:* Der Pfarrer ist von seinem Amt her genötigt, seine Zeit und Energie auf viele verschiedene Arbeitsbereiche zu verteilen. Die meisten können nicht mehr als fünf bis zehn Stunden pro Woche ihrer Beratungspraxis nachgehen, ohne dabei andere wichtige Verpflichtungen hintanzustellen. Dementsprechend sollte der Pfarrer sein Bemühen auf Entwicklung der Fähigkeiten zur kurzfristigen Beratung und zur Hilfeleistung in Überweisungsfällen konzentrieren.

(2) *Ausbildung:* Die Ausbildung des Pfarrers soll ihm für eine Vielfalt von Funktionen zugute kommen. Als Teilzeitberater können sich die meisten nicht die professionellen Fähigkeiten aneignen, die bei hauptberuflichen Beratern oder Psychotherapeuten vorausgesetzt werden. Glücklicherweise *kann* jedoch vielen Menschen auch im Rahmen der begrenzten Ausbildungsmöglichkeiten eines Durchschnittspfarrers geholfen werden. Je gründlicher diese Ausbildung ist, desto größer wird auch der Kreis derer, denen die seelsorgerliche Beratung wirkliche Hilfe zu leisten vermag. Ein Pfarrer muß sich dieser Probleme und damit auch der Grenzen seiner Möglichkeiten der Hilfeleistung bewußt sein, so daß er den Ratsuchenden im gegebenen Fall

sachgerecht weiterzuvermitteln weiß. Andererseits sollte er seine Fähigkeiten zum momentan verlangten Beistand nicht *unterschätzen* und nicht die Gelegenheiten außer acht lassen, in denen er die ganz spezifischen Werte seiner Ausbildung ins Spiel zu bringen hat.

(3) *Rollenerwartung:* Manche Personen, die mit besonderen Schuldgefühlen belastet sind, scheuen den Gang zum Pfarrer, da sie in ihm den Repräsentanten eines ethischen Wertsystems sehen. Psychologisch bleibt für sie der Zugang zu ihm so lange blockiert, als sie in ihm den Richter sehen. Ist jedoch der Pfarrer in der Lage, sich selbst anzunehmen und dementsprechend anderen gegenüber unvoreingenommen zu sein, dann wird er diese Unvoreingenommenheit auch in seinem gesamten seelsorgerlichen Wirken an den Tag legen. Damit verringert sich die Gefahr, daß Menschen mit Schuldgefühlen das Leitbild des Richters auf ihn projizieren. Da der Pastorand seinem Pfarrer jedoch auch häufig außerhalb der Beratung begegnet, zieht es mancher vor, bei einem intimen, kompromittierenden Problem anderweitige Hilfe in Anspruch zu nehmen. Das ist andererseits einer der Gründe dafür, daß zum Pfarrer auch Leute aus anderen Gemeinden zur Beratung kommen. So sagte einmal ein Mann: »Ich mag und achte unseren Pfarrer, aber ich möchte es ihn doch lieber nicht wissen lassen, daß ich ein Verhältnis habe.«

(4) *Übertragung:* Die Beratung (besonders die langfristige) erweckt häufig die Projektion starker, elementarer Gefühle von Liebe und Haß auf den Berater. Diese stammen aus ungelösten Konflikten in der Beziehung zu den Eltern. Solche aus einer positiven oder negativen »Übertragung« herrührende Bindung kann den Seelsorger emotional sehr beanspruchen, selbst wenn sie seinen Ruf nicht gefährdet. Der professionelle Psychotherapeut weiß aufgrund seiner Ausbildung und seiner relativ gesicherten Position solche Übertragungsbeziehungen zu nutzen, um seinem Klienten bei der Bewältigung von Kindheitskonflikten zu helfen. Das aber ist ein vielschichtiger und zeitraubender Prozeß, der besondere Fähigkeiten voraussetzt.
Generell ist solche Übertragung in einem gewissen Maße bei allen Seelsorgekontakten mit im Spiel. In bestimmten Grenzen kann das, wie schon gesagt, durchaus von Nutzen sein. Aber bei der langfristigen Beratung gestaltet sich die Übertragung besonders intensiv. Die Frau, die sich in ihren Pfarrer »verliebt«, liebt hauptsächlich in ihm das Bild ihres Vaters (oder der Mutter), zu dem sie frustrierende Beziehungen hatte. Das gleiche ist der Fall

bei einem Klienten, der irrationale Haßgefühle gegenüber seinem Berater entwickelt. Beide sind sich in der Regel der wahren Natur ihrer Gefühle nicht im mindesten bewußt.
Um diese Gefahr zu mindern, sollte der Pfarrer gar nicht erst eine langfristige oder tiefenpsychologische Beratung beginnen, es sei denn, er wäre in diesen Methoden gründlich ausgebildet und hätte sich selbst schon einer Analyse unterzogen. Es ist ferner unklug, sich auf eine derartige Beratung mit jemandem einzulassen, der innerhalb der eigenen Gemeinde oder Kirche eine wichtige Position innehat. Die Mißachtung dieses Prinzips kann einen Pfarrer seine Stellung kosten, falls eine negative Übertragung stattfindet. Andererseits wird dem Pfarrer das Bewußtsein, der Mißgunst eines solchen Menschen preisgegeben zu sein, zum Hindernis, so offen, ehrlich und »gleichzeitig« (im Sinne von Carl Rogers) zu sein, wie es nötig ist, um wirksam beraten zu können. Das einzig Richtige wäre in solch einem Fall, den Betreffenden an einen anderen Berater weiterzuvermitteln. Das gleiche gilt für Beratungssituationen, in denen der Pfarrer merkt, daß sich eine starke Beratungsbeziehung entwickelt. Wenn er nicht speziell ausgebildet und somit befähigt ist, in solchem Falle eine Langzeittherapie einzuleiten, liegt eine Weiterüberweisung im Interesse aller Beteiligten.

(5) *Bezahlung:* In manchen Fällen wird die Wirksamkeit der seelsorgerlichen Beratung dadurch gemindert, daß der Pfarrer keine Bezahlung verlangt. Die neurotische Bedeutung des Geldes (welches das Geben und Empfangen von Liebe und Macht symbolisiert) liegt bei der Beratung nicht unmittelbar und offen zutage. Oft aber kommt es zu erstaunlicher Selbsterkenntnis, falls man in dieser Hinsicht die Augen öffnet. Auch mag es vorkommen, daß die Zeit des Pfarrers über Gebühr und ineffektiv beansprucht wird, da bei ihm die Bezahlung nicht einer unmotivierten Inanspruchnahme entgegensteht. Manche Pfarrer bieten die Möglichkeit an oder erwarten es sogar, daß jemand, der eine längere Beratung erhält, eine kirchliche Einrichtung finanziell unterstützt, besonders wenn er nicht der eigenen Gemeinde angehört. (Die Beratung von *Gemeindegliedern* durch ihren Pfarrer dagegen gleicht eher einer ärztlichen Behandlung, die schon durch die monatlichen Krankenkassenbeiträge abgeglichen ist.) Kann der Klient für seine Beratung bezahlen, stärkt sich sein Selbstwertgefühl und das Empfinden der Abhängigkeit vom Berater wird geringer. So bleibt er in der Seelsorgebeziehung nicht nur der *Empfangende,* sondern wird zum *Gebenden.* Es

sollte aber auf jeden Fall mit dem Kirchenvorstand abgesprochen werden, wie man hier zu verfahren gedenkt.

Ein Pfarrer hat aber auch *mehrere strategische Vorteile bei seiner Beratungstätigkeit,* und er sollte diese zu möglichster Wirksamkeit optimal nutzen.

(1) *Vertrauen:* In unserer Gesellschaft haben unzählige Menschen tiefes Vertrauen zum Geistlichen, oft schon von ihrer Kindheit an. Im strikten Gegensatz dazu stehen die vielschichtigen Angstgefühle, die man gemeinhin mit einem Gang zum Psychiater oder Psychotherapeuten verbindet. Der Ausdruck »Kopfschrumpfer« ist gefüllt mit der emotionalen Furcht, durch die »Magie« des Psychiaters manipuliert zu werden. Man vergleiche dies mit dem Gefühl der Wärme und des Vertrauens, das viele Menschen dem Geistlichen entgegenbringen.

(2) *Vertrautheit:* Ähnlich dem Hausarzt, aber ganz anders als der professionelle Berater, unterhält der Pfarrer in der Regel ein ganzes Netz von dauerhaften Beziehungen. In vielen Fällen bieten sie eine tragfähige Grundlage für einen Beratungskontakt und ermöglichen Fortschritte beim Klienten in viel kürzerer Zeit, als es bei einem anderen Berater denkbar ist, der ja ganz von vorn anfangen muß. Andererseits hat der Pfarrer bei den vielen Kontakten häufig Gelegenheit, Erkenntnisse und Techniken der Beratung bei informellen Begegnungen anzuwenden.

(3) *Kontakte zu Familien:* Einen weiteren großen Vorteil vor sonstigen Beratungsstellen oder Psychotherapeuten hat der Pfarrer dadurch, daß er mit den Angehörigen seiner Klienten ja schon im Vollzug seines sonstigen Dienstes bekannt ist. Er ist nicht nur über gewisse Störungen im Organismus der Familie im Bilde, aus dem die individuellen Probleme erwachsen, er hat auch direkten Zugang zur Familie als Objekt der Hilfe.

(4) *Krisenberatung:* Häufig ist der Pfarrer in Krisensituationen wie einem Trauerfall, einer Krankheit oder einem Unfall zur Stelle. Er ist zugegen, wenn der Mensch am verwundbarsten ist und das Verlangen nach beratender Hilfe aufkommt.

(5) *Präsenz:* Die Tatsache, daß ein belasteter Mensch üblicherweise den Pfarrer aufsuchen kann, ohne erst mehrere Tage (oder noch länger) warten und gegebenenfalls auch ohne vorher einen

Termin ausmachen zu müssen, ist ein unübersehbarer Vorteil in solchen Fällen, wenn eilige und dringende Hilfe nötig ist. Die neuartige Einrichtung von »ambulanten psychiatrischen Abteilungen«, die man in einer akuten kritischen Situation ohne vorherige Anmeldung aufsuchen kann, zeigt, daß auch die Berufe für psychische Gesundheit die Notwendigkeit dieser unmittelbaren Hilfeleistung erkannt haben, die seit Jahrhunderten für den Seelsorger selbstverständlich ist. Solchen Personen, die zu scheu sind, um sich nach einem Termin für eine »Beratung« zu erkundigen, kann das eine Hilfe sein, da sie einfach zum Pfarrer hingehen können, fraglos aus längst nicht so bedrohlichen Gründen. Da er keine Bezahlung verlangt, wissen sie, daß er allein aus Mitmenschlichkeit zu helfen bereit ist. Die gegenwärtigen teuren Gebühren eines Privatpraktikers und der Mangel an hauptberuflichen Beratern unterstreicht die Wichtigkeit eines Berufszweiges, der die Beratung größtenteils auf sozusagen vorausbezahlter Basis vornimmt.

(6) *Ausbildung:* Wie schon oben dargelegt, kommen dem Geistlichen die Besonderheiten seiner Ausbildung einzigartig zugute, wenn in der Beratung weltanschauliche, existenzielle und religiöse Fragen eine Rolle spielen.

(7) *Rollenerwartung:* Ein entscheidender Vorteil des Pfarrers liegt auch darin, daß er in den Augen der Leute die Wert- und Glaubensvorstellungen seiner christlichen Gemeinde repräsentiert. Manch einer mit einem unerbittlichen Gewissen kommt zu ihm und möchte bestraft werden, um sich so von drückenden Schuldgefühlen zu entlasten. Hat er es jedoch in der Beratungsbeziehung mit einem Seelsorger zu tun, der »sich selber annimmt, da er schon angenommen ist« (Tillich), werden seine Schuldgefühle heilsamer und dauerhafter abgebaut. Denn er wird fähig, sich selbst anzunehmen, weil ihm in der Beratungsbeziehung Gnade widerfahren ist.
Das andere Extrem bilden diejenigen, die unter ihrem Mangel an Selbstbeherrschung zu leiden haben, der sie selbst (und andere) zum Spielball ihrer Impulse macht. Viele von ihnen können ihr inneres Steuerungssystem kräftigen, da sie sich in ihrer Beziehung zum Pfarrer und der Kirche mit deren Wertsystem identifizieren können (vgl. Kap. XI).

Abschließend ist zu sagen, daß die Nachteile wie auch die Vorteile die besondere Rolle des Pfarrers als Berater bestimmen. Seine Begrenzungen sollten ihn von der langfristigen, tiefenpsychologischen Beratung Abstand halten lassen. Seine Vorteile sollten ihn mehr den Formen der Beratung verpflichten, die ich unter dem Begriff des »revidierten Modells« zusammenfasse. Diese Beratungsformen helfen ihm, all die Vorteile, die er als Berater hat, aufs beste zu nutzen und so seine Wirksamkeit als Mittler der Erneuerung zu mehren.

III. DIE GEMEINSAMEN ELEMENTE ALLER BERATUNGSFORMEN

Ich bin des Großartigen und Gewaltigen, großer Einrichtungen und staunenswerter Erfolge müde, mich interessieren die unscheinbaren molekularen Kräfte, die zwischen Individuen walten, die sich durch die Ritzen der Welt zwängen wie kleine zarte Wurzelfasern oder wie haarfein durchsickerndes Wasser und die doch die härtesten Monumente menschlicher Hybris zersprengen, sind sie nur lange genug am Werk.

William James[1]

Herr S. traf mit dem Pfarrer telefonisch eine Verabredung. Er war drei Wochen vor dem Telefonanruf im Gottesdienst gewesen und dann nicht mehr gekommen. Als der Pfarrer ihn im CVJM-Wohnheim besuchen wollte, war er gerade fort. Nach seiner Rückkehr fand er die Karte des Pfarrers mit einem kurzen Gruß. Er las: »Es tut mir leid, daß ich Sie nicht angetroffen habe. Es war schön, daß Sie im Gottesdienst waren!« Dieser anscheinend vergebliche Besuch war es, der Herrn S. veranlaßte, den Pfarrer um Hilfe anzugehen. Die Karte, die er mehrere Tage lang in seiner Brieftasche herumgetragen hatte, bis er sich zu dem Anruf durchrang, vermittelte ihm die Anteilnahme des Pfarrers; außerdem nannte sie seine Telefonnummer.

Beratende Seelsorge beginnt in dem Augenblick, in dem der Mensch Hilfe braucht und den ersten Kontakt sucht. Hier sind einige Ausschnitte aus der telefonischen Unterredung zwischen Herrn S. und dem Pfarrer:

Herr S.: Guten Tag, hier spricht Bill S. Ich habe neulich Ihre Karte vorgefunden. Es tut mir leid, daß ich nicht da war, als Sie mich besuchen wollten. (Seine Stimme ist flach und ein bißchen gepreßt.)

Pfarrer: Schön, daß Sie anrufen, Bill. Ich wollte nur schnell »Guten Tag« sagen und Sie in der Gemeinde begrüßen. Sie sind hier neu zugezogen, nicht wahr?

Herr S.: Ja, ich bin aus St. Louis und jetzt hierher an die Küste gekommen. Schon vor einem Monat. Ich wollte hier einen neuen Start probieren.

Pfarrer: Wir freuen uns, daß wir Sie jetzt bei uns haben. Wie gehts denn so?

---

[1] Zitiert in *E. Luccock*, Christianity and the Individual, New York 1937, 38.

Herr S.: Ganz gut. Aber es ist nicht so einfach, sich in einer fremden Stadt einzuleben. Es gibt da einige Dinge, über die ich ganz gern einmal mit Ihnen gesprochen hätte. Ich möchte natürlich Ihre Zeit nicht übermäßig in Anspruch nehmen, aber – äh ...

Pfarrer: Ich würde mich freuen, wenn wir uns sehen könnten. Wann könnten Sie einmal bei mir im Pfarramt hereinschauen?

Herr S.: Ja, momentan arbeite ich noch nicht, mir würde es jederzeit passen.

Pfarrer: Dummerweise bin ich schon halb unterwegs zu einer auswärtigen Konferenz. Aber erzählen Sie mir doch mal ein bißchen von Ihrer Situation.

Herr S.: Hm, meine Frau hat sich vor drei Monaten von mir scheiden lassen. Seitdem bin ich unter dem Nullpunkt. In diesen letzten Tagen war ich wirklich wie am Boden zerstört. Hab' nicht mal richtig geschlafen.

Pfarrer: Das scheint Ihnen ja alles ganz schön zuzusetzen. Könnten wir uns vielleicht in zwanzig Minuten im Pfarramt treffen?

Herr S.: Schon, aber ich möchte Sie nicht von Ihrer Reise abhalten.

Pfarrer: Das geht schon in Ordnung. Ich würde *gerne* mit Ihnen ein bißchen plaudern, ehe ich abreise. Mein Büro befindet sich in der Oak Street, gleich neben der Kirche. Da ist ein eigener Eingang. Wir sehen uns dann um viertel zwei.

Herr S.: Gut, bis dann.

Dieser kurze telefonische Kontakt hat folgende Dinge zuwege gebracht:

(1) Eine Beratungsbeziehung war hergestellt. (2) Der Pfarrer vermittelte Herrn S. seine herzliche Anteilnahme. (3) Bei Herrn S. war das Eis gebrochen, und er konnte mit dem Pfarrer über seine Probleme reden. (4) Der Pfarrer gewann einen ungefähren Eindruck von Art und Dringlichkeit der Probleme, die Herrn S. belasteten. (5) Aufgrund seines Eindrucks, Herr S. könne ernstlich gefährdet sein, faßte der Pfarrer den Entschluß, seine Reise zu verschieben und sich kurz mit ihm zu treffen. Die ausdruckslose Stimme des Herrn S., das Erleben eines tiefgehenden Verlustes, seine Schlaflosigkeit und seine Wendungen wie »am Boden zerstört sein« ließen insgesamt auf eine Depression schließen. Der Pfarrer wußte zudem, daß die Gefahr eines Selbstmordes bei tief deprimierten Menschen sehr groß ist, zumal wenn sie allein leben.

Selbst wenn der Pfarrer nicht im Begriff gewesen wäre, zu einer Konferenz zu fahren, wäre es darauf angekommen, schon am Telefon etwas von der Art und Dringlichkeit des Problems bei Herrn S. zu erfahren. Eine offene Frage wie »Was bereitet Ihnen denn Schwierigkeiten?« oder »Erzählen Sie mir doch etwas von Ihrer Situation!« erleichtert es gewöhnlich dem Gemeindeglied, dem Pfarrer seine Sicht der Dinge mitzuteilen. Die Tatsache, daß der Pfarrer ja schon eine gewisse Ahnung von seinen Problemen hat, verringert die Gefahr, daß der andere aus Furcht vor der Gesprächseröffnung über seine Schwierigkeiten die Verabredung nicht einhält. Dieses Vorgehen ermöglicht es andererseits dem Pfarrer, die dringlich akuten oder Krisensituationen von mehr chronischen Problemen zu unterscheiden, die nicht derart unmittelbar der Beratung bedürfen. Es ist auf jeden Fall geraten, sich mit jedem neuen Pastoranden so bald wie möglich zu treffen.

Entwicklung und Wachstum einer therapeutischen Beziehung

Im Verlauf der ersten Beratungssitzung sollte folgendes erreicht werden:

(1) Durch ein wachsendes Einvernehmen (Rapport) sollte die Basis zu einer therapeutischen Beziehung geschaffen werden.

(2) Durch diszipliniertes Achtgeben auf die Gefühle des Pastoranden und deren Verbalisierung beginnt die Katharsis bisher zurückgedrängter Emotionen.

(3) Der Pfarrer bekommt einen ersten Einblick in das »innere Bezugssystem« des Partners, wie also das Leben aus der Perspektive seiner eigenen inneren »Welt« aussieht.

(4) Der Berater gewinnt einen diagnostischen Eindruck von den Problemen des Ratsuchenden, von welchen mitmenschlichen Beziehungen her seine Bedürfnisse unbefriedigt bleiben und wie weit er fähig oder unfähig ist, sich mit seiner Situation auseinanderzusetzen.

(5) Aufgrund dieser ersten Diagnose macht der Pfarrer einen Vorschlag (oder auch mehrere) zum weiteren Vorgehen, das eine Hilfe verspricht.

(6) Erscheint eine längere Beratung durch den Pfarrer angezeigt, sollte die Beratungsbeziehung strukturiert werden.

Beratende Seelsorge setzt den Aufbau und die Anwendung einer Beziehung *therapeutischen*[2] (heilenden), *maieutischen*[3] (persona-

---

[2] Der Begriff »Therapie« ist abgeleitet vom griechischen *therapeutes* und mit »Begleiter« oder »Diener« zu übersetzen, dh. die Hilfe in der Krankheit wird von einem Diener geleistet. Die ursprüngliche Bedeutung des Wortes ist somit wesentlich interpersonaler Natur und beschreibt die wohltuende Wirkung, die ein Mensch auf den anderen ausüben kann. (*R. C. Leslie*, Group Therapy as a Method for Church Work, unveröffentlichte Dissertation, Boston University 1948, 13).

[3] Vom griechischen *maieutikos*, »Hebamme«; dieser Terminus wird

les Wachstum stimulierenden) oder *versöhnenden* (gestörte Kommunikation erneuernden) Charakters voraus. In diesem psychischen Wirkungsfeld können Heilung, Reifen und erfolgreiches Bewältigen der Situation stattfinden. Solch eine Beziehung ist, wie gesagt, das sine qua non der Beratung. Nur in diesem Zusammenhang werden die verschiedenen Verfahrensweisen und Techniken wirklich von Nutzen sein. Das Erlebnis einer so gearteten Beziehung hat bereits *in sich selbst* heilende Kraft und stimuliert das Wachstum der Persönlichkeit. Deshalb ist es der wichtigste Gesichtspunkt der ersten Sitzung, den Grund zu einer solchen Beziehung zu legen.

Eine therapeutische Beziehung gedeiht, wenn der Berater sich völlig in den leidenden Menschen hineinversenkt und ihm zur Seite ist. Er soll sich ganz auf das *Zuhören, Mitfühlen* und *Nahsein* konzentrieren. So wesentlich dies für sämtliche Phasen des Kontakts ist, so unbedingt und vordringlich hat man darauf in den ersten Stadien zu achten. Der Berater sollte sich nicht darum kümmern, was er als nächstes zu sagen oder zu tun weiß (wie es dem unerfahrenen Berater passiert), sondern er sollte seine ganze Energie darauf verwenden, sich in den anderen einzufühlen, ganz bei ihm zu sein. Das nennen die existenzanalytisch orientierten Psychotherapeuten »Gleichzeitigsein«. Karl Jaspers sagt: »Was entgeht uns! Welche Möglichkeiten des Verstehens lassen wir vorübergehen, weil uns in einem winzigen, entscheidenden Moment trotz all unseres Wissens die schlichte Tugend der vollen mitmenschlichen Gleichzeitigkeit fehlte!«[4] Wir alle kennen das leere, unpersönliche Gefühl, wenn man mit einem Menschen redet, der nicht voll und ganz anwesend ist. Eine therapeutische Beziehung ist das genaue Gegenteil.

Sobald der Ratsuchende – wenn auch nur vage – verspürt, daß der Seelsorger wahrhaft bemüht ist, intensiv zuzuhören und sich ganz auf ihn einzustellen, wird ihn ein zages empfindsames Verbundensein, hauchfein wie ein Spinnengewebe, umfangen; sein Alleinsein begegnet dem Alleinsein des Pfarrers. So bildet sich ein erstes, lebensnotwendiges Fundament zu einer Brücke, die die Bewußtseinsinseln zweier Menschen verbinden wird. Diese Brücke bezeichnet man als *Rapport*. Ähnlich wie Martin Buber sagt Carl Rogers:

---

in der Gruppendynamik verwandt, womit man einen demokratischen Typ der Leitung beschreibt, durch den die kreativen Fähigkeiten einer Gruppe freigesetzt werden, da er nicht in die Extreme des autoritären oder Laisser-faire-Führungsstils verfällt.

[4] *U. Sonnemann*, Existence and Therapy, 343.

»Unsere grundlegende Hypothese lautet: jeder einzelne stellt sich dar als ein Prozeß, und wir haben ihn zutiefst zu respektieren, sowohl im Blick darauf, wie er ist, als auch im Blick auf seine Entwicklungsfähigkeit. Um die Realität dieses Satzes zu erfahren, muß man sich mit ihm zusammen so tief wie nur möglich in sein verworrenes Ringen um Selbsterhaltung hineinzubegeben suchen.«[5]

In der Beratung kommt es wesentlich auf die Kunst des *reflektierenden Zuhörens* an. Hierbei versucht der Pfarrer nicht nur auf die Worte, sondern auch auf *die Gefühle* zu achten. Er spürt den Empfindungen nach, die »zwischen den Zeilen« stehen, die zu schmerzend sind, um sie in Worte zu fassen. Hin und wieder reagiert er auf diese Gefühle. Dietrich Bonhoeffers schneidende Anklage unterstreicht nur die Wichtigkeit der Kunst des Zuhörens und die Notwendigkeit, sie sich anzueignen:

»Viele Menschen suchen ein Ohr, das ihnen zuhört, und sie finden es unter den Christen nicht, weil diese auch dort reden, wo sie hören sollten. Wer aber seinem Bruder nicht mehr zuhören kann, der wird auch bald Gott nicht mehr zuhören ... Wer nicht lange und geduldig zuhören kann, der wird am anderen immer vorbeireden und es selbst schließlich gar nicht mehr merken.«[6]

Eine Zeile aus Shakespeares »König Heinrich IV.« drückt den Mangel an Wahrnehmungsvermögen, an dem so manche seelsorgerliche Beratung scheitert, so aus: »Das Übel des Nicht-Aufhorchens, die Krankheit des Nicht-Achtgebens ists, womit ich behaftet bin.«[7] Ich werde stets jener kleinen, weißhaarigen Dame in einer Nervenklinik dankbar sein, die mir vor Jahren half und mich die Gefahren des Nichtzuhörens lehrte. Sie war über zwanzig Jahre in diesem Krankenhaus gewesen. Wir wußten beide, daß es mit ihr zu Ende ging. Gerade wollte ich zu einem geistlichen Zuspruch anheben, um sie zu »trösten«, als es mir aus irgendeinem unerfindlichen Grunde einfiel, sie zu fragen, mit welchen Gefühlen sie das, was auf sie zukomme, betrachte. Ihre verblüffend ehrliche Antwort ließ mich von meiner wohlvorbereiteten kleinen Ansprache Abstand nehmen. Sie sagte mit allem Nachdruck: »Herr Pfarrer, ich werde mächtig froh sein, wenn ich endlich aus diesem verdammten Bau rauskomme!« Mein Fehler bestand darin, daß ich dachte, ich wüßte, wie Menschen im allgemeinen das Sterben erleben. Und ich hatte des-

[5] Client-Centered Therapie, New York 1951, 45. In der Studie von *M. Friedman,* The Life of Dialogue, New York 1960, 192, werden diese Überlegungen Bubers diskutiert.
[6] Gemeinsames Leben, 1969[13], 84.
[7] II. Teil, Akt 1, Szene 2, Z. 139.

wegen so danebengegriffen, weil es nichts gibt, worin die Menschen wirklich ganz gleich empfinden.

Schon seit altersher hat man die wohltuende Wirkung des Zuhörens zu würdigen gewußt. Ptah-hotep, der Wesir des ägyptischen Pharaos Isesi aus der 5. Dynastie (ca. 2450 v. Chr.), gab seinem Sohn und designierten Nachfolger folgenden Rat:

»Wenn dir eine Petition vorgetragen wird, so sei geduldig und höre den Worten des Bittstellers zu. Weise ihn nicht ab, ehe er sich nicht alles von der Seele geredet hat oder ehe er das gesagt hat, weswegen er kam ... Es ist nicht nötig, daß alle seine Bitten erfüllt werden, (aber) *gutes Zuhören beruhigt das Gemüt.*«[8]

Während der Berater intensiv zuhört und auf die verschiedenen Ebenen der Kommunikation achtgibt, die verbalen und nichtverbalen, gibt er dem andern mit seinen Worten wieder, was er vernimmt, vor allem die bestimmenden Grundgefühle. Sein Hören ist ein »diszipliniertes Zuhören«[9] – wobei er sich auf das konzentriert, was von Gewicht und Bedeutung zu sein scheint. Dadurch, daß der Berater seine Aufmerksamkeit auf wesentliche Punkte richtet, gelegentlich das, was er gehört hat, zusammenfaßt und ab und zu eine klärende Frage stellt, hilft er dem Partner, seine verworrene innere Welt zu sichten. Damit wird dieser schrittweise über seine Probleme Klarheit gewinnen.

Der Prozeß des Zuhörens und Widerspiegelns leistet aber auch noch viele andere wichtige Dienste:

(1) Er gibt dem Seelsorger Gelegenheit nachzuprüfen, ob seine Wahrnehmungen zutreffen. Ist er noch nicht auf die emotionale Wellenlänge des Klienten eingestimmt, besteht nun bei seiner Wiedergabe des Gesagten die Möglichkeit, Mißverständnisse zu korrigieren.

(2) Durch ihn erfährt der Klient, daß der Seelsorger die innere Welt seiner Gefühle und Wertvorstellungen zu erfassen sucht.

(3) Dieses Bewußtsein der Anteilnahme des Seelsorgers und sein wachsendes Verstehen vertieft die Beratungsbeziehung.

(4) In manchen Fällen wird die psychische Wunde durch das Eingehen des Seelsorgers auf die Gefühle des anderen geöffnet;

---

[8] *J. B. Pritchard,* The Ancient Near Eastern Texts, Princeton 1950, 413.

[9] Diese Beschreibung eines wichtigen Beratungsaspekts verdanke ich *R. L. Brizee.* Beim undisziplinierten Zuhören läßt man den Klienten durch seine innere Welt irren, ohne daß man ihm behilflich ist, ein Muster in dem, was er sagt, zu entdecken oder sich auf das zu konzentrieren, was die wesentlichen Probleme sind. Eine umfassende Diskussion des Zuhörens auf tieferen Ebenen findet man bei *Th. W. Klink:* Depth Perspectives in Pastoral Work, 20 ff.

das Gift mühsam angestauter Emotionen kann abfließen und so der Heilungsprozeß in Gang kommen.

(5) Je weiter die Beratung fortschreitet, um so mehr entwickelt sich beim Klienten durch das Hören und Erwidern des Seelsorgers die eigene Sensibilität und *das Vermögen, auf einen andern einzugehen.* Helen Flanders Dunbar vergleicht diese Art des Zuhörens mit einer Wand, an der der Tennisspieler übt, um seine Schläge zu verbessern[10].

Ziel des Beraters ist das hochgradige »empathische Verstehen« der inneren Welt der anderen, wie es Rogers nennt. Dabei mögen die Untersuchungsergebnisse von R. D. Quinn den Berater beruhigen, der sich Sorgen macht, ob er seinen Klienten auch völlig versteht und mit gleichbleibender Stimmigkeit auf ihn eingeht. Quinn hat herausgefunden, daß für alles »Verstehen« dessen, was der Klient meint, die Haltung des *Verstehenwollens* ausschlaggebend ist[11]. Dieses Bestreben des Seelsorgers läßt den Klienten die besorgte, mitfühlende Annahme spüren und ist wiederum ausschlaggebend dafür, daß er es dem Berater erlaubt, einen Brückenkopf des Verstehens in seinem Inneren zu errichten. Ist er wirklich in einer vorurteilsfreien, annehmenden Weise auf den anderen eingestellt, so können seine Versuche, dessen Gefühle wiederzugeben, oftmals die genaue Wellenlänge verfehlen und dennoch eine heilsame Wirkung auf ihn ausüben.

Drei Dinge blockieren die Sensibilität des Beraters gegenüber den Gefühlen des Klienten: sein Fixiertsein auf Persönlichkeitstheorien und Beratungstechniken, vorschnelle Versuche, sich »Lösungen« auszudenken, und schließlich Angstreaktionen, die einen für Gefühle unempfindlich machen – für die eigenen und die des Klienten. Unerfahrene Berater müssen immer wieder ermahnt werden, »Heilversuche« am Klienten, Antworten auf seine Probleme zu vermeiden und sich stattdessen ganz darauf zu konzentrieren, den Menschen und seine Welt zu *verstehen.* Es kommt alles darauf an, daß die Anfangsphasen einer Beratungsbeziehung ganz an dieses Ziel gewandt werden. Ist dann einmal dieses Ziel erreicht, werden auch die Entscheidungen, wie immer sie gefällt werden, ob vom Ratsuchenden allein oder in Zusammenarbeit mit dem Berater, tatsächlich wirklichkeitsnah und damit richtig sein.

---

[10] Mind and Body, in: Psychosomatic Medicine, New York 1955, 249.

[11] Psychotherapist's Expressions as an Index to the Quality of Early Therapeutic Relationships, unveröffentlichte Habilitationsschrift, University of Chicago 1950. Zitiert bei *C. R. Rogers,* On Becoming a Person, 44.

Kreatives Zuhören ist aktives Zuhören, das emotionales Hineinversenken in den anderen und relative Offenheit gegenüber den eigenen Gefühlen erfordert. Ein Teilnehmer einer Praxis-Übung machte folgende Entdeckung:

»Wir können nie den Schmerz und das Ringen eines anderen nachfühlen, nur immer unseren eigenen Schmerz in einer Situation wie der seinigen. Während nun der Berater hört, wie der Klient von seiner Situation redet, fühlt er mit. Seine Erwiderung kommt aus dem Hören auf seine eigenen Gefühle ... Wenn nun seine Gefühle anders sind als die des Klienten, wird dieser ihn korrigieren, und der Berater hat neu die Möglichkeit, auf der Ebene seiner eigenen Gefühle dem anderen zur Seite zu sein.
Als ich entdeckte, daß die Stimmung meiner Gefühle – in dem, was sie über die seinigen aussagten – zutreffend und zuverlässig war, war ich plötzlich in der Lage, mich zu entspannen und ganz spontan zu reagieren.«[12]

Ein Berater, der aufgrund seiner inneren Blockierungen nicht seine eigenen Gefühle wahrnehmen kann, ist ernsthaft in seiner Tätigkeit behindert. Es wird ihm unmöglich sein, »Resonanz«[13] zu erfahren, den wechselseitigen Einklang zweier Menschen, der alles Heilen erst möglich macht.

Motivierung, Diagnose und Gesprächsstruktur

Nachdem klargestellt wurde, daß für den Berater der zwischenmenschliche Kontakt und das reflektierende Zuhören das Entscheidende und Vordringliche sind, müssen wir noch auf einige andere wichtige Fragen eingehen, die während der ersten Sitzungen zu beachten sind. Wenn er auf sie im Verlauf der Auslassungen des Klienten über seine Probleme keine Antwort erhält, kann er sie auch direkt ansprechen: Warum kam dieser Mensch *jetzt* und suchte Hilfe? Weshalb zu *mir?* Worin besteht sein Problem *aus seiner Sicht?* Leidet er innerlich oder kam er, weil andere ihn dazu überredeten? Welche Art von Hilfe würde *er* gerne haben? Welche Gefühle bewegen ihn *gerade jetzt während seines Hierseins?* Diese Fragen sind von entscheidender Bedeutung! Alle haben etwas mit der *Motivation* des Klienten

---

[12] *L. Bush* an der School of Theology in Claremont im Juni 1965.
[13] Dieses treffende Wort wird von *E. Weiss* in seinem Buch: Principles of Psychodynamics, New York 1950, benutzt. Wesentlich an einer Beratungsbeziehung ist, daß »das emotionale Einwirken zweier Persönlichkeiten jeweils auf den anderen wieder zurückwirkt« (*R. R. Grinker* u. a., Psychiatric Social Work. A Transactional Approach, 1961, 303).

zu tun. Unterläßt man es, auf diese Fragen zu achten, wird es einem zumeist nicht gelingen, eine Beratungsbeziehung herzustellen.

Kehren wir zurück zu dem Fall des Herrn S., der dieses Kapitel eröffnete, so sehen wir, wie der Pfarrer ihn an der Tür seines Amtszimmers begrüßt und nach der einleitenden Konversation sagt: »Erzählen Sie mir noch etwas mehr von Ihrer Situation!« Das ermutigte Herrn S., sein Problem so zu schildern, *wie er es sah* (das »subjektive Problem«). Natürlich gibt es zumeist noch tieferliegende Probleme, deren sich der Klient meistens gar nicht bewußt ist, aber als Faustregel gilt für die erste Sitzung: *Beginne mit dem nächstliegenden, dem subjektiven Problem!* Im Lauf der Erzählung von Herrn S. empfing der Pfarrer schrittweise einige grundlegende Informationen über dessen ausschlaggebende Beziehungen zu anderen, in denen es ihm nicht mehr gelungen war, seine emotionalen und existentiellen Grundbedürfnisse zu befriedigen. Er erfuhr, daß Herr S. 37 Jahre alt war, elf stürmisch verlaufene Jahre verheiratet gewesen war und dann geschieden wurde, zwei Kinder hatte und in den verschiedensten Stellungen tätig gewesen war, hauptsächlich als Automechaniker. Der Pfarrer erinnerte sich an die Worte von Herrn S. am Telefon vom Neuanfang, die vermuten ließen, daß dem Manne sein früherer Lebensstil zerbrochen war. Während Herr S. redete, gab der Pfarrer auf die seelische *Grundgestimmtheit* acht, wie sie sich hinter den Gefühlen, die Herr S. zum Ausdruck brachte, zu erkennen gab.

Herr S.: Diese Scheidung hat mich schier umgehauen. Klar, wir hatten unsere Auseinandersetzungen, und sie hatte oft mit der Scheidung gedroht, aber als es dann passierte, konnte ich es einfach nicht fassen. Eine Stinkwut hatte ich, klar, aber am stärksten war das Gefühl, etwas Großes verloren zu haben.

Pfarrer: Sie fühlten sich zerschlagen und leer; etwas, das in Ihrem Leben von Bedeutung gewesen war, war weg.

Herr S.: Ja, und das Gefühl der Leere ist noch stärker, da ich so weit weg bin. Nach den Kindern sehne ich mich doch sehr. Mein Junge ist dieses Jahr bei den Pfadfindern eingetreten, und bei dieser Sache erwartet man doch, daß die Väter auch dabei und bei ihren Jungs sind.

Pfarrer: Die Entfremdung macht Ihren Verlust noch schmerzlicher, da Sie nicht dabeisein können, wenn er etwas unternimmt.

In dieser Phase versucht der Pfarrer zu hören und die vorherrschenden Einstellungen und Gefühle des Mannes widerzuspiegeln.

Herr S.: Na ja, ich frag mich dauernd, ob ich nicht eine Riesendummheit gemacht habe, als ich hierher ging. Ich möchte doch meinen Kindern ein guter Vater sein. Und doch, ich hatte einfach das Gefühl, daß ich aus dieser Tretmühle heraus mußte. Ich hatte Pech mit meiner Arbeit – war ein paarmal mit meinem Temperament in Schwierigkeiten gekommen. Da dachte ich, es wäre vielleicht besser, irgendwo einen neuen Anfang zu machen, wo man nicht dauernd in die Spuren der Vergangenheit tritt. Vermutlich wollte ich Jean zeigen, daß ich nicht auf sie angewiesen bin – daß ich auch ohne sie ganz gut zurechtkomme!

Pfarrer: Beides – die Arbeit und die Eheprobleme – erweckte in Ihnen das Gefühl, daß ein Ortswechsel das beste sei. Aber jetzt kommen Ihnen plötzlich Zweifel, da Sie Sehnsucht nach den Kindern haben.

Herr S.: (nickt) Von der Ehe ist nichts mehr zu retten, aber ich möchte nicht, daß meine Kinder ohne mich aufwachsen müssen.

Pfarrer: Wenn ich das, was Sie sagen, recht verstehe, haben Sie das Gefühl, als würden Sie in zwei Richtungen gezogen, so daß Sie nicht entscheiden können, was Sie tun sollen, zurückgehen oder hierbleiben.

Herr S.: Genau, und je mehr ich mir das durch den Kopf gehen ließ, um so miserabler ging's mir. Alles drehte sich im Kreis. Ich lag dort in dem Heim auf meinem Bett und ich fühlte mich immer elender – so ungefähr: Was hat es noch für einen Sinn? Irgendwie schien das alles nicht mehr das Kopfzerbrechen wert zu sein. Dann fiel mir Ihre Karte ein und ich nahm mir vor, Sie mal anzurufen.

Pfarrer: Ich bin froh, daß Sie angerufen haben. Es muß Ihnen ja alles ganz düster vorgekommen sein.

Der Pfarrer hat jetzt eine ungefähre Vorstellung, warum der Mann zu ihm um Hilfe kam. Er weiß, daß der Mann aus eigenem Antrieb kam, da er Kummer hatte, einsam war und nicht wußte, ob er nach St. Louis zurückkehren sollte oder nicht. Ein anderer, späterer Ausschnitt des Gespräches lautet so:

Pfarrer: Sie erwähnten am Telefon, daß Sie gerade keine Arbeit haben.

Herr S.: Das stimmt. Aber der Mann in der Werkstatt gegenüber von der Post hat mir gesagt, ich kann nächsten Montag bei ihm anfangen.

Pfarrer: Ist Ihnen wohler zumute, seit Sie wissen, daß Sie Arbeit haben können?

Herr S.: Klar. Ich hatte nie Schwierigkeiten, Arbeit zu bekommen, ich bin gelernter Automechaniker. Es wird gut für mich sein, wenn ich wieder arbeite und endlich aus diesem Zimmer herauskomme. Ich habe fast kein Geld mehr. Ich könnte nicht mal den Bus nach St. Louis bezahlen, wenn ich zu dem Entschluß käme, es wäre das Richtige.

Pfarrer: Ich bin gern dazu bereit, mit Ihnen zusammen diesen Entschluß zu bedenken. Ich bin jetzt zwei Tage fort, auf der Konferenz, die ich schon erwähnte. Können wir uns vielleicht Freitag um die gleiche Zeit treffen?

Herr S.: Ja, mir ist's recht.

Pfarrer: Schön. Gehen wir also *zusammen* an diese Sache.

Herr S.: O.K.

Pfarrer: Wie ist Ihnen jetzt zumute – im Blick auf Ihre Situation?[14]

Herr S.: Besser. Es tut mir gut, daß ich einiges von dem allem abladen konnte.

Pfarrer: Ich gebe Ihnen hier die Adresse und Telefonnummer eines unserer Gemeindeglieder: Sam Turner. Er ist ein freundlicher Mann und lebt im Ruhestand. Sie können ihn tagsüber erreichen, falls Sie sich mal in den nächsten Tagen mit jemandem unterhalten möchten. Ich denke, er wird Ihnen gefallen. Wenn Sie ihn anrufen, sagen Sie ihm, daß es mein Vorschlag war.

Der Pfarrer merkte, daß Herr S. im Laufe der Unterredung zunehmend mehr aus sich herausging. Offensichtlich wich seine Depression infolge der therapeutischen Beziehung und des Angebots der Hilfe. Zwei wichtige Stützen waren Herrn S. auch während der Abwesenheit des Pfarrers geblieben: die Möglichkeit, zu Sam Turner zu gehen, und die Gewißheit einer weiteren Verabredung mit dem Pfarrer in drei Tagen (Turner gehörte als Laie mit zum »Seelsorgeteam« der Gemeinde).

Wäre Herr S. auf Veranlassung eines anderen gekommen, hätte der Pfarrer alles daran setzen müssen, um sich psychisch von dieser dritten Person unabhängig zu machen. Das läßt sich folgendermaßen erreichen:

(1) Suchen Sie herauszufinden, wie der Besucher sein Problem sieht (vorausgesetzt, er hat eines);

(2) suchen Sie seinen Leidensdruck zu erspüren;

(3) geben Sie ihm Gelegenheit, seine Gefühle der Abneigung und Frustration zu verbalisieren, die er aufgrund der Nötigung entwickelt, einen Pfarrer aufsuchen zu müssen;

(4) akzeptieren Sie die Berechtigung dieser Gefühle;

(5) stellen Sie es ihm frei, von der Beratung zurückzutreten;

(6) zeigen Sie, daß Sie *ihm selbst* Interesse und herzliche Anteilnahme entgegenbringen, wenn er seine Bereitschaft zu erkennen gibt, Ihre Hilfe in Anspruch zu nehmen.

Die folgenden Antworten lassen diese Grundhaltung erkennen:

Teenager: Meine Mutter meinte, ich soll mal mit Ihnen reden. Sie meint, ich müßte mir endlich mal über meinen weiteren Weg klar werden.

Pfarrer: Offensichtlich hat deine Mutter das Gefühl, daß du ein Problem hast. Mich interessiert aber viel mehr, wie *du* deine Lage siehst. Wie nimmt sich das alles aus deinem Blickwinkel aus?
oder
Das klingt ja so, als übte deine Mutter hier einen gewissen Druck auf dich aus, damit du deine Berufswahl nicht verpaßt, wozu auch diese Unterhaltung mit dem Pfarrer gehört. Wie empfindest du das?

---

[14] Mit dieser Frage wollte er feststellen, wie deprimiert sich der Mann noch fühlte.

Die genannten sechs Gesichtspunkte führen, sofern man sie methodisch anwendet, meist zum Erfolg und bringen den genötigten, widerstrebenden oder störrischen Klienten zum Nachdenken über seine Motivationen. Denn wenn einer sich nicht *des Problems bewußt ist* und zu dessen Bewältigung *die Hilfe des Pfarrers wünscht,* wird keine rechte Beratungsbeziehung zustande kommen, auch wenn man formal alles ad infinitum durchspielt.

Während des ersten Gesprächs gewinnt der Seelsorger einen ungefähren *diagnostischen Eindruck von der Art und Schwere der Lebensprobleme des anderen.* Während er konzentriert zuhört, registriert er *bestimmte Muster oder Motive* in den Problemen, Gefühlen und Beziehungen seines Gegenübers. Diese geben ihm Anlaß, auf eine tiefer sitzende Kommunikationsschwäche zu schließen, die sich wahrscheinlich nicht einzig und allein in dem dargestellten Problem niederschlägt. Möglicherweise verfügt der andere sogar über ein ausreichendes Kräftereservoir, um seine Situation zu bewältigen, und wurde nur durch eine Krise in eine vorübergehende Hilflosigkeit abgedrängt. Wäre das der Fall, so ist ihm vermutlich schon mit einer kurzfristigen Beratung geholfen. Oder aber sein Selbst ist in Konflikten dermaßen aufgerieben, daß eine Langzeittherapie unbedingt geboten erscheint. Die grundsätzliche Entscheidung darüber kann nur nach einer Prüfung der Ich-Stärke des Betreffenden gefällt werden (darüber handelt Kap. VII).

Der Pfarrer sollte sich fragen: »Kann diesem Menschen mit der Beratung, die ich entsprechend meiner Ausbildung, meinen Fähigkeiten und der mir zur Verfügung stehenden Zeit anzubieten habe, wirklich geholfen werden? Gibt es in unserer Ortschaft eine Einrichtung, die ihm die spezielle Hilfe bieten könnte, die er braucht? Bin ich in der Lage, so auf ihn einzugehen, wie es nötig ist?« Aufgrund solcher Überlegungen kann der Pfarrer eine erste Entscheidung darüber fällen, ob er dem anderen eine dauernde Beratungsbeziehung anbieten kann oder ihn weitervermitteln soll. In manchen Fällen läßt sich jedoch das Vermögen der seelsorgerlichen Beratung nur so ermessen, daß man einen Versuch in dieser Richtung unternimmt. Kommt man auch nach vier oder fünf Sitzungen nicht weiter, oder verschlechtert sich gar der Zustand des Klienten, sollte man ihn vernünftigerweise überweisen.

Bei dem Fall des Herrn S. entdeckte der Pfarrer, daß dessen Problem auf mindestens zwei verschiedenen Ebenen gelagert war. Seine Einsamkeit, seine Unschlüssigkeit im Blick auf eine eventuelle Rückkehr nach St. Louis bildeten ein Problem, zu dessen Bewältigung sich der Pfarrer für befähigt hielt. Dahinter verbarg sich jedoch ein grundlegenderes Versagen im Verhalten zu seiner Umwelt, wo es ihm nicht gelang, bestimmte Grundbedürfnisse zu befriedigen: in seiner Ehe und seinem Berufsleben. Der Pfarrer wußte, daß er davon mehr erfahren würde, wenn er ihm im Blick auf sein unmittelbares Dilemma half. Später konnte er dann aufgrund seiner neuen Erkenntnisse entscheiden, ob er Herrn S. wegen seiner tieferliegenden Probleme weitervermitteln sollte oder nicht.

Kommt man zu der Überzeugung, daß dem Betreffenden im Rahmen der seelsorgerlichen Beratung geholfen werden kann, sollte man etwas mehr tun, als sie diesem nur anzubieten. Man sollte sie ihm etwa so *empfehlen:*

Ich glaube, es wäre für Sie eine Hilfe, wenn wir wenigstens ein paar Treffen lang miteinander an dies Problem herangehen. Wenn ich Ihre Gefühle recht verstehe, hat Sie diese Ihre Situation ziemlich durcheinandergebracht. Unser Ziel muß es nun sein, miteinander einen gangbaren Weg zu finden, auf dem sich Ihre Lage bewältigen läßt. Was meinen Sie dazu, wenn ich Sie bitte, ein paar Wochen lang regelmäßig bei mir vorbeizuschauen?

Wenn sich der andere diesem Vorschlag verschließt, sollten seine Vorbehalte offen erörtert und wenn möglich abgebaut werden. Stimmt er zu und will er es mit der Beratung versuchen, sollte man eine feste Verabredung treffen und ihm klarmachen, daß er auf jeden Fall den Pfarrer anrufen soll, sobald sich in seinen Plänen irgend etwas ändern sollte. Man sollte den anderen auch wissen lassen, daß die Beratungssitzungen etwa eine Stunde dauern. Die meisten von uns können nicht länger als eine Stunde mit der gebotenen Intensität zuhören.

Das in diesem Abschnitt Besprochene läßt sich unter dem Begriff des »Strukturierens« einer Beratungsbeziehung zusammenfassen. Neben den Formalitäten von Zeit und Ort ist auch an solche Dinge zu denken wie die Zusicherung, daß die Beziehung streng vertraulich behandelt wird, und ein kurzer Überblick, was der Klient von der Beratung zu erwarten hat. Betont sollte werden, daß die Beratung auf die *Zusammenarbeit* von Pfarrer und Klient angewiesen ist, zumal wenn der Berater merkt, daß der andere ein magisches Rezept oder eine Patentlösung erwartet. Völlig falsch am Platze ist eine Arzt-Patient-Schablone, die manchem, der zur Beratung kommt, vorschwebt; verleitet sie doch zu einer Erwartungshaltung gegenüber Heilungsfaktoren, die von außen her in Gang kommen und die den Patienten kaum mit einschalten. Die Beratung muß, soll sie erfolgreich sein, den Ratsuchenden aktiv beteiligen, damit er sein »Heil« mit Hilfe des Beraters selber zuwege bringt. Sie ist eine Expedition auf Gegenseitigkeit. Der Berater gleicht dabei dem Trainer des Athleten oder dem Bergführer, der den Bergsteiger in steilem Gebirge leitet.

Die Bedeutung der Katharsis

Die emotionale Katharsis ist ein entscheidendes Element nahezu aller Beratungsformen. Dieses Erlebnis bezeichnet man auch als Abreaktion, emotionale Entlastung oder »befreiende Aussprache«. »Fraglos besteht ein wesentliches Ziel jeder Beratung darin, jene Gedanken, Einstellungen, Gefühle und emotional aufgeladenen Antriebe ans Licht zu bringen, die um die Probleme und Konflikte des einzelnen gelagert sind.«[15] Generell halten wir fest, daß die verschiedenen Beratungsformen sich erst in dem unterscheiden, was *nach* der Katharsis geschieht.
Die akzeptierende Atmosphäre, die eine Beratungsbeziehung durchwaltet, gewährt einen zuverlässigen, vertrauenswürdigen Rahmen, in dem belastende Gefühle, die die meisten Menschen bei ihren sonstigen Beziehungen zu anderen verbergen, offenbart und ergründet werden können. In einer vertrauensvollen Beziehung kann sich der Ratsuchende (mit dem anderen) solch machtvollen Gefühlen wie Schuld, Zorn, Panik und sexuellen Trieben stellen, sich mit ihnen auseinandersetzen und ihre lähmende, verderbliche Macht über sein Leben brechen. Eine Beratungsbeziehung bietet eine einzigartige Gelegenheit, das eigene Gemüt so zu entlasten, daß man diese unterdrückten Gefühle wahrnimmt, verbalisiert, beim Namen nennt, klärt und so löst; und das im Angesicht eines Menschen, der für einen selbst eine Autoritätsfigur darstellt und der einen nicht wegen solcher Gefühle verstößt und verachtet. Selbst wenn eine Beratungsbeziehung nicht weiter gedeiht als bis zu der Phase der emotionalen Katharsis, kann sie therapeutisch wirksam sein, da sie die inneren Hemmnisse und Verwirrungen beheben hilft, die einer schöpferischen Aktivität und Selbstannahme im Wege stehen. Häufig wird ein Ratsuchender, nachdem er eine schmerzhafte Geschichte herausgesprudelt hat, sagen: »Seit fünfzehn Jahren schleppe ich das mit mir herum, weil ich Angst hatte, mit irgend

[15] *C. R. Rogers*, Counseling and Psychotherapy, Boston 1942, 131.

jemandem darüber zu reden. Zum erstenmal in all diesen Jahren habe ich das Gefühl, als könnte ich aufrecht stehen.«
Wie ermutigt der Pfarrer zur befreienden Aussprache? Grundsätzlich dadurch, daß er auf Gefühle achtet und eingeht. Mehr spezifiziert, erleichtern folgende Punkte gewöhnlich die Katharsis:
(1) *Vermeiden Sie Informationsfragen,* die über das Nötigste an wesentlichen Tatsachen hinausgehen. Informationsfragen lenken den Menschen von Gefühlen ab.
(2) *Forschen und fragen Sie nach Gefühlen* – zB. »Wie war Ihnen zumute, als der Vorsitzende Sie überging?«
(3) *Reagieren Sie mehr auf Gefühlsäußerungen als auf intellektuelle Feststellungen.* Spiegeln Sie Empfinden wider und verwenden Sie dabei Ausdrücke aus der Gefühlssphäre: »Sie fühlten sich von dem, was sich da ereignet hatte, richtig vor den Kopf gestoßen!« »Das tut tief drinnen weh!« »Wir wollen sehen, ob ich richtig erfaßt habe, was Sie da empfanden.«
(4) *Achten Sie auf Zugänge zur Gefühlsebene* der Kommunikation. Das können Ausdrücke der Empfindung sein oder eine besondere Bewegung in Stimme und Gesichtszügen oder ein zu betonter Einspruch; es können aber auch Momente sein, in denen der Betreffende sich selbst widerspricht (was auf einen inneren Konflikt schließen läßt) oder auf sein Verhältnis zu den Eltern bzw. zu anderen Menschen, die für ihn von besonderer Bedeutung sind, zu sprechen kommt. Geht man darauf ein, gelangt man oft zu tieferen Schichten des Empfindens.
(5) *Achten Sie besonders auf negative Gefühle.* Sie werden in den häufigsten Fällen unterdrückt und bedürfen am dringendsten der Freisetzung in einer therapeutischen Beziehung.
(6) *Vermeiden Sie vorzeitige Deutungen,* weshalb jemand so oder so handelt und empfindet, *ebenso wie vorzeitige Ratschläge.* In beidem liegt für den Berater eine große Versuchung, wird hierbei doch das Gefühl erweckt, man sei hilfreich, intelligent, beherrsche die Situation und sei frei von Ängstlichkeit. Deutungen wie Ratschläge haben es an sich, den freien Fluß der Gefühle zu blockieren.

Handeln – ein wesentliches Element der Beratung

Beratende Seelsorge zielt generell auf eine gewisse konstruktive Veränderung in den Umweltbeziehungen, dem Verhalten und den Lebensäußerungen eines Menschen ab. Abgesehen von der

Bewältigung belastender Gefühle hilft sie ihm, *selber* etwas Konstruktives im Blick auf seine Probleme und sein gestörtes Verhalten zu *tun.* Dazu gehören Schritte wie das Entwickeln von alternativen Vorstellungen, was zu tun wäre, und die Hilfe in Gestalt der Motivierung des einzelnen, den Plan, der am besten zu realisieren ist, nun auch auszuführen. Dabei muß man sich auf die inneren Hemmnisse einstellen, die seiner Aktivität entgegenstehen, und gegebenenfalls einen mehr oder weniger sanften Druck auf ihn ausüben, damit er aus seiner Lethargie gerissen wird.
Die Kirche sollte sich die Praxis der Anonymen Alkoholiker zur Lektion dienen lassen, nämlich daß der *Dienst am Nächsten* ein wesentliches Element christlich begründeter Seelsorge ist. Solcher Dienst erfolgt in zwei Richtungen. Einerseits ist er *Instrument* der Heilung, da er es Menschen, die weder aus noch ein wissen, ermöglicht, aus ihrer Isolation auszubrechen, neue Beziehungen zu knüpfen und die Befriedigung einer lohnenden Arbeit und der Hingabe an andere zu erleben. Zum anderen ist es Sache der *pastoralen* Beratung, Gemeindeglieder von ihren Hemmnissen so zu befreien, daß sie ihre kreativen Fähigkeiten nutzen, um anderen Menschen in ihrer Bedürftigkeit spontan (aus eigenem Antrieb, ungezwungen) Hilfe zu leisten. Die dienende Kirche ist ständig auf dem Wege, eine mittragende Gemeinschaft der Gläubigen zu sein, in der man Motivation, Einsicht und innere Kraft empfängt, um sich dem belasteten Bruder gegenüber als vollmächtiger Mittler des Heils zu erweisen, ob innerhalb oder außerhalb des Gemeindegefüges. Die Beratung ist ein Weg, um an dieses Ziel zu gelangen. Die theologische Begründung finden wir im 2. Korintherbrief: »Gepriesen sei Gott, der Vater unseres Herrn Jesus Christus, der Vater des Erbarmens und der Gott alles Trostes, der uns tröstet bei aller unserer Bedrängnis, damit wir die, welche in allerlei Bedrängnis sind, trösten können« (2.Kor.1,3 und 4).

Verschiedene Reaktionsweisen des Beraters

Der Psychologe Elias H. Porter beschreibt fünf verschiedene Weisen, wie ein Berater reagieren kann:

E – (Evaluative) *Wertend.* Eine Reaktion, die zeigt, daß sich der Berater über das, was richtig, angemessen, effektiv und gut wäre, ein ungefähres Urteil gebildet hat. Er läßt dabei irgendwie durchblicken, was der Klient *tun könnte oder sollte.*

I – (Interpretive) *Interpretierend.* Eine Reaktion, die die Absicht des Beraters erkennen läßt, dem Klienten bestimmte Sachverhalte verständlich zu machen, ihm etwas zu erklären. Er läßt dabei irgendwie durchblicken, wie der Klient *denken könnte oder sollte.*

S – (Supportive) *Stützend.* Eine Reaktion, die signalisiert, daß der Berater ein Rückhalt sein möchte, daß er die Intensität der Gefühle beim Klienten lindern, daß er beruhigen möchte. Er läßt dabei irgendwie durchblicken, daß der Klient *nicht so empfinden müßte, wie er momentan empfindet.*

P – (Probing) *Sondierend.* Eine Reaktion, die zu verstehen gibt, daß der Berater weitere Informationen erhalten möchte, daß er sich mit dem Klienten noch weiter in einer bestimmten Richtung unterhalten und einiges mit einem Fragezeichen versehen möchte. Er läßt dabei irgendwie durchblicken, daß es für den Klienten hilfreich wäre, *wenn er einen bestimmten Punkt noch weiter entwickelt oder erörtert.*

U – (Understanding) *Einfühlend.* Eine Reaktion, welche die Intention des Beraters bekundet, vom Klienten zu erfahren, ob er richtig verstanden habe, was dieser »sagt«, wie er etwas »empfindet«, in welcher Verfassung ihn das »trifft«, wie er es »sieht«[16].

Mit anderen Worten: eine *wertende* Response vermittelt ein Werturteil des Beraters; eine *interpretierende* Antwort versucht, die Antriebe des Verhaltens beim Klienten (das »warum«) zu deuten oder einsichtig zu machen; eine *stützende* Reaktion sucht dem Betreffenden das Rückgrat zu stärken, ihn zu inspirieren und aufzufangen; eine *sondierende* Erwiderung geht weiter Fragen nach, und die *einfühlende* Reaktion spiegelt Empfindungen und Verhalten des Klienten wider.
Nach meiner Erfahrung sind die EISPU-Kategorien äußerst nützlich für Pfarrer und Studenten, um ihnen gewisse Einseitigkeiten in ihrem beraterischen Verhalten bewußt zu machen. In der Beratungspraxis vieler Gemeindepfarrer bleibt es zumeist bei P-(sondierenden) und S-(stützenden) Responsen, ohne daß sie sich dessen bewußt sind. Gesetzlich eingestellte Pfarrer be-

[16] An Introduction to Therapeutic Counseling, 201.

vorzugen E-(wertende) und P-(sondierende) Reaktionen. Seelsorger, die etwas von Psychopathologie und Psychodynamik zu verstehen meinen, geben I-(interpretierenden) Antworten den Vorzug, um damit ihre Theorien über die Hintergründe menschlicher Empfindungen und Verhaltensweisen unter Beweis zu stellen. Diejenigen, die einzig in der Rogers'schen Methode ausgebildet sind, begnügen sich allzugern mit U-(einfühlenden) Responsen. Pfarrer ohne jegliche Seelsorgeausbildung gebrauchen selten U- oder spiegelnde Antworten.

Meiner Ansicht nach haben *alle fünf Reaktionsweisen ihren legitimen Ort in der beratenden Seelsorge.* Ein Pfarrer sollte imstande sein, sie alle in flexibler Wahl anzuwenden, so wie es die Gegebenheiten und Bedürfnisse der jeweiligen Beratungsbeziehung gerade erfordern. In der ersten Beratungsphase, in der sich Kontakt und Einvernehmen anbahnen, sind U-(einfühlende) Responsen zu bevorzugen. Bei der konfrontierenden Beratung kommt es auf E-(wertende) und I-(interpretierende bzw. belehrende) Reaktionen an. Bei der Krisenberatung müssen zumeist S-(stützende) Antworten erfolgen. Bei der kurzfristigen Erziehungs- und Eheberatung (zB. einem Eheseminar) spielen P-(sondierende), S-(stützende) und I-(interpretierende bzw. unterweisende) Antworten die vornehmste Rolle. In allen Stadien und Formen der Beratung sind U-(einfühlende) Responsen wichtig. Die Beratungspraxis vieler Gemeindepfarrer hat gerade hier ihren schwächsten Punkt, da U-Responsen kaum vorkommen.

Der Leser sollte nun das EISPU-System anwenden und die fünf Reaktionsarten zu identifizieren versuchen, die sich an die folgende Äußerung eines neunzehnjährigen Mädchens anschließen:

»Ich sage Ihnen, ich hasse meinen Vater. Ich hasse ihn! Ich hasse ihn! Ich hasse ihn! Und es gibt dafür keinen einzigen Grund. Er ist Pfarrer – ein guter und anständiger Mann. Er hat nie die Hand gegen mich erhoben. Aber ich habe dieses schreckliche Gefühl ihm gegenüber – und ich komme mir so scheußlich vor deswegen, weil es einfach keinen Grund dafür gibt. Es ist eine Sünde, den eigenen Vater zu hassen – noch dazu, wo es überhaupt keinen Grund dafür gibt. Ich – mir macht das schrecklich zu schaffen.«

(1) Klar, daß Sie sich bei Ihren Haßgefühlen ihm gegenüber schuldig fühlen, zumal Sie nichts anzugeben wissen, womit er Ihren Haß hervorgerufen hätte. Indessen – Sie werden merken, daß Sie ihn insgeheim doch auch ein bißchen lieb haben, und das spielt eine Rolle bei Ihren Haßgefühlen.

(2) Ich glaube, jeder macht irgendwann eine Periode durch, in der er seinen Vater oder seine Mutter oder beide haßt. Das ist

überhaupt nichts Außergewöhnliches. Den meisten gelingt es, damit irgendwie zu Rande zu kommen, bis sich alles wieder einrenkt.

(3) Das ist sicher etwas, das Sie gern klären möchten. Ein gutes Verhältnis zu den Eltern, daran liegt einem doch viel ... Sie möchten das nicht aufs Spiel setzen.

(4) Sie sind bekümmert, weil Sie Ihren Vater hassen, ohne einen Grund dafür zu haben, und Sie fühlen sich deshalb schuldig.

(5) Ich meine, wir sollten diesem Kummer auf den Grund gehen. Erzählen Sie mir von Ihrem Vater – alles, was Ihnen einfällt[17].

Die Lösung dieser Übungsaufgabe finden Sie in Anm. 17.

Die Ergiebigkeit des EISPU-Systems läßt sich noch steigern, wenn man zwei Arten von P-Reaktionen unterscheidet: PI (probing for information; sondieren, um Informationen zu erhalten) und PF (probing for feelings; sondieren, um Gefühle zu erkunden). Das System bietet eine wertvolle Hilfe bei der Analyse schriftlicher Verbatims oder von Tonbandaufzeichnungen eines Beratungsgesprächs, da es die »blinden Stellen« in den Responsen des Beraters offenbart. Bei einer entsprechenden Praxis-Übung kann der Beobachter die »Punkte« des Beraters zählen und ihm damit helfen, daß er gewisse Einseitigkeiten in seinem Beratungsschema erkennt. Sonst kann es passieren, daß ein Berater Jahre hindurch blindlings weitermacht und überhaupt nicht weiß, daß er flexibler sein und andere Facetten seiner Persönlichkeit ins Spiel bringen müßte. Das EISPU-System als mechanisches Schema angewandt, wird wenig nützen. Bedient man sich seiner hingegen als Anleitung zur Selbsterfahrung und Selbstkontrolle, eingebettet in ein dynamisches Begreifen der Beratungsbeziehung, dann wird es sich als hilfreiches Instrument erweisen.

Technisches: Publizität, Lokalität und Aktenführung

In jeder Gemeinde und Bürgerschaft gibt es eine Reihe von Leuten, die keine Ahnung davon haben, daß man mit seinen Problemen zum Geistlichen gehen und dort Hilfe finden kann. Andererseits gibt es viele, die zwar wissen, daß der Pfarrer zur

[17] AaO. 12. Die EISPU-Übung hat folgende Lösung: (1) interpretierend; (2) stützend; (3) wertend; (4) einfühlend; (5) sondierend.

Beratung da ist, sich aber scheuen, selber diese Hilfe in Anspruch zu nehmen. Angesichts dieser Tatbestände muß der Pfarrer die Leute ermutigen, daß sie zu ihm kommen, indem er bekanntmacht, daß Beratung zu seinen normalen Aufgaben gehört, und indem er den Zugang zu seiner Person psychologisch erleichtert.
Der Pfarrer kann seine Gemeinde informieren, indem er gelegentlich einen Artikel folgender Art in seinem Gemeindebrief veröffentlicht oder im Schaukasten aushängt:

»Wir alle haben unsere Probleme, wie wir den gewöhnlichen Belastungen und Verworrenheiten des täglichen Lebens ausgeliefert sind. Es gibt Momente, da würde es uns eine Hilfe sein, wenn wir mit einem dazu geschulten Berater über unsere Probleme sprechen könnten. Es gehört zu den Aufgaben der Kirche, solche Hilfe zu leisten, wenn sie von unseren Gemeindegliedern oder anderen Menschen in dieser Ortschaft gewünscht wird. Ihr Pfarrer ist gern dazu bereit, mit Ihnen ein vertrauliches Gespräch zu führen, wenn Sie sich mit familiären Problemen, einer Krise, schwierigen Entscheidungen oder sonstigen persönlichen Belastungen herumschlagen. Er ist auf dem Gebiet der seelsorgerlichen Beratung eigens ausgebildet und erfahren. In solchen Fällen, wo ärztliche oder psychiatrische Hilfe nötig ist, hilft er Ihnen gern, die kompetente Stelle oder Person herauszufinden. Stellt man sich seinen Problemen und nimmt fachgerechte Hilfe in Anspruch, so ist das kein Zeichen von Schwäche, sondern von Stärke. Es sollte so selbstverständlich sein wie die Tatsache, daß man um seines körperlichen Wohlbefindens willen zum Arzt geht.
Am besten vereinbart man mit dem Pfarrer telefonisch eine Unterredung. Aber es geht auch ohne vorherige Absprache, wenn das zu beschwerlich ist oder eine Krisensituation vorliegt. Regelmäßig steht Ihr Pfarrer Dienstag nachmittags und Donnerstag abends für Beratungsgespräche zur Verfügung, aber auch zu anderen Zeiten, wenn es nötig ist. Sollte es Ihnen zu beschwerlich sein, ihn in seinem Amtszimmer aufzusuchen, kommt er auch gern bei Ihnen vorbei.
Auf folgenden Problemfeldern vermag Ihnen ein Pfarrer Beistand zu leisten bzw. fachgerechte Hilfe zu vermitteln: Eheprobleme, Erziehungsfragen, berufliche Entscheidungen, seelische Belastungen, religiöse Probleme, Aufenthalt im Krankenhaus, Trauerfall, Krankheit, Lebenskrisen, Abhängigkeit vom Alkohol, Probleme des Altwerdens, voreheliche Beratung, Beratung von Jugendlichen, Handikaps, Empfindungen von allgemeinem Unglücklichsein und Sinnlosigkeit.
Wer den Pfarrer sprechen möchte, rufe ihn im Pfarramt an (611–3433). Beratung und wegweisende Hilfe gehören selbstverständlich mit zum Dienst eines Pfarrers. Nehmen Sie sich die Freiheit und rufen Sie ihn an!«

Für eine wirksame Beratung ist es von Vorteil, wenn der Pfarrer über einen relativ störungsfreien Raum verfügt. Hat er keine Sekretärin, die ihm während der Beratung alle Störungen fernhält, leisten auch ein Schild mit der Aufschrift »Der Pfarrer hat eine Besprechung – bitte nicht stören!« und ein Telefon mit abstellbarem Läutewerk gute Dienste. Es empfiehlt sich, ein Beratungsgespräch genau zu vereinbaren und die Zeit festzulegen, wann es beginnt und endet, zumal bei einem Beratungskontakt von längerer Dauer. Mit der einfachen Bemerkung zu Beginn »Wir haben heute bis ... Uhr Zeit« verhilft man dem anderen zur Konzentration auf die verfügbare Zeitspanne, vermittelt ihm ein Gefühl von dem Wert, den der Pfarrer der Zeit beimißt, und veranlaßt ihn so, die Zeit sinnvoll zu nutzen.

Zu einer gewissenhaften Beratungspraxis gehört als wesentliches Element die sorgfältige Aufzeichnung von Berichten. Viele Pfarrer verfahren in dieser Hinsicht aufs Geratewohl, weil sie so beschäftigt sind, aber auch weil sie die Bedeutung dieser Sache unterschätzen. Wer von uns würde weiter zu einem Arzt gehen, von dem man weiß, daß er seine Kartei nicht ordentlich führt? So sollte der Geistliche in seinem Dienst an Seele und Geist des Menschen nicht weniger gewissenhaft sein, als man es mit Recht vom Arzt erwartet, der sich um das körperliche Wohlbefinden kümmert. Sorgfältige Aufzeichnungen dienen folgenden Zwekken: sie sind eine Gedächtnisstütze, die um so wichtiger wird, je umfangreicher sich die eigene Beratungspraxis gestaltet; sie veranlassen den Pfarrer, systematisch über bestimmte Beratungsabläufe nachzudenken und damit sein grundsätzliches Vorgehen zu planen; man kann zwischen den einzelnen Sitzungen Einblick nehmen und hat so Gelegenheit, sich den jeweiligen Entwicklungsprozeß der Beziehung bewußt zu machen; sie sind unersetzlich für künftige Informationen, wenn jemand nach längerer Abwesenheit wieder zur Beratung kommt; sie helfen einem, aus den eigenen Fehlern zu lernen; und sie sind von Nutzen, wenn eine Weiterüberweisung nötig wird. Beratungsakten sind in einem verschließbaren Regal aufzubewahren, wobei für jeden einzelnen Klienten eine eigene Akte anzulegen ist. Zur generellen Information gehören: Name, Adresse, Telefonnummer, Alter, Beruf, interpersonale Beziehungen (Familienglieder und andere), das subjektive Problem, die psychosozialen Dynamiken, die geistliche Dimension, ungefähre diagnostische Eindrücke, vorläufiger Plan zur Behandlung, Name des Arztes, die Entwicklung des Problems (in chronologischer Abfolge), schließlich die Krisenfaktoren, die ein unmittelbares Eingreifen erfordern. Nach jedem Beratungskontakt sollte der Akte eine Zusammenfassung wesentlicher Punkte der weiteren Entwicklung hinzugefügt werden.

Das direkte Mitschreiben oder Notieren während der Sitzung hat folgende *Nachteile:* es kann die Kommunikation beeinträchtigen, da man vom intensiven Zuhören abgelenkt wird; es kann andererseits beim Klienten Ängste hervorrufen, ob diese Notizen wirklich vertraulich behandelt werden; auch kommt dann die Aufmerksamkeit eher dem Inhalt des Gesagten zugute als der Beziehung selbst. Die *Vorteile* des Notizenmachens während der Sitzung sind ebenso zu bedenken: der Klient merkt, daß einem das, was er sagt, wichtig ist; Verlegenheiten, die bei ständigem Augenkontakt aufkommen können, werden verringert; man erhält eine akkurate Aufzeichnung von dem, was sich im Verlauf der Sitzung abspielt, man erspart sich Zeit nach der Sitzung. Die meisten Berater sind allerdings der Ansicht, daß sie die wesentlichen Aspekte eines Beratungsgesprächs unmittelbar nach Abschluß noch gegenwärtig haben und aufzeichnen können.

Macht man während einer Sitzung Notizen, sollte man es dabei nicht an häufigem Augenkontakt fehlen lassen. Es genügt ja, wenn man sich unauffällig Stichwörter oder Daten notiert. Anhand dieses Umrisses kann man dann nach der Sitzung die Schwerpunkte des Gesprächs aufzeichnen. Es empfiehlt sich im allgemeinen, gar nicht erst danach zu fragen, ob man Notizen machen darf, da die Frage selbst meist die Beklemmung beim Klienten verstärkt. Am besten ist es, sachlich zu bemerken: »Ich werde mir einiges notieren, damit ich das Ganze besser behalten kann.« Die gleiche Sachlichkeit sollte man an den Tag legen, wenn es um eine Tonbandaufzeichnung geht: »Ich nehme hin und wieder eine Sitzung auf Band auf, weil das Notizenmachen zu sehr ablenkt. So kann ich auch zwischen den Zusammenkünften das, was wir sprachen, noch einmal bedenken. Vielleicht hören wir uns bei Gelegenheit auch einmal ein Stück zusammen an.« Versteckte Mikrofone sind völlig fehl am Platz, da sie der grundsätzlichen Offenheit und Ehrlichkeit in der Beratungsbeziehung widersprechen.

Nachdem wir einige Elemente bedacht haben, die bei allen Beratungsformen eine Rolle spielen, wollen wir uns anschließend dem Spektrum an Beratungsmethoden zuwenden, die im Rahmen der Gemeinde zu verwenden sind.

Praktische Übungen

Gemeindeglied: Übernehmen Sie die Rolle einer Person, der Sie beratend zur Seite gestanden sind oder deren eigene Probleme

Sie aus sonst einem Grunde genau kennen. Fühlen Sie sich in ihr »inneres Bezugssystem« ein und reagieren Sie so, wie sie Ihrer Ansicht nach reagieren würde.

Pfarrer: Üben Sie das Zuhören und bedenken Sie die Gefühle und Einstellungen, die das Gemeindeglied äußert (indem Sie sie mit Ihren Worten wiedergeben). Vermeiden Sie es durchweg, seine Probleme lösen zu wollen oder Gründe zu finden, warum es so empfindet und handelt, wie es der Fall ist. Konzentrieren Sie sich statt dessen ganz auf das *Mit*empfinden und antworten Sie ihm mit U-(einfühlenden) Responsen, die ihm vermitteln, daß Sie ihm zur Seite sind.

Beobachter: Achten Sie besonders auf die U-Reaktionen des Pfarrers. Weisen Sie bei Ihrer Auswertung des Gesprächs vor allem auf die Stellen hin, an denen E-, I-, S- oder P-Erwiderungen auftraten.

Die Übungen mit dieser Rollenverteilung sollten so lange fortgesetzt werden, bis jedes Teammitglied seine Fähigkeiten, auf Gefühle zu achten und zu reagieren, genügend geübt hat. Diese Fähigkeit ist für die Beratungspraxis derart grundlegend, daß es sich in jedem Fall lohnt, so viel Zeit zu opfern, wie zu ihrer Aneignung nötig ist. Hat man keinen Beobachter, ist es besonders wichtig, daß man eine Tonbandaufzeichnung anfertigt und sich die Sitzung wieder anhört.

IV. DIE METHODEN DER INFORMELLEN UND KURZFRISTIGEN BERATUNG

Der Geistliche wie auch sonstige kirchliche Mitarbeiter ... sollten sich selber nie als so große Routiniers verstehen, daß sie die Wichtigkeit der gelegentlichen, zwangslosen Kontakte unterschätzen, die vielen Menschen an sich schon eine starke Hilfe sind oder sich als Ausgangspunkte für formelle Beratungsbeziehung bewähren. Wayne E. Oates[1]

Dank seiner Position vermag der Geistliche Menschen nahezukommen und zu helfen, *die nie zu einer formellen Beratung kommen würden*. Hierin liegt einer seiner strategischen Vorteile. Will er also alle Möglichkeiten ausschöpfen, um belasteten Menschen zu helfen, muß er lernen, die unzähligen informellen Beratungsgelegenheiten zu nutzen, die sich im zwanglosen Verlauf seiner Hausbesuche, seiner Arbeit mit Gruppen und seiner sonstigen Tätigkeit als Pfarrer ergeben. Ein Großteil seiner Beratungskontakte wird sich dann in einem informellen Rahmen abspielen, zB. in seinem Büro, jedoch so, daß der Betreffende mit dem Pfarrer keinen Termin ausgemacht hat, sondern bloß »kurz hereinschaut, um ein wenig zu plaudern«. Wirksame Beratung kann auch telefonisch geschehen. Setzt der Pfarrer seine Sensitivität und seine Beratungsfähigkeiten bei all seinen zwanglosen und zufälligen Begegnungen mit Menschen ein, kann er für eine wesentlich größere Anzahl von Menschen zum Instrument der Hilfe werden, als es bei formeller Beratung allein der Fall wäre. Im Rückblick auf seine Gemeindeerfahrungen äußerte ein älterer Pfarrer folgende Beobachtung:

»Die Zeit, die an die offizielle seelsorgerliche Beratung, wie ich es nennen möchte, gewandt wird, übersteigt meist nicht mehr als sechs bis zwölf Stunden pro Woche, das hängt jeweils von der Eigenart der Gemeinde, der Größe des Bezirks und der Wichtigkeit ab, die der Pfarrer dieser Aufgabe beimißt. Die mehr informellen Beratungsbeziehungen, die entstehen, wenn der Pfarrer den Menschen in seiner Rolle als Geistlicher, Gemeindeleiter oder Lehrer begegnet, nehmen hingegen ganze Tage einer Woche in Anspruch.«[2]

---

1 An Introduction to Pastoral Counseling, Nashville 1958, 69.
2 *H. B. Scholefield,* The Significance of an Educative Analysis for the Parish Ministry, in: The Minister's Own Mental Health, hg. von *W. E. Oates,* Great Neck, N. Y. 1955, 326.

Der Pfarrer sollte die Chance zur Seelsorge zu erkennen und zu nutzen suchen, die potentiell in jedem zwischenmenschlichen Kontakt angelegt ist[3]. Geht er all sein Tun mit der Sensitivität des »barmherzigen Samariters« an, wird diese zur Eigenschaft seines seelsorgerlichen Wirkens. So orientiert wird er bei seinen alltäglichen Begegnungen in der Gemeinde häufig Möglichkeiten der informellen Beratung entdecken. Gelegentlich werden diese dann in *formelle Beratungsbeziehungen einmünden.*
»Informelle Beratung« ist informell in bezug auf Ort, Atmosphäre, Struktur und Häufigkeit der Beratung. Der Ort kann irgendeiner sein – eine Straßenecke, ein Lebensmittelgeschäft, ein Krankenzimmer, die Vorhalle der Kirche, das Büro oder Wohnzimmer eines Gemeindegliedes, ein Gruppen- oder Gemeinderaum, ein Treffen der Anonymen Alkoholiker, ein Verkehrsmittel wie das Flugzeug oder die Eisenbahn, oder das Schwimmbad des Ortes. Die Atmosphäre ist ungezwungen. Die Beratung findet im Zusammenhang einer anderen Beziehung statt, die selber nicht als Beratung firmiert ist – zB. einer zufälligen Begegnung, eines Gemeindebesuchs, eines Besuchs im Krankenhaus, oder eines Gesprächs nach einer Veranstaltung oder einem Gottesdienst. Diese zwanglose Atmosphäre wirkt sich auf das psychische Verhalten des anderen aus. Er würde das, was sich nun ereignet, eher ein »Besprechen eines Problems mit dem Pfarrer« als »Beratung« nennen. Die zeitliche Strukturierung oder regelmäßige Folge formeller Beratungsgespräche – die Termine, die festgelegte Zeitspanne, eine verabredete Anzahl von Beratungssitzungen – fehlt gewöhnlich völlig. Meistens währt der Beratungskontakt nicht länger als bis zum Ende der einmaligen Begegnung.

Kreativer Besuchsdienst und Beratung

Gelegenheiten zur informellen Beratung ergeben sich sehr häufig bei Haus- oder Klinikbesuchen des Pfarrers. Der Dienst, den er hierbei ausrichtet, besteht im geistlichen Auferbauen – dh. der Seelsorge. Sie wird zur Beratung, wenn zwei Faktoren – unaufgebbare Elemente der Beratung – beteiligt sind: (a) das Bewußt-

[3] *Th. W. Klink* verwendet das Wort »Begegnung« (encounter), um das grundlegende Element der seelsorgerlichen Arbeit zu beschreiben, »die besonderen Momente der Begegnung, die das Leben des seelsorgerlichen Dienens prägen«. Vgl. Depth Perspectives in Pastoral Work, Englewood Cliffs, N. J. 1965, 37.

sein eines Problems bei dem Partner und (b) das Verlangen nach irgendeiner Hilfe von dem Pfarrer. Das Wissen um die *Natur* des Problems kann ungenau sein, das Verlangen nach Hilfe gering. Alle menschlichen Motivationen sind ambivalent, so auch das, was Menschen veranlaßt, Hilfe zu suchen und anzunehmen. In manchen Fällen jedoch halten sich das Leiden unter dem Problem und die Furcht, jemandem darüber etwas zu sagen, die Waage, so daß ein weiteres Handeln blockiert wird. Die Motivation gleicht hier einer Wippe. Ehe nicht der Leidensdruck und die Hoffnung auf Hilfe die Furcht vor der Selbstoffenbarung und die neurotische Befriedigung durch die Situation überwiegen, wird ein Mensch gewöhnlich nicht Hilfe suchen. Aber seine Motivations-Wippe kann lange hinauf- und hinunterschwingen, ehe er einen Entschluß faßt. Er kann für die Hilfe *offen* sein, ehe er aktiv um sie nachsucht. Er kann für eine informelle Beratung empfänglich sein, lang ehe er selbst die Initiative ergreifen und sich auf eine reguläre Beratung einlassen würde. Für manche Menschen ist es sehr schwer, ja oft unmöglich, um einen Termin für eine Beratung nachzusuchen, selbst wenn sie unter ihren Problemen fast zerbrechen. Sie haben das Gefühl, als müßten sie damit ihr Versagen eingestehen und ihr Selbstwertgefühl würde zunichte. Eben deshalb kommt es dem Pfarrer zugute, daß er zu den Menschen gehen, emotional für sie bereit sein und zu ihnen offene informelle Beratungsbeziehungen unterhalten, ja sie vielleicht sogar veranlassen kann, reguläre Beratungshilfe zu akzeptieren. Diese unvergleichliche Chance sollte der Pfarrer nach Kräften zu nutzen versuchen.

Wie kann der Pfarrer nun im Verlauf seiner pastoralen Kontakte Gelegenheiten schaffen, um geistlich relevante Gespräche zu führen, informell oder formell zu beraten[4]? Als erstes sollte er eine vertrauliche Liste von »besonderen Notfällen« führen, die immer auf dem neuesten Stand ist und in der die Namen derjenigen verzeichnet sind, von denen er weiß *oder annimmt,* daß sie besonderer pastoraler Fürsorge bedürfen – zB. von Menschen, die einen Angehörigen durch den Tod verloren haben, von Kranken, von Arbeitslosen, von Leuten, die unter Depressionen

---

[4] Es muß an dieser Stelle betont werden, daß es keine scharfen Grenzen gibt, die die allgemeine Seelsorge und die informelle Beratung, oder das Stadium, das der Beratung vorausgeht (precounseling), und die informelle Beratung voneinander trennen. Diese seelsorgerlichen Dienste überlappen sich. Eine Beziehung kann schrittweise von dem Stadium, das der Beratung voraufgeht, in die formlose Beratung übergehen, wenn der Mensch sich seines Bedürfnisses nach Hilfe bewußt wird.

leiden, die in ein Krankenhaus eingeliefert wurden, die in psychotherapeutischer Behandlung stehen (und von solchen, die sie nötig hätten), die unter Verstimmungen leiden, gerade geheiratet haben, eben erst ein Baby bekommen haben, irgendwie behindert sind, von den Alkoholikern und ihren Familien, von Einsamen, von Familien mit Sorgenkindern, von Menschen, die in einer Krise oder vor verwirrenden Entscheidungen stehen. Ein wacher Pfarrer spürt oft instinktiv, daß eine bestimmte Familie besonders belastet ist. Solche »potentiellen Seelsorgefälle« sollten in seiner Liste eingetragen werden. Indem er sich mehr Zeit für die Besuche bei solchen Menschen nimmt, kann er eine feste Brücke zu ihnen bauen und eine Beziehung herstellen. In diesen Beziehungen wird nun den belasteten Personen seelsorgerlicher Beistand und informelle Beratungshilfe zuteil; dadurch wird es ihnen leichter, auch reguläre Beratung zu verlangen. Seward Hiltner faßt diese Brückenschläge zu Menschen, die mit großer Wahrscheinlichkeit Hilfe benötigen, aber noch nicht genügend motiviert sind, sie auch zu verlangen, in der Kategorie »Beziehungen, die der eigentlichen Beratung vorausgehen« (»precounseling«[5]) zusammen. Alle zwischenmenschlichen Kontakte eines Pfarrers, die Vertrauen zu ihm erwecken, fördern diese Art seiner Beratung.

Zweitens ist derjenige Pfarrer gerüstet, potentielle Beratungsgelegenheiten wahrzunehmen, der *ein Gespür für die subtilen Anzeichen von Störungen entwickelt hat.* Viele Pfarrer gehen achtlos an manchem, der auf der Straße von Jericho gescheitert ist, vorbei, einfach weil es ihnen an der nötigen Sensitivität mangelt[6]. Die emotionalen Radarantennen eines Pfarrers sollten nicht nur auf Baumaßnahmen, Haushaltsfragen und den üblichen Gemeindebetrieb reagieren, sondern auch auf die Wellenlänge eingestellt sein, auf der Menschen ihre lautlosen Hilferufe aussenden, um ihre zumeist verschlüsselten »SOS«-Signale auffangen zu können. Dies sind einige der Signale, die Störungen anzeigen:

(1) verhaltensgestörte Kinder (die gewöhnlich eheliche Probleme signalisieren);

---

[5] *S. Hiltner* diskutiert das Thema »precounseling«, einschließlich der heiklen Frage, wann der Pfarrer die Initiative ergreifen und den Menschen aufsuchen sollte, um ihm Hilfe anzubieten, in seinem Buch »Pastoral Counseling«, 125–148.

[6] Ein Pfarrer, dem aufgeht, daß er solche Hinweise regelmäßig übersieht, sollte sich einer persönlichen Psychotherapie oder einem Clinical Training unterziehen, um seine Wahrnehmungsfähigkeiten zu schärfen.

(2) der heimliche Krieg zwischen Mann und Frau, der sich manchmal nach außen hinter einer honigsüßen Maske verbirgt;
(3) der verzweifelte Versuch, die Unterredung an der Oberfläche zu halten und jegliche tiefergehende Konfrontation zu vermeiden;
(4) außergewöhnliche Verlegenheit bei dem Besuch des Pfarrers;
(5) Depressionen – aber auch Schlaflosigkeit, allgemeine Lustlosigkeit und mangelndes Interesse an gutem Essen oder anderen Genüssen, Unrast, die mit Angst verbunden ist, oder Lethargie, Gefühle der eigenen Wertlosigkeit, innere Leere oder Hilflosigkeit, oder falsche Ausgelassenheit;
(6) häufiger Alkoholgenuß bis zur Trunkenheit;
(7) eine radikale Änderung im gewöhnlichen Verhalten, einschließlich der Gottesdienstgewohnheiten;
(8) irrationales oder außergewöhnliches Verhalten, das Zwängen unterworfen ist;
(9) der Anschluß an radikale, extreme Gruppen oder an schwärmerische religiöse Außenseiterkreise;
(10) das Meiden des Pfarrers aufgrund irgendwelcher Schuldgefühle.

Erkennt der Pfarrer diese oder ähnliche Signale für Störungen, sollte ihm daran liegen, eine Kommunikationsbrücke zum anderen zu schlagen und so den Zugang zur eigenen Person zu ermöglichen.

Ein drittes Element spielt eine wichtige Rolle bei der Entdeckung von Beratungsgelegenheiten: *der überlegte Einsatz von »Öffnern«*, dh. Wendungen, die eine oberflächliche Konversation unterbrechen sollen, wie sie so oft bei Gemeindebesuchen vorherrscht, und mit denen sich ein wesentlicher, sinnvoller Dialog einleiten läßt. Dafür mögen folgende Beispiele stehen: »Wie geht es Ihnen so in Ihrer Situation?« »Wie geht es Ihnen seelisch?« »Wie fühlen Sie sich in ... Hinsicht?« »Sie scheinen müde (entmutigt, beunruhigt) zu sein.« »Ich habe das Gefühl, als bedrücke Sie irgend etwas.« Solche Eröffnungen können den anderen anfangs verwirren, gleichwohl vermitteln sie die Anteilnahme des Pfarrers und bieten implizit seine Hilfe an. Eine wohlbedachte Frage, die einfühlsam gestellt wird, kann eine entzündete Wunde öffnen und die Giftstoffe ableiten. Ein Pfarrer sollte sich bei seinen Gemeindebesuchen nie mit ängstlich oberflächlicher Konversation begnügen. Natürlich sollte er auch nicht erwarten, daß jeder Besuch zu einem tiefschürfenden Gespräch führt. Aber er sollte seinen Gemeindegliedern dazu verhelfen, daß sie sich innerlich frei genug fühlen, wenn es nötig ist, mit ihm über das zu sprechen, was sie bewegt und bedrückt. Eine Erkundigung des Pfarrers, der ja ein »geistlicher Arzt« ist, nach der seelischen und zwischenmenschlichen Situation des anderen sollte diesen nicht mehr erschrecken als die Frage des Hausarztes nach den körperlichen Symptomen.

Viertens wird ein Gespräch von der Oberfläche weg zu wesentlicherem therapeutischen Austausch gelenkt, wenn der Pfarrer während der Begegnung mit dem anderen *auf dessen Gefühle achtet und reagiert.* Ein Gemeindebesuch kann auf natürliche, befreiende Weise in informelle Beratung einmünden, wenn es gelingt, einen echten Dialog zu führen.

Merken erst einmal die Leute, daß ihr Pfarrer ihnen emotional zugewandt ist, werden sich bei allen möglichen pastoralen Kontakten Beratungsgelegenheiten auftun. Während eines seiner üblichen Krankenhausbesuche bei einem Mann, der eine Operation hinter sich hatte, geriet der Pfarrer in einen hitzigen Familienkonflikt über die Frage, ob die Tochter des Mannes wieder heiraten solle:

Vater: Dorothy, sag doch dem Pfarrer, worüber wir gerade gesprochen haben. Vielleicht kann er uns helfen.

Tochter: Hm, ja, vielleicht können Sie uns weiterhelfen, obwohl ich Sie nicht gern mit meinem Problem belästigen möchte. Ich bin ganz durcheinander und weiß nicht so recht.

Pfarrer: Ich will sehen, ob ich Ihnen helfen kann, wenn Sie mir erzählen, um was es geht.

Tochter: (stockend und widerstrebend) Hm, ich weiß kaum, wo oder wie ich anfangen soll. (Pause) Ich – na ja – irgendwie liegt mir nichts mehr an dieser Heirat. Auf einmal habe ich das Gefühl, als ob ich Ed gar nicht mehr liebe[7].

Während der Pfarrer zuhörte, wurde die Verwirrung der Tochter und das autoritäre Wesen des Vaters immer offensichtlicher. Er kam zu der Überzeugung, daß er den Vater davon abbringen mußte, seine Tochter zu dieser Ehe zu bewegen; zum andern war es nötig, mit der Tochter unter vier Augen zu sprechen, damit sie ihre eigene Entscheidung treffen konnte. Das ist ein Beispiel für die Form der informellen Beratung, durch die eine formelle Beratungsbeziehung eingeleitet oder der Betreffende zu einem Psychotherapeuten weitervermittelt werden sollte.

---

[7] Ein vollständiges Verbatim dieses Interviews ist bei *N. S. Cryer* und *J. M. Vayhinger,* Casebook in Pastoral Counseling, Nashville 1962, 276–283, abgedruckt.

Krankenhausbesuche sollten vor allen sonstigen Aktivitäten des Pfarrers den Vorrang haben, da er hier mit Menschen zu tun hat, die sich in einer mehr oder weniger starken persönlichen Krise befinden. Sowohl die übliche Seelsorge als auch die informelle Beratung sind dabei wichtige Hilfen. Hausbesuche helfen dem Pfarrer, den Kontakt zu seinen Gemeindegliedern zu vertiefen, da er sie in ihrer alltäglichen Umgebung anspricht. Es ist auch oft sehr nützlich und aufschlußreich, wenn man eine Familie »zu Hause« erlebt. Deswegen sind die Hausbesuche ein wesentliches Element der Familien- und Eheberatung. Das wird nun auch allmählich von Beratern eingesehen, die keine Pfarrer sind. In gleicher Weise sind zwanglose Kontakte mit Gemeindegliedern am Arbeitsplatz oder bei einem gesellschaftlichen Engagement wertvoll und für eine Beziehung zu ihnen förderlich.

Granger E. Westburg entwickelt folgenden Plan einer »vorbeugenden Seelsorgepraxis«. Der Pfarrer reserviert wenigstens eine halbe Stunde im Jahr für ein Gespräch mit jedem einzelnen Gemeindeglied *in seinem Amtszimmer*. Diese Gespräche konzentrieren sich auf die Frage: »Was hat es für Sie im vergangenen Jahr bedeutet, Glied dieser christlichen Gemeinde zu sein?« Bei seinen Informationskursen für neue Gemeindeglieder erläutert der Pfarrer diesen Plan und erklärt dabei, daß er auf diese Weise erfahren möchte, ob die Gemeinde die geistlichen und seelischen Bedürfnisse ihrer Glieder erfüllt hat[8]. Solche »seelsorgerlichen Unterredungen« haben viele Vorteile. Zusätzlich zu dem erklärten Ziel vertiefen sie die vorhandenen Beziehungen, gewöhnen die Gemeindeglieder an das Gespräch mit dem Pfarrer in seinem Amtszimmer und bieten eine Möglichkeit, persönliche Probleme auszusprechen. William E. Hulme beschreibt einen ähnlichen Plan in dem Buch *»How to Start Counseling«*[9], der mehr auf Jugendliche zugeschnitten ist. Solche Maßnahmen ergänzen die üblichen Hausbesuche eines Pfarrers, die ja an sich schon eine Form des vorbeugenden seelsorgerlichen Handelns sind.

---

[8] Minister and Doctor Meet, New York 1961, 138.

[9] Nashville 1955, 43–45.

Die Ziele der kurzfristigen (strukturierten und unstrukturierten) Beratung

Wayne E. Oates betont, daß »ein Großteil der Hilfe, die ein geistlicher Berater seinen Leuten bieten kann, in nur einem einzigen Gespräch geleistet wird«[10]. Dementsprechend wird der überwiegende Teil der beratenden Tätigkeit eines Pfarrers aus kurzfristigen Beratungskontakten bestehen, die bis zu fünf und selten mehr als zwölf Sitzungen umfassen. Ein Pfarrer sollte daher seine Fähigkeit entwickeln, in wenigen Unterredungen *wesentliche* Hilfe zu leisten.

Um das zu erreichen, muß der Pfarrer innerlich davon überzeugt sein, daß die kurzfristige Beratung tatsächlich erstaunliche Ergebnisse erzielen *kann.* Aufgrund seiner Erfahrungen an einer ambulanten psychiatrischen Station in Los Angeles fordert der Psychiater Louis Paul von einem, der in solchem Rahmen arbeitet, die Überzeugung, »daß etwas außerordentlich Hilfreiches – und nicht nur etwas Zweitrangiges – in ein, zwei bis allenfalls sechs Sitzungen geschehen kann. Die von vornherein festgelegte zeitliche Begrenzung... kann konstruktive Bemühungen und Aktivitäten freisetzen«[11].

Der kurzfristige Charakter eines Großteils der seelsorgerlichen Beratung besagt nicht, daß deren Ergebnisse deswegen zwangsläufig oberflächlich seien. Mißt man die kurzfristige Beratung an ihren eigenen Zielen und nicht an denen der Beratung auf lange Sicht oder der Psychotherapie, so besteht kein Zweifel, daß in vielen Fällen entscheidende und wesentliche Hilfe geleistet werden kann. Folgende Sätze beschreiben einige *realistische Ziele der kurzfristigen Beratung*, wobei nicht alle auf jeden Fall anzuwenden sind:

(1) eine stützende, einfühlsame Beziehung zu ermöglichen;

(2) vitale und emotionale Lebensfunktionen wiederherzustellen und den Druck aufgestauter, blockierender Gefühle durch emotionale Katharsis zu lindern;

(3) einem Menschen, der wegen einer bestimmten Entscheidung oder eines zwischenmenschlichen Konfliktes kommt, behilflich

---

[10] An Introduction to Pastoral Counseling, 108.

[11] »One Walk-in Clinic Technology«, unveröffentlicht. Eine überarbeitete Version dieser Studie erschien unter dem Titel: Treatment Techniques in a Walk-in Clinic in der Zeitschrift Hospital and Community Psychiatry, Februar 1966. Eine ambulante psychiatrische Station ist eine psychiatrische Einrichtung, zu der gestörte Menschen ohne vorherige Verabredung kommen können, um sich kurzfristig bei der Bewältigung einer Krise helfen zu lassen.

zu sein, daß er sich mit diesem Problem unmittelbar und verantwortlich auseinandersetzt;
(4) die latenten Kraftreserven in einem Menschen zu mobilisieren und bei deren Auffinden und Nutzung behilflich zu sein;
(5) dem Menschen bei der Erarbeitung eines größeren und konstruktiven Aus- und Überblicks über seine Situation beizustehen, indem man sie objektiv bespricht;
(6) panische Reaktionen und rapid anwachsende Regressionen zu unterbinden, indem man dem Menschen zur Konfrontation mit den unmittelbaren, existentiellen Problemen und zu ihrer Bewältigung verhilft;
(7) zu helfen, die Sachverhalte zu klären und Alternativlösungen für sein Problem zu finden;
(8) nachdem Alternativen erarbeitet sind, bei der Auswahl der geeignetsten Maßnahmen behilflich zu sein wie auch dabei, kleine Schritte zu ihrer Verwirklichung zu unternehmen;
(9) Orientierung und Anleitung zu gewähren, indem man brauchbare Ideen, Informationen und versuchsweise Anregungen weitergibt; diese können dem Klienten auch zwischen den einzelnen Beratungssitzungen oder nach deren Beendigung von Nutzen sein und seiner Aktivität eine Richtung geben;
(10) das Vertrauen in die eigenen Kräfte und die Funktionsfähigkeit des Selbst dadurch zu stimulieren, daß man eine begrenzte Anzahl von Sitzungen veranschlagt[12];
(11) eine akzeptierende Beziehung herzustellen, die es dem Ratsuchenden leichtmacht, wiederzukommen und zusätzliche Beratung in Zukunft zu verlangen. »Die Pforte des Kontakts sollte immer nur angelehnt bleiben, so daß der andere die Freiheit behält, wiederzukommen, wenn er möchte«[13];
(12) zu prüfen, ob der Betreffende ernsthaft gestört ist oder aus anderen Gründen medizinische, psychiatrische oder sonstige fachliche Hilfe benötigt. Ist das mit großer Wahrscheinlichkeit der Fall, sollte man den Klienten weiterüberweisen.

Berater, die überzeugt sind, daß sie durch kurzfristige Beratung tatsächlich echte Hilfe zu leisten vermögen, können diese ihre Überzeugung zumeist in die Tat umsetzen. Folgendes Zitat unterstreicht die Berechtigung eines solchen Vorhabens. »Sowohl unsere theoretische Studie über die Dynamiken der Psychotherapie als auch die erstaunlichen Beweise, die wir aus eigenen Er-

---

[12] Die Erfahrungen, die in ambulanten Stationen gemacht wurden, bestätigen die Richtigkeit dieser Ansicht.
[13] *W. E. Oates*, An Introduction to Pastoral Counseling, 111.

fahrungen und Beobachtungen beibringen können, veranlassen uns zu einer Korrektur der alten These, daß bleibende Änderungen der Persönlichkeitsstruktur durch kürzere, dabei jedoch intensivere Therapiemethoden nicht zu verwirklichen sind«, behaupten die Psychoanalytiker Franz Alexander und Thomas Morton French[14].

Die Erfahrungen, die in einem Zeitraum von fünf Jahren bei der Behandlung von beinahe zweitausend Patienten am Cleveland Center on Alcoholism gesammelt worden sind, wurden folgendermaßen zusammengefaßt:

»Viele Alkoholiker müssen über Zeiträume von sechs Monaten bis zu mehreren Jahren hinweg behandelt werden. Das trifft jedoch nicht für alle oder auch nur die Mehrzahl der Fälle zu. Viele unserer Patienten kamen nur zu einer, höchstens zu fünf Beratungen, die Erfolgsrate ist in diesen Fällen jedoch genauso hoch wie in den Fällen, die über viel längere Zeitspannen hinweg behandelt wurden ... Der eine Alkoholiker braucht hundert Therapiesitzungen, ein anderer jedoch erfährt die gleiche Hilfe in zwei oder drei Beratungsstunden.«[15]

Sechzig Prozent der vierhundert Paare, die monatlich bei der Eheberatungsstelle des Court of Conciliation (Schlichtungsstelle) in Los Angeles Hilfe suchen, haben bereits die Scheidung eingereicht. Der Chefberater nennt diese Stelle »ein Unfallkrankenhaus für kranke und sterbende Ehen«[16]. Die Paare erhalten höchstens drei Sitzungen zugestanden. *Das genügt jedoch*, um *ein Drittel* der entgleisten Ehen wieder so ins Gleichgewicht zu bringen, daß sie funktionieren. Dabei handelt es sich zumeist um Familien, in denen eine Krise wie zB. eine Krankheit oder der Verlust der Arbeitsstelle die Ehe kompliziert hat. Sie ist der Schneeball, der die Lawine ins Rollen bringt. Kurzfristige Hilfe, *deren Struktur autoritätsorientiert ist*, durchbricht dabei einen Teufelskreis, der sonst mit großer Wahrscheinlichkeit in der Scheidung enden würde. Ungefähr zwei Drittel der Paare haben ernsthaftere Schwierigkeiten und müssen zu längerer Beratung weiterüberwiesen werden. Die Tatsache, daß bei einem Drittel der Fälle in drei oder weniger Sitzungen entscheidend geholfen werden konnte, ist immerhin höchst erstaunlich[17].

---

[14] Psychonanalytic Therapy, New York 1946, 164.
[15] News of the Cleveland Center on Alcoholism, Sept.-Okt. 1961, 2.
[16] *Meyer Elkin* in einer Vorlesung an der School of Theology in Claremont am 5. April 1963.
[17] Sechzig von hundert Ehen, die sich an diese Stelle wenden, entschließen sich zu dem Versuch einer Wiederaussöhnung. Eine Studie, die ein Jahr später über diese Ehen gemacht wurde, zeigte, daß drei Viertel dieser Ehen noch intakt waren.

Viele Menschen gehen den Pfarrer wegen bestimmter Entscheidungen und konkreter Probleme um Hilfe an. Sind diese gelöst, oder steht es fest, daß sie unlösbar sind, haben sie oft kein Bedürfnis mehr nach weiterer Beratung. Drei Sitzungen oder weniger scheinen in solchen Fällen tatsächlich auszureichen. Manche Pastoranden sind nach wenigen Sitzungen in der Lage, »die Kurve zu kriegen«, um Seward Hiltners Ausdruck zu verwenden:

»Die Kurve kriegen heißt die Richtung ändern. Die Mehrzahl der Probleme, die dem Pfarrer vorgetragen werden, sind solche der Lebenssituation ... Sie verschlimmern sich, da der Blickwinkel, unter dem der Mensch die Situation sieht, eng und nicht angemessen ist – und ein anderer steht ihm nicht zur Verfügung. Wenn er die Kurve kriegen, die widerstreitenden Kräfte, die dabei eine Rolle spielen, klären und einige Einsicht in seine Gefühle und ihre Ursachen gewinnen kann, dann hat er eine neue Perspektive, einen neuen Punkt, auf dem er stehen kann. Selbst eine kurze Beratung kann bewirken, daß sich eine einigermaßen neue Perspektive auftut, daß sich so auch die Einstellung zur Situation ändert und damit für den Ratsuchenden eine Möglichkeit besteht, das Problem spontan und erfolgreich zu bewältigen.«[18]

Man ist immer wieder erstaunt, wieviel Hilfe in bestimmten Fällen durch ein einziges Beratungsgespräch vermittelt werden kann. Der Psychiater Lewis R. Wolberg berichtet: »Meist sind nur solche Probleme nicht kurzfristig lösbar, die schon seit langer Zeit vorhanden sind und mit großer Wahrscheinlichkeit bis in die frühe Kindheit zurückreichen.«[19] Aus meiner eigenen Erfahrung kann ich bezeugen, daß Klienten, denen eine kurzfristige Beratung überhaupt keinen Nutzen bringt, gewöhnlich Personen mit einer labilen oder verhärteten Persönlichkeitsstruktur sind[20].

Eine besonders lohnende Form von kurzfristiger seelsorgerlicher Beratung ist die *Beratung am Scheidewege* bei Menschen, die über eine ausreichende Ich-Stärke verfügen. Ein begabter junger Mann beschloß aufgrund einer kurzfristigen Berufsberatung durch seinen Pfarrer, ein Studium anzufangen – trotz der offensichtlichen Interesselosigkeit seiner Eltern. Durch die Hilfe, die der Pfarrer dem jungen Mann bei seiner Berufsentscheidung gewährte, hatte er in drei Sitzungen einen konstruktiven Einfluß auf die nächsten vierzig Jahre dieses Menschen gewonnen. John Dewey hat gezeigt, daß ein ernsthaftes Nachdenken meist dann

---

[18] *S. Hiltner*, Pastoral Counseling, 83.

[19] The Technique of Psychotherapy, New York 1954, 105.

[20] Vgl. die Ausführungen in Kap. VII zur Beurteilung der jeweiligen Ich-Stärke.

einsetzt, wenn das Leben eines Menschen an einem Scheidewege angelangt ist und es unklar ist, welcher Weg zu dem ersehnten Ziel führen wird.

Bei der Beratung eines Mannes, der von der Notwendigkeit der Entscheidung zwischen seiner Familie und seiner Geliebten hin- und hergerissen war, konfrontierte der Pfarrer diesen mit den vermutlichen Konsequenzen bei der Wahl der zweiten Möglichkeit. Dadurch half er ihm, einen Weg zu vermeiden, der selbstzerstörerisch sein weiteres Leben überschattet hätte.

Der Weg, den er dann einschlug, ermöglichte die Aussöhnung mit seiner Familie mit Hilfe einer Eheberatung. Dieser Fall und viele andere, die ihm ähneln, erinnern mich an eine schlammige, unbefestigte Straße, an deren Anfang ein Schild stand: »Suche dir deine Fahrspur sorgfältig aus. Du mußt lange Zeit in ihr bleiben.« Bei manchen Entscheidungen ist es ähnlich. Wird man in solchen Situationen durch eine besonnene Beratung unterstützt, kann einem das jahrelanges Leid ersparen. Wobei zu bemerken ist, daß solche »Menschenführung« schon seit langem in unserer seelsorgerlichen Tradition in hohem Ansehen stand[21].

Der Verlauf der informellen und kurzfristigen Beratung

Welches Vorgehen verspricht bei einer Beratung, die fünf Sitzungen oder weniger umfaßt, den größten Erfolg? Folgende Elemente sind gewöhnlich dabei maßgebend:

(1) *Hören Sie intensiv zu und geben Sie Gefühle wieder* (U – Responsen). Die Zeitnot verführt den Pfarrer allzuleicht dazu, nicht genügend Zeit auf das Zuhören zu verwenden. Gibt er dieser Versuchung nach, bringt er den Ratsuchenden um die heilende Kraft der emotionalen Katharsis und sich selbst um das so wichtige Einfühlen in das »innere Bezugssystem« des anderen. Steht dem Pfarrer für seine Beratung nur ein einziges Gespräch zur Verfügung, sollte er dennoch möglichst zwei Drittel bis drei Viertel seiner Zeit, mindestens aber die Hälfte dem konzentrierten Zuhören widmen.

(2) *Überlegen Sie die Fragen sorgfältig, um so schnell wie möglich auf die Konflikte zu stoßen* (P – Responsen). Soll der Pfarrer durch die Wildnis eines komplexen Problems einen Weg wei-

---

[21] Vgl. *W. A. Clebsch* und *Ch. R. Jaekle*, Pastoral Care in Historical Perspective, 49–56.

sen, muß er eine relativ genaue Karte dieser Wildnis haben. Bei der kurzfristigen Beratung hat man nicht genügend Zeit, um zu warten, bis alle wichtigen Zonen dieser Karte spontan von selbst hervortreten. Hat deshalb der Ratsuchende anfänglich eine Gelegenheit gehabt, seine Sicht der Dinge zu schildern, können einige gezielte Fragen die wesentlichen Informationslücken füllen. Ebenso können sie den Blick des Ratsuchenden auf Aspekte seines Problems lenken, die er bislang außerachtgelassen hatte, um dieses mit neu gewonnener Sicht zu lösen. Stellt man gezielte Fragen, kann man auch gezielt zuhören.

Der Seelsorger kann von den Erfahrungen lernen, die man in zunehmendem Maße in sog. ambulanten psychiatrischen Abteilungen gemacht hat. Dort will man »dem Ratsuchenden dazu verhelfen, *so schnell wie möglich* die Emotionen, Gedanken, Absichten und Verhaltensweisen (... die er angesichts seines zentralen Konflikts, bei der subjektiven Darstellung seines ›Problems‹, in der jähen Streß-Situation oder bei dem Gewirr an Problemen an den Tag legt), die ihm selbst unbewußt geblieben sind, ihn jedoch zutiefst bestimmen, zu identifizieren und zu bewältigen«[22].

Frau D., eine Frau in mittleren Jahren, suchte bei ihrem Pfarrer Rat bei der Entscheidung, ob sie ihren Mann, der dem Alkohol verfallen war, verlassen sollte oder nicht. Durch sein diszipliniertes Zuhören konnte sich der Pfarrer in groben Umrissen ein Bild von der Situation machen: jahrelange Trunksucht, immer wieder Verlust der Arbeitsstelle und nicht eingehaltene Versprechungen, keinen Alkohol mehr anrühren zu wollen. Um wirklich als *seelsorgerlicher Berater* helfen zu können, mußte der Pfarrer noch wissen, ob dieser Mann sich seiner Hilfsbedürftigkeit überhaupt bewußt war, wie die Ehepartner miteinander umgingen (hat zB. die Frau den Mann unwissentlich sehr verwöhnt?) und welche Rollendynamik anderen Mitgliedern der Familie zukam. Nur Fragen, die auf solche zentralen Themen abzielen, helfen hier weiter.

(3) Ermöglichen Sie es dem Ratsuchenden, *das ganze Problem*

---

[22] *L. Paul,* One Walk-in Clinic Technology, 2. Es gehört selbstverständlich eine beachtliche klinische Sensitivität dazu, um ein Problem schnell zu erfassen und den zentralen Konflikt zu bestimmen. Meist setzt es ein größeres Können voraus, wenn man eine Beratung schnell vorantreibt, als wenn man sich Zeit läßt. Aus diesem Grunde geht man fehl in der Annahme, daß ein Pfarrer nicht so intensiv ausgebildet sein muß, da er ja meist kurzfristig beratend tätig ist. Die Effektivität der kurzfristigen Beratung hängt von den soliden Fähigkeiten ab, die sich der Pfarrer auf dem Gesamtgebiet der Beratung angeeignet hat.

zu überdenken. Dadurch gewinnt er eine klarere Perspektive und wird fähig, selbst eine klare, wohldurchdachte Entscheidung zu treffen. Dabei werden seine inneren Reserven mobilisiert. Je länger nämlich der Streß andauert, desto verwirrter wird der Mensch; er verliert nicht nur die wirkliche Beschaffenheit seines Problems aus dem Auge, sondern auch seine eigenen Kräfte, mit denen er es bewältigen könnte. Er versinkt im Sumpf seiner eigenen Hoffnungslosigkeit und läßt dabei genau die Dinge außer acht, die für die Bewältigung seines Problems wichtig sind. Frau D. war so stark auf die Trunksucht ihres Mannes fixiert, daß sie ihre Bekannten in der Gemeinde, deren sie jetzt so stark bedurfte, völlig vernachlässigt hatte. Dies ging ihr im Lauf der Beratung auf und sie begann, die Situation zu korrigieren.

(4) *Geben Sie nützliche Informationen weiter.* Dadurch, daß der Pfarrer anhand gültiger wissenschaftlicher Erkenntnisse das Wesen des Alkoholismus und seine Bekämpfung erläuterte, half er Frau D., ihre nutzlosen Versuche, ihren Mann durch Beschämung zu mäßigerem Trinken zu bewegen, aufzugeben. Diese Information half ihr, »die Kurve zu kriegen« und ihre Beziehung zu ihrem Mann realistischer und konstruktiver zu gestalten. Solche »didaktischen« Elemente können in der kurzfristigen Beratung den Ratsuchenden mit der Information, den Ideen und Perspektiven versehen, die er auch dann noch wie Werkzeuge zur Verbesserung seiner Lage verwenden kann, wenn die Beratung selbst längst abgeschlossen ist.

(5) *Konzentrieren Sie sich auf das Wesentliche und versuchen Sie, gangbare Alternativen zu klären*[23]. Der Pfarrer

[23] Der Psychologe *R. L. Brizee* betont, daß das »Beschlußfassungs-Modell« (decision-making model) für die Beratung sehr nützlich ist. Es konzentriert sich auf die implizite Entscheidung, die beim zentralen Konflikt eine Rolle spielt, und versucht dem Menschen bei der Verbalisierung und Klärung des Dilemmas behilflich zu sein, damit er sich ihm stellen kann. Dieses Verfahren vollzieht sich auf der Ebene der Entscheidungen. Es bezieht die Vergangenheit erst dann ein, wenn der Betreffende nicht in der Lage ist, die Entscheidungen zu fällen und zu realisieren, die zu einer konstruktiven Bewältigung des Problems nötig sind. Dadurch, daß dann die Vergangenheit im Kontext der gegenwärtigen Entscheidung diskutiert wird, behält man eine dynamische Beziehung zur Gegenwart. *L. E. Tyler* hat in ihrem Buch: The Work of the Counselor, New York 1953, ein hilfreiches Kapitel über »Beschlußfassungs-Interviews« (228–242), das für die kurzfristige seelsorgerliche Beratung von großer Bedeutung ist. Sie weist darauf hin, daß ein Klient im Beschlußfassungsprozeß zu allererst ein Gefühl für die allgemeine Richtung, in die er gehen möchte, entwickeln muß, und »für die Ziele, denen die Entscheidung dienen soll«. Ehe er nicht das erreicht hat, werden ihn seine spezifischen Beschlüsse nicht befriedigen. Gleichzeitig muß der Mensch sich auch der Grenzen seiner Situation bewußt werden, innerhalb derer er frei wählen kann.

fragte Frau D.: »Welche Wege bieten sich Ihrer Meinung nach an?« Danach half er ihr, die Konsequenzen der verschiedenen Entscheidungsmöglichkeiten auszuloten. Verläßt sie den Mann, kann sich seine Trunksucht steigern, sogar Selbstmord wäre nicht auszuschließen. Könnte sie solchen Konsequenzen standhalten? Andererseits könnte der Schock ihres Weggehens ihn mit der Realität konfrontieren und ihn erstmals für Hilfe zugänglich machen. Wie würde es sich auf die Kinder auswirken, wenn sie bliebe, er aber weiter trinken würde? Könnte sie, wenn sie ihn nicht verließe, ihre Beziehungen zu ihm so gestalten, daß sie und die Kinder vor seinem selbstzerstörerischen Verhalten abgeschirmt werden? Ehe sie zur Beratung gegangen war, hatte sie »am Problem herumgewurstelt«, ohne wirklich klar über die verschiedenen Möglichkeiten ihres Lebens und deren Konsequenzen nachzudenken.

(6) *Helfen Sie dem Ratsuchenden, daß er sich zum »nächsten Schritt« entschließt und ihn tut.* Meist müssen die inneren Kräfte eines Menschen gestärkt werden, damit er konstruktiv und nach einem ungefähren Plan handelt. Selbst wenn nur ein kleineres Problem geklärt wird und aktive Schritte zu seiner Lösung unternommen werden, kann dieser Vorgang an sich schon die chronische Lähmung und Entschlußlosigkeit beheben. Im Falle von Frau D. half der Pfarrer planen, was sie am *nächsten Tag* unternehmen könnte, um Arbeit und finanzielle Unterstützung zu bekommen. Das war nötig, damit sie weiterreichende Entschlüsse fassen konnte. Bewältigt der Ratsuchende kleinere Aufgaben, kräftigen sich auch sein Selbstvertrauen und seine »psychischen Muskeln« und er wird fähig, größere Ziele anzugehen.

(7) *Geben Sie dem Ratsuchenden anleitende Hilfe, wenn es nötig erscheint.* Der Pfarrer empfahl Frau D., bestimmte Schritte zu unternehmen, u.a. sich an die örtliche Gruppe der »Anonymen Alkoholiker« zu wenden und ihren gestörten älteren Sohn psychotherapeutisch behandeln zu lassen. Diese Empfehlungen gründeten sich auf das allgemeine Wissen und die beraterische Erfahrung des Pfarrers, aber auch auf seine zunehmende Einsicht in die dynamischen Abläufe innerhalb der Familie D. Er formulierte seine Empfehlungen so, daß sie diese negieren konnte, *ohne ihn selbst abzulehnen.* Er respektierte ihr Recht, sie nicht auszuführen, und er ermutigte sie, ihre diesbezüglichen Gefühle mit ihm zu erörtern. All das unterscheidet sich ganz stark von billigen, improvisierten Ratschlägen. Und da die Rolle des Seelsorgers nicht nur die Aufgaben eines professionellen Psychotherapeuten, sondern auch die eines Führers und Trainers

umfaßt, ist der sorgfältige Gebrauch von Anweisungen und Vorschlägen ohnehin angezeigt. Gerade für die kurzfristige Beratung ist der Einsatz des Wissens und der Autorität des Pfarrers oft besonders wichtig.

(8) *Gewähren Sie dem Ratsuchenden emotionalen Rückhalt und Inspiration.* Der bekannte Satz »Sei zartfühlend, denn jeder Mensch, dem du begegnest, trägt eine Bürde mit sich« bestätigt sich in der Erfahrung eines Beraters immer wieder aufs neue. Viele Lasten sind verborgener Art. Wer zur Beratung kommt, von dem ist anzunehmen, daß seine Bürde, aus seiner Sicht, sehr schwer ist. Er braucht jemanden, der sich ihm anschließt und seine Last mitträgt. Der größte Rückhalt, den die Beratung bieten kann, ist die Beziehung als solche. Darüber hinaus ist es oft noch wichtig, dem anderen explizit Mut zu machen, sein Kreuz weiter zu tragen[24]. Die christlichen Riten – Gebet, Schriftlesung und Sakrament – können, wenn sie mit Bedacht wahrgenommen werden, eine kurzfristige Beratung vertiefen und bereichern und einen Zugang zu Kräften, die jenseits der menschlichen Beziehung liegen, wiederherstellen. Der seelsorgerliche Berater *konfrontiert* den Menschen mit der Realität, aber er *tröstet* auch! Er *fordert* und stachelt an, und er ist *mitfühlend.* Gelingt es, diese beiden gegensätzlichen Dimensionen (Gericht und Gnade) in der Beratung zu verknüpfen, dann wächst und reift der Ratsuchende.

(9) *Gehen Sie zur langfristigen Beratungsform über*, wenn eine kurze und begrenzte Beratung nicht angemessen ist. Diese kann der Pfarrer selbst ausführen, oder er kann den Ratsuchenden weiterüberweisen. Frau D. wollte anfänglich in einer einmaligen Beratungssitzung von ihrem Pfarrer gezielte Ratschläge hören. Im Verlauf des Gesprächs wurde ihr jedoch klar, daß sie eine längere Beratung brauchte. In ihrem Fall bot ihr der Pfarrer diesen Dienst an und erklärte ihr, wie seine Beratung die Unterstützung und Hilfe durch eine »Anonyme Alkoholiker«-Gruppe ergänzen könnte.

Der Übergang von der informellen zur formellen Beratung

Auf einer Sommerfreizeit geschah es, daß ein Pfarrer nach dem Gottesdienst, in dessen Verlauf sich die Jugendlichen zu be-

---

[24] Dabei besteht die Gefahr, daß manche Menschen solche Ermutigung als eine Form von Manipulation oder emotionalem Zwang empfinden.

stimmten Diensten verpflichteten, ein weinendes Mädchen (Frl. G.) sah und ihr seine Hilfe anbot. Sie sprudelte (offensichtlich durch den Gottesdienst erschüttert) ihre Schuldgefühle wegen des Hasses, den sie gegen ihren Stiefvater hegte, hervor. Durch diese emotionale Katharsis und die Anteilnahme des Pfarrers erfuhr sie so etwas wie Vergebung. Obwohl diese kurze informelle Beratung offensichtlich erfolgreich war, machte der Pfarrer einen entscheidenden Fehler. Er unternahm keinen Versuch, das Mädchen für eine weitergehende Beratung an ihren Ortspfarrer zu vermitteln, deren sie wegen ihrer komplexen und konfliktgeladenen Familiensituation bedurft hätte. Er hätte sich von ihr die Einwilligung zu einer Kontaktaufnahme mit ihrem Pfarrer geben lassen oder sie ermutigen sollen, diesen gleich nach ihrer Rückkehr aufzusuchen[25].

Ein Mann zögerte, nach dem Sonntagsgottesdienst das Kirchenschiff zu verlassen, da er den Pfarrer von seinem Entschluß, seine Frau zu verlassen, in Kenntnis setzen wollte. Der Pfarrer erfuhr bei dieser Gelegenheit zum erstenmal von den Eheschwierigkeiten dieser Familie. Er sagte: »Kommen Sie doch bitte mit in mein Studierzimmer, dort können wir ungehindert reden.« Der Mann hatte aber einen wichtigen Termin, der ein gründlicheres Gespräch zu diesem Zeitpunkt unmöglich machte; deshalb wurde eine Verabredung für drei Uhr nachmittags getroffen. Viele Menschen wagen den Schritt von der informellen zur formellen Beratung, wenn man ihnen nur Mut macht und einen Gesprächstermin anbietet.

Wie man ein vorzeitiges Ende der Beratung verhütet

So manche Beratung ist zu kurz und wirkungslos, da der Ratsuchende aufgibt, ehe der hilfreiche Prozeß recht in Gang kommen konnte. Hier sind einige Ratschläge, wie man solch vorschnelles Kapitulieren verhindern kann.

Grundlegend ist, daß der Ratsuchende die menschliche Wärme, das Verständnis und die bedingungslose Annahme durch den Berater spürt[26]. Darüber hinaus ist das Folgende zu beachten:

---

[25] Ein vollständiges Verbatim dieser informellen Beratung findet man bei *N. S. Cryer* und *J. M. Vayhinger*, Casebook in Pastoral Counseling, Fall Nr. 28, 157–161.

[26] Wärme heißt natürlich nicht Überschwenglichkeit. Menschen, die Angst davor haben, von anderen überwältigt zu werden, ziehen sich von der überschwenglichen Aggressivität des Pfarrers zurück.

(1) *Geben Sie Ihrem Interesse aktiv Ausdruck*, das Sie an dem Ratsuchenden und der Lösung seiner Konflikte haben.
(2) Erklären Sie, weshalb die vielen Beratungssitzungen nötig sind.
(3) Besprechen Sie auf einer realistischen Basis, welche Linderung des Leidens sich der Klient von der Beratung erhoffen darf und wieweit sie seine Bedürfnisse zu befriedigen vermag.
(4) Darüber hinaus sollte man *dem Ratsuchenden bei der ersten Zusammenkunft etwas Konkretes mit auf den Weg geben.* Das kann eine klärende Zusammenfassung seines Problems, eine Veröffentlichung oder eine »Hausaufgabe« (etwas Bestimmtes zu besprechen, zu bedenken, zu tun) sein.
(5) Im Frühstadium der Beziehung sollte der Berater am Ende jeder Sitzung fragen: »Was haben Sie von unsrem heutigen Gespräch für einen Eindruck?« Falls nämlich der Ratsuchende enttäuscht ist und nicht die Gelegenheit hatte, dieses Empfinden zu verbalisieren, dann kann er diese geheimen und unterdrückten Gefühle durch ein Beendigen der Beratung abreagieren.
(6) Hat man das Gefühl, daß der andere aufhören will, sollte man diese Möglichkeit ohne Vorbehalt erörtern. Man kann oft Dinge verhindern, indem man sie offen ausspricht.
(7) Sind die anfänglichen Erwartungen, die ein Ratsuchender der Beratung entgegenbringt, völlig unrealistisch, sollte man sie feinfühlig und schrittweise zu korrigieren versuchen, keinesfalls aber jäh und abrupt.
(8) Man tut gut daran, am Anfang zu sagen: »Fassen wir erst einmal vier oder fünf Treffen ins Auge. Dann können wir sie zusammen auswerten und beurteilen, wie weit wir gekommen sind und wie hilfreich es für Sie war. Danach entscheiden wir dann, ob wir weitermachen wollen.« Das mindert gewöhnlich die anfängliche Furcht, daß die Beratung endlos dauern könnte. Es regt aber auch von Anfang an zu konzentrierter und gründlicher Arbeit an.

Das Telefon in der Beratung

Das Telefon spielt in der allgemeinen Seelsorge, der informellen wie der formellen Beratung eine wichtige Rolle. Ein erfahrener Pfarrer berichtet, daß er ohne dies nie die umfangreiche Seelsorgearbeit in seiner Gemeinde bewältigen könnte. Er schreibt:

»Natürlich weiß ich, daß das Telefon nicht die persönlichen Kontakte ersetzt. Aber oft ist das Telefon eine ideale Ergänzung. Es gibt Gelegenheiten, wo es das gleiche ausrichtet wie ein persönlicher Besuch, wenn dieser unmöglich ist. Besonders wichtig ist das Telefon in der Verwaltung. Jedoch sollten wir auch bei einem geschäftlichen Anruf nicht vergessen, daß der, mit dem wir das Gespräch führen, derselbe ist, der unlängst seinen Sohn verloren hat, dessen Tochter geheiratet hat, dessen Enkel getauft wurde oder der großen Kummer wegen einer möglichen Scheidung seiner Tochter hat.«

Nach einer heißen Debatte im Kirchenvorstand über eine kontroverse Angelegenheit gab es bei der Abstimmung mehrere Nein-Stimmen. Am nächsten Tag rief der Pfarrer die Betreffenden an und fragte sie einfach: »Was halten Sie von der gestrigen Kirchenvorstandssitzung?« Das ist ein Beispiel für eine Pfarramtsführung, die am Menschen orientiert ist. Sie ist der Nährboden für die seelsorgerliche Beratung. Dieser Pfarrer nutzt auch das Telefon als Ergänzung zu seinen persönlichen Krankenhausbesuchen – eine neue Möglichkeit unserer Zeit, da die meisten Patienten ein Telefon neben ihrem Bett haben. Wie er berichtet, sind sie für solche Anrufe zutiefst dankbar.
Sehr wichtig ist das Telefon in der informellen Beratung und da, wo der Pfarrer mit Menschen in Kontakt bleiben möchte, die auf seiner »Krisenliste« verzeichnet sind. Durch einen Anruf kann er rasch feststellen, ob der andere seelsorgerliche Hilfe braucht. In akuten Not- oder Krisensituationen kann er telefonisch dem Angefochtenen seinen Rat übermitteln, so daß dieser einen mitmenschlichen Rückhalt erfährt und seine Krise derart überbrückt wird. Bei langfristigen Beratungsfällen kann das Telefon den Kontakt zwischen den Beratungssitzungen aufrechterhalten und vertiefen.

Praktische Übungen

Gemeindeglied: Sie sind Frl. G., das Mädchen aus der Sommerfreizeit, das weiter vorn in diesem Kapitel beschrieben wurde. Sie sind ganz allgemein sehr unglücklich über Ihre familiäre Situation; ein besonderes Problem bildet Ihr Schuldgefühl, da Sie Ihren Vater so hassen[27].

---

[27] Das vollständige Verbatim ist enthalten in: Casebook in Pastoral Counseling, 157–161. Man kann bei den Praxis-Übungen zur informellen und kurzfristigen Beratung auch die anderen Fälle verwenden, die in diesem Kapitel beschrieben sind, oder im Casebook die Fälle Nr. 2 (24-31) und Nr. 55 (298-301). Und als Beispiele für Beratungsgelegenheiten bei Besuchen, Fall Nr. 47, (257–262) und Fall Nr. 43 (235–240); diese Fälle haben schwierige Entscheidungen zum Inhalt.

Pfarrer: Zuerst spielen Sie den Pfarrer, der auf der Freizeit entdeckt, wie das Mädchen weint, und der ihr helfen möchte. Danach sind Sie ihr Ortspfarrer, an den sie der Freizeitleiter weitervermittelt hat.

Beobachter: Sie sollen darauf achten, daß sowohl Frl. G. als auch der Pfarrer das, was sich zwischen ihnen in der Beratung vollzieht, bewußter erleben. Sie sollen besonders auf die Gefühlsebene achtgeben und bei Ihren Verbesserungsvorschlägen offen und ehrlich sein.

V. ROLLENBEZOGENE EHEBERATUNG

Deswegen wird ein Mann seinen Vater und seine Mutter verlassen und an seinem Weibe hangen, und sie werden ein Fleisch werden.
Gen. 2,24

Die Ehe ist für die meisten ein zentrales Geschehen, das eine neue, ganz eigene Lebensgestaltung erfordert... Verheiratet oder unverheiratet sein durchdringt jeweils alle sonstigen Lebensbezüge und befriedigt oder blockiert auf je eigene Weise wesentliche Grundbedürfnisse des Menschen. Darüber hinaus bedingt die Rolle als Ehepartner andere wichtige Rollenfunktionen: in den Beziehungen zu Freunden, Kindern ganz eigene Lebensgestaltung erfordert... Verheiratet oder unverhei-
und Arbeitskollegen. Americans View Their Mental Health[1]

Der Pfarrer sollte auf dem Gebiet der Ehe- und Familienberatung am gründlichsten ausgebildet sein. Hier müßte er zu den Fachleuten in seinem Bezirk gehören. Eine ausreichende Kenntnis in anderen Sparten der Beratung ist sicher notwendig. Aber auf dem Gebiet der Familienberatung öffnet sich ihm ein so reiches und entscheidendes Arbeitsfeld, daß er tatsächlich *Experte* sein muß, um diesen Anforderungen gerecht zu werden.

Zwei Hauptgründe lassen sich für diese Anforderungen an den Pfarrer anführen. Einmal widmet der durchschnittliche Gemeindepfarrer über die Hälfte seiner Beratungszeit Familienproblemen. In der Studie »Americans View Their Mental Health« wird berichtet, daß 59 Prozent all derer, die sich von Seelsorgern beraten ließen, Ehe- und Familienprobleme hatten[2]. 46 Prozent davon hatten Eheprobleme, acht Prozent Probleme mit ihren Kindern, und bei fünf Prozent handelte es sich um anderweitig gestörte Familienbeziehungen. Erregend sind die Konsequenzen dieses Tatbestands: beinahe sechs von zehn Personen, die seelsorgerliche Beratung in Anspruch nahmen, kamen wegen schwerwiegender Familienkonflikte.

Der zweite Grund für den Pfarrer, seine Fähigkeiten auf diesem Gebiet zu steigern, ist der, daß hierbei so viel an menschlichen Werten auf dem Spiele steht. Ein reifendes, die Bedürfnisse aller Beteiligten befriedigendes Zusammenleben in der Familie gleicht

[1] 91 f.
[2] 309.

einer erfrischenden Quelle bei einer heißen und staubigen Wanderung. Sie ist eine Quelle der Verjüngung, ein Hort der Erneuerung, ein Garten des Wachsens und Reifens. Eine glückliche, gereifte Ehe, in gelegentlichen Stürmen von Agonie und Ekstase erprobt, bringt den Himmel der Erde so nahe, wie es in zwischenmenschlichen Beziehungen nur irgend denkbar ist[3]. Umgekehrt kommt eine zerfallene Familie, das Produkt einer wechselseitig destruktiven Ehe, der Hölle auf Erden gleich. Bei der Familienberatung steht tatsächlich allerhand auf dem Spiel! Wenn hier von einer »guten Ehe« (oder einer »ordentlichen Familie«) die Rede ist, dann gilt dieser Maßstab: In solch einer Ehe (oder Familie) sind für alle Beteiligten maximale Möglichkeiten gegeben, daß sie dank gegenseitiger Befriedigung ihrer Bedürfnisse auch der vollen Entfaltung ihrer gottgewollten personalen Möglichkeiten entgegenreifen. Bei keiner anderen Beratungsform stehen menschliche Werte derart zukunftsträchtig auf dem Spiel. Als erfahrener Eheberater vermag der Pfarrer einen nachhaltigen Einfluß auf das psychische und spirituelle Befinden der Eheleute, ihrer Kinder und Enkel auszuüben. Die Eltern sind die »Architekten der Familie«[4]. Gerät eine Ehe in Schwierigkeiten, dann zerbricht auch die Familie als die elementare *Bildungsgruppe*, von der der einzelne sein Wertsystem und seine Geborgenheit empfängt. Er verarmt emotional, und seine Personalität wird deformiert. Die Ehe- und Familienberatung setzt mit ihren Heilungsversuchen an der Basis aller Persönlichkeitsstörungen an. Damit wird sie gegenüber psychischen und spirituellen Belastungen *vorbeugend* wirksam, jetzt und hier wie auch für künftige Geschlechter.

Jede Ehe und jede Familie hat ihre Probleme! Der Psychiater Harry Stack Sullivan hat das mit einem Schuß Humor so ausgedrückt:

»Die Ehe, in der es bloß Zufriedenheit und eitel Sicherheit gibt, muß erst noch erfunden werden. Wenn einer zu mir kommt und erzählt, bei ihm zu Hause sei alles perfekt, dann nehme ich meine Brille herunter, dh. ich kann ihn nicht mehr richtig erkennen, ich starre ihn an und sage: ›Außer-gewöhnlich!‹ Ich lenke dann das Gespräch auf ein anderes Thema, kehre jedoch bei späterer Gelegenheit auf diesen Punkt zurück.«[5]

---

[3] O. *A. Maxfield* schreibt: »Die Ehe kann auf humaner Ebene ein erfahrbares Modell für alle sonstigen geistlichen Beziehungen sein.« Zitiert bei *R. A. Blees*, Counseling With Teen-Agers, Englewood Cliffs, N. J. 1965, 17.

[4] Dieser passende Ausdruck wurde von *V. M. Satir* geprägt.

[5] The Psychiatric Interview, New York 1954, 171.

Die Familienberatung sucht Blockierungen abzubauen, die in manchen Familien in lähmendem Maße vorhanden sind und die Entwicklung hemmen. Mittels kundiger Beratung läßt sich die Kreativität vieler halbwegs intakter (dh. bedürfnisbefriedigender) Ehen steigern. Unerläßlich ist sie bei »kranken« oder »sterbenden« Ehen. Die Beratung vermag sodann Familien neu zu befähigen, »ihren Glauben zu leben«[6]. Das Familienleben bietet in unserer Kultur die günstigsten Voraussetzungen zu »verantwortlichen Bindungen«[7]; deshalb ist es wichtig, daß die Frohe Botschaft in der Alltäglichkeit der familiären Beziehungen lebendig wird. Eine heile Ehe ist die psychisch engste aller zwischenmenschlichen Beziehungen. Deswegen fordert sie besonders viel, schenkt aber auch am meisten.
Im Blick auf die Familienberatung befindet sich der Pfarrer in einer strategisch günstigen Position. Die Tätigkeiten, denen er von seinem Amt her nachzugehen hat, geben ihm die Möglichkeit, tiefgreifende Beziehungen zu Familien zu knüpfen. Damit hat er bereits natürlicherweise einen Zugang zum Familienkreis, falls eine Beratung nötig wird. Seine Anwesenheit bei Höhe- und Tiefpunkten des Familienlebens schafft ganz von selbst entsprechende Gelegenheiten. Als Lehrer und Prediger vermag er andererseits den Samen einzusenken, der irgendwann einmal Frucht trägt in Möglichkeiten der Beratung. Hält er zB. eine treffende Predigt im Blick auf die Familie und ihre Probleme, kann er fast mit Sicherheit damit rechnen, daß sich danach mindestens eine Beratungssituation ergibt.

Formen ehelicher Konflikte

Ein Mann und eine Frau fühlen sich zueinander hingezogen, da ein jedes spürt, daß diese Beziehung eine Vielfalt von Bedürfnissen zu erfüllen verspricht. Beide bringen ein je eigenes Muster von personalen Bedürfnissen in die Ehe ein. Diese Bedürfnisse müssen bis zu einem gewissen Grad Befriedigung finden, wenn der einzelne fähig sein soll, seinerseits die Bedürfnisse seines Partners sowie seiner Kinder zu befriedigen. Kommt es zu einem relativ hohen Maß gegenseitiger Bedürfnisbefriedigung, spre-

[6] Nach dem Titel eines Buches von *R. W. Wieman,* The Family Lives Its Religion, New York 1941.
[7] *G. Winter* geht darauf ein in seinem Buch: Love and Conflict, Garden City, N. Y. 1958, 71–95.

chen wir von einer »glücklichen Ehe«. Umgekehrt herrscht in einer »unglücklichen Ehe« ein hohes Maß an gegenseitigem Bedürfnisversagen. Ist eine Beziehung fortwährend unfähig, emotionale Hungergefühle zu stillen, wird sich das Selbstwertgefühl der Beteiligten verringern, was Ablehnung, Ärger und Aggression zur Folge hat.

Das jeweilige Muster an Grundbedürfnissen, das einer in seine Ehe einbringt, gründet sich auf die Erfahrungen, die er in früher Kindheit mit Erwachsenen und deren Eingehen auf seine Bedürfnisse gemacht hat. Von diesen Erfahrungen ist seine Persönlichkeit geprägt. Es gibt zwei Arten von Bedürfnissen, von deren Befriedigung die Festigkeit einer Ehe abhängt: personale und sexuelle Bedürfnisse. Die erstgenannten haben wir bereits in Kap. I besprochen.

C. G. Jung ist der Ansicht, daß Männliches und Weibliches einander ergänzen. Ein Mann fühlt sich aus mancherlei Ursachen zu einer Frau hingezogen, und so ist es auch umgekehrt. In einer tieferen Schicht ist jedoch der Wunsch bestimmend, die eigene ungenügende Identität zu vervollständigen und das eigene Mannsein mit dem Frausein des Partners zu verbinden. Eng verknüpft damit ist das Verlangen, die eigene biologische Kreativität zur Erfüllung zu bringen und im Leben eines Kindes buchstäblich »ein Fleisch« zu werden.

Ein Ehekonflikt ist letztlich der Konflikt zwischen zwei Bedürfnissystemen; die Bedürfnisse der einen Person kollidieren mit denen der anderen. Joan und Larry, die seit drei Jahren verheiratet sind, haben zB. beide einen unstillbaren Drang, im Partner den »Vater« oder die »Mutter« zu suchen. Jeder von ihnen wünscht sich ein Abhängigkeitsverhältnis, wie es zwischen Eltern und Kind besteht, und möchte darin die Rolle des »Kindes« übernehmen.

Da ihnen in früher Kindheit ständig die Befriedigung ihrer personalen Bedürfnisse versagt worden war, bringen viele Menschen *neurotische Bedürfnisse* (im Gegensatz zu »normalen« Bedürfnissen) in ihre Ehe ein. Ein neurotisches Bedürfnis läßt sich folgendermaßen charakterisieren: (a) Ein normales Grundbedürfnis wächst dermaßen an, daß niemand es jemals befriedigen kann. (b) Es ist *ambivalent* oder in sich gespalten. Auf der Bewußtseinsebene wünscht man sich das eine, unbewußt aber möchte man genau das Gegenteil! Dieser innere Widerspruch macht einen zwischenmenschlichen Konflikt unvermeidlich. Der Mensch ist dauernd frustriert, da er ja nicht »auf zwei Hochzeiten zugleich tanzen« kann. Das Wissen des Beraters um Bedürfnismuster, die in sich selbst widersprüchlich sind, wird ihn in die Lage versetzen, viele chronische Ehestreitigkeiten besser zu verstehen.

Karl wurde von einer gefühlsarmen, sich emotional versagenden Mutter erzogen, die nicht fähig war, die personalen Bedürfnisse ihrer Kinder zu befriedigen. Aus diesem Grunde hat Karl, der jetzt beinahe 30 ist, ein unstillbares Verlangen nach Selbstbestätigung, Wärme und emotionalem Rückhalt. Das Normalmaß an Zuneigung, das ihm seine Frau Patricia entgegenbringt, kann ihm nicht genügen; ständig hungert er nach noch mehr Liebe. Fatalerweise scheint es ihr unmöglich zu sein, Karl darüber hinaus auch nur etwas mehr an Gefühlen zu zeigen. Im Gegensatz zu dem fraulichen Charme in ihrem Auftreten ähnelt sie in ihrer personalen Grundstruktur erstaunlich seiner Mutter. Warum aber fühlt sich Karl zu einem Menschen hingezogen, der seine Bedürfnisse so gar nicht befriedigen kann? Er hatte noch andere, diesen widerstreitende Bedürfnisse. Auf der einen Seite wünscht er das Abhängigsein, andererseits möchte er sich als Super-Mann fühlen. Sein starkes Abhängigkeitsbedürfnis läßt ihn in seinen Augen weich und unmännlich erscheinen. Um sich vor diesen peinigenden Empfindungen zu schützen, muß er seine Abhängigkeit verleugnen und sich in forcierter Weise den Anschein einer Unabhängigkeit geben, wie sie ein Selfmademan an den Tag legt. Seine Angst vor der Abhängigkeit hinderte ihn, eine Frau zu heiraten, die ihm Wärme und Mütterlichkeit entgegenbrachte. Patricia hat im Unterbewußtsein ähnlich gespaltene Bedürfnisse, die sie zu Karl hinzogen.

»Noch nie hat sich jemand aus einer Neurose hinausgeheiratet. Ganz im Gegenteil, wenn zwei junge Menschen, angezogen von dem Leiden des anderen, die Ehe eingehen, wird der eine das Gewicht seiner eigenen neurotischen Schwäche zu der des anderen hinzufügen, und vermehrtes Leiden sowie gegenseitige Abneigung sind die Folgen.«[8]

Die folgenden zwei Kapitel stellen drei Methoden vor, die sich bei der Beratung gestörter Ehepaare und Familien bewährt haben: die *rollenbezogene Eheberatung*, die *Familientherapie* und die *Transaktionsanalyse*, wie sie Eric Berne eingeführt hat. Alle diese Methoden eignen sich vorzüglich für die Praxis des Pfarrers. Eine jede bereichert die kommunikationsorientierte Beratung des Pfarrers in entscheidendem Maße.

---

[8] *L. S. Kubie* in dem Sammelband, hg. von *W. Eisenstein*, Neurotic Interaction in Marriage, New York 1956, 18.

Zwei Menschen begegnen sich, eine Beziehung spinnt sich zwischen ihnen an, und im gegebenen Fall heiraten sie sich. Ihre Interaktion vor und in ihrer Ehe führt zu einer neuen psychischen Entität: *ihrer Beziehung*. Dieses Neue, das der Psychiater Nathan W. Ackerman[9] als »Individualität des Ehepaares« bezeichnet, umschließt all das, was die beiden in die Ehe eingebracht haben: ihre Bedürfnisse und Probleme, ihre personalen Fähigkeiten und Strukturen, ihre Erwartungen und Hoffnungen – und noch viel mehr. Dieses »mehr« ist *ihre Interaktion* – dh. das, was aus dem einen wird, wenn er auf das reagiert, zu dem der andere in der Reaktion auf ihn selbst geworden ist usw. Aus diesem verwickelten Wechselspiel des Umgangs miteinander auf vielen verschiedenen Ebenen (von der physischen bis hin zur allertiefsten psychischen) entsteht ein eigenes neues Geschöpf – ihre Ehebeziehung. Martin Buber bezeichnet dies als die Dimension der »Zwischenheit«[10] und erörtert die Möglichkeiten, die vorhanden sind, wenn sich zwei Menschen begegnen. Jede menschliche Beziehung, die wechselseitig sinnerfüllend (dh. bedürfnisbefriedigend) ist, schafft etwas von dieser »Zwischenheit«. Je länger und je intensiver sich die Interaktion gestaltet, um so lebendiger ist die Individualität der Beziehung.
Die rollenbezogene Beratung konzentriert sich auf die Verbesserung der Ehebeziehung und nicht (wie im Fall der aufdeckenden Psychotherapie) auf die Bewältigung intrapsychischer Konflikte. Harry Stack Sullivan sagte einmal in einer Rede vor Psychotherapiestudenten: »Wenn Sie die Probleme Ihres Patienten angemessen verstehen wollen, müssen Sie ihn in seinem typischen Umgang mit anderen Menschen erleben und verstehen lernen.«[11] Sicher zeichnen sich an gestörten Beziehungen *innere* Konflikte und Depressionen ab. Indes, die Verzerrungen in den Beziehungen vertiefen und verschärfen diese inneren Konflikte und schaffen neue psychische Störungsquellen. In der rollenbezogenen Beratung wird die »kranke« Ehebeziehung *als solche* zum Objekt der Behandlung. Sie ist der »Patient«. Sowie sich eine

---

[9] The Psychodynamics of Family Life, New York 1958, 22.
[10] Das hat er in seinem Buch: Elemente des Zwischenmenschlichen getan; vgl. *A. Wenkart*, Betweenness and Transition, in: Journal of Existential Psychiatry, Frühjahr 1960, 127. Buber schreibt: »Eine Seele ist nie allein krank, sondern stets durch eine Zwischeneinheit, eine Situation zwischen ihr und einem anderen Wesen«; nach *M. Friedman*, Martin Buber, The Life of Dialogue, New York 1960, 191.
[11] The Psychiatric Interview, 13.

Beziehung positiver ausbildet, werden auch die an ihr Beteiligten *frei für neue Entwicklungen*[12].

Das Hauptziel dieser Eheberatungsmethode besteht darin, *die Beziehung für beide Teile wechselseitig befriedigender zu gestalten.* Um dies zu erreichen, sollte der Pfarrer im Verlauf der Beratung bestimmte *taktische Ziele* im Auge behalten. Zählt man sie im einzelnen auf, erscheint einem diese Beratungsart besonders schwierig und anspruchsvoll. In Wahrheit stellt die nachstehende vollständige Liste die *optimalen* Möglichkeiten dieser Methode dar. Jedoch tritt, selbst wenn man nur einige wenige dieser Teilziele verwirklichen kann, bei den meisten Ehen eine Verbesserung ein, und beide Partner werden eher in der Lage sein, ihre Grundbedürfnisse zu befriedigen.

Hier sind die Zielpunkte; der Berater hilft dem Paar:

(1) seine Kommunikation wieder aufzunehmen;

(2) den Teufelskreis wechselseitiger Vergeltung zu durchbrechen;

(3) einzusehen, daß sie miteinander an der Stärkung ihrer Beziehung zu arbeiten haben;

(4) sich der Natur ihrer Interaktion bewußt zu werden, besonders im Blick auf die Aktionen, die auf beiden Seiten zu Frustrationen führen, und auf ihre Rollenbilder als Ursachen ihrer Interaktion;

(5) zu entdecken, wie sie künftig aus ihren Konflikten lernen können.

(6) Erfahrungen zu sammeln, wie sie zusammen über die Quellen des Schmerzes und der Freude in ihrer Ehe nachdenken und künftig miteinander geplante Vorsätze realisieren können;

(7) die Nutzlosigkeit ihrer Änderungsversuche des Partners einzusehen, sich gegenseitig »loszulassen«[13] und die nicht veränderbaren Aspekte ihrer Beziehung zu akzeptieren;

(8) etwas zu tun im Blick auf die Bereiche in der Ehe, in denen man sich jeweils der Verantwortung enthoben fühlte;

(9) neue Wege der Kommunikation zu entdecken und mit ihnen zu experimentieren, die die beiderseitigen Persönlichkeits- und Sexualbedürfnisse besser erfüllen, und damit die Befriedigung einer reiferen Beziehung zu erfahren;

---

[12] Hier sollte man darauf achten, daß dieses Verfahren das Gegenteil des üblichen Vorgehens darstellt, bei dem man die *Beziehung* durch die konventionelle Psychotherapie dadurch verändert, daß man zuerst die *Individuen* verändert, die an ihr teilhaben.

[13] Das bezieht sich auf ein innerliches, emotionales Aufgeben des Versuches, das Leben des anderen gestalten zu wollen. Auf diesen wesentlichen Gesichtspunkt wird in Kap. VIII eingegangen.

(10) Interessen außerhalb der Familie zu finden und mit der »weiteren Familie« besser zu kommunizieren.
Es sollte klar sein, daß manche dieser Zielpunkte sich gegenseitig überschneiden. Einige realisieren sich von selbst, wenn die Ehe sich bessert. Mit Ausnahme der ersten drei Punkte gibt es bei der Erfüllung dieser Teilziele keine vorher festgelegte Reihenfolge.

Methodik der Rollenbezüge

Diese Ziele werden verständlicher, wenn man sie im folgenden Beispiel angewendet sieht.
Frau Blackright, 32, rief ihren Pfarrer an und fragte, ob sie ihn wegen eines Eheproblems sprechen könne. Er antwortete »Ja, natürlich! Ich wäre sehr froh, wenn ich Ihnen irgendwie helfen könnte. Wie würde Ihr Mann reagieren, wenn ich ihn zu diesem Gespräch hinzubäte?« Sie entgegnete, daß er sich über ihre Ehe Sorgen mache, aber doch dächte, sie könnten mit ihren Problemen selber fertig werden. Der Pfarrer antwortete: »Ich verstehe. Meinen Sie, daß er wenigstens dieses eine Mal mitkommen könnte, so daß beide Seiten vertreten sind? Es liegt mir daran, zu erfahren, wie Sie beide die Lage empfinden.« Sie antwortete zustimmend und traf eine vorläufige Verabredung, die sie präzisieren wollte, wenn sie mit ihrem Mann gesprochen habe.
Die Eheberatung zielt auf die Behandlung einer gestörten Beziehung ab; deswegen sollte man alles daran setzen, *beide Teile* in die Beziehung einzubeziehen[14]. Je länger der Berater mit dem einen Partner ohne den anderen zu tun hat, um so schwieriger wird es, mit dem anderen Rapport herzustellen. Wird man von nur einem Partner aufgesucht, empfiehlt es sich, mindestens *eine* eigene Verabredung mit dem anderen Partner zu treffen, um dieses Einvernehmen herzustellen und ihm das Gefühl der

[14] Oft erreicht man das mit einer direkten Einladung per Brief oder Telefonanruf, wenn das Spannungsverhältnis zwischen Mann und Frau erwarten läßt, daß die obengenannte Methode scheitern muß. *W. L. Carrington* schildert in dem Buch: The Healing of the Marriage, Great Neck, N. Y. 1961, 156 f, seine Verfahrensweise. Mit dem Einverständnis des Ehepartners schreibt er: »Lieber Herr ...: Ihre Frau war bei mir und hat angesichts der ehelichen Situation, die zwischen Ihnen entstanden ist, um Hilfe nachgesucht. Ich meine, daß ich Ihnen besser helfen könnte, wenn ich Gelegenheit hätte zu hören, wie Sie die Situation Ihrer Ehe empfinden. Wenn Sie es einrichten könnten, mich einmal zu einer Unterredung aufzusuchen, würde ich gerne mit Ihnen eine Vereinbarung zu einem günstigen Termin treffen. Herzliche Grüße Ihr ...«

Chancengleichheit zu vermitteln. Weigert sich der Teil, der die Beratung veranlaßte, dem anderen Teil mitzuteilen, daß er einen Pfarrer aufsucht, sollte man die Gefühle, die dieser Weigerung zugrunde liegen, durchsprechen und in Frage stellen (nachdem man eine gute Beziehung hergestellt hat). Häufig kommt diese Handlungsweise einer Weigerung gleich, sich mit der Realität der Ehebeziehung auseinanderzusetzen oder es verbirgt sich dahinter das Verlangen, eine private Beziehung zu einer Vaterfigur zu unterhalten.

Wenn der abwesende Partner nicht kommt, wird die Beratung mit nur einem Teil schwierig, aber nicht unmöglich, vorausgesetzt, daß der Berater (a) nicht zuläßt, daß die Sitzung mit Analysieren und Kritisieren des Abwesenden verbracht wird, und (b) sich auf die Seite der Interaktion konzentriert, die den anwesenden Partner betrifft, und darauf, *was dieser bei sich selbst zu ändern vermag;* (c) dazu hilft, daß der Mensch den anderen emotional »losläßt« und so die neurotische Interaktion unterbricht; (d) großzügig die unvermeidlichen Verzerrungen einkalkuliert, mit denen jeder der Partner die Ehebeziehung darstellt; und (e) nicht Partei ergreift. Letzteres wäre bei jeder Art von Eheberatung ein grober Fehler, da die Parteinahme den Berater für die neurotische Interaktion des Paares blind macht. Doch deren Bewußtmachung stellt ja den Kern des Heilungsprozesses dar.

Als die Blackrights gekommen waren, öffnete der Pfarrer den Weg zu einer sinnvollen Kommunikation dadurch, daß er jeden einzeln bat, das Problem so zu beschreiben, wie er es sah. Dadurch kam eine negativ aufgeladene Interaktion zwischen den Blackrights in Gang, die der Pfarrer aufmerksam registrierte. Er merkte, daß sie *nur auf dem Umweg über seine Person* miteinander redeten. Da sie nicht miteinander in Austausch zu treten vermochten, außer in gegenseitigen Beschuldigungen, die aus ihren wechselweisen Frustrationen resultierten, fehlte ihnen jegliche Handhabe, um ihren eigenen Konflikt zu lösen. »Kommunikation« umschließt alle verbalen und nichtverbalen Äußerungen, mit denen Personen ihre Gefühle, Einstellungen, Ideen, Sehnsüchte und Hoffnungen übermitteln. Durch ihre Befähigung zur Kommunikation können sie miteinander in Beziehung treten und so ihre personalen Bedürfnisse befriedigen. Die »Krankheit« der Ehe der Blackrights könnte man als eine Erkrankung des Kommunikationssystems verstehen[15]. Ehen, in denen es seit

---

[15] *C. R. Rogers* erhellt das Kommunikationsproblem, wenn er schreibt:

Jahren keine echte Kommunikation mehr gab, sind leider nicht selten. Die Frustration der Bedürfnisse in solchen Ehen hat tiefes, wenn auch oft verborgenes Leid zur Folge.

Die Anwesenheit des Pfarrers ermöglichte es den Blackrights, über die Dinge zu reden, die ihre Misere verursachten. Aus ihrer ehelichen »Zweiergruppe«, die durch die wechselseitigen Aggressionen gelähmt war, wurde eine »Dreiergruppe«, in der ein Mitglied die Rolle des Mittlers oder des Kommunikationsfachmannes übernahm. Wie bei einem Gespräch zwischen Tarifpartnern, das sich festgefahren hat, veränderte auch hier die Anwesenheit eines neutralen Dritten die Situation und Interaktion der »Gruppe« der Blackrights und ermöglichte es, daß die Kommunikation wieder eröffnet wurde.

Die Anwesenheit eines Pfarrers, der eine soziale und religiöse Autorität symbolisiert, hat auch den Teufelskreis der gegenseitigen Vergeltungsakte unterbrochen, in dem die Blackrights gefangen waren. Hilda M. Goodwin und Emily H. Mudd, die aus einer großen Erfahrung als Eheberater sprechen, haben beobachtet:

> »Wenn die Ehebeziehung nicht ein hinreichendes Maß an Befriedigung der Bedürfnisse eines jeden Gatten bietet oder wenn ein Konflikt entsteht, dann werden verschiedene Prozesse in Gang gesetzt, die die personale Identität untergraben und es noch unmöglicher machen, die Ängste des anderen zu beschwichtigen.«[16]

Die Zurückweisung des anderen und die Gefühle des Abgelehntwerdens steigern sich rapide, und die Kommunikation, die das Problem lösen könnte, kommt in fortschreitendem Maße zum Erliegen. Je mehr die personale Identität untergraben wird, desto

---

»Das gesamte Ziel der Psychotherapie besteht darin, sich mit einer falschen Kommunikation auseinanderzusetzen. Der emotional fehlangepaßte Mensch . . . ist erstens in Schwierigkeiten, da die Kommunikation in ihm selbst zusammengebrochen ist, und zweitens, weil als Folgeerscheinung seine Kommunikation mit anderen geschädigt ist . . . Im ›neurotischen‹ Individuum werden die Teile des Selbst, die man das Unbewußte genannt hat, oder die vom Bewußtsein unterdrückt oder geleugnet wurden, blockiert, so daß sie sich nicht länger dem bewußten oder steuernden Teil des Selbst mitteilen. Solange dies der Fall bleibt, ist der Mensch in seinen Selbstmitteilungen gegenüber anderen gestört; er leidet am eigenen Selbst und an seinen zwischenmenschlichen Beziehungen. Das Ziel der Psychotherapie besteht darin, daß man dem Menschen behilflich ist, durch eine besondere Beziehung zum Therapeuten eine gute Kommunikation in sich selbst herzustellen. Hat er das erreicht, kann er auch freier und effektiver mit anderen kommunizieren. . . . Eine gute Kommunikation . . . im eigenen Selbst oder zwischen Menschen ist immer therapeutisch« (On Becoming a Person, 330).

16 Marriage Counseling in Medical Practice, hg. von *E. M. Nash* u. a., Chapel Hill 1964, 278.

schneller dreht sich der Teufelskreis, in dem sich Ablehnung und Angst gegenseitig bedingen; je stärker aber dieser Teufelskreis wird, desto schwieriger ist es für das Paar, ihn ohne Hilfe von außen zu durchbrechen. Als sich die negative Interaktion zwischen den Blackrights immer mehr verstärkte, kam auch die gefühlskalte, verweigernde Seite in beiden stärker zur Geltung und ihr Agressionstrieb nahm zu.

Will man diesen Teufelskreis durchbrechen, muß man zuerst die intensiven Schmerz-, Groll- und Ablehnungsgefühle, die ihn bedingen, auflösen. Deswegen sollte der Pfarrer in einer oder mehreren Einzelsitzungen jedem Partner Gelegenheit zu emotionaler Katharsis geben. Oft muß erst der explosive »Dampf abgelassen« werden, ehe eine hilfreiche Kommunikation in der Eheberatung stattfinden kann.

In der ersten Sitzung mit beiden Blackrights konnte der Pfarrer herausfinden, wie sie miteinander umgehen, er konnte ihnen aber auch die Hilfe erklären und anbieten, die für sie möglich war, wenn beide sie wirklich wünschten. Am Ende der ersten Stunde faßte er zusammen:

Wenn ich Ihre Gefühle im Blick auf Ihre Ehe, Herr Blackright, recht verstehe, dann sind es folgende ... Und Ihre Gefühle, Frau Blackright, sind ... Habe ich Ihre Gefühle richtig getroffen?

Nachdem er zustimmende Antworten erhalten hatte, fuhr er fort:

Jeder von Ihnen beiden leidet in starkem Maße, weil Sie unfähig sind, richtig miteinander umzugehen. Sie merken auch, daß Ihre Probleme Ihre Kinder belasten. Es hat sich in diesen zehn Jahren, die Sie nun verheiratet sind, eine Menge ereignet. Deswegen werden Sie sicherlich verstehen, daß es eine gewisse Weile dauern wird, bis wir das, was Ihr Unglück verursacht, entwirrt haben. Wenn ich Ihre Gefühle recht verstehe, würden Sie beide Ihre Ehe ganz gern besser gestalten, obwohl Sie entmutigt und gar nicht sicher sind, ob es überhaupt möglich ist. Ich bin sehr gern bereit, mit Ihnen daran zu arbeiten und Ihnen zu helfen, daß Sie Wege finden, miteinander in befriedigenderer Weise umzugehen. Herr Blackright, könnten Sie sich zu einer Reihe von regelmäßigen Treffen bereitfinden, damit wir herausbekommen, was zu tun wäre, um Ihre Beziehung besser zu gestalten?
(Die gleiche Frage stellte er dann Frau Blackright.)

Diese Äußerung ging auf den Kummer ein, den die beiden verspürten, und wies auf die Ursache hin, nämlich ihre dysfunktionale Beziehung, registrierte ihren Wunsch nach einer Änderung, bot Hilfe an und visierte eine für beide befriedigendere Beziehung als Ziel der Beratung an. Den Schwierigkeiten, die bei der Suche nach einer positiven Änderung auftreten würden, wurde

Rechnung getragen und es wurde auch erwähnt, daß beide aktiv an diesem Prozeß teilhaben müßten.

Während dieser ersten Sitzung war es das Hauptziel des Pfarrers, Rapport herzustellen, mit all seinen Fähigkeiten zuzuhören und ihre Gefühle wiederzugeben, nach bestimmten Verhaltensmustern in ihrer Beziehung zu forschen und zu versuchen, *ihr* inneres Bild der Probleme zu erfassen. Darüber hinaus gewann er einen ungefähren Eindruck von der Schwere ihrer Störung und von ihrem eigenen Vermögen, die Situation besser zu bewältigen. Da er merkte, daß sie beide über eine beträchtliche Ich-Stärke verfügten, daß sie auch früher einige erfolgreiche Beziehungen unterhalten hatten und hinreichend motiviert waren[17], sich um eine Besserung zu bemühen, entschloß er sich zu einer Beratung dieses Paares.

Ein grundlegendes Prinzip der Eheberatung besteht darin, *daß man jedem die gleiche Chance gibt, jeweils seine Sicht der Dinge zu äußern.* Im Fall der Blackrights erforderte das eine schiedsrichterliche Funktion. Gelegentlich mußte der Pfarrer die aggressivere Frau Blackright durch eine Bemerkung wie die folgende unterbrechen: »Ich glaube, wir haben jetzt ein ungefähres Bild davon, wie Sie die Auseinandersetzung sehen, die Sie gestern hatten, Frau Blackright. Nun wollen wir aber auch einmal hören, wie sich das Ganze in Ihrer Sicht ausnimmt, Herr Blackright.« Nachdem ein gutes Einvernehmen hergestellt war, hielt es der Pfarrer für angebracht, die Blackrights nun mit seinen Beobachtungen während der Beratungssitzung zu konfrontieren, besonders mit dem Herrschafts- und Unterwerfungsschema, das ihre Beziehung prägte. Solch lebendiges Material, das aus der Begegnung im Hier und Jetzt gewonnen wird, bietet einen guten Zugang zum Gewahrwerden bestimmter Prozesse.

Während der ersten Stunde widmete der Pfarrer einen Großteil seiner Aufmerksamkeit Herrn Blackright und ließ ihn seine Empathie, sein Verständnis und seine Unterstützung spüren. Er hielt sich damit an das Prinzip, daß *man sich dem weniger stark*

---

[17] Es ist nicht nötig, daß beide aus vollem Herzen und rückhaltlos für die Beratung sind. Wesentlich ist die Bereitschaft, in dem Prozeß mitzuwirken und an der Beratung so lange teilnehmen, daß sie einen wohltuenden Effekt ausüben kann. Sperrt sich ein Partner gegen die Beratung, was ja häufig der Fall ist, muß der Berater herausfinden, an welcher Stelle es diesem Menschen wehtut und wo er deswegen motivierbar ist; im Falle des Herrn Blackright waren zB. seine Sorge über den Einfluß der ehelichen Situation auf die Kinder und sein Wunsch, das eigene Leiden an der Ehe zu mindern, die Punkte, an denen seine Motivation, am Beratungsprozeß teilzunehmen, aktiviert werden konnte.

motivierten Teil mehr widmen müsse, um mit ihm ins Einvernehmen zu kommen. Da Herr Blackright mit einigem Vorbehalt gekommen war, fragte der Pfarrer *ihn zuerst,* ob er mit regelmäßigen Zusammenkünften einverstanden sei.

Im Verlauf dieser ersten Stunde brachte der Pfarrer die Blackrights dazu, ein chronologisches Bild ihrer Beziehung zu rekonstruieren. Er fragte: »Herr Blackright, können Sie mir schildern, von welchem Zeitpunkt an diese Spannungen zwischen Ihnen beiden aufgetreten sind?« (eine ähnliche Frage stellte er Frau Blackright). »Wie war es denn vorher?« Diese Frage half, ihnen ihre »goldenen Jahre« ins Gedächtnis zurückzurufen, die sie in den ersten drei Jahren ihrer Ehe, ehe die Kinder kamen, verlebt hatten. Hätte es eine solche störungsfreie Zeit, an die sich beide gern erinnerten, für sie nicht gegeben, hätte eine Beratung wesentlich weniger Aussicht auf Erfolg gehabt. Als die Blackrights sich der Tatsache bewußt wurden, daß sie ja einst eine bessere Beziehung unterhalten hatten, stärkte sich in ihnen auch die Hoffnung, diese Zeit wieder zurückzugewinnen.

Die Einzelsitzungen, die der Pfarrer mit den Blackrights hatte (zwei mit jedem Partner), waren dazu da, jedem die Möglichkeit zu geben, ihm vertrauliche Informationen[18] mitzuteilen, das Einvernehmen zu stärken, Ärger abzuladen, den Zyklus negativer Reaktionen zu durchbrechen und die Projektion eigener Schuld auf den anderen zu reduzieren. Um den Grad der jeweiligen Projektion festzustellen, fragte der Pfarrer jeden einzelnen: »Was meinen Sie, in welchem Maße und auf welche Weise haben *Sie* zu der Misere in Ihrer Ehe beigetragen?« Anfangs gaben die Blackrights, wie die meisten Klienten im Anfangsstadium der Beratung, nur vage, allgemeine und laue Antworten. Aber nachdem ihre Vorurteile und ihr Ärger gemildert waren, konnten sie sich ehrlicher und selbst-erfahrener geben. Wäre das nicht eingetreten und hätte auf der anderen Seite weiterhin das Bedürfnis bestanden, die völlige Verantwortung auf den anderen zu projizieren, hätte der Pfarrer mit gutem Grund auf eine tiefe, ernste Persönlichkeitsstörung bei einem der Partner oder bei beiden schließen können.

Nach den Einzelsitzungen wurden beide für den Rest der Zeit

---

[18] In der ersten Einzelsitzung mit jedem der Partner betonte der Pfarrer, daß er nichts von dem, was dieser ihm mitteile, mit dem anderen besprechen würde, außer er habe die ausdrückliche Erlaubnis eingeholt. Verbalisiert man dieses Prinzip der Vertraulichkeit nicht, wird wesentliches Material (zB. über eine außereheliche Affäre) zurückgehalten.

gemeinsam beraten[19]. Dabei standen spezifische Vorfälle, »Vignetten der Interaktion«[20], im Blickpunkt. Beschuldigte zB. einer ganz allgemein den anderen, sagte der Pfarrer: »Können Sie mir nicht ein Beispiel für dieses Verhalten nennen?« Er lenkte das Paar so, daß es sich mit einer einzelnen Auseinandersetzung oder (später) mit einem einzelnen befriedigenden Vorfall so lange beschäftigen mußte, bis es herausgefunden hatte, was sich eigentlich auf der Gefühlsebene abgespielt hatte und welche Bedeutung ihr Verhalten hatte. Nachdem sich der Pfarrer diesen Vorfall in der Sicht eines jeden hatte schildern lassen, stellte er weitere Klärungsfragen, um ihren Blick noch gezielter und genauer auf diesen Vorfall zu lenken und sie nicht auf andere Punkte ausweichen zu lassen. Er verwies darauf, daß jüngere Zwischenfälle für die Beratung geeigneter seien, da hier die Erinnerung an die Details noch genauer sei, aber daß auch weiter zurückliegende Ereignisse, die heute noch offene Wunden hinterlassen haben, zur Sprache gebracht werden müßten, um herauszufinden, *warum der Betreffende an diesem Ereignis so festhalte.* Anfangs erschien den Blackrights die tiefergehende Erörterung eines einzelnen Vorfalles eher lästig und ermüdend. Aber nach und nach fanden sie heraus, daß dies eine wirklich hilfreiche Methode ist. Die implizite Arbeitshypothese lautet: das tiefe Verstehen eines einzelnen Vorfalles enthüllt sehr oft die grundlegenden Verhaltensmuster und Antriebskräfte einer Beziehung.

Gleich von Anfang an fragte sie der Pfarrer: »Was können wir aus diesem Vorfall (Wirrwarr, Mißverständnis, beglückendes Ereignis) lernen?« oder »Was ging da wirklich vor sich?« Nach und nach taten es ihm die Blackrights gleich und begannen sich zwischen den Sitzungen ähnliche Fragen zu stellen. Diese Orientierungshilfe ermöglichte es ihnen, aus ihren Konflikten zu lernen. Ebenso konnten sie den negativen Zyklus viel schneller durchbrechen. Der Pfarrer drückte es einmal mit einem Lächeln so aus: »Wenn Sie eine Auseinandersetzung haben und Sie lernen nichts daraus, dann haben Sie einen guten Streit vergeudet!«

Auf diese Weise wurden sich die Blackrights mehr und mehr der Art und Weise ihrer Interaktion bewußt: wie die Gefühle,

---

[19] Bei angemessen motivierten Paaren, die in der ersten Sitzung sinnvoll kommunizieren, ist es nicht nötig, getrennte Einzelsitzungen zu arrangieren, obwohl sie den Rapport mit dem weniger motivierten Teil stärken helfen.

[20] *R. W. Speers,* Marriage Counseling and the General Practitioner, in: Marriage Counseling in Medical Practice, 9.

die Einstellungen und das Verhalten eines jeden Partners bei sich selbst und dem anderen Kummer und Unbefriedigtsein hervorriefen. Zu Beginn der Beratung wies der Pfarrer auf den *selbst*verstümmelnden Charakter ihrer Beziehung hin: durch die Reaktion nämlich, die auf ihr jeweiliges negatives Verhalten folgte, wurden ihre eigenen Bedürfnisse nicht mehr gestillt. Ein solcher Appell an den Egoismus und das Eigeninteresse ist wirksamer und eher geeignet, den Zyklus negativer Reaktionen zu durchbrechen, als ein Appell an die Nächstenliebe. Nachdem nun bei ihnen ein Bewußtwerdungsprozeß in Gang gekommen war, konnten sie die schädliche Interaktion, die ihre Beziehung beherrschte, unterbinden.

Ein wichtiges Element in der zunehmenden Selbsterfahrung der Blackrights war die Enthüllung der widersprüchlichen Bilder, die beide unbewußt von der eigenen Rolle und der des anderen hatten. Ein jeder von uns entwickelt in der Kindheit zuinnerst bestimmte Vorstellungen davon, wie sich ein Ehegatte, ein Vater, eine Frau, eine Mutter, ein Finanzverwalter oder ein Gemeindeglied »richtig« verhält. Diese Vorstellungen vom Verhalten, das man in den jeweiligen Rollen an den Tag zu legen hat, werden unbewußt verinnerlicht und sind abhängig von den Erfahrungen, die man als Kind in der eigenen Familie gemacht hat. Sie beeinflussen den einzelnen maßgeblich sein ganzes Leben hindurch, wobei er sich dessen, was sich da in ihm abspielt, meist gar nicht bewußt ist. Er fühlt sich dann wohl, wenn die Menschen, die um ihn sind, sich seinen Vorstellungen konform verhalten. Ist das nicht der Fall, empfindet er Angst.

Im Falle der Blackrights waren die Vorstellungen von den jeweiligen Rollen, die sie in die Ehe einbrachten, sehr verschieden. Herr Blackright war von einem aggressiven, jähzornigen Vater und einer passiven, sich selbst übermäßig aufopfernden Mutter erzogen worden. Seine Mutter und seine beiden Schwestern bedienten die zwei »Männer« in der Familie – ihn selbst und seinen Vater. Als Reaktion auf das autoritäre Verhalten seines Vaters identifizierte er sich mit seiner Mutter. So wie sie ist er »die Gutmütigkeit in Person«. In seiner Familie verrichteten die Männer die Gartenarbeit, die Frauen die Hausarbeit. Frau Blackright entstammt einer Familie, in der der Vater nur das nominelle Oberhaupt der Familie war; in Wirklichkeit herrschte und bestimmte die Mutter. Frau Blackright schilderte ihren Vater (und das war ein offensichtlicher Vorwurf gegen ihren Gatten) als einen Mann, der »sich nicht zu schade war, auch einkaufen zu gehen und ab und zu beim Abspülen zu helfen«, obwohl er doch ein vielbeschäftigter Prokurist war. Zwar wies Frau Blackright bewußt die Identifikation mit ihrer Mutter zurück; ihr Verhalten jedoch machte offenbar, daß ihre Vorstellung von einem »normalen« fraulichen und mütterlichen Verhalten von der Herrschsucht ihrer Mutter geprägt war. Auch darin glich sie ihrer Mutter, daß sie sich emotional ihrem Gatten und ihren drei Kindern relativ stark versagte. Frau Blackright sah in Herrn Blackrights Mutter eine »Märtyrerin«, und er hielt ihren Vater für einen »Pantoffelhelden«.

Auf die Frage des Pfarrers: »Herr Blackright, welches sind in Ihrer Sicht die Punkte, die Sie in Ihrer Beziehung gern geändert hätten?« antwortete er protestierend: »Sie treibt mich zu sehr an. Ich werde störrisch, wenn sie so sehr den Antreiber macht.« Frau Blackright antwortete, daß sie »mehr Antrieb« als ihr Mann habe, und verglich dessen Beruf und Einkommen geringschätzig mit dem ihres Vaters. Nach mehreren Sitzungen begannen die Blackrights verschiedene Verhaltensmuster in ihrer Beziehung zu erkennen – wie sie ihn attackierte, bedrängte und manipulierte, damit er das tue, was sie wollte, und wie er sich dadurch *auf passive und doch aggressive Weise* zur Wehr setzte, daß er zauderte, Auseinandersetzungen über Differenzen aus dem Wege ging, ihren Fragen auswich und sie alle Verantwortung an sich reißen ließ, denen sie mit Sicherheit nicht gewachsen war. Die Reaktion des einen ließ jeweils die Reaktion des anderen noch extremer ausfallen.

In einer der Sitzungen wurde solch eine »Vignette der Interaktion« im Detail analysiert. Eines Abends hatte Herr Blackright einen Krug Orangensaft auf den Küchenboden fallen lassen.

Pfarrer: »Was geschah dann?«

Frau B.: »Ich kam hereingerannt und brüllte ihn an, er solle gefälligst besser aufpassen, und putzte dann die ganze Bescherung auf.«

Pfarrer: »Warum haben Sie aufgeputzt, Frau Blackright?«

Frau B.: »Ich wußte, daß er Stunden braucht, bis er das aufgeputzt hätte. Und dabei wäre nur ein neues Schlamassel entstanden.«

Pfarrer: (zu Herrn Blackright) »Was empfanden Sie, als sie anfing aufzuputzen?«

Herr B.: »Sie hat den Vollkommenheitswahn! Immer ist sie hinter mir her und will, daß ich irgend etwas tue! Nie kann ich ihr etwas recht machen! Wenn ich aufgeräumt hätte, hätte es ihr auch nicht gepaßt!«

Pfarrer: »War da noch etwas?«

Herr B.: (verschmitzt lächelnd) »Hm, ich war mir wohl auch ziemlich sicher, daß sie es, nach einigem Zögern meinerseits, schon tun würde.«

Diese letzte Einsicht war für den Berater ein Hoffnungsstrahl. Das gleiche galt für das Eingeständnis von Frau Blackright, das sie in einer früheren Sitzung gemacht hatte, daß sie manchmal Herrn Blackright nur so stark reize, weil sie herausfinden wolle, wie weit sie eigentlich bei ihm gehen könne – und nicht, weil sie das, was sie von ihm gerade verlange, wirklich wolle. Diese Eingeständnisse, *die in Gegenwart des anderen gemacht wurden*, zeigten, daß ein jedes imstande war, aufrichtig zu sein und dem Drang zur Projektion zu widerstehen, und daß es in ihrer Persönlichkeit bestimmte intakte Inseln gab. Nach und nach begann Herr Blackright einzusehen, daß seine Lethargie und Vergeßlichkeit Abwehrmechanismen und manipulierende Gegenreaktionen waren, um der manipulierenden Aggression seiner Frau zu entgehen. Herrn B.s Fehlverhalten bei der Bewältigung seiner Situation war beinahe identisch mit dem Verhalten, das seine Mutter an den Tag legte, um mit einem perfektionistischen Vater auskommen zu können. Als das offenkundig wurde, stellte der Pfarrer das System von Rollenbildern vor, das »wir alle in die Ehe mitbringen«.

Schrittweise wurden den Blackrights die selbstzerstörerischen Konsequenzen ihres Machtkampfes klar. Sie sahen ein, daß das immer stärker werdende Nörgeln und Kommandieren von Frau B. Herrn B. immer mehr zwang, sich seinerseits durch passiv-aggressives Pfuschen, Vergessen und durch seine Trägheit zu rächen. Das wiederum stachelte ihren Drang an, ihn zu gängeln, und so schraubte sich diese teuflische Spirale immer höher. An dem Vorfall mit dem verschütteten Orangensaft zeigte der Pfarrer auf, wie die Reaktion des einen auf den anderen bei jenem genau die Seite seiner Persönlichkeit aktivierte, die letztlich beiden am meisten zuwider war. Die Arbeitsverteilung der Blackrights hatte einen andauernden Streit hervorgebracht. Ihr unbewußtes Leitbild von einem »guten« Gatten, der beim Geschirrspülen half (ihr Vater), und das seine von der Rolle eines Ehemannes, der alle Hausarbeit als »unmännlich« verabscheute (sein Vater), brachte beide in einen frontalen Konflikt. Sie nahm seine Weigerung, beim Abspülen zu helfen, als einen Mangel an Zuneigung auf. Er sah in ihrem Interesse, im Garten zu arbeiten, eine Kritik an seinen männlichen Fähigkeiten und ein Eindringen in seine Zuständigkeitssphäre. Schrittweise brachten sie ihre Gefühle mit den Rollenbildern, die ihnen aus ihrer Kindheit überkommen waren, in einen Zusammenhang, wobei jeweils der andere zuhörte. Als Ergebnis nahm nach und nach auch der Druck dieser Gefühle ab,

und sie waren in der Lage, neue Formen der Arbeitsteilung auszuprobieren. Ein entscheidender Durchbruch gelang, als Herr B., ohne überhaupt darüber nachzudenken, seine eigene Tasse und die dazugehörige Untertasse abspülte.
Einen anderen Streitpunkt bildeten bei den Blackrights die Finanzen. Ganz im Gegensatz zu seiner passiven Haltung auf anderen Gebieten, verhielt sich Herr B. in dieser Hinsicht unbegreiflich autoritär. Er kritisierte seine Frau allen Ernstes, weil sie eine »törichte Anschaffung« für 2,50 DM gemacht hatte. Ein wahres Donnerwetter ereignete sich, als er darauf kam, daß sie heimlich ein eigenes Bankkonto hatte[21]. Herr Blackright versuchte auf diesem Gebiet zu dominieren, weil er in seiner psychischen Verfassung seine Männlichkeit wahren und demonstrieren wollte, wie er sie an seinem Vater erlebt hatte. In einer Beratungssitzung dachte er über sein autoritäres Verhalten in Growdingen nach: »Wenn ich das Gefühl habe, daß sie mich kommandiert, höre ich meinen Vater sagen: ›Mein Sohn ist ein Schwächling. Er läßt sich von Frauen beherrschen‹.« Frau Blackright gab zu diesem Zeitpunkt zu, daß ihre Aggressivität wahrscheinlich mit ihrer Angst zusammenhing, von einem Mann abhängig zu sein, aber sie fuhr fort: »Ich möchte, daß er energischer und verantwortungsbewußter wird!« Diese kurzen Momente der Einsicht, die ihnen ein Bewußtsein ihrer eigenen früheren Konflikte gaben, wirkten sich von Mal zu Mal befreiender auf ihre Beziehung aus. Der Zwang, sich gegenseitig in die Form und das Vorbild ihrer Eltern zu pressen, wurde geringer. Je weniger Druck sie gegenseitig auf sich ausübten, um die Änderung herbeizuzwingen, desto mehr fingen sie an, sich wirklich zu ändern. Andererseits konnten sie die Tatsache immer mehr ins Auge fassen und akzeptieren, daß manche Unzulänglichkeit beim anderen wahrscheinlich nicht zu ändern war (»warum streiten wir uns dann deswegen dauernd?« fragte Frau B.), sie aber gleichwohl eine gute Ehe führen könnten. An dieser Stelle muß noch einmal darauf hingewiesen werden, daß der *Wert* des Bewußtwerdungsprozesses bei den Blackrights durch die Tatsache verstärkt wurde, daß *beide* an diesem Erkundungsvorstoß teilnahmen. Der Pfarrer scheute sich nicht, sie auch mit den Folgen ihres manipulierenden und (auf der Seite von Herrn B.) unverantwortlichen Verhaltens zu *konfrontieren.* Dieses direkte Eingreifen half ihnen, den Zyklus ihrer negativen

[21] Dadurch überwand sie seine Vorherrschaft auf dem finanziellen Sektor und hatte weniger Angst vor der Abhängigkeit von einem männlichen Gegenüber.

Reaktionen zu durchschauen und zu durchbrechen. Der Pfarrer veranlaßte beide, jeweils für sich selbst zu entscheiden, wie man sich in bestimmten Situationen *verantwortlicher verhalten* könnte. Gelegentlich gab er ihnen »Hausaufgaben« auf, die eine Form der Aktionstherapie darstellten. Anfangs schlug er ihnen zumeist vor, *zusammen* einen bestimmten Aufsatz oder ein Kapitel eines Buches zu lesen (das dann später in der Beratung diskutiert wurde), oder eine Liste (zB. von Dingen, die sie einst gern zusammen getan hatten) zusammenzustellen. Im späteren Stadium der Beratung experimentierten sie auf seine Anregung zwischen den einzelnen Sitzungen mit neuen Möglichkeiten, ihre Probleme zu bewältigen, wie es in der vorangegangenen Sitzung besprochen worden war. Solche Aufgaben bewirken, daß die wichtige Einsicht, daß man an der *Änderung von Verhaltensweisen und Gefühlen* auch aktiv arbeiten muß, in die Tat umgesetzt wird. Der Psychologe O. Hobart Mowrer hat das so formuliert:

»Auf der einen Seite wirken die Gefühle bestimmend auf das Verhalten; ebenso gilt, daß auf der anderen Seite das Verhalten die Gefühle bestimmt. Sicherlich vereinfacht man zu sehr, wenn man annimmt, daß zB. schon Glück mimen den Menschen auch glücklich sein läßt. Aber man kann doch kaum leugnen, daß ein bestimmtes Verhalten positive Reaktionen der Mitmenschen zur Folge hat und daß ein andersartiges Verhalten den gegenteiligen Effekt hat. Sicherlich hat unsere Generation zu stark das betont, was man *fühlt*, und nicht das, was man *tut*.«[22]

Schrittweise konnte Herr Blackright das, was er wünschte, ausdrücken und durchsetzen, ohne versteckt aggressiv zu sein. Frau B. zeigte sich weniger herrschsüchtig, nachdem sie entdeckt hatte, daß sie seine neue Stärke mochte und daß es besser war, auf ihn angewiesen zu sein und »nicht alles allein tun zu müssen«. Beide fingen nun an, die Befriedigung der positiven Reziprozität ihres Verhaltens zu erfahren. Als ihre konstruktiven Bedürfnisse besser befriedigt wurden, konnten sie auch ihr destruktives Verhalten in der Interaktion aufgeben.

Ihr Sexualleben verbesserte sich, als sie sich gegenseitig in ihrem Mann- und Frausein akzeptierten, oder besser gesagt, als sie mehr und mehr den Machtkampf aufgeben konnten, der auch dieses Gebiet ihrer Beziehung beherrschte. Der Pfarrer ermutigte sie, miteinander darüber zu sprechen, was ihnen beiden besonderes Vergnügen bereitete, und so ein spielerisches, wechselseitig

[22] Aus: Critical Incidents in Psychotherapy, hg. von *S. W. Standal* und *R. J. Corsini*, Englewood Cliffs, N. J. 1959, 81.

befriedigendes sexuelles Leben zu entwickeln. Die Verbesserung auf diesem Gebiet hatte zur Folge, daß ihre Geschlechtlichkeit zu einer befriedigenden, erfüllenden Kraft in ihrer gesamten Beziehung wurde. Ein *Schimmer* ersetzte den *Schatten,* der über ihrer Ehe lag.

Der Fortschritt des Reifeprozesses der Blackrights zeigte sich in ihrer wachsenden Fähigkeit, *zusammen* zu planen und Kompromisse bei der Erfüllung ihrer beiderseitigen Bedürfnisse zu schließen, ohne dabei das Gefühl zu haben, ihre Identität zu verlieren und »nachzugeben«. Dadurch wurden sie befähigt, und zwar zum ersten Mal seit Bestehen ihrer Ehe, eine von beiden bejahte Ferienreise zu planen und auch durchzuführen. Bezeichnenderweise war die Erziehung der drei kleinen Kinder der Blackrights, bislang eine besondere Kampfzone, der Bereich, der am langsamsten auf die Veränderungen in den Rollenbezügen der Partner ansprach. Die Beziehung zu den Kindern ist ein Gebiet, auf das ursprüngliche Gefühle, die mit dem Verhältnis zu den eigenen Eltern zusammenhängen, meist einen starken, unbewußten Einfluß ausüben. So war es auch bei den Blackrights.

Der Reifeprozeß in der Beziehung der Blackrights ermöglichte es ihnen auch, bessere Beziehungen in ihrer »weiteren Familie« zu entwickeln, dem Kreis der Verwandten und Freunde, an die sich ein Paar in Krisenzeiten spontan wenden würde. Es gelang ihnen, sich aus der Isolierung ihres familiären Narzißmus zu befreien und ein neues Interesse an der Nachbarschaft, der Gemeinde und der Welt um sie herum zu gewinnen. Die Teilnahme am kirchlichen Leben gestaltete sich weniger gezwungen, dafür im Blick auf zwischenmenschliche Kontakte viel befriedigender. Dadurch, daß sie eine größere Unabhängigkeit von ihren verinnerlichten Rollenvorstellungen aus der Kindheit gewannen, wurden sie frei für gegenwärtige, sinnvolle Beziehungen. Die Blackrights hatten in ihrer Ehe in einem beachtlichen Ausmaß »kindisches Verhalten abgelegt« und waren »sensibler und empfänglicher für die Nöte anderer geworden«. Ihre negativen Zyklen aus wechselseitigen Frustrationen wurden durch positive Zyklen aus gegenseitiger Bedürfnisbefriedigung ersetzt, die sich nun von selbst fortsetzten[23].

---

[23] Die Beratung fand in diesem Fall einmal pro Woche für eine Dauer von drei Monaten, dann 14tägig für weitere vier Monate statt und setzte sich dann mit gelegentlichen Verabredungen über ein Jahr hinweg fort.

Bei dieser Beratungsweise muß der Pfarrer eine aktive Rolle übernehmen. Ich stimme der Ansicht zu, die lautet: »Wenn gemeinsame Sitzungen konstruktiv sein sollen, muß der Berater die Verantwortung für Grenzen, Struktur und Zielrichtung des Gesprächs übernehmen und darauf achten, daß alle Beteiligten gleiche Redemöglichkeiten haben.«[24] Dean Johnson weist auf eine der Gefahren der absoluten Passivität des Beraters hin:

»Wenn der Berater mit seiner Passivität dem Klienten die Möglichkeit gibt, ziellos zu reden, und so seiner Aufgabe, die Sitzung zu leiten, nicht nachkommt, wird der Klient leicht zu der Meinung verführt, daß er dadurch, daß er seine Schwierigkeiten heraussprudelt, auch seine Bürde von sich auf den Berater abwälzen kann, der dann schon gewisse Lösungen für ihn finden wird.«[25]

Der Seelsorger der Blackrights war, in der Sprache Sullivans, ein »teilnehmender Beobachter« oder besser ein »beobachtender Teilnehmer«. Er war ein *Schiedsrichter,* der darauf achtete, daß jeder die gleiche Chance hatte, seine Gefühle und Ansichten zu äußern, und ein *Trainer,* der sie für ein erfüllteres und konstruktiveres »Ehespiel« ausbildete. Er war *Lehrer* und *Ratgeber,* der Dinge vorschlug, die sie ausführen sollten, um ihre Fortschritte in Richtung auf eine reifere Beziehung zu beschleunigen. Er war ein *Kommunikations-Katalysator,* der durch seine eigene Offenheit im Blick auf seine eigenen Gefühle ihnen half, sich mit den ihrigen auseinanderzusetzen und so miteinander zu reden, daß wirklich das Gesagte verstanden wurde und etwas ausrichtete. Er war eine akzeptierende *Autoritätsfigur,* die sie mit den Folgen ihrer Unreife und Verantwortungslosigkeit konfrontierte. Er war ein *Pastor,* der sie durch seine empathische Anteilnahme stützte. Durch seine Einsicht in die Antriebskräfte, die zwischen ihnen abliefen, *stimulierte er ihren Selbsterfahrungsprozeß.* Er war ein *Prüfstand* der Realität, weil sie die eigene Sicht ihrer Beziehung mit der seinigen vergleichen konnten. Er war ein *Verhaltensforscher,* der dadurch, daß er engagiert und zäh nachforschte, ihre Neugier für die tiefere Bedeutung ihrer Gefühle und ihres Verhaltens weckte. Er war ein *Führer,* der ihnen half, die Verwicklung ihrer Beziehung zu erforschen. Vor allem aber war er ein *warmempfindender Mensch,* ein Freund, der, um ihnen zu helfen, sich neben sie stellte und *nicht*

---

[24] *H. Goodwin* und *E. H. Mudd* in: Marriage Counseling in Medical Practice, 279.
[25] Marriage Counseling. Theory and Practice, 62.

über sie. Als ein Teilnehmer aktiv am Prozeß teilhaben heißt *nicht,* Entscheidungen für den Klienten fällen, das zu tun, was dieser selbst tun könnte, oder ihn zu vorher festgelegten »Lösungen« zu drängen. Fragt einer zum Beispiel: »Soll ich mich scheiden lassen?«, käme es darauf an, sein Verlangen nach autoritärem Rat zu akzeptieren, doch dann ihm (sanft aber entschieden) klarzumachen, daß diese Entscheidung viel zu komplex und persönlich ist, als daß sie ihm *irgend jemand* abnehmen könnte. Die Aufgabe des Beraters, wie sie sich jetzt herausschält, besteht darin, daß er dem Ratsuchenden hilft, Alternativen abzuwägen, die Konsequenzen verschiedener Möglichkeiten zu bedenken und ein größeres Maß an Objektivität zu gewinnen, so daß *er selber* eine weisere Entscheidung treffen kann.

In der Eheberatung besteht die Aufgabe des Beraters nicht unbedingt darin, »eine Ehe zu retten«, sondern vielmehr darin, beiden behilflich zu sein, das herauszufinden und zu tun, was die Persönlichkeitswerte weitgehendst zu steigern verspricht. In manchen Fällen hat sich eine Beziehung für die Persönlichkeitswerte derart destruktiv gestaltet, daß eine Scheidung die einzige Hoffnung darstellt, um noch etwas zwischenmenschlich Wesentliches zu retten. Die Scheidung ist ein Scheitern, aber es gibt keinen Grund dafür, den Schmerz und den Schaden dadurch zu vergrößern, daß man die persönlichkeitsschädigende Interaktion fortsetzt (die ja nur dem Namen nach eine Ehe ist), nachdem alle Versuche gescheitert sind, den ehelichen Leichnam wieder zum Leben zu erwecken. In solchen Fällen sollte der Pfarrer sich selbstverständlich für die Beratung vor und nach der Scheidung zur Verfügung stellen mit dem Ziel, die schädlichen Folgen für Kinder und Eltern zu mildern[26]. Es besteht dabei die Hoffnung, mit einer solchen Beratung die Betreffenden auf Beziehungen konstruktiverer Art vorzubereiten, die also ihre Bedürfnisse besser befriedigen, falls es zu einer Wiederverheiratung kommt (wie es bei $^2/_3$ der geschiedenen Frauen und $^3/_4$ der geschiedenen Männer der Fall ist).

Anders als die Blackrights kommen viele erst dann zum Pfarrer, wenn sie sich fast schon zu weit auseinandergelebt haben, als daß eine Heilung noch möglich wäre. Man geht zum Pfarrer und sieht in ihm eine Art Notnagel; seine Sache ist es, das

[26] Ausführlich wird die »Scheidungsberatung« bei *Ch. W. Stewart,* The Minister as Marriage Counselor, Nashville 1961, 114–131, behandelt. *J. G. Emerson* beschäftigt sich in seinem Buch: Divorce, the Church, and Remarriage, Philadelphia 1961, mit der Stellung der Kirchen zu diesem Problem.

Gewissen zu beruhigen, da man ja auch »eine Beratung mitgemacht« hat oder das Bernesche Spiel »Sieh, was ich alles für dich tue« spielt. Ist der Prozeß der Scheidung schon in Gang gekommen, sollte der Pfarrer eine Unterbrechung und Aufschub aller juristischen Prozeduren zu erreichen suchen. Gewöhnlich ist es sinnlos, inmitten der Manöver der Rechtsanwälte einen Aussöhnungsversuch zu unternehmen[27]. Einem Paar, das sich kopfüber in die Scheidung stürzt, wird er nötigenfalls mit dem Hinweis entgegentreten, daß sie diesen Schritt tun, ohne herausgefunden zu haben, ob nicht ihre Ehe auf einer Ebene wiederherzustellen ist, die beide Seiten mehr als bisher befriedigt. Manchmal läßt sich der Aufschub juristischer Schritte auch dadurch erreichen, daß man sagt: »Sie können immer noch eine Scheidung durchsetzen, wenn wir herausgefunden haben, daß sich Ihre Beziehung nicht wiederherstellen läßt. Jetzt haben Sie vielleicht wenig Hoffnung, aber ich empfehle Ihnen ganz ernsthaft, daß Sie wenigstens sechs Monate lang an einer intensiven Beratung teilnehmen, um sich selbst eine faire Chance zu geben, von dieser Beratung zu profitieren.« In Fällen, in denen die »emotionale Scheidung« bereits stattgefunden hat, empfiehlt sich der Versuch mit ausgiebigen »Aussöhnungs-Unterredungen«, wie sie von Charles Stewart empfohlen werden, um zu sehen, ob sich beide zu einer gemeinsamen Entscheidung durchringen können, einen neuen »Start« zu wagen und ihre Beziehung wiederherzustellen[28].

Kurzfristige Eheberatung oder Ehetherapie?

Der Fall der Blackrights wurde hier geschildert, um die beträchtlichen Möglichkeiten der rollenbezogenen Methode aufzuzeigen. Diese Beratung sollte man wohl aufgrund ihrer Dauer und Intensität als »Ehetherapie« bezeichnen. Vielbeschäftigte Pfarrer jedoch werden froh darüber sein, daß man vielen Paaren glücklicherweise auch durch kürzere Beratung helfen kann, die schlichtweg darauf abzielt, die Kommunikation wiederherzustellen und den Menschen behilflich zu sein, aus den Engpässen einer negativen Interaktion herauszufinden. Das gilt besonders dann, wenn einigermaßen intakte Ehen durch schwere Familienkrisen erschüttert worden sind. Extreme Frustrationen führen zu

---

[27] Diese Grundregel wird von *Ch. W. Stewart,* The Minister as Marriage Counselor, 106, empfohlen.
[28] AaO. 94–113.

Aggressionen, die wiederum Gegenaggressionen provozieren und so zur Entfremdung der Partner beitragen. Wie schon oben erwähnt wurde, als wir von dem Beratungszentrum in Los Angeles sprachen (siehe Kap. IV), kann die Intervention einer akzeptierenden Autoritätsfigur solchen Ehen oft in wenigen Sitzungen wirksam helfen.

Es gibt aber auch Menschen, die eine seelsorgerliche Eheberatung suchen, deren psychische Tiefenschichten jedoch dermaßen gestört sind, daß eine rollenbezogene Methode (sei sie kurz- oder langfristig) scheitern muß. Findet der Pfarrer heraus, daß der Betreffende nicht auf seine rollenbezogene Methode anspricht, sollte er auf Einzelberatung umschalten, die erst einmal die innerpsychischen Konflikte löst, oder er sollte das Paar an eine Eheberatungsstelle überweisen, die intensiver beraten kann. Ist er überzeugt, daß der Betreffende der individuellen Psychotherapie bedarf, sollte er ihn an eine Nervenklinik oder an einen kompetenten Therapeuten überweisen. Intensive Psychotherapie auf individueller oder Gruppenbasis vermag solchen Leuten eventuell zu helfen, daß sie ihre kranke Ehe neu anfangen oder angemessen beenden.

Die Blackrights stellen einen gelungenen Beratungsfall dar. Viele Eheberatungsbeziehungen kommen nicht zu solchen positiven Ergebnissen. Die Ehe ist ein komplexes menschliches Gebilde, und eheliche Beziehungen sind oft extrem schwierig zu behandeln. Selbst der gut ausgebildete Seelsorger stößt häufig an seine Grenzen, wo er der Tatsache ins Auge sehen muß, daß es viele Menschen gibt, denen er nicht helfen kann. In anderen Fällen vermag er wiederum nur in begrenztem Maße zu helfen, zB. dadurch, daß er die Partner so weit bringt, Situationen, an denen sich nichts ändern läßt, zu akzeptieren und positiv zu nehmen.

Rollenbezogene und Parallelberatung

Die rollenbezogene Eheberatung eignet sich eher für die Arbeit des Pfarrers als die andere Methode: die parallele Einzelberatung beider Partner, die das Ziel hat, innere Konflikte neurotischer Art zu lösen. Rollenbezogene Elemente lassen sich natürlich bei der paarweisen wie auch bei der Einzelberatung anwenden. Häufig ist eine Kombination beider Methoden notwendig.

Die Methode, die darauf abzielt, einer Ehe so zu helfen, daß innere Konflikte in Einzelberatungen gelöst werden, hat folgende Nachteile:
(1) Sie ist zeitraubend.
(2) Der stärker motivierte Teil kann wesentliche Einsichten gewinnen, ohne daß sich daraus eine befriedigendere Beziehung ergibt.
(3) Die Beratung kann Persönlichkeitsänderungen in einem oder in beiden Partnern herbeiführen, die einen Keil zwischen sie treiben.
(4) Selten sind beide stark genug motiviert, um so lange in der auf Einsicht ausgerichteten Beratung durchzuhalten, bis sie effektiv werden kann.
(5) Die Partner reagieren oft weiterhin ihre inneren Konflikte in der neurotischen Interaktion der Ehe so aus, daß konstruktive Persönlichkeitsänderungen blockiert werden. Eine direkte Behandlung der Interaktion kann ein solches Verhalten unterbinden.
(6) Werden die beiden auf längere Sicht in getrennten Sitzungen behandelt, können sie das, was der Pfarrer sagt, (in entstellter Form) verwenden und sich gegenseitig damit attackieren. Das dürfte sich auf die Beratungsbeziehungen verheerend auswirken. Kommen Verdrehungen oder Mißverständnisse in der paarweisen Beratung vor, lassen sie sich direkt in Gegenwart aller drei Personen korrigieren.
Die Ziele der rollenbezogenen Beratung lassen sich im begrenzten Rahmen der seelsorgerlichen Praxis eher verwirklichen. Dabei geht diese Methode vielen Gefahren aus dem Wege, denen eine Beratung ausgeliefert ist, die direktermaßen auf Persönlichkeitsänderung abzielt.

Praktische Übungen

Gemeindeglied: (es werden zwei Darsteller benötigt. Laden Sie eine oder mehrere Frauen zur Teilnahme an dieser Gruppensitzung ein.) Sie sind Herr und Frau Blackright, vor Beginn der Beratung. Versuchen Sie, sich in ihre Schwierigkeiten, die sie im Umgang miteinander haben, einzufühlen. Frau Blackright ruft den Pfarrer an und erkundigt sich nach einer eventuellen Beratung. Achten Sie darauf, daß sich Ihre Rollen natürlich entwickeln, und halten Sie sich nicht unbedingt an den Ablauf, wie er in diesem Kapitel beschrieben wurde. Wenn es Ihnen lieber ist, übernehmen Sie die Rollen eines anderen Paares, dessen Eheprobleme Sie beide gut kennen[29].

Pfarrer: Üben Sie die paarweise Beratungsmethode, konzentrieren Sie sich auf das Verstehen der Gefühlslage von beiden, geben Sie beiden die Möglichkeit, sich ausgiebig zu jedem Punkt zu äußern. Versuchen Sie dann, beider Grundgefühle im Blick auf die wichtigsten Konfliktpunkte zusammenzufassen.

Beobachter: Werden Sie sich der Interaktion bewußt, die in der Beratung vor sich geht. Achten Sie besonders darauf, ob es dem Pfarrer gelingt, die Gefühle beider ins Spiel zu bringen, und ob er der Gefahr entgeht, bei seinen Reaktionen den einen oder anderen Partner zu bevorzugen.

Jeder Teilnehmer an diesem Rollenspiel sollte die Gelegenheit haben, die paarweise Beratungsmethode auszuprobieren und zu lernen.

---

[29] Folgende Fälle aus *N. S. Cryer* und *J. M. Vayhinger,* Casebook in Pastoral Counseling, eignen sich als Ausgangssituationen für Praxis-Übungen auf dem Gebiet der Eheberatung: Fall Nr. 15: »Treuloser Gatte«, 93–98; Fall Nr. 17: »Kaputte Ehe«, 103–109; Fall Nr. 18: »Beratung nach der Scheidung«, 108–113; Fall Nr. 14: »Mischehe«, 89–93; Fall Nr. 52: »Verlassene Ehefrau«, 283–288; Fall Nr. 16: »Konflikte mit dem trunksüchtigen Mann«, 98–102.

VI. FAMILIENTHERAPIE UND TRANSAKTIONSANALYSE

Der Familientherapeut würde wahrscheinlich folgendermaßen argumentieren: Das psychopathologische Befinden des einzelnen hängt ab von der Art und Weise, in der er aktiv wie passiv enge Beziehungen unterhält und in der andere Glieder der Familie ihn in ihre wechselseitigen Beziehungen mit einbeziehen. Des weiteren bildet das gleichbleibende, das charakteristische Verhalten eines einzelnen die Voraussetzung zum stetigen Funktionieren einer bestimmten Familienstruktur. Demzufolge können sich Veränderungen beim einzelnen nur dann vollziehen, wenn sich die Struktur der Familie verändert, und umgekehrt gründen sich Widerstände gegen Veränderung beim einzelnen auf den Einfluß der Familie als Gruppe. Die meisten Methoden der Familientherapie verlagern die Blickrichtung vom jeweiligen Klienten auf dessen gesamte Familie und suchen die Probleme im Zusammenhang des familiären Beziehungsnetzes zu lösen. Auf solche Weise geschieht bei den einzelnen Gliedern der Familie Veränderung.

Jay Haley[1]

Die Familientherapie – die gleichzeitige Behandlung einer ganzen Familie – gehört zu den verheißungsvollsten Entwicklungen auf dem Gebiet der Lebenshilfe. Im Laufe der letzten zehn Jahre ist bei den beratenden Berufen das Interesse an dieser Methode rapid gewachsen. Der Einbezug von familienorientierten Verfahrensweisen hat die Praxis vieler Berater und Therapeuten von Grund auf verändert, indem sie ihr Augenmerk von der Therapie des einzelnen auf die des Familienorganismus verlegt haben. Innerhalb weniger Jahre ist eine Vielfalt von profilierten Methoden bzw. Stilen der Familientherapie entwickelt worden[2].

Die Bedeutung für den Pfarrer

Die Familientherapie bietet dem beratenden Seelsorger beträchtliche Möglichkeiten. Von den neuen Beratungsmethoden hat

---

[1] Whither Familiy Therapy, in der Zeitschrift: Family Process, März 1962, 70.
[2] AaO. 69–100. *J. Haley* beschreibt darin acht verschiedene Schulen der Familientherapie, denen er humorvolle, treffende Namen gab.

kaum eine andere solchen direkten Bezug zu Stellung, Rolle und Auftrag des Geistlichen. Aus folgenden Gründen läßt sich die Familientherapie in der Beratungspraxis des Pfarrers besonders gut verwenden:

(1) Oft ist sie bereits im Rahmen einer relativ kurzfristigen Beratung wirksam. Im Verlauf von sechs bis zwölf Sitzungen können viele Familien die Fähigkeiten erlangen, die sie brauchen, um ihr Zusammenleben selbständig besser zu gestalten.

(2) Oft ist sie wesentlich ergiebiger als die Einzelberatung, da sie die familiären Ursachen individueller Probleme direkt angeht.

(3) Sie bewegt sich auf einer rollenbezogenen Ebene und vermeidet damit viele Komplikationen, die sich bei einer Beratung ergeben, welche die innerpsychischen Konflikte des einzelnen behandelt.

(4) Sie bietet sich dem Pfarrer schier naturgegeben an, da er üblicherweise schon mit Gesamtfamilien zu tun hat. Mit den Methoden der Familientherapie nehmen die psychischen Heilberufe heute eine Möglichkeit wahr, die sich den Geistlichen schon Jahrhunderte hindurch bot, ohne daß sie diese voll genutzt haben. Die Familientherapie ist für den Pfarrer ein neuer Weg, um sein Proprium als Seelsorger zu nutzen, der von vornherein zu vielen Familienkreisen Zugang hat.

Warum Familientherapie?

Die Familie ist, zum Guten wie zum Schlimmen, ein *sozialer Organismus.* Nathan W. Ackerman weist darauf hin, daß der Begriff »Organismus« zugleich das biologische Zentrum einer Familie, ihren Lebensprozeß, ihre funktionale Einheit und ihre Lebensgeschichte bezeichnet: »die Zeit der Empfängnis, Geburt, Wachstum und Entfaltung, die Fähigkeit, Veränderungen und Krisen zu verarbeiten, der langsame Abstieg und schließlich die Auflösung der Familie in eine neue hinein«[3]. Was einem Teil des Familienorganismus auch zustoßen mag, es betrifft automatisch alle übrigen mit, genauso wie sich eine infizierte, verletzte oder gut funktionierende Hand auf den gesamten Körper auswirkt. Ackerman erklärt:

»Die Familie bildet das strategische Zentrum zum Erfassen emotiona-

[3] The Psychodynamics of Family Life, 17.

ler Störungen und ebenso zur Intervention gegenüber den psychischen Kräften in den zwischenmenschlichen Beziehungen, die für Gesundheit oder Krankheit ausschlaggebend sind. Mit anderen Worten: die Familiengruppe vermag psychische Gesundheit herbeizuführen oder zunichte zu machen. So viel Macht ist ihr gegeben, da sie auf jeden Aspekt menschlicher Entwicklung und zwischenmenschlicher Beziehungen einwirkt.«[4]

Als Organismus hat eine Familie ihre einzigartige psychische Identität. Die Identität des Ehepaars wird zum Kern der sich ausweitenden »Familienidentität«, wenn Kinder hinzukommen.

»Die Interaktion, das Ineinander-Aufgehen und Sich-wiederum-Differenzieren der Ehepartner in ihrer Individualität formen die Identität der neuen Familie. So wie die Personalität eines Kindes von jedem Elternteil etwas internalisiert und zugleich etwas Neues hervorbringt, so umschließt die Identität einer neuen Familie ein Stück Selbstbildnis eines jeden Ehepartners wie auch ein Stück Abbild ihrer jeweiligen familiären Herkunft, zugleich zeichnet sich an ihm aber auch etwas Einzigartiges und Neues ab ... Die psychische Identität des Ehepaars formt das Kind, zugleich aber formt das Kind die Eltern entsprechend seinen Bedürfnissen.«[5]

Gesundheit oder Störung eines einzelnen spiegeln in ganz erstaunlichem Maße das emotionale Klima der Familie wider, wieweit also das Geflecht der Interaktion bedürfnisbefriedigend wirkt. Störungssymptome sind das Produkt eines umfassenden Familienorganismus, der nicht imstande ist, die personalen Bedürfnisse seiner Glieder zu befriedigen. Wie Virginia Satir festgestellt hat, ist das Leiden des »identifizierten Patienten« (des einzelnen, der »krank«, »neurotisch«, »kriminell« usw. ist) ein offenkundiger Ausdruck des latenten Leidens, an dem die gesamte Familie in ihrem Beziehungsgefüge krankt. Die »negative Komplementarität« eines gestörten Familienorganismus ist von vielen Therapeuten wahrgenommen worden. Der Psychoanalytiker Martin Grotjahn beschreibt die komplementären Neurosen, die häufig an Gliedern einer Familie auftreten[6], wobei es zu einer gegenseitigen Steigerung im neurotischen Verhalten kommt. Offensichtlich ziehen in einer gestörten Familie alle Glieder aus der Erkrankung des identifizierten Patienten entscheidenden emotionalen Nutzen. Die zwischenmenschliche Balance einer solchen Familie gründet sich anscheinend auf die unausgesprochene Übereinkunft: »Wir sind uns alle einig, daß dieser eine von uns ›krank‹ (›kriminell‹, ›Alkoholiker‹) wird,

---

[4] Emergence of Family Psychotherapy in the Present Scene, in: Contemporary Psychotherapies, hg. von *M. Stein*, New York 1961, 231.
[5] *N. W. Ackerman*, The Psychodynamics of Family Life, 21 f.
[6] Vgl. Psychoanalysis and the Family Neurosis, New York 1960.

damit wir anderen weiterfunktionieren können.« Folgende Fälle belegen das: die Frau des Alkoholikers, bei der sich Störungen bemerkbar machen, seit dieser nicht mehr trinkt; die »ordentliche« Familie, die ein schwarzes Schaf in ihrer Mitte entdeckt hat, um unbewußt damit verdrängte Impulse auszuagieren, und die Familie des Schizophrenen, in der die relative Normalität im Verhalten der übrigen Glieder darauf angewiesen ist, daß das kranke krank bleibt. Gewiß, das sind Beispiele extrem negativer komplementärer Interaktion in Familien. Aber in einem gewissen Maß ist bei allen gestörten Familien solche negative Komplementarität mit im Spiel, auch wenn es nach außen hin so wirkt, als wäre nur das eine Glied gestört. Im allgemeinen suchen solche Familien nur dann von außen Hilfe zu erlangen, wenn das Glied, das ihre kollektiven Konflikte an sich austrägt, bei Menschen außerhalb der Familie Aufmerksamkeit erregt.

Da Familien als Organismen interagieren, ist es nur konsequent, dysfunktionalen Familien[7] in ihrer Gesamtheit zu helfen. Eben das leistet die Familientherapie. Der Seelsorger, dem aufgeht, was der Familienorganismus alles tiefgreifend impliziert, wird wahrnehmen, daß damit ein richtiger Wendepunkt für seine Tätigkeit in der Ehe- und Familienberatung gegeben ist. Er wird sich zB. mehr auf die *gesamte Interaktion der Familie* konzentrieren anstatt darauf, wie die Eltern ihren Einfluß auf die Kinder ausüben. In der herkömmlichen Erziehungsberatung fühlen sich die Eltern häufig dadurch unter Druck gesetzt, daß man sie daran erinnert, welche Folgen die Sünden der Väter psychologisch für ihre Kinder haben können. Wie Bell feststellt, »müssen wir in der Familientherapie ebenso darauf achtgeben, daß die Sünden der Kinder an den Eltern heimgesucht werden«[8]. Das kann jeder Pfarrer bestätigen, der beobachtet hat, in welchem Maße manche Eltern von ihren Kindern manipuliert werden. Die Familientherapie will der gesamten Familie dazu verhelfen, daß sie selber die Verantwortung zur Verbesserung der Interaktion ihrer bedürfnisbefriedigenden Beziehungen übernimmt.

Heutzutage hat es der Pfarrer bei aller beratenden Seelsorge mit einem ineinander verzahnten, sich gegenseitig bedingenden Beziehungsnetz zu tun, ob er sich dieser Tatsache bewußt ist oder nicht. In der Einzelberatung bietet sich ihm der Zugang nur zu

---

[7] Das sind Familien, die in starkem Maße bei der Befriedigung der normalen Persönlichkeitsbedürfnisse ihrer Mitglieder versagen.

[8] Family Group Therapy, in: Public Health Monograph 64, 1961, 49. *J. Bell* schreibt: »Was jeder Elternteil und jedes Kind sein kann, wird durch die Totalität der Familie bedingt« (4).

einer Facette des gesamten interpersonalen Gefüges. Eine ähnliche Beschränkung würde sich ein Arzt auferlegen, der bei seinem Patienten einzig dessen Arm untersuchte und behandelte[9]. Die Beratung von Ehepaaren und die Familienberatung sind Methoden, die einen direkten Zugang zu weiteren Bereichen des ganzen Gefüges gestatten und die es möglich machen, die Beteiligten besser zu erfassen und ihnen gründlicher zu helfen.

Die Ziele der Familientherapie

Die Ziele der Familientherapie sind mit denen der rollenbezogenen Eheberatung fast identisch. Das Hauptziel besteht darin, negative Komplementaritäten (gegenseitige Frustration) zu reduzieren und positive Wechselbeziehungen in der Interaktion der Familie zu fördern. Das heißt: die Beziehungen sind so zu gestalten, daß sie wechselseitig mehr den jeweiligen Bedürfnissen entsprechen. Die *Teilziele* des Vorgehens in der Familientherapie sind folgende:
(1) Die Kanäle der interfamiliären Kommunikation müssen wieder durchlässig werden, damit Gefühle, Wünsche, Ziele und Wertvorstellungen zur Sprache kommen können;
(2) der Teufelskreis aus wechselseitigem Bedürfnisversagen und Aggression muß unterbrochen werden;
(3) die Kenntnis der Rollen, die die einzelnen Familienglieder in ihrer Interaktion spielen und gemäß den Erwartungen der anderen spielen müssen, muß wachsen;
(4) sie müssen sich ihrer eigentlichen Interdependenz und ihrer Identität als Familie bewußt werden;
(5) sie müssen Übung gewinnen, miteinander über die Ursachen von Freude und Leid in der familiären Interaktion nachzudenken;
(6) sie müssen mit flexibleren und wechselseitig befriedigenderen Rollen und verantwortlichen Verhaltensweisen experimentieren.
Diese Methode konzentriert sich gleichzeitig auf *Fühlen* und *Handeln,* da es ihr sowohl um sinnvolle Kommunikation als auch um konstruktives Verhalten geht. Sie fragt: »Was kann man tun, um dieser Familie zu einer Änderung ihrer Beziehun-

[9] Obwohl dieser Vergleich hinkt (der Mensch hat ganz offensichtlich mehr funktionale Autonomie und Fähigkeiten, neue Beziehungen zu knüpfen, als ein Arm), vermittelt er doch die Grundwahrheit: die *wesensmäßige* Interdependenz von Menschen.

gen zu verhelfen, so daß der einzelne zu positiver Änderung frei wird?«

Bells familientherapeutische Methode

Aus der Vielzahl von familientherapeutischen Methoden möchte ich eine Synopse von zwei Systemen bieten, die sich zur Verwendung durch Pfarrer eignen: die Verfahrensweisen von John E. Bell und Virginia M. Satir[10]. Bell hält mit den Eltern, den Kindern ab neun Jahren[11] und den übrigen Personen, die im Familienkreis leben, wöchentliche Sitzungen ab. Aus seiner Erfahrung beschreibt er den Verlauf der Familientherapie in folgenden Phasen:

»1. Die Behandlung beginnt mit einer *Orientierungsphase.* Es werden zwei Orientierungssitzungen abgehalten: die eine allein mit den Eltern ... die andere mit der gesamten Familie, die erste Sitzung also, an der auch die Kinder teilnehmen.
2. Die Behandlung tritt in eine Phase, die *auf das Kind zentriert* ist. In dieser Phase rückt also das Kind in die Mitte der Familiengruppe und erhält Gelegenheit, seine Beschwerden vorzubringen und Änderungen im Verhalten der Familie vorzuschlagen, die es für wünschenswert hält.
3. Als nächstes kommt die *Eltern-Kind-Interaktion* zum Zuge. In dieser Phase gilt das Augenmerk den Dimensionen der Beziehungen zwischen Eltern und Kind, insbesondere auch die bisher nicht verbalisierten Emotionen, die aus den Erfahrungen der Kinder mit ihren Eltern erwachsen sind, und umgekehrt.
4. Jetzt verlagert sich der Schwerpunkt der Therapie auf die *Vater-Mutter-Interaktion.* In Gegenwart der Kinder beginnen die Eltern im weiteren Verlauf der Behandlung offen ihre eigenen emotionalen Beziehungen und Probleme zu erörtern.
5. Kommen die Eltern einer Lösung ihrer Schwierigkeiten näher, verlagert sich die Aufmerksamkeit mehr und mehr auf die *Interaktion der Kinder.* Die Beratung tritt also in ein Stadium, in dem die Beziehungen der Kinder untereinander besprochen werden.
6. Zuletzt fassen wir das ins Auge, was die *familienzentrierte Phase* genannt wird. In diesem abschließenden Stadium zeichnen sich zwei Arten von familiärem Verhalten ab: auf der einen Seite die Aktivität der Familie, an der alle ihre Glieder in ihren allgemein akzeptierten

---

[10] *J. Bell,* ein Psychiater, ist amtierender Direktor der Region IX des Public Health Service. *J. Haley* nennt seine Richtung die »würdige Schule«. *V. M. Satir,* eine Sozialarbeiterin, ist Director of Training auf dem Gebiet des Family Project am Mental Research Institut in Palo Alto, Calif.

[11] Manche Familientherapeuten nehmen auch noch jüngere Kinder bis zum Alter von fünf Jahren hinzu.

und gegenseitig bestätigten Rollen teilhaben; auf der anderen Seite der Rückhalt, den die Familie ihren einzelnen Gliedern bei Aktivitäten zuteil werden läßt, die diese von der Familie entfernen.«[12]

Nach Bell ergibt sich dieses System im Verlauf der Therapie auf ganz natürliche Weise. Diese Phasen stellen also kein Schema dar, das der Therapeut dem Prozeß aufzuzwingen hätte. Nach meiner eigenen Erfahrung läßt sich unmöglich voraussagen, in welcher Reihenfolge sich die einzelnen Phasen aneinanderfügen. Die einzelnen Familien pendeln häufig zwischen den verschiedenen Schwerpunkten der Interaktion hin und her, sodaß mE. selbst der Begriff »Phase« etwas irreführend ist[13].

In der ersten Sitzung, die er mit den Eltern allein abhält, bespricht Bell technische Details wie den Zeitpunkt und die Häufigkeit der Zusammenkünfte, hört sich ihre verschiedenen Beschreibungen des Problems an und informiert sie seinerseits über die Ziele der Familienberatung. Er betont, wie wichtig es für die Kinder ist, daß sie das Gefühl haben, völlig frei reden zu können, besonders während der ersten gemeinsamen Sitzungen. Er bittet die Eltern, ihre eigenen Ausführungen einzuschränken und auf Veränderungsmöglichkeiten einzugehen, soweit sie ihnen nach den Vorschlägen der Kinder realisierbar erscheinen.

Der Therapeut fungiert als Trainer und Schiedsrichter. Er bleibt außerhalb des psychischen Zirkels der Familie und fällt keinerlei Entscheidungen, die eigentlich der Familie zukommen; er entwickelt sich auch nicht zum Elternersatz, da dies die Stellung der Eltern innerhalb der Familie schwächen würde. Er verhilft zur Kommunikation, unterstützt diejenigen, die sich dabei schwer tun, hilft der Familie, die Hemmnisse ihrer Kommunikation zu ergründen und sich der mannigfachen Rollen bewußt zu werden, die jeder einzelne spielt. Er verhilft ihnen dazu, unterdrückte Gefühle, Wünsche, Hoffnungen und Ängste zu verbalisieren, um sich selber damit aus der kommunikativen Lähmung zu befreien. Er kann das Gesagte interpretieren oder die innerhalb der Sitzungen zutage getretenen Interaktionen kommentieren und so die Einsicht der Familie in ihre Verhaltensmuster vertiefen. Er garantiert jedem die Möglichkeit, voll am Prozeß teilzunehmen. Ziel des Therapeuten ist es, die Familiengruppe als Gruppe zu stärken, indem er ihr zu gesunder Inter-

---

[12] *J. Bell.* Family Group Therapy, 6.

[13] Die Probleme, die die Kinder miteinander haben, werden nach meiner Erfahrung zumeist dann mitbesprochen, wenn das Gespräch sich auf das Kind konzentriert (2. Phase), und nicht in einem späteren Stadium.

aktion verhilft. Er vermittelt keine tiefenpsychologischen oder innerpsychischen Einsichten. Seine Interpretationen lassen sich vierfach gliedern: *reflektiv,* dh. sie *spiegeln das wider,* was die Familie tut oder sagt; *konnektiv,* dh. sie *zeigen Zusammenhänge auf,* indem sie unerkannte, ursächliche oder reziproke Elemente ihrer Interaktion deutlich machen; *rekonstruktiv,* dh. sie *rekonstruieren* die Geschichte der Familie mit ihrer Interaktion und rücken so das gegenwärtige Verhalten in einen weiteren Zusammenhang; *normativ,* dh. sie weisen parallele oder kontrastierende Interaktionen und Verhaltensweisen in anderen Familien auf, um damit eine *Perspektive* zu vermitteln.
In meiner Praxis der Familientherapie fand ich es hilfreich, wenn ich die gesamte Familie wohlbedacht mit meiner Sicht von den Tatbeständen ihrer Beziehungen *konfrontierte.* Dieses Verfahren ist freilich nur dann zu empfehlen, wenn dem Berater eine starke Zuneigung und viel Vertrauen entgegengebracht werden. Auch verwende ich dabei Elemente der *Aktionstherapie,* indem ich der Familie für die Zeit zwischen den Sitzungen bestimmte Tätigkeiten empfehle.

Die Therapie der Gesamtfamilie nach Satir

Virginia M. Satirs therapeutische Theorie sieht in der ehelichen Beziehung den Mittelpunkt, um den sich alle übrigen familiären Kontakte gruppieren. Der »identifizierte« Patient – zB. ein psychisch gestörtes Kind – ist das Familienglied, das offensichtlich am meisten unter der gestörten ehelichen Beziehung zu leiden hat. Beziehungen sind krank, weil sie dysfunktional sind. Die gestörten Kommunikationsmuster einer Familie offenbaren die Natur der latenten Probleme. Dysfunktionale Personen haben in ihrer Kindheit nicht wirksam kommunizieren gelernt, da sie zu wenig an Selbstwert erfuhren und eine gestörte Kommunikation zu ihren Eltern hatten. Dysfunktionales elterliches Verhalten führt wiederum zu dysfunktionalen Familien, die die gestörten Funktionsmuster weitervererben.
Der Schlüssel zu Satirs therapeutischer Methode ist ihr Begriff der menschlichen *Reife,* die sie als »das Stadium, in dem ein Mensch für sich selbst voll verantwortlich sein kann«, definiert[14].

---

[14] Conjoint Family Therapy. A Guide to Theory and Technique, Palo Alto, Calif. 1964, 91.

Ein relativ reifer Mensch verhält sich bezeichnenderweise »funktional«, so daß er sich mit der Welt, in der er lebt, kompetent und präzise auseinanderzusetzen weiß. Funktionale oder reife Personen können Konflikte bewältigen, Probleme lösen und Kompromisse eingehen, da sie in der Lage sind, wirksam zu kommunizieren. Satirs Therapie zielt dementsprechend darauf ab, Familien funktionaler zu machen. Der funktionale oder reife Mensch wird

(1) klar und offen anderen gegenüber seine Meinung kundtun;
(2) auf die Signale seines inneren Selbst achtgeben und sich offen eingestehen, was er denkt und fühlt;
(3) fähig sein, das, was außerhalb seiner selbst vorgeht, als etwas zu sehen und zu vernehmen, das vom eigenen Selbst unabhängig ist;
(4) einen anderen Menschen als jemanden behandeln, der vom eigenen Selbst unabhängig und einzigartig ist;
(5) die Gegenwart von etwas Fremdem als Chance wahrzunehmen, zu forschen und zu lernen, nicht aber als Bedrohung oder als Signal für einen Konflikt;
(6) sich mit Menschen und ihren Situationen in deren Kontext auseinandersetzen: »wie sie sind« und nicht wie sie seiner Ansicht nach sein sollten;
(7) die Verantwortung für sein Fühlen, Denken, Hören und Sehen übernehmen, sie nicht ableugnen oder anderen zuschieben;
(8) wissen, mit welchen Techniken man offen die Sinngehalte zwischen sich selber und anderen übermittelt, empfängt und prüft[15].

Im Gegensatz hierzu wird ein dysfunktionaler Mensch widersprüchliche, konfliktgeladene Sinngehalte nach außen vermitteln, unfähig, das »Hier und Jetzt« zu erfassen, da sich Verzerrungen aus der Vergangenheit ergeben; auch wird er nicht imstande sein, seine Wahrnehmungen zu »prüfen« und herauszufinden, ob sie der tatsächlichen Situation entsprechen oder der Meinung, die der andere intendierte.

In der ersten Sitzung der Familientherapie beschreibt Satir ihr Ziel:

»Wie Sie wissen, arbeiten wir hier mit Familien. Wir haben nämlich herausgefunden, daß am Leiden eines Gliedes alle anderen auf irgendeine Weise teilhaben. Es geht uns darum, Wege zu finden, auf denen jeder so weit kommt, daß ihm das Familienleben mehr Befriedigung verschafft. Denn ich bin sicher, daß auch diese Familie einmal bessere Zeiten gesehen hat.«[16]

Dadurch, daß sie die reichere Befriedigung innerhalb der Familie

[15] AaO. 92.

[16] AaO. 117; der letzte Satz soll die Familie darauf hinweisen, daß sie irgendwann in der Vergangenheit ihre Situation besser bewältigen konnte, und damit unausgesprochen auch darauf, daß sie dies wieder erreichen *kann*.

zum erklärten Ziel der Behandlung macht, steigert sie die Motivation und Erwartung und mindert zugleich die Angst vor der Therapie.

Satir vertritt die Ansicht, daß sich der Familientherapeut im Strukturieren und der Leitung der Sitzungen aktiv einschalten muß, da er sonst zu einem »Teil der Familie« oder zum »Ping-Pong-Ball« wird. Nach ihrer Empfehlung sollte der Therapeut die ersten beiden Sitzungen (die man entweder mit oder ohne Kinder abhalten kann) so strukturieren, daß er eine detaillierte »Familienchronik« erhält. Dabei sind gleich mehrere Funktionen mit im Spiel:

(1) Die Ängste werden abgebaut, mit denen die Familien in die Therapie kommen, indem ihnen ein Gefühl der Zielgerichtetheit vermittelt wird;

(2) ihre Verzweiflung wird gemildert und Hoffnung erweckt, da man sich an vergangenes Gelingen erinnert;

(3) der Therapeut erhält erste Hinweise darauf, wie dysfunktional die eheliche Beziehung ist;

(4) die Aufmerksamkeit wird vom identifizierten Patienten, auf dem sie blockierend lastet, abgelenkt;

(5) die Familienglieder haben Gelegenheit, die Störungen in ihren Beziehungen zu artikulieren; der Therapeut kann bereits schrittweise seine Schlüsselbegriffe in den Prozeß einbeziehen, der sich im Zusammentragen der Familienchronik vollzieht. Mit anderen Worten: die Therapie setzt bereits ein, während noch die Familienchronik erstellt wird.

»Wenn man erkennt, daß psychische Störungen von unzulänglichen Kommunikationssystemen herrühren (worunter wir alles interaktionale Verhalten verstehen), so folgt daraus, daß die Therapie als ein Versuch anzusehen ist, diese Systeme zu verbessern ... Im wesentlichen wird die Behandlung die Diskrepanzen in der Kommunikation korrigieren und Wege aufzeigen, wie sich die Interaktion ergiebiger gestalten läßt.«[17]

Der Therapeut hilft den Gliedern der Familie, das Risiko einzugehen, also ganz bewußt auf sich selbst und die eigenen Aktionen zu achten, und das oft zum erstenmal. Er erreicht das, indem er ihre Ängste reduziert[18], ihr Selbstwertgefühl aufbaut (zB. »Sie

---

[17] AaO. 96; alles zwischenmenschliche Verhalten stellt einen Versuch der Kommunikation dar.

[18] Das Element der Einschüchterung in der Therapie kann man auf verschiedene Weise abbauen; eine davon bildet die Bemerkung des Therapeuten, daß man nach fünf Sitzungen prüfen werde, wie weit man gekommen sei, und entscheiden wolle, welche Richtung man dann einschlagen sollte. Er weist auch darauf hin, daß der gesamte Prozeß

haben ja auch Gefühle, nicht wahr?«), Vorzüge beim Namen nennt und jeden einzelnen veranlaßt, seine Gefühle zu verbalisieren (zB. »Wir brauchen Ihre Reaktionen und Erfahrungen. Nur Sie können uns sagen, was Sie empfanden!«). Der Therapeut läßt den einzelnen erfahren, wie die anderen ihn sehen, er achtet darauf, daß niemand für einen anderen spricht, er weist den Zusammenhang zwischen Schweigen und getarnter Herrschaft auf, er interpretiert Zorn als Schmerz und hilft den Eltern, zu erkennen, wie eine frühere Prägung (zB. durch die eigenen Eltern) ihr gegenwärtiges Verhalten beeinflußt. Er hilft den Familiengliedern, indirekte Äußerungen zu verstehen und Lücken in Darstellungen zu füllen, und er versucht, seine eigene Kommunikation zu einem Beispiel von Offenheit, Ehrlichkeit und Freiheit von Abwehrmechanismen zu gestalten. Der Therapeut ist im Grunde ein Lehrer, der in bedürfnisbefriedigender, konfliktlösender Kommunikation unterrichtet.

Die Anwendung der Familientherapie durch den Pfarrer

Die Familientherapie ist keine Methode für Pfarrer, die unzureichend in der seelsorgerlichen Beratung ausgebildet sind. Um auf diesem Gebiet wirksam arbeiten zu können, ist ein großes Maß an zwischenmenschlichem Verständnis und Beratungsfähigkeit notwendig. Auf der anderen Seite überschreitet diese Therapie nicht die Möglichkeiten eines Pfarrers, der eine natürliche Begabung mitbringt, eine gute Seelsorgeausbildung (besonders eine klinische Ausbildung) genossen hat und der die Fähigkeit besitzt, aus eigenen Erfahrungen zu lernen. Auf folgende Weise kann sich solch ein Pfarrer die familientherapeutische Methode aneignen und nutzbringend anwenden:

Erster Schritt: Versuchen Sie, Ihr Können auf dem Gebiet der rollenbezogenen Eheberatung zu vertiefen. Die Familientherapie bildet nämlich eine Ausweitung der gleichen Grundmethode, stellt jedoch höhere Ansprüche, da sie weitere Personen in den Prozeß einbezieht[19].

---

sich nicht endlos in die Länge ziehen werde, sondern daß man nur eine bestimmte Anzahl von Sitzungen zur Verfügung habe, in denen man zusammen am Problem arbeiten werde.

[19] Die paarweise Beratung arbeitet mit drei Interaktions-Achsen (Pfarrer-Mann, Pfarrer-Frau, Mann-Frau), deren sich der Pfarrer bewußt sein muß. Die Familienberatung mit einem Ehepaar und einem Kind verdoppelt die Interaktions-Achsen (sechs). Bei einer Familie mit zwei Kindern sind es schon zehn und mit drei Kindern gar fünfzehn.

Zweiter Schritt: Machen Sie sich mit dem theoretischen Material vertraut, das in den Schriften von Bell und Satir dargeboten wird. Beide enthalten genügend Material von Fällen, das die Methoden der Familientherapie veranschaulicht. In diesem Kapitel erfolgte nur eine sehr komprimierte Einführung in jene Methoden; ich hoffe jedoch, daß sie ausreicht, um das Interesse des Lesers zu wecken und ihn zu motivieren, daß er diese wichtigen neuen Methoden weitererforscht.
Dritter Schritt: Beginnen Sie mit einer dreiköpfigen Familie, die nicht allzu schwierige Probleme hat und keine bestimmende Rolle innerhalb Ihrer Gemeinde einnimmt. Bei einer solchen Familie würde nämlich der Zwang zum Erfolg (oder die Furcht vor dem Scheitern) Ihr Wahrnehmungsvermögen ungünstig beeinflussen und eine wirksame Beratung, besonders in Gestalt der Familientherapie, behindern.
Vierter Schritt: Gehen Sie, wenn möglich, eine dauerhafte Verbindung mit einem Fachmann ein, der über Erfahrungen in der Familientherapie verfügt[20]. Überprüfen Sie mit diesem regelmäßig und detailliert die Entwicklung, die Ihre Beziehungen in der Familienberatung durchmachen. Diese Praxis wird Ihren Lernprozeß im Blick auf diese Technik wesentlich fördern.
Fünfter Schritt: Machen Sie von den Gruppensitzungen der Familienberatung (mit Erlaubnis der Beteiligten) Bandaufzeichnungen für Ihren Lernprozeß zwischen den Sitzungen und benutzen Sie sie auch bei der Konsultation des Fachmannes. Wahrscheinlich werden Sie schon bei der Wiedergabe einige Ihrer Fehler wahrnehmen.

Die therapeutische Methode Eric Bernes

Eric Berne, ein Psychiater aus Kalifornien, hat ein System entwickelt, mit dessen Hilfe man die interpersonalen Beziehungen erfassen und verbessern kann und das bei Psychotherapeuten und Eheberatern großes Interesse gefunden hat. Mit ihm kommt dem Seelsorger ein Hilfsmittel zur Hand, das ihm bei vielen Arten der Beratung, hauptsächlich jedoch bei der Eheberatung von Nutzen sein kann. Diese Therapie vollzieht sich in zwei Dimensionen: der Strukturanalyse, dh. der Identifizierung der

[20] Viele kompetente Psychotherapeuten sind mit der Familientherapie nicht vertraut oder in ihr nicht geschickt genug.

drei grundlegenden »Ich-Zustände«, des Eltern-, des Erwachsenen- und des Kindheits-Ich-Zustands, und der Transaktionsanalyse, dh. der Analyse der Interaktionen von Personen einschließlich ihrer »Arten des Zeitvertreibs«, ihrer »Spiele« und »Skripts«.

Wenn die Bernesche Methode in der Eheberatung zur Anwendung kommt, sollten die Struktur-Diagramme erst dann präsentiert werden, wenn zwischen dem Seelsorger und den Klienten bereits ein starkes Einvernehmen besteht und die geschilderten Probleme eine vorläufige Klärung erfahren haben[21]. Hier folgt ein Beispiel, wie man dieses System vorführen kann:

Pfarrer: Langsam sehen wir einige der Muster klarer, die Ihrem Umgang miteinander zugrunde liegen, und die in Ihrer Ehe dieses Leid verursacht haben. Ich glaube, es hilft Ihnen ein bißchen weiter, wenn ich Ihnen einige Gedanken vortrage, von denen ich weiß, daß sie schon anderen Ehepaaren in ähnlichen Situationen geholfen haben. Wir können sie in unseren Gesprächen weiter verwenden und sie werden Ihnen auch in der Zeit zwischen den Sitzungen von Nutzen sein.

Ehepaar: (zeigt Interesse)

Pfarrer: Diese Ideen können uns allen dreien zum Verstehen Ihrer Ehe helfen. Lassen Sie mich zuerst ein Diagramm aufzeichnen (nimmt ein Blatt Papier und zeichnet Figur Nr. 1[22]). Damit werden die drei Seiten Ihrer oder meiner Persönlichkeit schematisiert. Das EL im oberen Kreis symbolisiert unser inneres »Eltern-Ich«. Jeder von uns hat in seiner Persönlichkeit einen Elternteil, der die Ich-Zustände seiner Eltern, so wie er sie in seiner Kindheit erlebt hat, wiedergibt. Unser inneres Eltern-Ich hat zwei Seiten: die *fürsorgliche* Seite, die uns veranlaßt, unsere Kinder zu umsorgen (oder den Gatten, wenn er krank ist), und die *prohibitive* Seite, die Nein

---

[21] Ein Seelsorger, der die Berneschen Methoden in seiner Einzel- und in seiner Eheberatung regelmäßig verwendet, berichtet, daß er jeden Klienten zunächst »für sich selbst herausfinden läßt, welche verschiedenen Teile das eigene Selbst umfaßt und wie sie interagieren, *ehe* ich das Schema der drei Ich-Zustände (EL-ER-K) vorführe«. Das geschieht gewöhnlich in der dritten oder vierten Sitzung.

[22]

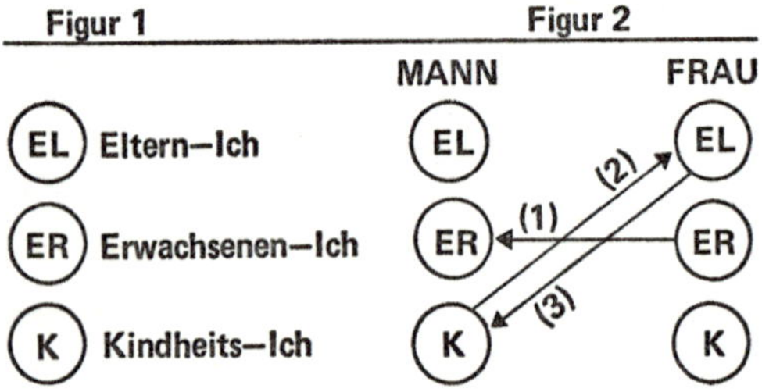

Aus: E. Berne, Transactional Analysis in Psychotherapy, New York 1961, 31 und 93.

sagt und Verbote aufrichtet, wie es unsere Eltern taten. Diese prohibitive oder manipulative Seite des Eltern-Ich-Zustandes ist der Teil in uns, der gelegentlich unsere Selbstkontrolle ausschaltet und uns veranlaßt, über andere zu dominieren. Verstehen Sie, was ich meine?

Frau: Ja, manchmal ertappe ich mich dabei, wie ich den gleichen verbissenen Ton gegenüber meinen Kindern anschlage, sobald sie mir auf die Nerven fallen, den meine Mutter anwendete, wenn sie ärgerlich wurde, weil ich nicht sofort parierte und alles stehen und liegen ließ, sobald sie rief.

Pfarrer: Das ist die verbietende Stimme Ihres Eltern-Ich. Wir alle haben eine ganzes Arsenal von Einstellungen, Gefühlen und Verhaltensmustern, die denen unserer Eltern ähneln, so wie wir sie in unserer frühen Kindheit aufgenommen haben.

Ehemann: Ja, und wie ich angefaucht werde, wenn ich leicht angeheitert bin und auf der Party etwas ausgelassen werde!

Pfarrer: Ich bin froh, daß Sie das erwähnen[23]. Das hat etwas mit dem unteren Kreis, mit dem K zu tun. Jeder von uns hat eine spielerische, kreative und vergnügungssüchtige Seite seiner Persönlichkeit. Eric Berne, der Psychiater, der diese Theorie entwickelt hat, nennt diese Seite den »Kindheits-Ich-Zustand«. In der Alltagssprache würde man sagen, daß »jeder in seinem Inneren einen kleinen Jungen bzw. ein kleines Mädchen mit sich herumträgt«. Wird diese Seite in uns aktiviert, ist es, als wären wir in der gleichen geistigen Verfassung, in der wir in einem bestimmten Alter waren. Unsere Gefühle und die Art und Weise unserer Reaktionen auf andere entsprechen genau derjenigen, die wir in einem bestimmten Stadium unserer Kindheit gezeigt haben würden. Ist Ihnen je bewußt geworden, wie Sie reagieren und sich verhalten, wenn Sie von Ihrem Chef abgekanzelt werden oder von einem Polizisten ein Strafmandat erhalten? Dann tritt Ihr Kindheits-Ich in Aktion.

Ehemann: Ja, ich stottere und rede wie ein Fünfjähriger – ich komme mir vor wie ein Dreikäsehoch. Aber (ärgerlich) was hat das mit Jeans Keifen zu tun, wenn ich mich einmal auf einer Party etwas amusiere?

Frau: Ist es vielleicht so, daß mein Eltern-Ich schockiert ist, wenn Joes Kindheits-Ich sich so aufführt?

Ehemann: Komm! Sei doch still! Jetzt übertreibst du schon wieder so maßlos!

Pfarrer: Sie haben das Gefühl, daß Jean diese Party-Affären zu sehr übertreibt?[24]

Ehemann: Verdammt ja! Sie macht aus einer netten Stimmung ein Kapitalverbrechen.

Pfarrer: Könnten Sie mir andeuten, was Sie empfanden, als sie die Worte »sich so aufführte« verwendete?[25]

---

[23] Der Pfarrer ging mit Bedacht an dieser Stelle des Gesprächs nicht auf den Zorn des Mannes ein, sondern versuchte, diese Reaktion zur Veranschaulichung der Berneschen Theorie zu verwenden. Der Ärger des Gatten wuchs indes noch, wie seine nächste Reaktion zeigt.

[24] An dieser Stelle des Gesprächs ging der Pfarrer auf die momentane Verärgerung ein.

[25] An dieser Stelle versuchte der Pfarrer (anfangs ohne Erfolg), das

Ehemann: Ich ging hoch! Ich dachte: »Jetzt kritisiert die Alte dich wieder unfair!«

Pfarrer: In der Berneschen Terminologie würde man sagen, daß Sie, als Sie ihre kritisierende Eltern-Seite hörten, als Antwort sehr stark Ihr inneres Kindheits-Ich aktivierten. In unserer letzten Sitzung ereignete sich genau das Gegenteil, als Ihr inneres Kindheits-Ich, Jean, auf Joes »Gebaren wie der überlegene Vati« – das waren doch Ihre Worte – reagierte. Erinnern Sie sich?

Der Pfarrer brachte sie dazu, ihre Reaktionen zu verbalisieren und andere Beispiele für »Transaktionen« zwischen Eltern-Ich- und Kindheits-Ich-Zustand aus der schon besprochenen Interaktion zu nennen. Um ihre Gedanken anzuregen, erzählte er ein Beispiel einer EL-K-Transaktion aus seiner eigenen Ehe: »Meine Frau und ich haben das Gefühl, daß mein inneres Eltern-Ich dann aktiv wird, wenn ..., und als Reaktion aktiviert das wiederum ihr inneres Kindheits-Ich. So wie neulich ...« Obgleich man mit autobiographischen Beispielen sparsam umgehen sollte, können sie doch manchmal dem Klienten zeigen, daß der Geistliche nicht von einem Postament psychischer und geistlicher Unversehrtheit herabredet.

Der Kindheits-Ich-Zustand ist ein immer noch aktives Relikt aus unserer Kindheit. Er wird mit großer Wahrscheinlichkeit dann aktiviert, wenn irgendeiner der übrigen Anwesenden sein Eltern-Ich hervorkehrt.

Pfarrer: Die meisten ehelichen Konflikte stellen Variationen der Eltern-Ich – Kindheits-Ich- und Kindheits-Ich – Eltern-Ich-Interaktionen dar. Wir könnten das, was sich gerade vor einer Minute abgespielt hat, als Sie ärgerlich wurden, da Jean die Worte »führt Joe sich auf« verwendete, so schematisieren (zeichnet Figur 2). Der Pfeil (2) zwischen Ihrem Kindheits-Ich, Joe, und Jeans Eltern-Ich zeigt, was sich abspielte, als Sie antworteten. Was meinen Sie, würde eingetreten sein, wenn ich nicht interveniert und Sie gebeten hätte, auf das achtzugeben, was sich gerade abspielte?

Frau: Mein Eltern-Ich würde ihn zurechtgewiesen haben, ich hätte überhaupt nicht übertrieben, und daß er sich wirklich unverantwortlich aufgeführt habe (der Pfarrer zeichnet einen Pfeil (3) vom Eltern-Ich der Frau zum Kindheits-Ich des Mannes).

Ehemann: Was mein Kindheits-Ich noch mehr aktiviert hätte, und ein zweitägiger Ehekrieg wäre entbrannt.

Pfarrer: Aha. Die Seite Ihrer Persönlichkeit, die Sie innehalten ließ und Ihnen bewußt machte, was hier eigentlich vor sich ging, wird durch den mittleren Kreis dargestellt: Ihr Erwachsenen-Ich-Zustand. Das ist der Teil Ihrer Persönlichkeit, der objektiv-autonom auf ein Erfassen der Wirklichkeit ausgerichtet ist – der Entscheidungen auf

---

Bewußtsein des Gatten (sein Erwachsenen-Ich) von dem Ich-Zustand, der seine Gefühle und Verhaltensweisen beherrscht, zu aktivieren.

der Basis der wahrscheinlichen Konsequenzen trifft. Die Kommunikation von Erwachsenen-Ich zu Erwachsenen-Ich trifft die gegenwärtige Realität und weiß, wie sie am befriedigendsten bewältigt werden kann. Ihre Bemerkung, die Sie zu Ihrer Reaktion auf Joes Verhalten bei Parties gemacht hatten, Jean, sollte vielleicht ursprünglich eine Kommunikation auf der Erwachsenen-Ich-Ebene sein, wie sie durch die Linie 1 dargestellt ist, aber Ihre Wortwahl hat Joes inneren Kindheits-Ich-Zustand aktiviert.

Frau: (lacht) Vielleicht *war* es meine Eltern-Seite, die diese Worte gewählt hat.

Ehemann: (lacht ebenso) Wahrscheinlich!

Pfarrer: Auf jeden Fall war es Ihr Erwachsenen-Ich, das es Ihnen ermöglichte, die fehlgeleitete Eltern-Ich – Kindheits-Ich-Transaktion zu durchbrechen.

Frau: Sollten wir versuchen, unser Eltern- und Kindheits-Ich loszuwerden, damit unsere Ehe auf der Ebene des Erwachsenen-Ich stattfindet?

Pfarrer: Nein. Ich kann schon verstehen, warum Sie diesen Eindruck aus meinen Worten gewannen. In Wirklichkeit sind alle drei Ich-Zustände bleibende und wesentliche Bestandteile unserer Persönlichkeit. Jeder hat in der Ehe eine wichtige Aufgabe. Das Kindheits-Ich in uns ist sehr wichtig: es bringt nämlich Freude und Spontaneität in eine Beziehung. Sexueller Genuß ist eine Transaktion von Kindheits-Ich zu Kindheits-Ich. Unser Eltern-Ich ermöglicht es, daß wir unseren Kindern gute Eltern sind und daß wir einander pflegen, wenn wir Hilfe brauchen. Es leitet uns auch in Tausenden von Routineangelegenheiten, da es uns das Gefühl des »so macht man das« vermittelt. Das Ziel der Beratung besteht darin, das Erwachsenen-Ich so zu stärken, daß es die Aktivitäten des Eltern- und des Kindheits-Ich reguliert. Ist das Erwachsenen-Ich eines Menschen schwach oder inaktiv, wird er von seinem inneren Eltern- oder Kindheits-Ich gesteuert – in den Abgrund, könnte ich hinzufügen. Verfügt man über ein robustes Erwachsenen-Ich, ist man in der Lage, zu einem Großteil eine gesunde Balance zwischen diesen Ich Zuständen zu halten. Was meinen Sie zu all dem?

Der obige (gekürzt wiedergegebene) Fall zeigt, wie man in der Eheberatung das Grundschema der Strukturanalyse so vorführen kann, daß die lebendige Interaktion zum Anschauungsmaterial dient. So wie in diesem Fall fangen viele Paare fast unverzüglich an, jene theoretischen Hilfsmittel zu benutzen. Andere greifen später, wenn der Berater sie dazu anregt, darauf zurück. Wieder andere reagieren überhaupt nicht auf diese Theorien. Der Berater sollte sich hier von den Anhaltspunkten leiten lassen, die er aus den Reaktionen der Klienten gewinnt. Ist ein Paar in der Lage, diese Hilfsmittel sofort aufzugreifen, beschleunigt sich der Beratungsprozeß gewöhnlich rapide.

Im folgenden bringe ich ein Beispiel dafür, wie ein Paar die Berneschen Hilfsmittel benutzte, um die Spirale negativer Interaktionen, in der es gefangen war, zu durchbrechen. Auf dem

Weg zum Pfarrer hatten sie einen wüsten Streit gehabt, und sie kochten noch innerlich, als die Sitzung anfing.

Ehemann: (zeigt wütend auf seine Frau) Ich will dir mal was sagen, meine Liebe. (Er fuhr mit dem Wort »meine Liebe« seine Frau an, die sich in einer halbembryonalen Haltung auf dem Stuhl zusammengerollt hatte.)

In diesem Moment unterbrach er sich plötzlich und sagte: »Das war gerade mein Eltern-Ich, das es deinem Kindheits-Ich wieder mal besorgen wollte.« Seine Frau richtete sich auf und stimmte dieser Erkenntnis zu.

Pfarrer: Darf ich Sie darauf aufmerksam machen, daß es Ihr Erwachsenen-Ich war, das Sie in die Lage versetzte, Ihre Eltern- – Kindheits-Ich-Interaktion zu erkennen und zu unterbrechen. Sie waren in der Lage, Ihr Erwachsenen-Ich wieder zu aktivieren.

Der praktische Effekt, den die Einführung dieses Paares in die Bernesche Theorie hatte, bestand darin, daß ihr Erwachsenen-Ich in einem frühen Stadium der Beratung mit dem Berater kooperierte. So wurden ihre Erwachsenen-Ich-Zustände zu Verbündeten des Erwachsenen-Ich des Pfarrers.

Transaktionsanalyse

In der Berneschen Terminologie bestehen die Interaktionen aus »Transaktionen«; dazu gehören »Formen des Zeitvertreibs«, »Spiele« und »Skripts«. Zeitvertreib ist eine Transaktion ohne eine weitere, tiefere Motivation. Es gibt u. a. folgende Arten von Zeitvertreib: »Daimler Benz« (das Vergleichen von Autos), »Kennen Sie . . .?« (Herrn oder Frau Soundso), »Elternbeirat« (man beschäftigt sich mit Verfehlungen anderer) und »Wer hat gewonnen?« (Sport). Ein Spiel definiert Berne als »eine fortlaufende Folge *verdeckter* Komplementär-Transaktionen, die zu einem ganz bestimmten, voraussagbaren Ergebnis führen«[26]. Spiele sind grundsätzlich ernste Angelegenheiten, ihre Funktion besteht darin, psychische »Streicheleinheiten« zu garantieren, das seelische Gleichgewicht zu wahren und psychische Intimität zu vermeiden. Spiele sind grundsätzlich Mittel der Manipulation. Sie vollziehen sich auf der Ebene des Unbewußten. Die Kinder lernen die wesentlichsten Spiele aufgrund ihrer Erfahrungen, die sie in ihren zwischenmenschlichen Beziehungen machen,

---

[26] Spiele für Erwachsene, 1967, 61. Ein Spiel umfaßt eine strukturierte Serie von Operationen (Transaktionen), die zu einem vorhersehbaren Ziel oder »Nutzeffekt« führen.

schon von allerfrühester Kindheit an. »Das Familienleben und das Eheleben können ebenso wie das Leben im Rahmen verschiedener sozialer Organisationen Jahr für Jahr auf verschiedenen Variationen des gleichen Spiels beruhen.«[27] Beinahe jedes Spiel kann zum Rüstzeug des Ehelebens gehören, aber im allgemeinen herrschen in diesem Kontext bestimmte Spiele vor.

Das unter Eheleuten am häufigsten gespielte Spiel »Wenn du nicht wärst« kommt bei den meisten ehelichen Streitigkeiten zum Zuge. Ein anderes eheliches Spiel »Du siehst, ich gebe mir wirklich die größte Mühe« wird oft mit Hilfe eines nichtsahnenden Beraters gespielt. »Frigide Frau« wird von einer Frau gespielt, die sexuell provoziert und dann die feurigen Annäherungsversuche ihres Ehemannes zurückweist. Obwohl der Ehemann seiner Frau die Schuld gibt (einer der »Nutzeffekte«), hat er gewöhnlich vor der sexuellen Intimität genausoviel Angst wie sie. Im Unbewußten hat er ja gerade sie gewählt, damit sie ihn vor der Konfrontation mit seiner Angst vor dem Sex beschützt. »Tumult« ist eine populäre Spielform, mit deren Hilfe man sich sexueller Intimität durch tumultartige Streitereien vor dem Zubettgehen entzieht. Dadurch, daß sie gegenseitige Zurückweisung provozieren, können beide Partner die gefürchtete Intimität umgehen, ohne ihre Selbstachtung zu verlieren. »Gerichtssaal«, ein Ehespiel für drei Rollen, einen Kläger, einen Angeklagten und einen Richter (zB. Frau, Ehemann und Berater), fängt damit an, daß der Kläger sagt: »Wissen Sie schon, was er getan hat?«[28]

Die Nützlichkeit der Berneschen Methode für das Verständnis der familiären Antriebskräfte erhellt der folgende Ausschnitt aus einer Familientherapie-Sitzung:

Frau: Seit Jahren schon macht es mich immer wieder völlig fertig, ihn (den Ehemann) aus dem Bett zu bringen. Jeden Morgen braucht er ungefähr eine Stunde, bis er endlich heraus ist. Habe ich es endlich erreicht, ist er ärgerlich, weil ich ihn nicht eher aus dem Bett geworfen habe.

Ehemann: Du willst mich ja gar nicht eher aufwecken.

Frau: Du möchtest in Wirklichkeit gar nicht eher aufstehen, du brauchst ja deine schlechte Laune.

Ehemann: Ich kann einfach nicht aufstehen. Das war noch nie anders.

Der Eltern- – Kindheits-Ich-Charakter dieser Interaktion ist offensichtlich. Dadurch, daß die Frau die Verantwortung über-

---

[27] AaO. 22 f.

[28] Nach *E. Bernes* Beobachtungen sind manche Eheberatungen fortwährend »Gerichtssaal«-Spiele. Ehe das nicht unterbunden wird, kann nichts Konstruktives erreicht werden.

nahm, ihn früh aus dem Bett zu bringen, erlaubte sie ihm, sie zu beschuldigen und das Spiel »Wenn du nicht wärst« (würde ich eher aufstehen) zu spielen. Der Ehemann spielte auch »Holzbein« (»Erwarten Sie eigentlich von einem Mann mit einem Holzbein, daß er einen Wettlauf gewinnt?«), denn er sagte, er sei schon immer unfähig gewesen, aufzustehen. Der Nutzeffekt dieses »Ich krieg ihn nie aus dem Bett«-Spieles bestand für den Ehemann darin, daß er jeden Morgen von seiner Frau ein Übermaß an Aufmerksamkeit geschenkt bekam und die Verantwortlichkeit für diesen Bereich seines Lebens auf sie abschieben konnte, wobei er dann dafür sorgte, daß sie versagen mußte und er sie dann auch noch wegen dieses Versagens beschuldigen konnte. Durch dieses Spiel konnte er auch seine Angst vor dem täglichen Exodus in die Leistungsgesellschaft verdrängen. Dadurch, daß er sie für seine morgendliche Unpünktlichkeit haftbar machen konnte, schob er die Verantwortung für seinen geschäftlichen Mißerfolg auf sie ab. Der Nutzeffekt, den dieses Spiel ihr einbrachte, bestand in dem neurotischen Gefühl, daß sie von ihm gebraucht wurde. Dadurch wurde ihr schwaches Selbstwertgefühl gestärkt. Dieses schädliche Spiel fand sein Ende, als der Berater ihr helfen konnte, die Verantwortung für das Aufstehen ihres Ehemannes völlig von sich zu weisen.
Spiele sind Teile komplexerer Transaktionsgrößen, die *Skripts* genannt werden; sie sind »Generalstabskarten des Unbewußten«, die die grundlegende Lebensrichtung eines Menschen bestimmen. Ein Spiel, das zu einem lebenslangen Grundmerkmal eines Menschen wird, ist ein Skript. Der Berater, der um die Existenz solcher unbewußter Determinanten weiß, ahnt, wie schwierig und tiefgreifend es ist, das Verhalten, das von diesen Determinanten abhängt, zu verändern[29].

Ziele und Vorteile der Bernesdien Therapie

Das therapeutische Verfahren Bernes hat mehrere Zielpunkte. Der erste ist der der sozialen Kontrolle: ein destruktives, vom Kindheits-Ich bestimmtes Verhalten wird unterbunden, indem man bei dem Betreffenden einen Prozeß in Gang setzt, in dessen Verlauf er lernt, sein Erwachsenen-Ich zu aktivieren und sich mit dessen Hilfe unter Kontrolle zu halten. Jeder hat ein poten-

[29] Die Skript-Analyse wird in *E. Bernes* Buch: Transactional Analysis in Psychotherapy, 116–127, diskutiert.

tiell mobilisierbares Erwachsenen-Ich, selbst der Psychotiker, dessen Kindheits-Ich ihn nahezu total beherrscht. Der Alkoholiker, dessen Verhalten von seinem pompösen, unersättlichen Kindheits-Ich beherrscht wird, kann lernen, sein Eltern- und Erwachsenen-Ich zu mobilisieren und den Alkohol zu meiden[30].

Die übrigen Ziele der an Berne orientierten Eheberatung sind folgende: (a) man hilft dem Paar, destruktive Eltern-Ich – Kindheits-Ich-Spiele einzustellen; (b) man wandelt den Zwang zu Spielen in eine relative Freiheit um; (c) man läßt die Partner konstruktivere und befriedigendere Spiele entdecken, und (d) man hilft ihnen, durch Komplementär- anstatt durch Überkreuz-Transaktionen miteinander zu kommunizieren[31]. Das letzte Ziel, das äußerst schwer zu realisieren ist, ist die *spielfreie Intimität*, die ideale Form menschlichen Zusammenlebens, mit anderen Worten: die Autonomie. Sie wird durch die drei Fähigkeiten *Bewußtheit, Spontaneität und Intimität* gekennzeichnet. In dem Maße, in dem ein Ehepaar diese Fähigkeiten in seiner Ehe erlangt, wird es in seinen Beziehungen wesentlich kreativer und erfüllter sein.

Diese Theorie erweist ihren Wert für die beratende Seelsorge in folgenden Punkten:

(1) Sie ist ein neuer Versuch, menschliche Beziehungen – zwischen Ehemann und Frau, Eltern und Kindern, Pfarrer und Gemeindeglied, Berater und Ratsuchendem usw. – und die Antriebskräfte des individuellen Verhaltens zu erfassen.

(2) Sie verwendet unprätentiöse Begriffe (auf allgemeinverständlicher Ebene), die vom Klienten leicht verstanden werden und auf ihn weniger einschüchternd wirken als sonstige Fachausdrücke.

(3) Sie ist ein Hilfsmittel, mit dem man schnell und verläßlich den Teufelskreis negativer Interaktionen (Eltern-Ich – Kindheits-Ich) durchbrechen kann.

(4) Sie gibt Hilfen an die Hand, mit denen das Erwachsenen-Ich des Ratsuchenden mit dem Erwachsenen-Ich des Beraters während und zwischen den Sitzungen kooperieren kann.

---

[30] *E. Berne* hält den Alkoholismus für ein fünfseitiges Spiel, vgl. Spiele für Erwachsene, 91–102.

[31] Eine Komplementär-Transaktion ist eine Transaktion, bei der der Austausch auf derselben Stufe stattfindet: Kindheits-Ich – Kindheits-Ich; Eltern-Ich – Kindheits-Ich usw. Der Zusammenbruch der Kommunikation wird durch Überkreuz-Transaktionen hervorgerufen, bei denen der eine eine Konversation auf der einen Stufe beginnt und der andere auf einer anderen antwortet.

(5) Sie unterstützt den bewußten Versuch, sich der eigenen Ich-Zustände und Spiele bewußt zu werden. Diese Bemühungen stärken und trainieren das Erwachsenen-Ich.
(6) Mit ihr kann man entdecken, wie frühe Lebenserfahrungen auch weiterhin die eigenen Beziehungen beeinflussen – und zwar durch das eigene Kindheits- und Eltern-Ich.
(7) Sie stellt eine wertvolle Ergänzung zu der rollenbezogenen Eheberatung und der Familienberatung dar.
(8) Sie ist vernünftig und humorvoll und spricht deswegen die meisten Menschen an.
(9) Sie kann mit Erfolg sowohl bei der kurzfristigen als auch bei der Langzeit-Therapie verwendet werden.
Kurz gesagt, Berne hat der seelsorgerlichen Beratung einen großen Dienst erwiesen. Sowohl die Transaktionsanalyse als auch die Familientherapie helfen dem erfahrenen Berater bei seiner beziehungsorientierten Beratung ganz entscheidend.

Praktische Übungen

Familienberatung

Gemeindeglieder: Stehen drei oder vier Mitspieler zur Verfügung, so sollen diese die Rollen einer Familie übernehmen, mit deren Problemen mindestens ein Mitglied der Gruppe gründlich vertraut ist[32].
Pfarrer: Sie sollen sich in die Methoden der Familienberatung einüben und dabei die Methoden von Bell oder Satir oder eine Kombination beider anwenden.

Bernes Therapie

Gemeindeglieder: Zwei Mitglieder der Gruppe übernehmen die Rollen eines Paares, dessen eheliche Probleme einer aus der Gruppe kennt.
Pfarrer: Verwenden Sie Bernes Strukturanalyse, um dem Paar bei dem Verstehen seiner Interaktion zu helfen.
Beobachter sollten bei beiden Sitzungen anwesend sein.

---

[32] Folgende Fälle aus dem Casebook in Pastoral Counseling von *N. S. Cryer* und *J. M. Vayhinger* eignen sich für die praktische Einübung der Familienberatung: Fall Nr. 22: manipulative Mutter, passiver Vater, gestörter Sohn, 127–131; Fall Nr. 23: eine Frau, die versucht, den Pfarrer zur Machtausübung über ihre Familie zu benutzen, 131–135.

VII. FORMEN DER STÜTZENDEN BERATUNG

Auch in unseren Tagen bleibt weiterhin die stützende Funktion der Seelsorge ein entscheidend wichtiger Dienst ... Überall sind heute die vielbeschäftigten Pfarrer dazu aufgerufen, belasteten Menschen in, durch und nach allen erdenklichen Schadensfällen beizustehen, die sich nicht sogleich wieder beheben lassen ... Einst verhalf ein überschaubares Gemeinwesen mit Freunden und Nachbarn zum nötigen Beistand in Zeiten der Bedrängnis; heute jedoch, innerhalb einer fluktuierenden Gesellschaft, liegt die Aufgabe, den Menschen in den Großstadtvierteln und Vororten auf solche Art helfend zur Seite zu stehen, mit allem Gewicht auf den Geistlichen.

William A. Clebsch und Charles R. Jaekle[1]

Theorie und Praxis der Psychotherapie unterscheiden zwischen *analytischen, auf Einsicht zielenden Methoden* einerseits und *stützenden Methoden* andererseits. Diese Unterscheidung ist für das Selbstverständnis und die Wirksamkeit des beratenden Seelsorgers von großer Bedeutung. Erfaßt man die Tragweite der stützenden Beratung, eröffnen sich neue Perspektiven, hiermit Menschen helfen zu können, und man sieht sich veranlaßt, die eigenen Fähigkeiten im Gebrauch stützender Beratungsmethoden zu entdecken – Methoden, die sich für die pastorale Tätigkeit und für den Verkehr zwischen dem Pfarrer und seinen Gemeindegliedern geradezu anbieten. Übt sich der Geistliche in sie ein, so erwirbt er sich die Mittel, mit denen er die Jahre seines pfarramtlichen Wirkens hindurch all den Menschen zu helfen vermag, welche eine analytische Beratungform nicht nötig haben oder nicht auf sie ansprechen können.

Bei der stützenden Beratung bedient sich der Seelsorger solcher Methoden, die *stabilisieren, fundieren, aufbauen, motivieren oder leiten.* Dadurch werden diese in die Lage versetzt, ihre Probleme und Beziehungen im Rahmen ihrer Möglichkeiten und Verhältnisse positiver zu bewältigen. Das Wesen der stützenden Beratung zeichnet sich deutlicher ab, wenn wir sie analytischen, auf Einsicht zielenden Verfahrensweisen gegenüberstellen. Letzteren geht es vor allem um eine grundlegende Persönlichkeits-

[1] Pastoral Care in Historical Perspective, 80.

änderung durch zunehmende Selbsterfahrung und Selbstannahme; beides wird dadurch ermöglicht, daß vordem verborgene Aspekte des Ich und der eigenen Beziehungen aufgedeckt und verarbeitet werden. Diese Verfahrensweisen konzentrieren sich gewöhnlich auf »Tiefen«-Faktoren – unbewußtes Material früher Lebenserfahrungen und gegenwärtiger Beziehungen. Die stützende Beratung dagegen greift auf keine analytischen Methoden zurück, und es liegt ihr nicht an Tiefeneinsicht oder radikaler Persönlichkeitsänderung. Ihr Ziel ist es vielmehr, dem einzelnen behilflich zu sein, daß er Kraft und Perspektiven gewinnt, um seine (wenn auch noch so begrenzten) Kräfte zur Bewältigung seiner Situation wirksamer einsetzen zu können. Die stützenden Beratungsmethoden konzentrieren sich auf Lebensprobleme des einzelnen im Hier und Heute, indem sie ihm dazu verhelfen, diese realitätsorientiert anzugehen bzw. zu akzeptieren, und seine Fähigkeiten stärken, sich künftig zu behaupten. Sie suchen dem einzelnen zu helfen, daß er von Verhaltensweisen frei wird, die ihn selbst und andere schädigen, und in seinen Beziehungen mehr an gegenseitiger Erfüllung (Bedürfnisbefriedigung) erfährt. Oft kommt es im Verlauf und Gefolge der stützenden Beratung schrittweise zu einer Entwicklung (growth) der Persönlichkeit, und zwar *aufgrund* von Erfolgserlebnissen, die der einzelne bei der Bewältigung seiner Probleme und der Verbesserung seiner Beziehungen hatte.
Beide Beratungsmethoden, die auf Einsicht zielende und die stützende, sind auf eine starke, empathische Verbindung zwischen dem Berater und dem Ratsuchenden angewiesen. Die analytische Beratung benutzt diese Verbindung als *Basis,* auf die sich die aufdeckenden Verfahrensweisen gründen; die vertrauensvolle Atmosphäre ermöglicht es dem einzelnen, sich den verdrängten, drohenden Empfindungen, Phantasien und Erinnerungen zu stellen. In der stützenden Beratung hingegen ist die Beziehung selber das erstrangige Mittel zur Veränderung. Eine verläßliche und befriedigende Beziehung zu unterhalten, ist das Herzstück dieser Methodik. Die einzelnen Methoden, die später in diesem Kapitel beschrieben werden, wollen nur diesem einen Ziel dienen. Seine Beziehung zum Seelsorger macht es dem Klienten möglich, sich neu auf seine inneren Kräfte zu verlassen. Diese stellvertretend gewonnene Ich-Stärke gestattet es dem Klienten, sich mit seiner Wirklichkeit konstruktiver auseinanderzusetzen und damit die »Muskeln« seiner psychischen Fähigkeiten, das Dasein zu bewältigen, zu kräftigen.
Analytische und stützende Beratung unterscheiden sich in prak-

tischer Hinsicht mehr in der Betonung und Wahl *einzelner Arbeitsschritte* und sind keine einander absolut ausschließenden Gegensätze. Jede wirksame Beratung hat eine stark stützende Dimension. In der »stützenden Beratung« ist dies jedoch der zentrale Aspekt. Allgemein gesehen, sind die stützenden Methoden mehr aktionsorientiert und erwarten vom Berater, im Gegensatz zu der analytischen Beratung, größere Aktivität und den vorsichtigen Gebrauch von Autorität. Anders als dort bringt der Seelsorger bei der stützenden Beratung die Elemente des Leitens, Informierens, Bestärkens, Inspirierens, Planens, Fragens und Antwortens ins Spiel, wobei er bestimmte Verhaltensweisen unterstützt, andere mißbilligt[2]. Stützende Methoden werden bei verschiedenen Formen der beratenden Seelsorge verwandt. Sie haben zB. eine Schlüsselfunktion bei der informellen, kurzfristigen Beratung, wie sie in Kap. IV beschrieben worden ist. Das vorliegende Kapitel geht umfassender und systematischer auf sie ein, als dies in jenem Zusammenhang möglich war.

Welchen Stellenwert hat die stützende Beratung im Rahmen der gesamten Seelsorge – dem Netz von helfenden und heilenden Kontakten, die ein Pfarrer innerhalb seiner Gemeinde unterhält? Stützende seelsorgerliche Beziehungen beschränken sich gewiß nicht auf die »stützende Beratung«, sie sind für den gesamten pastoralen Dienst von Bedeutung. Ein pastoraler Kontakt entwickelt sich dann zur »stützenden Beratung«, *wenn deren Methoden Anwendung finden, um einem einzelnen, einem Ehepaar oder einer Familie bei der Bewältigung eines bestimmten Problems oder einer Krise behilflich zu sein.* Wie die Betonverstärkung beim Bau, so werden diese Methoden in Streß-Situationen verwandt, um die helfende Wirkung einer vorhandenen Beziehung zu verstärken und zu vertiefen.

Die Methoden der stützenden Beratung

Der Psychiater Franz Alexander[3] nennt fünf Verfahrensweisen, die in der stützenden Therapie angewandt werden. Sie sind in

[2] Halten wir uns an die Terminologie von Porters EISPU-Kategorien, so verwendet die stützende Beratung mehr P-(sondierende), E-(wertende) und S-(stützende) Reaktionen als die aufdeckende bzw. analytische Beratung, die hauptsächlich U-(einfühlende) Reaktionen verwendet, gelegentlich auch I-(interpretierende) und P-(sondierende) Erwiderungen.

[3] Psychoanalysis and Psychotherapy, 55 f.

gleicher Weise grundlegende Hilfen in der beratenden Seelsorge:
(1) *Das Befriedigen von Anlehnungsbedürfnissen*[4]. Der stützende Berater erscheint als die »Gute Eltern«-Figur, an die sich der Klient anlehnen kann. Hierbei gibt es zweierlei Ausprägungen, solche Anlehnungsbedürfnisse zu befriedigen: das »Bemuttern« in der Form des Tröstens, Auffangens, des (emotionalen) Fütterns und des Inspirierens, sowie das »Bevatern« in Gestalt des Leitens, des Beschützens, des Informierens, darüber hinaus aber auch des Festlegens von verläßlichen Grenzen, um Verhaltensweisen zu verhüten, die einen selbst oder andere schädigen könnten. Beides kann einem belasteten Menschen das Gefühl des Umhegtseins (im doppelten Sinne) vermitteln und wesentliche seelsorgerliche Funktionen in der stützenden Beratung erfüllen.
(2) *Die emotionale Katharsis*[5]. Wie Carl Rogers betont hat, gehört die Annahme der bedrückenden Gefühle eines Klienten zu den vorzüglich stützenden Hilfen, die der Berater zu leisten vermag. Kann der Betreffende seine Gefühle in einer verstehenden Beziehung preisgeben, wird nicht allein das Gift aus der Wunde des Gemüts abgeleitet, sondern auch die lähmende Spannung abgebaut, die den Gebrauch der Urteilskraft und der Entschlußfähigkeit blockiert. Zu spüren, daß eine Persönlichkeit mit solcher Autorität von der eigenen inneren Pein weiß und sich ihrer annimmt, vermittelt dem belasteten Menschen das kräftigende Gefühl, daß sein Leben wieder einen Halt hat.
(3) *Die objektive Erörterung der Streß-Situation.* Der stützende Beratungskontakt ermöglicht es dem Ratsuchenden, so viel Objektivität zu gewinnen, daß er sein Problem in einem größeren Blickwinkel zu erkennen und realisierbare Alternativen herauszufinden vermag. So ist er in den Stand versetzt, einen besonneneren Entschluß zu fassen im Blick auf das, was zu tun richtig und möglich ist.
(4) *Das Eingehen auf Abwehrmechanismen des Ich.* In methodischer Hinsicht ist dies das Gegenteil vom analytischen, konfrontierenden oder sondierenden Vorgehen.
Ein Vertreter mittleren Alters saß selber am Steuer seines Wa-

---

[4] Der Begriff »anaklytische Therapie« wird von dem Psychiater *S. Margolin* benutzt, um die körperlich und psychisch aufbauende Fürsorge, Ermutigung und Begleitung zu erfassen, auf die es bei der Therapie gewisser schwerer Störungen ankommt. Symposium on Psychotherapy in Medical and Surgical Hospitals, in: Bulletin of the American Psychoanalytic Association, 1952, 170.
[5] Fr. Alexander verwendet für Punkt 2 häufiger den psychiatrischen Begriff »Abreaktion« anstatt »Katharsis«. Punkt 5 lautet bei ihm »Manipulieren der Lebenssituation«.

gens, als dieser in einen Unfall verwickelt wurde, dem seine Frau zum Opfer fiel. Bei seinem Seelsorgebesuch nach der Beerdigung hörte der Pfarrer dem Mann zu, der die tragischen Vorgänge des Unfalls wieder und wieder erzählte. Dabei merkte er, wie dieser seine eigene Verantwortung dadurch abschwächte, daß er die überhöhte Geschwindigkeit, mit der er gefahren war, außer acht ließ und die Schuld dem Fahrer des langsam fahrenden Lastzuges zuschob, auf den er mit seinem Wagen von hinten aufgefahren war. Der Pfarrer respektierte das augenblickliche Bedürfnis des Mannes nach Abwehrmechanismen seines Ich durch *Verdrängung* (der Erinnerung an die überhöhte Geschwindigkeit) und *Projektion* (der Schuld). Zu diesem Zeitpunkt hätte die Konfrontation mit der immensen Gewissenslast, die das Begreifen der eigenen Schuld am Unfall hervorrufen würde, den Mann vermutlich überwältigt oder gar einem selbstzerstörerischen Verhalten Vorschub geleistet. Dann endlich, als die Heftigkeit der Krise abzuklingen begann, wurde der Mann nach und nach fähig, seine enorme Schuld einzusehen und mit dem Beistand des Seelsorgers in gewissem Maße konstruktiv zu verarbeiten.

(5) *Das Ändern der Lebenssituation.* Der Pfarrer kann dem Ratsuchenden helfen, die Umstände, in denen dieser lebt, selbst zu ändern, oder aber, falls das nicht möglich ist, dafür sorgen, daß die Verhältnisse (physischer, wirtschaftlicher oder zwischenmenschlicher Art) geändert werden, die die kräfteverzehrenden Störungen oder Frustrationen im Leben des anderen verursachen. So half zB. ein Pfarrer einer psychisch belasteten Familie, für den senilen Großvater ein angemessenes Altersheim zu finden, und leistete ihnen auch damit Beistand, daß er ihre neurotischen Schuldgefühle angesichts dieses notwendigen Schrittes abbaute. Die praktische Hilfe, die der Seelsorger als Teil der Beratung leistet, indem er zB. einer behinderten Person zu einer Arbeit verhilft oder sie zu einer Rehabilitationsstätte fährt[6], hat einen stark stützenden Effekt.

Zwei weitere Methoden der stützenden Beratung können wir der Liste Franz Alexanders anfügen:

(6) *Die Aktionstherapie.* Ist jemand durch das Gefühl einer Niederlage, die Angst vor Versagen, ein lädiertes Selbstbewußtsein oder einen tragischen Verlust geschockt oder gelähmt, dann erweist es sich oft als förderlich, wenn der Pfarrer eine gewisse

---

[6] Solche praktischen Hilfen können von den Laienmitgliedern eines Seelsorgeteams als Teil ihres Dienstes ausgeführt werden.

Beschäftigung verschreibt[7], die ihn in Bewegung und im Kontakt mit den Mitmenschen hält. Damit verringert sich die Gefahr, daß dieser in Depressionen versinkt und sich von allen Kontakten zurückzieht. Am Suicide Prevention Center in Los Angeles hat man festgestellt, daß schon das Durchlaufen einer Anzahl von psychologischen Tests, denen sich der Betreffende unterziehen muß, in sich selbst oft von heilender Wirkung ist. Diese Aktivität gibt der chaotischen Welt eines Selbstmordkandidaten temporäre Strukturen, erweckt Hoffnung auf eine Linderung seines seelischen Schmerzes und bietet Gelegenheit, der Autoritätsfigur zu gefallen, die die Beschäftigung verlangte.

Die »Hausaufgabe« sollte in die Richtung zielen, die der Klient im Auge hatte, als er um Hilfe bittend vorsprach. Eine gestörte Persönlichkeit könnte zB. gebeten werden, zwischen den Beratungen eine Liste der Strategien zusammenzustellen, mit deren Hilfe das Problem zu lösen wäre. Zwischen der ersten und zweiten Sitzung kann die Niederschrift eines kurzen autobiographischen Berichts für Berater und Klienten von Nutzen sein. Leseaufträge, die sich auf das Problem des anderen beziehen, sind sehr zu empfehlen. Für den Gebrauch der »Bibliotherapie« als Ergänzung zu den verschiedenen Beratungsmethoden spricht in der Tat viel. Empfiehlt man eine bestimmte Beschäftigung, läßt sich deren stützende Wirkung noch dadurch verstärken, daß man ein »Rezept« ausschreibt. So wie alle stützenden Methoden, sollte man jedoch auch diese nur in bestimmten Fällen verwenden, und zwar dann, wenn der Klient die Bestärkung durch eine Autorität benötigt, um eine Aktivität zu entfalten, die für sein Wohlbefinden nötig oder erfolgversprechend ist.

(7) *Der Gebrauch religiöser Hilfen.* Gebet, Schriftlesung, Andachtsliteratur und Sakramentsfeier sind wertvolle Kraftquellen, über die allein die beratende Seelsorge verfügt. Werden sie angemessen verwandt, können sie dem Klienten das Bewußtsein geben, daß sein Leben einen Sinn hat, der Tragödien und Ungerechtigkeiten übersteigt. Sie können ihm ein Gefühl des Getragenwerdens vermitteln, das nicht mit der Beratungsbeziehung endet. In einem Moment geistlicher Offenheit, der durch einen sinnvollen Einsatz dieser Symbole aufbrechen kann, mögen Seelsorger und Klient der transzendenten, stützenden Macht gewahr werden, die für beide während des Beratungsprozesses und danach da ist.

---

[7] Das hilft natürlich nicht in solchen Fällen weiter, in denen die Person auf ein Trauma mit Überaktivität reagiert, die ja einen anderen Versuch darstellt, mit der eigenen Belastung nicht konfrontiert zu werden.

Stützende oder analytische Beratung?

Wie stellt der Seelsorger fest, ob einer bestimmten Person besser durch stützende oder durch analytische Beratungsmethoden zu helfen wäre? Das ist bei der Wahl der angemessenen Behandlungsweise und bei der Weitervermittlung von Patienten die erstrangige Frage. Das beste Kriterium ist in dieser Hinsicht der *Grad der Ich-Stärke des Klienten.* Personen mit einer schwachen, starren oder defekten Ich-Entwicklung reagieren gewöhnlich nicht auf analytische, auf Einsicht zielende Methoden. Bei solchen Klienten sollten stützende Methoden den Schwerpunkt der Behandlung bilden.

Das »Ich« ist die Direktionsabteilung der Persönlichkeit. Seine Aufgabe besteht darin, das innere Leben eines Menschen zu integrieren und die Interaktion mit der Außenwelt der Personen und Dinge zu handhaben. Seine Fähigkeiten erstrecken sich auf das Urteilen, Problemlösen, Reflektieren, Phantasieren sowie auf motorische Aktivitäten wie das Gehen und Sprechen. Ebenso ist das Ich für das Gefühl der persönlichen Identität und des Selbstwerts zuständig. Ein Mensch mit robustem Ich weiß auf die zwei Fragen »Wer bin ich?« und »Was bin ich wert?« auch robuste, positive Antworten zu geben. In Eric Bernes Terminologie: er ist ein Mensch, dessen Erwachsenen-Ich in der Lage ist, sein inneres Kindheits- und Eltern-Ich zu steuern.

Eine oder mehrere der folgenden Eigenschaften können das Vorhandensein einer Ich-Schwäche anzeigen:

(1) *Die Unfähigkeit, das übliche Maß an Verantwortung eines Erwachsenen wahrzunehmen und die alltäglichen Beziehungen konstruktiv zu bewältigen.* Die Tatsache, daß sich eine Person fortwährend als unfähig erwiesen hat, den Ansprüchen zu genügen, die an einen Erwachsenen gestellt werden (z.B. in einem Beruf zu bleiben oder bestehende Beziehungen aufrechtzuerhalten), läßt gewöhnlich auf mangelnde Ich-Stärke schließen. Demgegenüber weist die Tatsache, daß jemand sich in seinem Beruf bewährt hat oder mit demselben Partner eine angemessene Zeit verheiratet war, auf eine innere Stärke hin, auf der die Beratung aufbauen kann.

(2) *Die Unfähigkeit, Frustrationen zu ertragen und Impulse zu steuern.* Ein egoschwacher Mensch wird von seinen Impulsen umhergetrieben. Seine Fähigkeit, Frustrationen zu ertragen, und der Wille, Genüsse im Interesse weiterreichender Ziele zurückzustellen, sind in auffallendem Maße eingeschränkt.

(3) *Eine geringe Fähigkeit, das eigene Leben zu organisieren*

und realistisch vorauszuplanen oder aus Erfahrungen zu lernen. Die egoschwache Persönlichkeit leidet oft unter dauerndem wirtschaftlichem Chaos, wiederholtem Fehlverhalten und allgemeiner Desorganisation. Seine »Exekutive« ist den Ansprüchen der wirtschaftlichen Realität oder seiner zwischenmenschlichen Beziehungen nicht gewachsen. Er ist ein »Problemversager«, wie es Roger Price nennt. Er ist kaum fähig, sich auf die verschiedenen Aspekte seines Lebens zu konzentrieren und sie in seine Persönlichkeit zu integrieren.

(4) *Starke und chronische Abhängigkeit.* Sein Leben ist von schmarotzerhaften Abhängigkeitsbeziehungen geprägt, die er mit denen eingeht, die für ihn sorgen, ihn beschützen oder ihm stellvertretend ein Gefühl von Bedeutung oder Stärke vermitteln können.

(5) *Eine beträchtliche Schädigung des Wahrnehmungsvermögens.* Da die Wahrnehmung eine Ich-Funktion ist, ist der Grad der Realitätsverzerrung durch den Wahrnehmungsapparat einer Person ein Indikator für die jeweilige relative Ich-Stärke. Verzerrungen haben ihren Grund in inneren Belastungen und Konflikten. Wieweit der Klient den Berater zutreffend »sieht«, ist ein verläßlicher Hinweis auf die Ich-Stärke[8]. Erblickt er in dem Berater zB. einen strengen Richter oder einen magischen Beschützer, wenn er in Wirklichkeit keines von beidem ist? Wenn jemand unter normaler Lebensbelastung die Realität verdrängt, wird man von mangelnder Ich-Funktion zu sprechen haben. Das psychotische Individuum ist ein Beispiel für eine extreme Schädigung der Wahrnehmungsfunktion.

(6) *Ausgeprägte Starrheit der Persönlichkeit.* Diesen Mangel einer »Federung« oder Elastizität in der Kommunikation wird der Berater häufig wahrzunehmen haben. Oft handelt es sich um starre theologische oder politische Ansichten, die mit der Verbissenheit eines Ertrinkenden, der sich an einen Strohhalm klammert, festgehalten werden. Derjenige, der wie besessen für einen Kult des Seelenfriedens eintritt, kann diesen repressiven Mechanismus benutzen, um damit das innere Chaos abzuwehren. Bemühungen, die Ansichten solcher Leute durch rationale oder logische Argumente zu ändern, sind nutzlos oder unklug. Das einzig humane Vorgehen besteht darin, ihr Bedürfnis nach solcher unreifen oder neurotischen Theologie zu respektieren und nicht zu versuchen, sie dessen zu berauben, es sei denn, man habe

---

[8] *D. Johnson,* Marriage Counseling. Theory and Practice, 29. Johnson erörtert die Ich-Stärke sehr einleuchtend (28–33).

sich vorher ausreichend vergewissert, daß sie auch ohne ihre Abwehrmechanismen zu bestehen vermögen. Eine unreife Theologie könnte in einer schlimmen und chaotischen Situation die einzige Trostquelle eines solchen Menschen sein. Es wäre grausam vom Berater, ihm diese zu entziehen, außer es ließe sich absehen, daß der Betreffende eine reifere Theologie verarbeiten kann.

Der Mensch verfügt über Abwehrmechanismen[9], weil er sie nötig hat. Diese treten automatisch in Aktion, um ihn vor unerträglichen Belastungen seines Selbstwertgefühls, die interpersonale oder innerpsychische Ursachen haben können, zu bewahren. Diese Abwehrmechanismen sind in einer relativ gesunden Persönlichkeit mit einer gewissen Flexibilität tätig. Ein Student zB., der sein Examen nicht besteht, kann sein Selbstwertgefühl durch zeitweiligen Gebrauch der *Rationalisierung* (»Daß ich durchfiel, liegt daran, daß ich eine vielseitige Persönlichkeit und kein Bücherwurm bin«), der *Projektion* (»Der Lehrer war schuld, der diese Prüfung so schwierig gestaltet hat«) oder der *Negation* (»Prüfungen zu bestehen ist letztlich nicht so wichtig«) abschirmen. Aber sobald sich seine Selbstachtung wieder erholt hat, wird er sich sein eigenes Versagen bewußt machen und aktive Schritte unternehmen, um seine Situation zu bessern. Im Gegensatz dazu sind die Abwehrmechanismen der Menschen mit schwachem Ich konstant und inflexibel tätig und schränken so seine Fähigkeiten ein, eigene Ideen einer Änderung zu entwikkeln, Einsichten zu gewinnen oder Probleme zu bewältigen. Die Beratung eines solchen Menschen sollte sich ihr Ziel so weit setzen, daß sie ihm stützenden Beistand leistet und zu Erfahrungen verhilft, die sein Selbstwertgefühl heben, um so das Bedürfnis nach starren, beziehungszerstörenden Abwehrmechanismen – zB. nach Projektion oder Verdrängung der Realität – zu reduzieren.

(7) *Die Unfähigkeit, von einem auf Einsicht zielenden Beratungsverfahren zu profitieren*, ist oben schon erwähnt worden; sie ist ein Charakteristikum der Ich-Schwäche oder -Starrheit. Dem Betreffenden mangelt die Fähigkeit, sich der langen Selbst-

[9] Freud verwendete den Begriff »Abwehrtätigkeit des Ich«, um die unbewußten Mechanismen zu beschreiben, die sich das Ich eines Kindes in einer frühen Lebensphase aneignet, um sich zu schützen und Konflikte zu bewältigen. Diese Abwehrmechanismen treten automatisch, jenseits einer bewußten Kontrolle, in Tätigkeit. Sie umfassen: Verdrängung, Regression, Projektion, Rationalisierung, Fixierung, Negation der Realität, Introjektion, Bewußtseinsspaltung und Reaktionsbildung. Siehe *A. Freud*, Das Ich und die Abwehrmechanismen, 1963.

analyse auszusetzen, die zu einem neuen Selbstverständnis und der Modifikation bisheriger Verhaltensweisen führt. Seine Fähigkeit, sein Leben zu organisieren, seine Antriebe zu kontrollieren und aus der Reflexion seiner Erfahrungen zu lernen, ist dermaßen beschränkt, daß die Effektivität analytischer Beratungsmethoden hinfällig wird. Sollte der Klient auf den Versuch des Pfarrers, ein auf Einsicht zielendes Verfahren anzuwenden, nicht reagieren, muß dieser zu einem stützenden Verfahren übergehen oder ihn weiterzuvermitteln suchen.

Die analytische Beratung hilft vornehmlich solchen Menschen, die ihre inneren Probleme mehr neurotisch als »aus-agierend« oder psychotisch handhaben[10]. Anders als der sich abreagierende Mensch (der Charakter-Problem-Typ oder die soziopathische Persönlichkeit) erlebt der Neurotiker starke Schuld- und Angstgefühle. Das neurotische Individuum kann über eine beachtliche Ich-Stärke verfügen, während seine Abwehrmechanismen so schwerfällig und kräfteraubend funktionieren, daß es zu psychischer Erschöpfung und Schmerz-Symptomen kommt. Da ihn Schuld- und Angstgefühle motivieren und ihm eine relative Ichstärke zustatten kommt, kann einem Klienten mit einer Neurose oft durch analytische Beratung oder Psychotherapie geholfen werden.

In den meisten Fällen hat es der Pfarrer mit einer Ich-Deformation und Ich-Schwäche zu tun, wenn er Alkoholiker, Drogensüchtige, schwere oder leichte Psychotiker, chronisch Depressive, Straffällige, extrem Unselbständige oder Menschen mit vielschichtigen psychosomatischen Problemen berät. (Viele Faktoren in unserer Gesellschaft fördern die gegenwärtige Zunahme an Ich-Schwäche: der Zusammenbruch der familiären Stabilität, die ethische Verwirrung, die extreme Mobilität und die Entpersonalisierung durch Technologie und Urbanisierung. Bei der Beratung solcher Personen hat ein stützendes Verfahren wahrscheinlich die größte Chance, Hilfe zu leisten.

[10] Die Persönlichkeitsprobleme gliedern sich in drei Kategorien: neurotische, psychotische und Charakter-Probleme. Der Neurotiker verinnerlicht seine Konflikte, während der Charakter-Problem-Typ seine Konflikte veräußerlicht und in seinen Beziehungen ausagiert. Die fragilen Abwehrmechanismen des Psychotikers sind in gewissem Maße zusammengebrochen und haben so dazu geführt, daß Teile seines Ich von Impulsen aus seinem Unbewußten beherrscht werden.

Die Formen der stützenden Beratung

Es gibt mindestens vier Formen der stützenden Seelsorge: die *Beratung als Krisenhilfe* (crisis counseling); die *Beratung als Überbrückungshilfe* (stopgap counseling); die *Beratung als durchtragende Hilfe* (sustaining counseling); und die *Beratung als Entwicklungshilfe* (growth counseling)[11]. Die stützende Beratung als Krisenhilfe spielt für den Gemeindepfarrer eine beträchtliche Rolle (s. Kap. VIII). Die Beratung als Überbrückungshilfe wird in Kap. IX näher ausgeführt.

Die Beratung als durchtragende Hilfe (sustaining counseling) wendet in einer gewissen regelmäßigen Folge Methoden der stützenden Beratung an, wobei eine bestehende Langzeit-Beziehung zwischen Seelsorger und Klient die Basis abgibt. Das Ziel besteht darin, den Betreffenden so weit zu unterstützen, daß er trotz seiner erschwerten Situation weiterhin *in dem ihm erreichbaren Maß weitestgehend funktionsfähig bleibt,* sei dies auch noch so beschränkt. Viele Alte[12], chronisch Kranke und psychisch gestörte Menschen sind dank der stützenden Beratungsbeziehung zu einem Geistlichen in die Lage versetzt, solchermaßen funktionsfähig zu sein.

Im Mittelpunkt dieses Verfahrens steht die vorhandene stützende Beziehung zwischen dem einzelnen und seiner Gemeinde sowie deren Pfarrer[13]. Jahraus, jahrein erweist dieses Gewebe von sinngebenden Beziehungen seine tragende Kraft. In diesem Rahmen haben *gelegentliche Seelsorgekontakte,* die stützende Methoden anwenden, eine helfende Wirkung, die das bißchen aufgewendete Zeit bei weitem überwiegt. In vielen Fällen läßt sich wenig tun, um die konkreten Lebensverhältnisse zu ändern; aber die Tatsache, daß diese Menschen gelegentlich ihre Pro-

---

[11] In gewissem Sinne ist die auf objektive Erfassung der Wirklichkeit zielende Beratung (confrontational counseling) – siehe Kap. XI – ebenso stützender Art, da man dort gleichfalls die inneren Kontrollen des Klienten stützen und sein Wertsystem stärken muß, um destruktivem Verhalten vorzubeugen.

[12] Der Mensch über 65 kann über ein relativ starkes Ich verfügen, aber es ist aufgrund des Alters unelastisch geworden. Deshalb sind bei älteren Personen stützende Verfahren eher angezeigt als aufdeckende.

[13] Viele gewinnen an innerer Kraft durch Identifikation mit dem Geistlichen, wenn er als Priester (Zentralfigur im Gottesdienst), Prediger, Lehrer und Gemeindeleiter fungiert. Eine Pfarrfrau machte einmal die Beobachtung, daß viele Gemeindeglieder sich mit ihrem Mann enger verbunden fühlten als dieser mit ihnen. Aus seinen Predigten wissen sie, wie er denkt und empfindet. Diese Identifikation mit dem Pfarrer und dem, was er symbolisiert, hat eine starke stützende Wirkung.

bleme mit ihrem Pfarrer besprechen können, gibt ihnen die Kraft, Lasten zu ertragen, von denen sie sonst erdrückt würden. Solche Personen können mehrmals im Jahr bei ihrem Pfarrer kurz mal »vorbeischauen«, ihn dabei über den neuesten Stand der Dinge informieren und aufs neue im direkten Gegenüber seine Anteilnahme erfahren. Das gelegentliche Zusammentreffen oder der beiläufige Schwatz dürfte für solche Leute ergiebiger sein als viele Sitzungen mit einem anderen Berater. Dank seiner für sie symbolträchtigen Rolle und seiner stetigen Seelsorgebeziehung zu ihnen haben solche Beratungskontakte für sie eine tiefgehende, qualitative Bedeutung. Jeder Pfarrer unterhält ein ganzes Netz von solchen stützenden Beziehungen. Er hilft diesen Leuten, ihr Leben zu ertragen, indem er für sie die »Gute Eltern«-Figur verkörpert und ihnen so Kräfte vermittelt, mit denen sie ihre Last wieder ein Stück weiter tragen können. In besonderen Streß-Situationen wenden sie sich an ihn, um für ihre Probleme Klärung oder für ein unmittelbares Bedürfnis praktischen Beistand zu erlangen.

In der stützenden Beratung ist es häufig vonnöten, dem Gemeindeglied zu helfen, daß es den unveränderbaren Aspekten seiner Probleme gegenüber in eine akzeptierende Haltung hineinfindet. Tritt Ergebung an die Stelle von brütender Bitterkeit oder Selbstmitleid, kommt es zu erstaunlichen Wandlungen in der Fähigkeit des Betreffenden, mit den Gegebenheiten seiner Situation zu leben. Die psychische Energie, die in den Groll investiert worden war, wird plötzlich für sinnvolle Vorsätze frei.

Die *Beratung als Entwicklungshilfe* (supportive growth counseling) ist ein neuer und wichtiger Ansatz in der beratenden Seelsorge. Vielen verhilft die stützende Beratung nicht bloß zu weiterer Funktionsfähigkeit, sondern auch zu einem *psychischen Environment, in dem sich ein Wachstum der Persönlichkeit vollziehen kann.* Hierbei kommt ein anderer Bereich der Persönlichkeit zur Reife, als das bei der analytischen Behandlung der Fall wäre. Hier wächst der Mensch in seinen Fähigkeiten, seine Lebenslage konstruktiv zu bewältigen, da er seine inneren Kräfte und seine Beziehungen besser nutzen kann; es geht hierbei also nicht so sehr um eine grundlegende Reorientierung seiner Persönlichkeit[14]. Die zwei Prinzipien, von denen sich die Beratung

---

[14] Das Wachstum, das sich bei der aufdeckenden Beratung einstellt, und jenes, das aus der stützenden Beratung resultiert, überlappen sich weithin. Wie früher angedeutet wurde, kann sich auch in der stützenden Beratung eine schrittweise Persönlichkeitsänderung vollziehen auf-

als Entwicklungshilfe leiten läßt, sind folgende: (a) die Fähigkeiten, sich mit der Wirklichkeit auseinanderzusetzen, nehmen in dem Maße zu, wie sie in Anspruch genommen werden; (b) eine stützende Beziehung vermag einen Menschen von seinen Blockierungen so weit zu befreien, daß er diese Fähigkeiten in Anspruch zu nehmen vermag.

Die Entwöhnung eines Alkoholikers durch die Vereinigung Anonymer Alkoholiker (AA) ist ein gutes Beispiel für einen solchen stützenden Wachstumsprozeß. Solange ein Alkoholiker trinkt, kann er seine inneren Kräfte nicht nutzen. Er gleicht einem Auto, dessen Motor auf Volltouren läuft, jedoch im Leerlauf. Seine Räder bewegen sich nicht. Dementsprechend sind die Ich-Kräfte eines trinkenden Alkoholikers »im Leerlauf«. Sie sind nicht in der Lage, die normalen Aufgaben eines Erwachsenen, zB. Ehe, Elternschaft und Beruf, angemessen zu bewältigen. In der Terminologie Bernes: sein Erwachsenen-Ich ist ausgeschaltet, während sein enorm entwickeltes Kindheits-Ich mit dem strafenden Eltern-Ich im Streit liegt.

AA versorgt den Alkoholiker mit einer stützenden Schlüsselbeziehung (seinem Sponsor), die sich schrittweise erweitert, bis sie in ein Netz von stützenden Beziehungen mündet (die AA-Gruppe). *Der Sponsor übernimmt die Funktion des stützenden Beraters.* Seine Verbindung zur AA-Gruppe gleicht der Verbindung des seelsorgerlichen Beraters zu seiner Gemeinde und deren seelsorgerlichen Funktionen. Der Sponsor hilft der Person, unterstützt durch die Gruppe, den geschlossenen, zerstörerischen Teufelskreis des unmäßigen, süchtigen Trinkens zu durchbrechen. Ohne sich weiter um die tieferliegenden »Ursachen« des Alkoholismus zu kümmern, sorgt die AA-Methode für stützende, akzeptierende Beziehungen, in denen das furchtsame, schwankende Ich seine Stärke und seine Funktionsfähigkeit wiedergewinnen kann. Das hilft ihm, die Kräfte seines Persönlichkeitsmotors wieder nach außen zu übertragen. Dadurch, daß er sich mit seinem Sponsor und anderen stabilen AA-Mitgliedern identifiziert und deren Rat sucht, gewinnt er neue Kraft. Er ersetzt seine am Alkohol orientierten Versuche, ein Problem zu bewältigen, durch mitmenschlich orientiertes Verhalten. Er entdeckt, daß er sich seinen Ängsten, Minderwertigkeits- und Schuldgefühlen stellen *kann.* Je mehr er dies tut und mit Hilfe anderer AA-Mitglieder seine Gefühle bewältigt (bei der sog. »inneren Inventur«), um so mehr vermindert sich seine emotionale Bürde

---

grund der verbesserten Beziehungen und dem Erproben der Fähigkeiten.

und um so mehr wächst seine innere Stärke. Die Erfahrung, daß er seine Arbeit bekommen und behalten kann, daß er realisierbar planen und echte Freundschaften schließen kann, stärkt sein Selbstwertgefühl und seine Fähigkeit, die Welt um sich zu meistern. Sein zuvor gelähmtes Ich erholt sich schrittweise und bewältigt die Aufgaben und Beziehungen eines Erwachsenen. Ohne jegliche Tiefentherapie reift seine Persönlichkeit langsam in dieser stützenden, das seelische Wachstum stimulierenden Umgebung. Während dieses Prozesses helfen die erfahreneren Mitglieder den Neulingen durch ständige informelle, stützende Beratung unter vier Augen. Die große Mehrzahl der erfolgreichen AA-Mitglieder, die nach Tausenden zählen, haben ihren Erfolg und ihre erstaunliche Genesung ganz allein der stützenden, zur innerlichen Unabhängigkeit führenden Ich-Anpassungs-Methode der AA zu verdanken[15].

Einem Pfarrer bieten sich viele Gelegenheiten zur stützenden Beratung als Entwicklungshilfe an. Jack zB. ist ein einsamer Junge von vierzehn Jahren. Schüchternheit, die durch seine Befangenheit wegen seiner sexuellen Gefühle hervorgerufen wurde, bewirkte es, daß er sich aus seiner Altersgruppe zurückzog. Je mehr er sich absonderte, um so weiter blieb er in seinen sozialen Fähigkeiten, die die anderen Teenager in ihrer Gruppen-Interaktion erlernten, zurück. Je mehr Lernmöglichkeiten ihm aber entgingen, um so unsicherer fühlte er sich *und war es auch in der Tat,* in seiner Beziehung zu seinen Altergenossen. Hätte sich dieser Teufelskreis weiter fortgesetzt, wäre es ihm eigentlich unmöglich geworden, ohne professionelle Therapie wieder in die eigene Altersgruppe eingegliedert zu werden.

Glücklicherweise war Jacks unterschwellige Angst nicht so stark, auch seine Isolation von den Altersgruppenbezügen nicht so ausschließlich, daß ein stützendes Verfahren wirkungslos geblieben wäre. Der ursprüngliche Grund seines Rückzugs war ein Problem, das allgemein Heranwachsende in ihrer Entwicklung zu bestehen haben. Je länger jedoch seine Isolation dauerte, desto größer wurden seine Ängste und desto mehr stellte sein Rückzug ein *Problem in sich selbst dar,* das direkter Behandlung bedurfte. Diese mußte ihm helfen, einen Platz in seiner Altersgruppe

[15] Oft wünschen AA-Mitglieder nach einer Zeitspanne der stabilen Abstinenz und der Resozialisierung in einer Gruppe psychotherapeutische Behandlung, da sie sich noch nicht völlig wohlfühlen, mit ihrem Fortschritt nicht zufrieden sind und gründlichere Hilfe wünschen. Viele Alkoholiker, die trotz des Beistandes der AA dem Alkohol nicht entsagen, sind im Grunde Psychopathen und benötigen psychiatrische Hilfe.

zurückzugewinnen, dann würden schon die zwischenmenschlichen Erfolge seine latenten Fähigkeiten zur Geselligkeit aktivieren. Das wurde durch eine doppelte Strategie erreicht. Der Pfarrer gewann die Hilfe eines selbstbewußten Jungen in Jacks Alter, der in der Jugendgruppe in besonderem Ansehen stand. Zwischen beiden entwickelte sich eine Freundschaft, die Jack als Brücke zur Eingliederung in die Gruppe diente. Beide wurden auch in eine »Selbsterfahrungsgruppe« für Teenager aufgenommen. In diesem Rahmen fand Jack dann die Möglichkeit, sich in die Kommunikation mit seinen Altersgenossen einzuüben und seine Gefühle zu erörtern. Diese Gruppe wurde von einem Erwachsenen geleitet, der für die Gruppenberatung besonders ausgebildet war. Durch diese Erfahrungen wurde Jack dem Teufelskreis aus Furcht und Isolation entrissen und seine Kommunikationsfähigkeit wuchs. Hätte sich dies nicht mit einer stützenden Beratung als Entwicklungshilfe erreichen lassen, wäre eine Einzel- oder Gruppentherapie nötig gewesen, um Jacks tieferliegende Konflikte zu lösen.

Die stützende Beratung als Entwicklungshilfe ist oft von dauerhafter förderlicher Wirkung, weil sie, wie im eben zitierten Fall, das unterbindet, was der Psychiater Harry M. Tiebout treffend ein »Symptom der Ausflucht« (runaway symptom) nennt. Das anfängliche Symptom irgendeines tiefersitzenden Problems verwandelt sich in einen selbständigen, sich selbst befördernden pathologischen Prozeß. Ein wirksames Vorgehen gegen dieses verselbständigte pathologische Symptom ist für das Wohlbefinden des Klienten von ausschlaggebender Bedeutung. Hat man hierin Erfolg, braucht man den zugrunde liegenden Herd der Angstgefühle kaum noch anzugehen[16]. Diesem Symptom der Ausflucht oder Teufelskreis-Phänomen wird man in der seelsorgerlichen Praxis häufig begegnen.

Gefahren bei der stützenden Beratung

Die stützende Beratungsbeziehung gleicht einer orthopädischen Hilfe, die zwei wichtigen Zwecken dient: (a) einen zeitlichen

[16] Der Psychiater *L. R. Wolberg* schreibt: »Eine Person, die unter einem quälenden Problem leidet, verliert leicht ihr Selbstbewußtsein. Sie zieht sich von den anderen zurück ... Das Problem wird zur Hauptbeschäftigung ... In solchem Falle kann die Beseitigung des Symptoms ihr gesamtes Verhaltensmuster ändern«. The Technique of Psychotherapy, 22.

Halt zu gewähren, bis ein gebrochener Knochen geheilt ist, und (b) bleibend verkrüppelte Menschen zu stützen, so daß sie wieder funktionsfähig werden. Es besteht nun die Gefahr, daß eine stützende Beziehung als Krücke benützt wird, und zwar in der negativen Bedeutung des Wortes, daß sie also das Wachstum durch zunehmende Abhängigkeit blockiert[17]. Das wird dann der Fall sein, wenn der Pfarrer für den Klienten Dinge erledigt, die dieser, wäre er dazu genötigt, selber tun könnte. So wird dieser ständig daran gehindert, seine »Muskeln« im Bewältigen der Wirklichkeit zu trainieren, was allein schon einen therapeutischen Effekt erzielte. Man muß bei der stützenden Beratung sensibel werden für das Entstehen unkonstruktiver Abhängigkeiten, so daß man den Ratsuchenden schrittweise, aber stetig »entwöhnen« kann. Der Seelsorger wird andererseits den längeren Gebrauch von stützenden Methoden bei denjenigen zu vermeiden suchen, die eine psychoanalytische Therapie benötigen, sie sich leisten können und Zugang zu ihr haben. Andauernde Unterstützung kann ihren Leidensdruck immerhin so lindern, daß sie sich vor der Therapie drücken und sie immer wieder hinausschieben. Dabei könnte diese ihnen noch in viel tieferen Schichten helfen.

Wie kann der Pfarrer sein Familienleben, seine psychische Gesundheit und seinen kreativen Sinn vor den übermäßigen Ansprüchen bewahren, die von der Schar unselbständiger Menschen geltend gemacht werden, wie es in der stützenden Beratung geschieht? Es gibt in unserer Gesellschaft eine Unzahl völlig haltloser Menschen. Sie klammern sich gleich Schmarotzern an Personen, die für sie als Elternfigur fungieren können. Der Pfarrer kann dieser Gefahr dadurch entgehen, daß er (a) sich alle etwaigen eigenen neurotischen Bedürfnisse, Abhängigkeitsbeziehungen zu »sammeln«, bewußt macht und ihnen entgegenwirkt[18], (b) lernt, wie man Nein sagt, wenn es nötig und angemessen ist[19], und (c) die Belastungen durch die Abhängigkeit

[17] Ähnlich negativ würde es sich auswirken, wenn jemand sich fortwährend mehr auf seine orthopädische Stütze verlassen würde als auf die Gymnastik, die jene überflüssig macht.

[18] Die Fähigkeit eines Pfarrers, seine Autorität so einzusetzen, daß sie einen Wachstumsprozeß fördert, statt ihn zu verhindern, hängt davon ab, wie er selber seinen Konflikt zwischen Abhängigkeit und Unabhängigkeit bewältigt hat. In dem Maße, in dem er mit der Autorität (seiner eigenen und der anderer Personen) Frieden geschlossen hat, wird er imstande sein, seine Autorität überlegt zu gebrauchen, damit andere zu innerer Freiheit und Unabhängigkeit gelangen.

[19] Die Unfähigkeit, sich manipulierender Personen zu erwehren, ist gewöhnlich ein Anzeichen für mangelndes Selbstwertgefühl; dahinter verbirgt sich die Furcht, nicht geliebt zu werden.

von Menschen mit schwachem Ich auf Gemeindegruppen, Seelsorgeteams und kommunale Einrichtungen verteilt. Glücklicherweise befindet sich der Pfarrer in einer verhältnismäßig günstigen Position, um anlehnungsbedürftigen Menschen behilflich zu sein, andere stützende Beziehungen zu finden.

Seelsorge an sozial benachteiligten Menschen

Die Theorie der beratenden Seelsorge, wie auch überhaupt die Theorie der Psychotherapie, hat sich in ihren Zielen und Konzepten der Heilung von Maßstäben der bürgerlichen Mittelklasse leiten lassen. Pfarrer, die Gemeinden in Slum- oder Arbeitervierteln zu betreuen haben, finden bald heraus, daß die *Methoden* und *Schritte* der beratenden Seelsorge, wie sie gemeinhin im Schwange sind, bei vielen Menschen aus unteren sozialen und bildungsmäßigen Schichten nicht zum Zuge kommen. Die Blickpunkte, die von der Psychotherapie übernommen worden sind – Reifwerden durch Selbsterfahrung, Integration der Persönlichkeit durch die Bewältigung innerer Konflikte und Fortschreiten zur Autonomie –, sind der »Welt« einer Mehrzahl dieser Menschen fremd. Das gleiche gilt für das konventionelle Behandlungsschema, das aus einer Reihe formeller, zeitlich festgelegter Sitzungen unter vier Augen besteht, wobei vom Klienten erwartet wird, daß er von immer tieferen Schichten her seine Gefühle und Konflikte artikuliert. Einer, der dieses Problem aufmerksam studiert hat, kam zu folgender Feststellung: »Viele der Armen drücken sich nicht so gewandt aus. Sie können nicht einsehen, daß bereits ›einfach so darüber reden‹ ihre Probleme zu lösen vermag ... Ihre Vorstellungen sind unmittelbar, konkret und dringend. Sie wollen eine schnelle Verbesserung sehen, wäre sie auch noch so begrenzt.«[20]

Demjenigen, dessen besondere Umwelt ihn (anders als bei Menschen der bürgerlichen Mittelschicht) nicht dazu veranlaßt, in sich selber Hilfe zu finden, kommen auf Einsicht zielende Beratungsmethoden wie reine Zeitverschwendung vor. Das gilt besonders dann, wenn er sich von vielfältigen praktischen Problemen überwältigt fühlt. Zielvorstellungen wie Einsicht, Selbstverwirklichung und Wachstum der Persönlichkeit sind seinen

[20] D. White, Mental Health and the Poor, in: Concern, 15. Oktober 1964, 6.

Gewohnheiten der Kommunikation fremd und für sein Verständnis der eigenen Bedürfnisse irrelevant. Ein Pfarrer mit bürgerlicher Herkunft, der ausschließlich in rezeptiven, akzeptierenden Methoden ausgebildet ist, vermag einem solchen Menschen oft gar nicht zu helfen, da er dessen innere Welt, einschließlich seiner Vorstellungen von eigenen Bedürfnissen, nicht versteht. Kommt solch ein Klient nach der ersten Sitzung nicht wieder, ist der Pfarrer versucht anzunehmen, daß dieser nicht genügend »motiviert« war. In Wahrheit hatte er das außerordentliche Bedürfnis, Hilfe zu erhalten. Doch er hat aufgesteckt, da sein Verständnis von dem, was Hilfe bedeutet, völlig von dem des Pfarrers abweicht.

Die Methode, die bei Menschen aus benachteiligten Gesellschaftsschichten offenbar eher zum Erfolg führt, ist im wesentlichen *stützender* und aktionsorientierter Art. Den Schwerpunkt der Beratung bilden die konkreten (und oft bitterernsten) Probleme der Leute. Die Absicht ist, ihnen beim Herausfinden ganz praktischer Lösungen behilflich zu sein, um eine Besserung im Beruf, in der Ehe oder im gesundheitlichen Befinden zu erlangen. Die emotionale Katharsis wird nicht als Pfad zur tieferen Einsicht benutzt, sondern als ein Wegstück, auf dem es dem Pfarrer gelingt, seine Schulter mit unter die Last des anderen zu stemmen. Verbesserungen seiner Situation brauchen kein dramatisches Ausmaß, aber sie müssen im Prozeß der Hilfeleistung relativ bald zustande kommen. Die Beratung sollte das »fütternde« bzw. bergende Element zur Geltung kommen lassen, daß also der Pfarrer aktiv wird und Ideen, Ratschläge, zweckmäßige Informationen (zB. wo eine Arbeitsstelle oder ärztliche Versorgung zu finden ist) bietet und stützenden Beistand leistet. Ein Großteil dieser Beratungspraxis wird sich in einem informellen Rahmen abspielen, insbesondere in der Wohnung des Ratsuchenden. Der Pfarrer, der von Leuten aus der Arbeiterbevölkerung erwartet, daß sie zu regelmäßig festgelegten »Sitzungen« ins Pfarramt kommen, wird die meisten Gelegenheiten, die sich ihm zur Hilfeleistung bieten, verpassen.

Frank Rießman von der Columbia University hat für das National Institute of Labor Education eine Studie über neuartige Behandlungsmethoden psychischer Erkrankungen bei armen Bevölkerungsgruppen angefertigt.

»Rießman ... zeigt auf, daß Therapeuten, die in der Rolle des Seelsorgers auftreten, am erfolgreichsten sind. Diejenigen, die ihre Diensträume verlassen und mit ihren Patienten formlos an deren Arbeitsplatz, im Milieu ihrer Familie, bei zufälligen Begegnungen auf der

Straße etc. kommunizieren, werden bald zu einem Teil des Gemeinwesens des Patienten, dem man Vertrauen entgegenbringt. Dem Armen ist in Zeiten einer Krise die direkte Intervention willkommen.«[21]

Diese Studie weist nach, daß bei körperlich arbeitenden Menschen die informelle Gruppentherapie, verbunden mit der »Helfer«-Methode, wirksamer ist. Gruppenmitglieder mit ähnlicher ethnischer und sprachlicher Herkunft kommen, besuchen und helfen einander zwischen den Sitzungen. Personen, die von schweren Belastungen wie Rauschgiftsucht oder dem Zwang zu Delikten befreit werden konnten, sind hervorragend geeignet, um als Gruppenleiter und Rollen-Vorbilder zu fungieren. Die Ähnlichkeit dieser Methode mit derjenigen der Anonymen Alkoholiker liegt auf der Hand. Besonders wichtig für die beratende Seelsorge ist das Resultat Rießmans, daß »die psychischen Schwierigkeiten vieler geringverdienender Patienten verschwinden, sobald sie durch eine sinnvolle Verpflichtung gefordert werden, sei es eine religiöse oder gewerkschaftliche Aktivität, ein Hobby oder die Teilnahme an einem Nachbarschaftshilfe-Ausschuß«[22]. Aus dieser Studie geht klar hervor, daß die beratende Seelsorge den Armen dann am meisten hilft, wenn sie in ihren Methoden zutiefst *Seelsorge* ist[23].
Die meisten Beratungsgelegenheiten mit sozial Benachteiligten hängen mit Krisensituationen zusammen; gleichwohl gibt es auch hier, wie in jeder heterogenen Gruppe, Ausnahmen. Bei all dem, wie bei jeder stützenden Beratung, kommt es in besonderem Maße darauf an, daß man von den kommunalen Hilfsquellen den weitestgehenden Gebrauch macht.

Zusammenfassung

Der Psychiater Lewis R. Wolberg faßt die Faktoren, die für die Effektivität der stützenden Beratung eine Rolle spielen, folgendermaßen zusammen:

1. Eine Korrektur oder Modifikation der gestörten Umgebung oder anderer Streß-Ursachen kann dem geschwächten Ich wieder zu seiner

---

[21] AaO. 6 f. [22] AaO. 7.

[23] Folgende Studien informieren besonders gut über das Problem der psychischen Gesundheit bei sozial benachteiligten Menschen: *A. B. Hollingshead* und *F. C. Redlich*, Social Class and Mental Illness, New York 1958; *T. S. Langer* und *S. T. Michael*, Life, Stress and Mental Health, New York 1963; *B. Overall* und *H. Aronson*, Expectations of Psychotherapy in Patients of Lower Socio-Economic-Class, in: American Journal of Orthopsychiatry, 1963, 421–430.

früheren Stabilität verhelfen. 2. Die verbesserte Situation kann es dem Betreffenden ermöglichen, Bedürfnisse zu befriedigen, die für sein Wohlbefinden notwendig sind. 3. Der Patient kann in der stützenden Beziehung zu dem Seelsorger wesentliche zwischenmenschliche Bedürfnisse befriedigen, deren Frustration die Spannung hervorgerufen hatte ... 4. Der Patient kann seine Ängste, Schuldgefühle, schädigenden Erinnerungen und Fehlschläge, die er unterdrückt und verdrängt hatte, frei verbalisieren und damit kathartische Befreiung erlangen ... 5. Der Patient kann zerstörte alte Abwehrmechanismen reparieren oder neue aufbauen, die die Funktion haben, seine bedrängenden Konflikte wirksamer zu unterdrücken ... 6. Unter dem schirmenden Schild des Therapeuten wird der Patient fähig, die Lebensprobleme, die ihn bislang irritiert hatten, anzugehen und zu meistern. Eine größere Kompetenz bei der Behandlung dieser Probleme ermöglicht es dem Patienten nicht nur, gegenwärtige Streß-Ursachen zu korrigieren, sondern sie gibt ihm auch Vertrauen in die eigene Fähigkeit, sich anderen Aspekten seiner Umgebung anzupassen ... 7. Durch akzeptierendes Bestärken auf der einen Seite, durch Verbote und Einschränkungen auf der anderen, die der Therapeut auferlegt und die der Patient als notwendig versteht, kann eine psychische Entlastung von Schuld und Angst stattfinden.«[24]

Fassen wir noch einmal zusammen. Die stützende Beratung erstreckt sich auf sieben Methoden: das Befriedigen von Anlehnungsbedürfnissen; die emotionale Katharsis; die objektive Erörterung des Problems; das Eingehen auf Abwehrmechanismen des Ich; die Veränderung der Umstände, die den Streß hervorrufen; die Aktionstherapie und die religiöse Hilfestellung. Verschiedene Kombinationen der genannten Methoden kommen bei den vier Arten von Beratungssituationen zur Anwendung, die eine Behandlung mit stützenden Methoden erforderlich machen: Beratung als Krisenhilfe (crisis counseling); als Überbrückungshilfe (stopgap counseling); als durchtragende Hilfe (sustaining counseling); und als Entwicklungshilfe (growth counseling). Dem Geistlichen, der seine Fähigkeiten auf dem Gebiet der stützenden Beratung schult und entfaltet, tun sich die Türen weit auf zu einer Vielfalt von Gelegenheiten zur Seelsorge.

Praktische Übungen

Gemeindeglied: Sie sind Frau V., eine Witwe von 89 Jahren, bettlägerig infolge eines Sturzes, bei dem Sie sich das Handgelenk und das Schlüsselbein gebrochen haben. Sie leben bei Ihrem Sohn und dessen Frau. Ihr Glaube ist durch den Sturz

---

[24] The Technique of Psychotherapy, 524.

in eine ernstliche Krise geraten. Es erscheint Ihnen unfaßlich, daß Gott so weit weg ist. Viele Ihrer Bekannten sind tot, und Sie fühlen sich äußerst einsam. Vor einigen Jahren hielt ein junger Mann vom Seminar einen Gemeindeabend. Er sagte, Protestanten sollten nicht zu Jesus beten – das wäre wie bei den Katholiken, die zur Jungfrau Maria beten. Sie haben stets zu Jesus gebetet, und Sie sind immer noch von der Äußerung des Seminaristen irritiert. Sie wissen, daß Sie wahrscheinlich nicht mehr lange leben werden. (Legen Sie sich auf ein Bett, um sich in diese Rolle hineinzufinden.)

Pfarrer: Sie sind Frau V.s Pfarrer. Sie ist das älteste Glied Ihrer Gemeinde. Sie stehen in gutem seelsorgerlichen Kontakt mit ihr, jedoch bis zu diesem Besuch hat sie nie mit Ihnen über ihre tieferen Gefühle geredet. Während sie sich bei diesem Besuch ausspricht, erkennen Sie die Notwendigkeit, daß Sie Ihren Seelsorgedienst hier in stützender und durchtragender Weise wahrzunehmen haben. Setzen Sie im Verlauf der Beratung alles daran, ihre Gefühle wahrzunehmen und sie merken zu lassen, daß Sie ihr zugewandt sind, indem Sie das wiedergeben, was sie Ihrer Ansicht nach sagt und empfindet. Experimentieren Sie mit den verschiedenen Methoden, die in diesem Kapitel beschrieben worden sind. Achten Sie auch auf eventuelle Spannungen bei den anderen Familienmitgliedern.

Beobachter: Ihre Funktion besteht darin, Frau V. und dem Pfarrer dabei zu helfen, ihr Bewußtsein von dem, was sich im Verlauf der Beratung zwischen ihnen abspielt, zu erweitern. Achten Sie besonders auf die emotionale Seite der Beziehung. Nehmen Sie sich die Freiheit, das Beratungsgespräch dann und wann zu unterbrechen und die Agierenden auf etwas hinzuweisen, was sie außer acht gelassen haben. Machen Sie Vorschläge, wie die Beratung noch ergiebiger zu gestalten wäre. Seien Sie in Ihren Kommentaren offen und ehrlich. Als objektiver Beobachter werden Sie Dinge wahrnehmen, die die Beteiligten nicht wahrnehmen können, deren sie sich aber bewußt werden müssen.

Das Rollenspiel sollte sich nacheinander an mehrere Besuche bei Frau V. anschließen. Achten Sie dabei auf die Entwicklung der Beratungsbeziehung. Verwenden Sie hierzu auch ein Tonbandgerät, um die wichtigsten Abschnitte der Übung nochmals ablaufen zu lassen. In der Fallbeschreibung von Cryer und Vayhinger (S. 225–230) ist das Verbatim der Beratung abgedruckt, wie sie in Wirklichkeit zwischen Frau V. und ihrem Pfarrer stattgefunden hat.

VIII. BERATUNG IN LEBENSKRISEN

Er, der uns tröstet bei aller unserer Bedrängnis, damit wir die, welche in allerlei Bedrängnis sind, trösten können ... 2. Kor. 1,4

Der Pfarrer geht immer wieder durch Krisen hindurch mit denen, die ihm anvertraut sind ... Zweitausend Jahre christlicher Seelsorge haben die Voraussetzung dafür geschaffen, daß Christen von ihren Seelsorgern erwarten, daß diese ihnen zur Seite stehen in Zeiten der Krise. So tritt der Pfarrer seine Aufgabe an, gestützt von einem großen Erbe. Auch wenn ihn manchmal ein Grauen erfaßt angesichts des Unheimlichen und Überwältigenden in Lebenskrisen, wächst ihm doch ein gewisses Gefühl der Sicherheit zu aus der Tatsache, daß seine Anwesenheit in Zeiten schwerer Prüfung gewünscht und erwartet wird. Wayne E. Oates[1]

Jahrhunderte hindurch war der Geistliche ein Helfer in Zeiten persönlicher Krisen. Und auch in unseren Tagen leistet er einen wesentlichen Beitrag zu psychischer Gesundheit und geistlicher Reife der Menschen, die ihm anvertraut sind, wenn er die berät, die verzweifelt gegen die Strudel und Strömungen von Krisen ankämpfen. Ein Geistlicher wird ganz von allein zum Krisenberater; die Voraussetzungen dafür sind mit seiner Position gegeben (vgl. Kap. II): er steht in einem Netz von Beziehungen, hat Kontakte zu vielen Familien, ist ständig zu erreichen und bei allen möglichen Übergangs- und Streßsituationen des Lebens präsent; dazu bringen ihm viele Menschen ein tiefwurzelndes Gefühl des Vertrauens entgegen.

Gleichsam Symbolgestalt für die Dimension letzter Gültigkeiten und Amtsträger einer christlichen Gemeinde mit ihrer reichen Tradition, verfügt der Pfarrer über reiche Kräfte und Quellen, die ihm für die Wahrnehmung seines beratenden Dienstes in Krisen zu Gebote stehen. Krisensituationen konfrontieren den Menschen häufig mit der Leere seines eigenen Lebens und der Dürftigkeit seiner Beziehungen. Aufgrund seiner Erfahrungen im Konzentrationslager spricht Viktor Frankl die Erkenntnis aus: »Wehe dem, der keinen Sinn, kein Ziel, keine Aufgabe mehr

[1] The Christian Pastor, Philadelphia 1964, 1. Dieses Buch veranschaulicht die Krisenhilfe des Geistlichen gleichsam von der Wiege bis zur Bahre.

im Leben sah... Er war bald verloren.«[2] In der Krisenberatung hat der Pfarrer darum die entscheidende Aufgabe, *Sinngehalte zu vermitteln.* Er kann den Menschen, die sich in einer Krise befinden, zu der Entdeckung verhelfen, daß das Leben letztlich dann Sinn erhält, wenn es eine Beziehung zu Gott gefunden hat, dessen unverbrüchliche Liebe real und auch in Katastrophen für sie da ist. Die Rolle des Pfarrers, wie sie von der Gesellschaft und der religiösen Tradition geprägt wurde, liegt irgendwo zwischen den Rollen eines guten Vaters und eines weisen Psychiaters. Diese Erwartungshaltung kommt dem Pfarrer bei seiner stützenden Beratung zugute. Das Image und die Eigenart seines Amtes machen ihn in den Augen der vielen, die seine Hilfe suchen, zu einer zutiefst Vertrauen erweckenden Person. In diesem Gefühlskontext nimmt er die Rituale und Riten wahr, mit denen die christliche Tradition die großen Wendepunkte von Geburt und Reife, Leben und Sterben begleitet.

Wesen und Dynamik der Krise

Der Psychiater Gerald Caplan hat zur Erfassung der Psychodynamik der Krise für alle beratenden Berufe hilfreiche neue Kategorien gefunden. In seinem Buch »Principles of Preventive Psychiantry«[3] zeigt er, daß jeder Mensch ständig mit Situationen konfrontiert wird, denen er nur mit problembewältigenden Aktivitäten begegnen kann. In der Regel löst sich das Disequilibrium (die Spannung), das durch ein Problem verursacht wird, sehr schnell, wenn die Situation mit den bisher erworbenen Fähigkeiten bewältigt werden kann. Eine Persönlichkeitskrise tritt erst dann auf, wenn die üblichen problembewältigenden Aktivitäten dieses Menschen blockiert sind oder nicht mehr ausreichen, da dann die Bedürfnisspannung ungehindert weiter wächst. Diese Spannung hat ihren Grund darin, daß die Befriedigung eines fundamentalen psychischen oder physischen Bedürfnisses ausbleibt. Caplan beschreibt vier charakteristische Phasen in der Entwicklung einer Persönlichkeitskrise:

(1) Das Problem (Stimulus) erzeugt im Organismus eine Spannung, die die eingeübten Responsen zur Problembewältigung mobilisiert.

---

[2] Man's Search for Meaning, New York 1963, 121.

[3] New York 1964. Caplans grundlegender Ansatz der Krisenintervention ist dort auf den Seiten 26–55 dargestellt.

(2) Scheitern diese Reaktionen und bleibt das Bedürfnis weiterhin unbefriedigt, entstehen innere Störungen, wie zB. Angst-, Schuld- und Unzulänglichkeitsgefühle, aber auch bis zu einem gewissen Grad funktionale Störungen.
(3) Überschreitet die Spannung, die das offenbar unlösbare Problem erzeugt, eine bestimmte Schwelle, wird sie zu einem mächtigen Stimulus, der zusätzliche Kräfte zur Krisenbewältigung freisetzt:

»Der Mensch mobilisiert nun die Kräftereserven und -mechanismen zur Problembewältigung, die dem Notfall vorbehalten sind. Er findet neue Methoden, das Problem in Angriff zu nehmen ... Vielleicht gelingt es ihm, sein Problem anders zu definieren und es damit in den Kontext früherer Erfahrungen einzuordnen. Jetzt können ihm Aspekte eines Problems zum Bewußtsein kommen, die er vorher übersehen hat, und er kann sie folgerichtig nun mit Fähigkeiten und zusätzlichen problembewältigenden Techniken in Verbindung bringen, die er vorher als unerheblich beiseite gelassen hatte ... Er kann aktiv resignieren und bestimmte Teilziele als unerreichbar aufgeben. Er kann durch Experimente, die er entweder in Gedanken oder in der Realität ausführt, sondieren, welche Wege ihm offenstehen und welche unbeschreitbar sind.«[4]

Auf diese Weise kann er durch Resignation das Problem entweder lösen oder umgehen. Eine wirksame Krisenberatung wird versuchen, dem Menschen den Übergang in dies dritte Stadium zu ermöglichen, indem sie ihn ermutigt, seine latenten Fähigkeiten zur Bewältigung von Problemen zu mobilisieren.
(4) Wird das Problem auch dann nicht gelöst, baut sich die Spannung aus unbefriedigten Bedürfnissen so stark auf, daß sie eine weitere Schwelle erreicht – den endgültigen Zusammenbruch, der schwerwiegendere Störungen im Persönlichkeitsgefüge (psychische Erkrankung) auslöst.
Caplan unterscheidet zwei Kategorien von Krisen: die entwicklungsbedingte und die »akzidentielle«, durch Wechselfälle des Lebens bedingte Krise. Der Mensch reift in seiner Persönlichkeit dann, wenn es ihm gelingt, eine Reihe von Krisen wirklich zu bewältigen[5]. Die entwicklungsbedingten Krisen sind »normal«,

---

[4] AaO. 40 f.
[5] Die Entwicklung der Persönlichkeit verläuft in einer Folge differenzierter Phasen; diese stellen jeweils ihre eigenen entwicklungsmäßigen An- und Herausforderungen, die das Ich zu bewältigen hat. Jede Phase baut sich auf der (hoffentlich) erfolgreich überstandenen früheren Phase auf. Die Übergangsperioden zwischen den Phasen sind Zeiten der Angst und der Krise, da sich der Mensch von den Reifungskräften nach vorn gedrängt, gleichzeitig aber von der Sicherheit des Vertrauten zurückgehalten fühlt. *E. H. Erikson* entwickelt seine acht Phasen in: Kindheit und Gesellschaft, 1965[2], 241–270. Die Bedeutung des

da sie in den Entwicklungsprozeß des Menschen integriert werden. Zu ihnen gehören: die Geburt, die Entwöhnung, die Erziehung zur Sauberkeit, der Ödipuskomplex, der Schulanfang, die Pubertät, die Wahl des Berufs, das Verlassen des Elternhauses, der Schulabschluß, die Verlobung, die Anpassung in der Ehe, Schwangerschaft und Elternschaft, die Krise der mittleren Jahre, der Verlust der Eltern, die Menopause, die Pensionierung, der Tod des Ehepartners, der Tod der Freunde und schließlich der eigene Tod. Alle diese Erfahrungen können in Krisen führen, weil und sofern sie den Menschen jedesmal mit Problemen konfrontieren, denen seine bisher erworbenen Problembewältigungsmechanismen nicht gewachsen sind.

Akzentielle Krisen werden ausgelöst durch einen unter »normalen« Umständen nicht erwarteten Verlust dessen, worin man selbst eine wesentliche Quelle der Bedürfnisbefriedigung sieht. Solche umstürzenden Ereignisse sind zB.: Der Verlust des Berufs, der Ersparnisse, der Bezugsperson oder der Position, der man Ansehen und gesellschaftliche Stellung verdankt; ein Unfall, eine Krankheit oder eine Operation, die wesentliche Lebensfunktionen beschneiden; der Tod eines Kindes; eheliche Untreue und Scheidung, psychische Erkrankung oder Alkoholismus; körperliche Behinderung; eine unerwünschte und/oder außereheliche Schwangerschaft; der Wegzug vom Ort, an dem man sich geborgen fühlte; eine Naturkatastrophe oder ein massives soziales Unglück wie ein Krieg oder eine Wirtschaftskrise. Die Folge solcher Ereignisse ist eine emotional verunsicherte Situation, auf die die einzelnen unterschiedlich reagieren. In vielen Fällen sind persönliche Krisen (im psychischen Haushalt von einzelnen oder ganzen Familien) das Ergebnis. Lebenskrisen, seien sie nun durch die persönliche Entwicklung oder durch Wechselfälle des Lebens bedingt, sind so häufig, daß ein Pfarrer viele Stunden einer einzigen Woche allein der Krisenberatung und -seelsorge widmen könnte[6].

Die Krise als Wendepunkt

Eine Krise ist mehr als einfach nur eine Zeit des Schmerzes und der Überbeanspruchung, die man eben auf sich nehmen muß. Es

Eriksonschen Phasenschemas für die beratende Seelsorge erörtert *C. A. Wise*, The Meaning of Pastoral Care, 86–118.

[6] In größeren Stadtbezirken verschlingt die Krisenberatung das meiste an Kraft und Zeit, die der Pfarrer an die Seelsorge wenden kann.

ist wichtig, daß der Berater die Krise als Wendepunkt begreift, an dem Gewinn und Verlust der künftigen persönlichen Integrität auf dem Spiele stehen. Aus diesem Grunde ist die Krisenberatung ein so entscheidender Einsatzpunkt für Lebenshilfe überhaupt. Caplan beschreibt den Menschen in der Krise so:

»Sein neu erworbenes Gleichgewicht kann besser oder schlechter als das der Vergangenheit sein, je nachdem, ob die Umorganisation seiner Kräfte, der persönlichkeitsimmanenten wie der die Beziehung zu wichtigen Menschen regelnden ... eine bessere oder schlechtere Befriedigung seiner Bedürfnisse ermöglicht. Er kann seinen Problemen dadurch begegnen, daß er neue, sozial vertretbare und realitätsgerechte problembewältigende Techniken entwickelt, die zugleich bessere Voraussetzungen für künftige Problembewältigung schaffen. Es besteht aber auch die Möglichkeit, daß er in der Krise neue »Bewältigungs«mechanismen entwickelt, die sozial nicht vertretbar sind und den Schwierigkeiten durch Flucht, phantastischer Realitätsverzerrung oder Repression und Abkapselung aus dem Wege gehen – alles Reaktionsweisen, die die Annahme nahelegen, daß er sich auch bei künftigen Schwierigkeiten unangepaßt verhalten wird. Mit anderen Worten, das neue Bewältigungsverhalten, das er in der Auseinandersetzung mit der Krise entwickelt, wird von da an zu einem integrierten Bestandteil seines Repertoires an problembewältigenden Verhaltensweisen, hat also großen Einfluß darauf, wie realitätsbezogen er künftigen Schwierigkeiten begegnen wird.«[7]

Hier kann schon kurzfristige Krisenberatung eine große Hilfe sein, wenn sie einen Menschen auf sein schlecht angepaßtes Reagieren hinweist und ihm eine konstruktive Begegnung mit der Krise ermöglicht. Das kann sehr schnell zu Ergebnissen führen, da die personalen Kräfte in Krisenzeiten so aufgerührt und labil sind, daß der geringste Einfluß des Seelsorgers in Richtung einer konstruktiven Krisenbewältigung schon viel vermag. Kann einem Menschen, der sich mit einer Krise auf destruktive Weise auseinandersetzt, geholfen werden, das Problem zu erkennen und sich konstruktiv mit ihm auseinanderzusetzen, ist es normalerweise nicht nötig, daß der Berater in einem schwierigen zeitraubenden Prozeß nach den tieferen Gründen für die anfängliche schlecht angepaßte Reaktion sucht.

Stützende Methoden in der Krisenberatung

Herr P., 55, mit den Symptomen: Erregungszustände, Angst und Depressionen, sucht bei seinem Pfarrer Hilfe. Er ist so gestört, daß er schon seit mehreren Wochen unfähig ist, seinen Beruf auszuüben. Seinen Ausführungen zu seiner Situation entnimmt der Berater, daß

---

[7] *G. Caplan,* Principles of Preventive Psychiatry, 43.

seine gegenwärtigen Schwierigkeiten begannen, als er in seinem Beruf zum Werkmeister befördert wurde. Bis dahin hatte er unter einem starken, autoritären Werkmeister, einer Vaterfigur, gut gearbeitet und keine Beschwerden gehabt. Jetzt ist *er* der Werkmeister und verantwortlich für die Rekordleistung seiner Gruppe, die mit anderen Gruppen in seiner Fabrik im Wettbewerb steht. Seine neue Position verlangt Führungsqualitäten und Überzeugungskraft.
Bei fortschreitender Beratung spürt der Pfarrer die extreme Abhängigkeit des Herrn P. ihm gegenüber. Die Beziehung des Gemeindeglieds zu seinem Pfarrer ist ein Schlüssel für seine Beziehung zu Autoritätsfiguren überhaupt. Der Pfarrer stellt fest, daß Herr P. vor genau den Dingen furchtbare Angst hat, die seine neue Position von ihm verlangt: Wettbewerbsgeist, Aggressivität und eine Stellung, in der andere von einem abhängig sind. Herr P. befindet sich im Konflikt zwischen seinem Bedürfnis, von einem vaterähnlichen Werkmeister abhängig zu sein, und der Anforderung seiner neuen Position, selbst eine Vaterrolle zu übernehmen.
Eine analytische, auf Einsicht ausgerichtete Beratungsmethode hätte das Ziel, dem Mann die tiefere Natur seiner lähmenden Gefühle bewußt zu machen und deren Wurzel freizulegen, die wahrscheinlich in seinen Kindheitsbeziehungen zu seinem Vater zu suchen wäre. Aber der Berater merkt, daß dieses Ziel unrealistisch ist, da der Mann eine starre und egoschwache Persönlichkeit hat. Nachdem dieser genügend Gelegenheit gehabt hat, durch vorsichtiges Sondieren zu erfahren, daß seine Gefühle akzeptiert werden, wird ihm allmählich klar, daß die neue Position »nichts für mich ist«, wie er es ausdrückt. Der Bewußtwerdungsprozeß dieses Mannes erreicht seine äußerste Möglichkeit mit der Einsicht, daß er »die Befriedigung, selbst an einer Werkbank arbeiten zu können«, brauche und daß es ihn »verrückt« mache, wenn er für andere, die von ihm abhängig sind, Entscheidungen fällen müsse. Mehr als eine nur oberflächliche Einsicht in die Gründe, warum ihn das so belastet, scheint sein Fassungsvermögen zu übersteigen.
An dieser Stelle gibt der Berater nicht etwa auf, weil der Mann unfähig zu tieferer Einsicht ist. Vielmehr sondiert er nun mit ihm zusammen andere Beschäftigungsmöglichkeiten in seiner Firma und ermutigt ihn dann, sich in eine andere Abteilung versetzen zu lassen, wo er seine Fähigkeiten an der Drehbank bei der Entwicklung neuer Produkte unter der Anleitung eines starken Abteilungsleiters nutzen könnte.
Der Pfarrer unterhält weiterhin zu dem Mann eine stützende Beziehung, während dieser sich in der neuen Abteilung eingewöhnt. Er befindet sich nun in einer Arbeitssituation, in der er als Dreher gebraucht und bestätigt wird und in der seine neurotische Angst vor Aggressivität ihm nicht zum Problem werden kann; das löst seine Ängste und Depressionen. Nun kann er seine Kräfte wieder in den Dienst der Lebensbewältigung stellen[8].

Die Krisenberatung verwendet die sieben Elemente der stützenden Beratung, wie sie in Kap. VII beschrieben wurden. Nehmen

---

[8] *H. J. Clinebell,* Ego Psychology and Pastoral Counseling, in: Pastoral Psychology, Februar 1963, 33–34.

wir das Beispiel von Herrn P. Seine *Abhängigkeitsbedürfnisse* wurden durch seine Anlehnung an den Pfarrer befriedigt. Dadurch verminderte sich seine Angst, und seine Verstandeskräfte wurden frei zur Lösung des Problems. Die wenn auch geringe Einsicht in sich selbst, die in seiner Entscheidung, zur Drehbankarbeit zurückzukehren, manifest wurde, war ein Ergebnis der *emotionalen Katharsis,* die die lähmenden Auswirkungen seiner negativen Gefühle reduziert hatte. Die Beratungsbeziehung ermöglichte es ihm, aus dem Teufelskreis seiner Subjektivität herauszutreten und *seine Streß-Situation* mit einiger Objektivität *zu überblicken* und die möglichen Konsequenten verschiedener Lösungen seines Problems zu prüfen. Seine starken Anlehnungsbedürfnisse und seine Angst vor maskuliner Aggressivität waren für sein Selbstgefühl untragbar, und er verdrängte sie deshalb aus seinem Bewußtsein. Der Pfarrer *unterstützte seine Ich-Abwehrmechanismen* insofern, als er ihn nicht zwang, seine ihn bedrohenden Gefühle zur Kenntnis zu nehmen (er tippte das Thema nur vorsichtig in der Exploration an), und als er seinen Bewußtseinsstatus und die ihn weniger bedrohenden Gründe für die Abneigung gegen seine Position akzeptierte. Er half *die konkrete Lebenssituation* von Herrn P. *zu ändern,* indem er ihn ermutigte, zur Werkbank zurückzukehren, obwohl dieser offensichtlich nicht fähig war, ganz zu verstehen, warum er das tun mußte. Zu allen Phasen der Beratung setzte der Pfarrer Formen der *Aktionstherapie* ein. Während der ersten Sitzung ermutigte er Herrn P., seine Situation aktiv zu ändern. Als Herr P. die Möglichkeit eines Arbeitsplatzwechsels berührte, antwortete der Pfarrer: »Wäre es nicht ganz angebracht, einmal diese Dinge mit dem Personalchef zu besprechen, um festzustellen, ob ein Wechsel des Arbeitsplatzes überhaupt möglich ist? Es könnte ja sein, daß Sie zu dem Entschluß gelangen, daß dies das beste für Sie wäre.« In jedem Stadium der Beratung half er Herrn P., die aktiven Schritte zu unternehmen, die jeweils nötig und vernünftig waren. Am Ende jeder Sitzung sprach der Pfarrer ein Gebet, in dem er noch einmal die wesentlichsten Erfahrungen der Sitzung formulierte und um wachsende Gewißheit in Gottes bergender Fürsorge bat. Durch diesen Einsatz *christlicher Elemente* gewann der Beratungsprozeß eine vertikale Dimension; Herr P. wurde an die Beziehung zu dem erinnert, der »Schutz und Schirm ist, immer gegenwärtig in aller Not«.

Mit Hilfe des Pfarrers gelang es Herrn P., seine emotionale Selbstaufgabe zu überwinden und schlecht angepaßte Reaktionen auf seine Krise gar nicht erst einzuüben. Hätte Herr P. seine

Krise durch Abwehrmechanismen, wie Leugnung und Abkapselung, zu bewältigen versucht – dh. hätte er nichts von Hilfe wissen wollen –, wäre er in einen Teufelskreis geraten, in dem eines das andere fortlaufend auslöst: Angst, Versagen und Abkapselung von allen zwischenmenschlichen Beziehungen. Seine lähmende Angst hätte ihn als Werkmeister versagen lassen, dieses Versagen wiederum hätte sein geringes Selbstwertgefühl zerstört, so daß er auch an seinem nächsten Arbeitsplatz versagt hätte. Und die Spirale aus Versagen und Selbstisolation hätte wiederum laufend die ursprüngliche Angst vergrößert, durch die ja beide erst hervorgerufen worden waren. Diese unangepaßte Reaktion wäre wahrscheinlich zu einem festen Bestandteil seiner fehlerhaften Verhaltensmuster für die Bewältigung künftiger Krisen geworden. Die Tatsache aber, daß er sich an den Pfarrer wandte, zeigte, daß er realitätsorientiert reagierte, und bewahrte ihn vor diesem unglücklichen Zirkel[9]. Ein Hauptziel der Krisenberatung besteht deshalb darin, dem Menschen zu helfen, es möglichst nicht bis zur emotionalen Selbstaufgabe kommen zu lassen oder aber wieder Herr der Situation zu werden.

Welche Reaktionen auf Krisen sind unkonstruktiv, führen emotional in eine Sackgasse und verstärken damit nur die Wahrscheinlichkeit zukünftigen Scheiterns und neurotischer Erkrankungen?

1. die Leugnung des Problems;
2. die Flucht aus dem Problem (zB. durch Alkohol);
3. die Weigerung, Hilfe zu suchen oder anzunehmen;
4. die Unfähigkeit, negative Gefühle auszudrücken und zu bewältigen;
5. das Unvermögen, die Natur der Krise zu erforschen;
6. die Unfähigkeit, alternative Lösungsversuche zu sondieren;
7. die Projektion der gesamten Verantwortung für die Krise und für deren Auflösung auf andere;
8. der Rückzug von Freunden und der Familie.

Der Krisenberater sollte auf das Vorhandensein solcher gefährlicher Reaktionen achten, um dem Menschen zu helfen, von ih-

---

[9] Eine Möglichkeit der Prognose für einen Menschen in der Krise besteht darin, daß man die relative Angemessenheit seines Verhaltens vor der Krise ermittelt. Solchen Personen, die in ihrem Leben schon einiges mit Erfolg bestanden haben, kann man normalerweise in relativ kurzer Zeit helfen, daß sie ihr übliches Equilibrium wieder erlangen, indem man stützende, Ich-anpassende Beratungsweisen zur Anwendung bringt. Aber selbst solche Klienten, die bereits vor der Krise nur begrenztermaßen funktionieren konnten, verfügen möglicherweise über latente Kräfte, die es zu mobilisieren gilt.

nen loszukommen und sich folgenden vernünftigen Bewältigungsformen zu nähern:

1. Sich dem Problem stellen;
2. das eigene Verständnis der Krise vertiefen;
3. negative Gefühle, wie Verletztsein, Angst und Schuld ausdrücken und durcharbeiten;
4. die Verantwortung für die Bewältigung der Krise übernehmen;
5. alternative Lösungen sondieren;
6. das Änderbare an der Situation vom Unabwendbaren sondern;
7. das Unabwendbare als unabwendbar akzeptieren;
8. illusionäre, belastende Aspekte des eigenen Selbstgefühls aufgeben;
9. Kommunikationswege zu anderen Menschen, die helfen können, zB. zu Verwandten, zu Freunden oder zu einem Berater, öffnen;
10. konkrete Schritte unternehmen, und seien sie noch so klein, um das Problem konstruktiv zu bewältigen.

Aus den Erfahrungen, die man in Krisenkliniken macht, können wir vieles für die Methodik der Krisenberatung lernen. Folgende Techniken werden am »Benjamin Rush Center for Problems in Living« in Los Angeles verwandt:

»Wir arbeiten hier mit mehreren Techniken. Eine erste Möglichkeit besteht darin, dem Klienten das Problem so darzulegen, wie man es selbst sieht, indem man es zwar unter dem Blickwinkel seines Lebenszusammenhanges darstellt, aber niemals das Hier-und-Jetzt der Behandlung aus dem Auge verliert. Eine andere Möglichkeit ist es, ihm zu helfen, die Forderungen der Tatsachen anzuerkennen und doch zugleich seine gegenwärtigen Gefühle aufzudecken, zu denen er vielleicht keinen Zugang hat. Drittens versuchen wir, früher erlernte Verhaltensmuster, von denen der Klient jetzt keinen Gebrauch macht, ins Spiel zu bringen. Viertens kann man mit ihm Alternativmöglichkeiten, das Problem zu bewältigen, aber auch Alternativmöglichkeiten, das Problem zu sehen und zu erkennen, erörtern. Fünftens muß versucht werden, die Verbindungen dieses Menschen zu seiner sozialen Umwelt und die Rollenbezüge in dieser Gruppe wiederherzustellen. Sechstens muß dieser Mensch wieder in ein soziales Gefüge eingeordnet werden, und in diesem sind die Rollenbezüge neu zu definieren. Siebtens ist die Verantwortung des Betreffenden für sein eigenes Verhalten, seine Entscheidungen und seinen Lebensstil klarzustellen und neu zu betonen ... Wenn einige Zeit vergangen ist, die Ängste wie erhofft nachgelassen haben und die Fähigkeit zur Problembewältigung zugenommen hat, wird Zwischenbilanz gezogen über die Veränderungen, die stattgefunden haben; sie dient zugleich dazu, das angepaßte Verhalten, das sich nun entwickelt, zu bestätigen und zu bestärken. Wir helfen dem Klienten, realistische Pläne zu machen für die Zukunft ... Wir sondieren auch mit ihm spezifische Möglichkeiten, künftige Krisen durch den Einsatz der neuen Bewältigungstechniken, die er sich während der Beratung angeeignet hat, zu vermeiden.«[10]

Freiwerden durch Ergebung

Eine Verständnishilfe für das, was in echter Krisenbewältigung und dem daraus resultierenden Reifungsprozeß geschieht, gibt das Phänomen der »Ergebung«, das der Psychiater Harry M. Tiebout am Beispiel der Heilung vom Alkoholismus beobachtet hat[11]. Ich glaube, daß dieses Modell das erhellt, was sich in jeder Krise, nicht nur in der des Alkoholikers, ereignet, wenn ein Mensch eine positive Veränderung seiner Persönlichkeit erfährt. An einem bestimmten Zeitpunkt der Krise »läuft« der Mensch sozusagen »auf Grund«, wie man es bei der Vereinigung Anonymer Alkoholiker nennt. Seine Leugnung des Problems bricht zusammen und er wird psychisch für die Hilfe anderer aufgeschlossen. Dieses traumatische Erlebnis lockert die Maske der Selbstzufriedenheit, die ihm vorher so glatt, schützend und

---

[10] *W. E. Morley*, Treatment of the Patient in Crisis, Benjamin Rush Center, 5. Mai 1964 (nicht publiziert). Die Patienten werden in maximal sechs Sitzungen beraten; normalerweise gelingt die Bewältigung der Krise innerhalb von vier bis sechs Wochen. Die Behandlung konzentriert sich auf spezifische Lebensprobleme. Der Psychiater *L. Paul* beschreibt das Verhalten des Beraters, mit dem er unwissentlich bei seiner Krisenberatung regressive Neigungen hervorruft, folgendermaßen: »Wenn er es zuläßt, daß der Klient in seinen Gefühlen schwelgt, und nicht darauf dringt, daß dieser zu erkennen sucht, welche spezifische Emotion ihn bewegt und wohin sie sich richtet; wenn er sich auf vergangene Ereignisse konzentriert und die gegenwärtigen Umstände, insbesondere das eben eingetretene Ereignis außer acht läßt; ... wenn er sich scheut, den Patienten darauf anzureden, daß er seine Fähigkeiten zur Selbstbeobachtung, Selbstbeherrschung und Selbstverantwortung gebrauchen soll; ... wenn er den Klienten ermuntert, seine Arbeit aufzugeben, obwohl dieser ungeachtet gewisser Symptome arbeiten könnte; wenn er das Versagen des Klienten mit unrealistischen Beruhigungen verharmlost oder wenn er Ratschläge erteilt, wie dieser sich verhalten und entscheiden sollte, während dieser selber zur Entscheidung fähig ist; und wenn er unkritisch hinnimmt, was der Klient ihm als Berater an Allwissenheit und Allmacht beimißt.« Dies sind einige Verbotstafeln in der Krisenberatung. Vgl. Crisis Intervention, in: The Clergy and People in Crisis. Proceedings of an Institute for the Clergy, Mental Health Development Program, 18. Mai 1965, 19 f.

[11] Zu seinen wissenschaftlichen Aufsätzen, die im Quarterly Journal on Alcohol veröffentlicht worden sind, gehören: The Act of Surrender in Therapeutic Process, X (1949) 48–58; Surrender Vs. Compliance, XIV (1953) 58–68; Ego Factors in Surrender in Alcoholism, XV (1954) 610–621. Die Antriebskräfte der Ergebung werden in dem Buch von *A. Stewart*, Thirst for Freedom, Toronto 1960, aufgezeigt.

doch auch quälend zu passen schien. Der »Ich-ismus« (wie es ein Alkoholiker treffend nannte) wird aufgegeben. Damit verzichtet der Mensch zugleich auch auf seinen Perfektionismus, seine Alibis, seine Leugnung der Realität und seinen Zwang, durch Manipulation der Menschen und Umstände eine Schau abzuziehen. Die Mauern aus defensivem Stolz, die ihn von der Umwelt isolierten, werden brüchig, er erfährt seine Menschlichkeit und fängt an, »mit dem Leben zu kooperieren«. Er kann sich den zwischenmenschlichen Beziehungen öffnen, die ihn herausfordern, sich weiter zu entwickeln.

Diese Ergebung ereignet sich manchmal plötzlich, manchmal schrittweise in einer tiefen, dem Willen nicht zugänglichen Schicht der Psyche. In der akuten Krise versagen in irgendeiner Hinsicht die gewohnten, aber auf die Dauer selbstzerstörerischen Abwehrmechanismen. Die innerpsychischen Kräfte verschieben sich auf dramatische Weise. Das wird unübersehbar deutlich in einer neuen Offenheit, einer Aufgeschlossenheit für den Mitmenschen, einem Annehmenkönnen des Unabwendbaren in der eigenen Situation und einem realistischen Willen, zu leben und leben zu lassen. Die Erfahrung der Ergebung bildet das Herzstück dessen, was in der christlichen Tradition »Bekehrung« genannt wurde.

»Religiöses oder geistliches Erwachen ist der Akt der Aufgabe des Vertrauens in die eigene Allmacht. Der widerspenstige Mensch trotzt nicht länger, sondern akzeptiert Hilfe, Leitung und Kontrolle von außen. Je mehr er seine negativen, aggressiven Gefühle gegen sich selbst und das Leben aufgibt, um so mehr erfährt er, daß ausgesprochen positive Gefühle wie Liebe, Freundschaft und Friedfertigkeit von ihm Besitz ergreifen.«[12]

Es muß noch betont werden, daß die Ergebung in dem Sinne, wie sie hier verstanden wird, nichts mit dem »Aufgeben« in einer Krise zu tun hat. Sie ist der Wendepunkt, an dem sich der Mensch von einer nutzlosen, realitätsfernen Position abwendet und einen neuen, die Wirklichkeit bejahenden Weg zur Bewältigung der Probleme findet. Indem er seine eigene Schwäche akzeptiert, gewinnt er neue Kraft!

---

[12] Alcoholics Anonymous and the Medical Profession, AA Publishing Inc. 1955, 24. *G. E. Westberg* bemerkt, daß die Krise einer Krankheit viele Menschen aus der gewohnten Bahn wirft und sie dazu bringt, zum ersten Mal seit vielen Jahren zentrale religiöse Dinge zu bedenken. Minister and Doctor Meet, 8 u. 10.

Eric Bernes therapeutischer Ansatz ist in der Krisenberatung gut zu verwerten. Wenn zB. ein Mensch in einer Krise mit Panik reagiert, kann man ihm Bernes Schema von Eltern-Ich, Erwachsenen-Ich und Kindheits-Ich erklären und ihn dann fragen: »Welcher Ich-Anteil in Ihnen ist es, der Angst hat?« Erkennt er, daß sein inneres Kindheits-Ich, nicht sein ganzes Selbst diese Panik empfindet, hat die Angst nicht mehr diese Macht über ihn. Dieser Bewußtwerdungsprozeß führt zu dem Ergebnis, daß das Erwachsenen-Ich bei ihm die Oberhand gewinnen kann. In der Berneschen Beratung wird das Erwachsenen-Ich dadurch gestärkt, daß es von der Übermacht des Kindheits-Ich befreit und selber aktiviert wird. Berne schreibt:

»Aktivierung ist ein Grundelement der Strukturanalyse. Hierbei ist das Erwachsenen-Ich als Muskel anzusehen, der durch Übung gestärkt wird. Nach den vorausgehenden Phasen der psychischen Entgiftung und Klärung wird vom Patienten erwartet, daß er die Selbstkontrolle durch sein Erwachsenen-Ich übernimmt ... Was das Erwachsenen-Ich erreichen kann und soll, ist nicht die absolute Vorherrschaft im psychischen Haushalt, aber eine zunehmende Wahlfreiheit. Es ist das Erwachsenen-Ich, und nicht das Kindheits-Ich, welches mit wachsendem Erfolg die Entscheidung trifft, wann das Kindheits-Ich die Oberhand gewinnen darf.«[13]

Bleiben wir bei der Berneschen Terminologie, so geht es bei der Krisenberatung um den Abbau von Angst- und Schuldgefühlen des inneren Kindheits-Ich, indem sie es dem Klienten ermöglicht, von dem fürsorgenden Eltern-Ich des Beraters zu zehren, und indem man zur gleichen Zeit das Erwachsenen-Ich dadurch stärkt und aktiviert, daß man ihm Mut macht, sich der Wirklichkeit zu stellen und die Aktivität zu übernehmen. Das Erwachsenen-Ich des Beraters verbindet sich mit dem Erwachsenen-Ich des Klienten zu gemeinsamer Aktion, die darauf abzielt, dessen Kindheits-Ich unter Kontrolle zu bekommen und sein Erwachsenen-Ich freizusetzen, damit es die Probleme wirklichkeitsbezogen bewältigen kann.

Eine feste, väterliche Haltung hilft dem Klienten, sein inneres Kindheits-Ich unter Kontrolle zu bekommen. Der Berater wird ihn ermahnen, daß er sein Kindheits-Ich nicht über sein Leben bestimmen lassen dürfe. Er kann zB. sagen: »Sie haben ein Erwachsenen-Ich, dessen Kontrollfunktionen Sie trainieren können.« Eine feste Haltung hilft einem furchtsamen, unorganisier-

[13] Transactional Analysis in Psychotherapy, 146.

ten Menschen, »sich am Riemen zu reißen« und die Kräfte seines Erwachsenen-Ich, mit denen dieses die Wirklichkeit meistert, zu mobilisieren. Eine direkte »Ich weiß, Ihnen ist entsetzlich zumute, *aber* . . .«-Haltung ist eher am Platze als Nachgiebigkeit[14].

Die Beratung Hinterbliebener

Caplans Ansatz der Krisenberatung fußt auf der Arbeit von Eric Lindemann, in der dieser 1943 die Trauerreaktionen von Angehörigen der Menschen, die beim Brand des Nachtklubs »Coconut Grove« umgekommen waren, untersuchte. Mittlerweile ist sein Ansatz vielfach verbessert und von unzähligen Beratern übernommen worden, um Menschen bei der Bewältigung einer Vielzahl von Krisen zu helfen, wie zB. bei der krisenhaften Belastung, die eine Frühgeburt, die Eingewöhnung in den urbanen Lebensstil, der Eintritt des Kindes in den Kindergarten, Schwierigkeiten in der Ausbildung als Krankenschwester oder ein schwerer chirurgischer Eingriff mit sich bringen.

Um darzustellen, wie der Seelsorger die Methoden der Krisenberatung anwendet, wollen wir jetzt seine Rolle in der menschlichen Krise, mit der er am meisten konfrontiert wird – dem Trauerfall –, in Augenschein nehmen. Der Geistliche sollte für die Seelsorge an Hinterbliebenen gut gerüstet sein. Unsere Gesellschaft erwartet von ihm, daß er den Trauernden beisteht. Er ist die einzige Person mit beraterischer Ausbildung, die so gut wie selbstverständlich Zugang zu ihnen hat. Damit ist eine große Verantwortung verbunden, doch gleichzeitig die Chance, den Angehörigen durch das finstere Tal einen Weg zu weisen[15].

Der Verlust eines Menschen, von dem das eigene Leben Sinn und Befriedigung empfing, ist eine *psychische Amputation.* Je bedeutsamer diese Beziehung für den eigenen psychischen Haushalt war, um so traumatischer ist der Verlust. Die automatischen Reaktionen, mit denen der Hinterbliebene den Verlust bewältigt, sind die gleichen, die er auch sonst bei der Bewältigung von

---

[14] *R. Monroes* »Rationalisierungstechnik« – ein kurzer Beitrag mit theoretischen Bemerkungen im Blick auf die Dynamik von Problemen, mit denen der Mensch konfrontiert ist – vermag das Erwachsenen-Ich des Klienten zu mobilisieren, da sie dieses mit begrifflichen Hilfsmitteln ausstattet, mit deren Hilfe es verstehen kann, was geschehen ist. Siehe *S. W. Standal* und *R. J. Corsini,* Critical Incidents in Psychotherapy, 340 ff.

[15] *W. E. Oates,* The Christian Pastor, 36.

schweren Verlusten, Frustrationen oder Deprivationen an den Tag legt. Diese Reaktionen sind ihm von seinem gesellschaftlichen Milieu, vererbt von seinen Eltern, zu eigen geworden.
Verfügt der Betreffende über konstruktive, wirklichkeitsorientierte Bewältigungsmechanismen, wird seine Psyche einem ungefähr voraussehbaren Prozeß folgen, in dem sie sich durch das Gewirr von starken Gefühlen hindurcharbeitet, das sich nach dem Verlust eines Menschen einstellt, und es wird ihm gelingen, sein Leben ohne den Verstorbenen zu gestalten. Lindemann nennt diesen Prozeß, in dem die Wunde heilt, die »Trauerarbeit« der Psyche[16].
Die Aufgabe des Pfarrers bei »normalen« Trauerfällen besteht darin, mit den der Psyche eingebauten Bewältigungsmechanismen zu kooperieren. Er erleichtert die »Trauerarbeit« des Menschen, indem er die Grundelemente der stützenden Beratung anwendet. Wichtig ist, daß er *Anlehnungsbedürfnisse befriedigt,* wenn der Betreffende sehr stark von dem Verstorbenen abhängig war und nun eine akute Deprivation erlebt. Paul E. Johnson meint, der Seelsorger schulde dem Betroffenen »unverbrüchliche Weggenossenschaft in Zeiten der Krise ... durch ermutigenden Beistand mit seiner Hoffnung, seinem Glauben, seiner Liebe ... und durch Auffangen der bekümmerten Seele in den Stunden der Verzweiflung«[17]. Ein solcher harter menschlicher Verlust aktiviert das innere Kindheits-Ich eines Menschen, das Angst davor hat, allein und unversorgt bleiben zu müssen. Sein »Hunger«, psychisch wie geistlich »gefüttert« zu werden, ist groß. Da der Pfarrer die letztgültige Quelle repräsentiert, ist er eine besondere Art von »Ernährer«. Mittels seiner geistlichen Dienste, zu denen die vertraute Schriftlesung und die Riten seiner Kirche gehören, verbindet er die Trauernden mit dem, der sich das »Brot des Lebens« nannte. Der Pfarrer kann weiterhin den Betreffenden ermutigen, sich an andere Menschen um Hilfe zu wenden und so sein Anlehnungsbedürfnis zu befriedigen. Zieht er sich nämlich über längere Zeit in sich selbst zurück und lehnt er ab, sich kommunikativ »füttern« zu lassen, dann ist dies eine selbstzerstörerische und negative Trauerreaktion.
Stirbt ein geliebter, vertrauter Mensch, dann besteht die erste Reaktion in einem Gefühl der Betäubung (die Anästhesie der Natur) und der Unwirklichkeit – so als habe man einen schlimmen Traum gehabt. Die Vernunft sträubt sich, die Tatsache zu

[16] Symptomatology and Management of Acute Grief, in: American Journal of Psychiatry, September 1944.
[17] Psychology of Pastoral Care, Nashville 1953, 41.

akzeptieren, daß dieser Mensch wirklich nicht mehr da ist. Das Bewußtsein kann sich den vollen Schmerz über den Verlust nur schrittweise und über Wochen und Monate hinweg eingestehen. Indem der Pfarrer dieses *Bedürfnis nach Abschirmung* respektiert, vermag er der in unserer Gesellschaft herrschenden Tendenz der Gefühlsleugnung dadurch entgegenzuwirken, daß er Beratungsmethoden anwendet, die langsam und schrittweise eine *Katharsis* einleiten. Bei den anfänglichen, eng aufeinanderfolgenden Besuchen kann er dem Hinterbliebenen helfen, über den Verstorbenen und die Umstände seines Todes zu sprechen, indem er konzentriert zuhört, das Vernommene wiedergibt und so die emotionale Katharsis stimuliert. Während der gesamten Beratung Hinterbliebener sollte einen das folgende Prinzip leiten: *Die Konfrontation mit den schmerzlichen Gefühlen und deren schrittweise Aufarbeitung sind ein unaufgebbarer Teil der Heilung!* Sind die Gefühle blockiert, wird die Heilung verzögert oder ebenfalls blockiert.

Eine wesentliche Rolle kommt dem Begräbnis darin zu, daß es eine emotionale Entlastung ermöglicht. Die Begräbnisfeier wird dementsprechend, neben anderem, die Wirklichkeit des Verlustes und das Recht auf Trauer zu unterstreichen haben. Man sollte vertraute Lieder, Gebete und Lesungen verwenden, die angestaute Gefühle entlasten helfen. Eine Meditation über den Text »Selig sind die Leidtragenden« kann den Hinterbliebenen helfen, ihren Trauergefühlen freien Lauf zu lassen. Völlig fehl am Platze sind Behauptungen wie die, daß eine stoische Haltung im Angesicht des Todes den Christen auszeichne und wahrer Glaube keinen Schmerz empfinde.

Die christliche Botschaft bietet den Trauernden mehr als bloße Beschwichtigung und emotionale Krücken. Der Tod konfrontiert die Hinterbliebenen ja unausweichlich mit ihrer eigenen Sterblichkeit und ihrer Furcht vor dem Tod. Die Angst vor dem Nichtsein kann einzig und allein vom Glauben her, dh. in einer Haltung des Vertrauens konstruktiv bewältigt werden. Der Pfarrer bedient sich in seinem priesterlichen Dienst vertrauter Riten der Schriftlesung und christlicher Glaubensaussagen, die den Hinterbliebenen wieder den Zugang zu einem Urvertrauen öffnen. In dem Maße, in dem die jeweilige Person mit diesen Symbolen lebt und sie ihr sinnvoll erscheinen, stärken sie ihre vertrauensvolle Beziehung zu Gott und der bergenden christlichen Gemeinschaft. Die Symbole einer religiösen Tradition können die Tiefenschichten der Psyche anrühren und das Gefühl des Vertrauens erneuern, welches allein dem Menschen hilft, seine existentielle Angst zu bewältigen[18] (s. Kap. XII). In der Krisenberatung gewinnt der ursprüngliche Sinn des Wortes »Religion« – religare = wieder zusammenbinden – eine dynamische Bedeutung. Wenn ein erschütternder Verlust das eigene Leben einschneidend trifft, hat eine vitale Religion die Kraft, es wieder zusammenzufügen und die Erfahrung innerer Einheit neu möglich zu machen.

Die konkrete Lebenssituation des Menschen ändern – ein anderer Ansatz stützender Seelsorge – bedeutet in der Krisenberatung sehr oft, daß man dem Klienten bei der Erledigung seiner täglichen Verrichtungen helfen muß. Einzelne Gemeindeglieder sollten gewonnen und angeleitet werden, daß sie den Hinterbliebenen wie Verwandte zur Seite stehen und ihnen den Rückhalt bieten, den sie brauchen und begehren. Geht man zB. für eine trauernde Familie einkaufen, so ist das ein symbolischer Akt der Tröstung und Fürsorge, von dem eine tiefgreifende heilende Wirkung ausgeht, die mit frühesten Kindheitseindrücken des Bemuttert- und Umsorgtwerdens zusammenhängt. Das gemeinsame Mahl nach dem Begräbnis demonstriert, daß das Leben trotz des schweren Verlustes, den der Organismus der Familie erlitten hat, weitergeht. Die Tischgemeinschaft wird zu einer Art Kommunion und bezeugt unausgesprochen: »Wir können und müssen miteinander weitermachen!«

In den Wochen und Monaten nach dem Begräbnis tritt der Hinterbliebene in ein neues Stadium der »Trauerarbeit«, in dem er den Verlust in seinen tieferen Schichten wahrnimmt. Die Schmerzgefühle nehmen zu und klingen ab, da sie alternierend ins Bewußtsein treten und verdrängt werden. Erreicht die Belastung ein bestimmtes Maß, sorgt die Müdigkeit für eine Ruhepause, in der das volle Begreifen des Verlustes schwindet. Die schützende, fürsorgende Funktion des Geistlichen und der anderen Gemeindeglieder spielt jedoch auch in dieser Phase eine wichtige Rolle.

Im gewöhnlichen Trauerprozeß beginnt der Mensch, sich nach und nach mit seinen ambivalenten Gefühlen auseinanderzuset-

---

[18] Die existentielle Angst – die Drohung des Nichtseins – spielt bei allen Krisen, den entwicklungsbedingten und den durch die Zufälle des Lebens bedingten, eine Rolle. Viele religiöse Traditionen kennen »rites of passage«, bei denen die bedrohlichen Übergangsphasen in der Entwicklung des Menschen durch Rituale markiert werden, die die Angst mindern oder Kräfte vermitteln sollen, mit denen die Krise zu bewältigen ist. Beispiele solcher Riten sind im Herkommen der christlichen Kirchen: Taufe, Firmung bzw. Konfirmation, Trauung und Beerdigung.

zen. Idealisiert der Trauernde indes weiterhin den Verstorbenen, so setzt er die unangepaßten Abwehrmechanismen der Leugnung und Verdrängung in Gang. So vermag er sich dem emotionalen Druck zu entziehen, dem er bei der Bewältigung seiner Gefühle von Abneigung, Zorn und Schuld ausgesetzt wäre; andererseits kann so die Wunde nicht heilen. Sie bleibt infiziert, und der Heilungsprozeß wird so lange nicht in Gang kommen, wie der Betreffende seine verdrängten negativen Empfindungen nicht in sein Bewußtsein aufnimmt und verarbeitet. Sobald der Seelsorger die Symptome einer blockierten »Trauerarbeit« bemerkt, sollte er den Klienten dazu bringen, daß er über seine Beziehung zu dem Verstorbenen spricht, und ihn so lange mit ihr konfrontieren, bis die negativen Elemente (die ja in jeder Beziehung vorhanden sind) ins Bewußtsein aufgenommen sind und durchgearbeitet werden können. Im akzeptierenden Erwidern der leisen Andeutungen von gemischten oder negativen Gefühlen ermöglicht er eine tiefergehende Katharsis. Meist sind Antipathie und Ärger gegenüber dem Verstorbenen mit Schuldgefühlen wegen dieser Empfindungen verknüpft, die ebenso bewältigt werden müssen. Die Wunde muß von innen her heilen. Die Heilung läßt sich nicht herbeizwingen, aber der Beratungsprozeß kann *die Voraussetzungen für eine Heilung* schaffen, da er die negativen Gefühle, welche die Wunde infizieren, solange sie verdrängt werden, zutage fördert.

Die schmerzende Wunde kann nicht völlig heilen, ehe man nicht *die Realität* des Verlusts *akzeptiert, die eigene emotionale Bindung* an den Verstorbenen und die Abhängigkeit von ihm (wenigstens in gewissem Maße) *aufgegeben* und *andere Beziehungen hergestellt* hat, um neue emotionale Befriedigung zu finden. Im Umgang mit Trauernden (wie auch mit dauernd Invaliden) kommt es entscheidend darauf an, daß man diesen Menschen hilft, das Änderbare ihrer Situation zu trennen von dem, was nicht zu ändern ist. Die Anonymen Alkoholiker haben das von Oetinger stammende bekannte »Gebet um Gelassenheit«, das auch in dieser Beratung von Nutzen ist:

Gib mir, Gott, die Gelassenheit,
Dinge hinzunehmen, die ich nicht ändern kann.
Gib mir den Mut, Dinge zu ändern, die ich ändern kann.
Gib mir die Weisheit, das eine vom anderen zu unterscheiden[19].

Gerald Caplan schreibt in seinem Buch über die Krisentherapie:

---

[19] *M. Seitz* und *F. Thiele*, Wir beten. Gebete für Menschen von heute, 1967, 186.

»Nicht alle Hemmnisse, die einer Bedürfnisbefriedigung im Wege stehen, lassen sich beseitigen; aber auch in solchen Fällen ist immer noch zu unterscheiden zwischen einer gesunden Aktivität der Art, daß man dieser Bedürfnisbefriedigung gegenüber *resigniert* und sie *durch Alternativen ersetzt,* und andererseits einem ›ungesunden‹ Ausweichen vor dem Problem, bei dem keine Entscheidung vollzogen und kein Konflikt bewältigt wird. Also muß in der Krise eines Trauerfalls ... der Leidtragende aktiv akzeptieren, daß es für ihn unmöglich ist, seine Bedürfnisse je wieder durch eine Interaktion mit dem Verblichenen zu befriedigen. Er muß psychologisch ›den Toten begraben‹, und erst nachdem dies geschehen ist, wird er frei werden, diese Bedürfnisse im Austausch mit anderen Menschen zu befriedigen. Personen, die sich ihrer Trauer negativ aussetzen, können sich vorspiegeln, daß der geliebte Mensch nicht tot ist, oder ihn magisch internalisieren, indem sie seine Wesenszüge in ihre eigene Persönlichkeit übernehmen, und so mögen sie dem schmerzvollen Akt der Resignation entgehen. Es bleibt jedoch ihre emotionale Energie auf den Toten fixiert, und sie werden nicht frei, andere zu lieben.«[20]

In der Beratung Hinterbliebener besteht die *Aktionstherapie* darin, daß man den Betreffenden ermutigt, etwas an seiner Situation zu ändern, *ob ihm nun danach zumute ist oder nicht.* Auf viele Menschen übt Arbeit eine heilsame Wirkung aus[21]. Wer viel mit Hinterbliebenen zu tun hat, wird den Satz von O. Hobart Mowrers unterstreichen: »Es ist leichter, sich in eine neue Gefühlsrichtung einzuagieren, als sich in eine neue Aktionsrichtung einzufühlen.«[22] Bleibt ein Mensch immobil und gelingt es ihm nicht, seine normalen Aktivitäten wiederaufzunehmen, wird man meist auf eine pathologische Reaktion zu schließen haben.

Folgende Symptome zeigen, zumal bei chronischem Auftreten, das Vorhandensein pathologischer Trauerreaktionen an: ein übertriebener Rückzug aus persönlichen Kontakten und normalen Verrichtungen; die Unfähigkeit zu trauern; maßloser Schmerz; ernsthafte Depressionen, die nicht weichen wollen; psychosomatische Symptome; Desorientierung; eine Veränderung der Persönlichkeit; ernstliche, konstante Schuld- oder Haßgefühle; der Verlust der Vitalität und des Interesses am Leben; chronische Lebensflucht durch Drogen oder Alkohol. In den frühen Stadien negativer Reaktionen kann der Seelsorger diese pathologischen, selbstzerstörerischen Mechanismen durch kundige Beratung unterbinden. Bleiben diese Symptome jedoch trotz sei-

---

[20] *G. Caplan,* Principles of Preventive Psychiatry, 45 f.

[21] Das gilt natürlich nicht für diejenigen, die ihren Gefühlen durch Überaktivität zu entrinnen suchen.

[22] Critical Incidents in Psychotherapy, 80 (das Zitat stammt von *E. St. Jones*).

ner Bemühungen bestehen, sollte er den Betreffenden auf jeden Fall zum Psychiater überweisen. Je länger die »Schmerzbewältigung« eines Menschen hinausgeschoben wird, um so schmerzhafter und bedrohlicher wird sie für seine psychische und spirituelle Gesundheit.

Krisenberatung mit Familien

Die Prinzipien der Krisenberatung lassen sich sowohl in der Familien- als auch in der Einzelberatung anwenden. So ist zB. bei einer familiären Krise, die durch die Trunksucht eines ihrer Glieder hervorgerufen wurde, eine stützende Beratungsweise angezeigt. Die Frau (oder der Mann) des Alkoholikers ist von dem Chaos, in dem die Familie existiert, allzu verstört, als daß eine auf Einsicht ausgerichtete Beratung erfolgversprechend wäre. Realistisch gesehen gibt es nur das eine Ziel, ihr zu einem konstruktiveren Verhalten in dieser *Familienkrise der Ausflucht* zu verhelfen, der sie emotional unterworfen ist:

»So wie man den Alkoholismus am besten als ›Symptom der Ausflucht‹ begreift (Tiebout), so begegnet man dem Problem der Familie am ergiebigsten, wenn man in ihm ein Ausfluchtverhalten gegenüber der Krise des Alkoholismus sieht ... Genau die Mechanismen, die als Reaktion auf die Krise entstanden sind, verstärken die Krise. So isoliert sich zB. die Familie in dem Maße, wie sich der Alkoholismus auswächst, um sich vor gesellschaftlicher Diskriminierung abzuschirmen. Aber genau diese Isolation hat ... nur noch mehr Furcht vor dem, ›was die anderen wohl denken‹, zur Folge.«[23]

Die stützende seelsorgerliche Beratung versucht, diesen negativen Automatismus wieder rückgängig zu machen, indem sie die Familie veranlaßt, ihre sozialen Kontakte wiederaufzunehmen. Dadurch, daß man sie in eine AA-Gruppe und die Gemeinschaft der örtlichen Kirchengemeinde aufnimmt, kann man ihre Angstreaktionen vermindern und ihre zwischenmenschliche Kommunikation befriedigender gestalten.

Bei Familienkrisen tun sich oft bedrängende praktische Probleme auf, denen man sich stellen muß. Hilft man der Frau des Alkoholikers, diese konstruktiv zu bewältigen, wird sich ihr erschüttertes Selbstvertrauen stärken. Gelingt es, den äußeren Druck

---

[23] *H. J. Clinebell,* Pastoral Care of the Alcoholic's Family Before Sobriety, 23, in: Pastoral Psychology, April 1962, 23. Dieser Artikel geht ausführlicher auf das »Loslassen« als Verfahrensweise in der Krisenberatung mit Familien ein.

der Situation zu verringern, kann sie entsprechend ihre inneren Kräfte effektiver mobilisieren. Weiß sie mehr vom Wesen des Alkoholismus, werden sich auch die Kräfte ihres Selbst stärken, und sie wird sie nicht mehr auf nutzlose Reaktionen wie Entrüstung und Ermahnungen verschwenden. Der Pfarrer sollte die Ehefrau rechtzeitig in der Beratung ermuntern, die örtliche AA-Gruppe aufzusuchen. Von dieser Gruppe wird sie die starke emotionale Unterstützung und die Empathie von Menschen erfahren, die »im selben Käfig sitzen«.

Man kann der Frau eines Alkoholikers helfen, sich und ihre Kinder vor vielen destruktiven Auswirkungen seiner Krankheit zu schützen, indem sie ihn emotional »freigibt«. Dieser Ansatz wurde ursprünglich von den Anonymen Alkoholikern entwickelt und gliedert sich in folgende Gesichtspunkte:

(1) *Sie sollte ihre penetranten und nutzlosen Versuche aufgeben, das Trinken ihres Mannes zu steuern.*

(2) *Sie sollte sich nicht mehr irgendwie zwischen ihn und die natürlichen Folgen seines verantwortungslosen Verhaltens zu stellen versuchen.* So lange sie für ihn Ausreden erfindet, seine ungedeckten Schecks einlöst und ihn allgemein bemuttert, verhindert sie, daß er die schmerzhaften Konsequenzen seines Verhaltens zu spüren bekommt, was zu seiner Einsicht nötig ist, daß er Hilfe braucht.

(3) *Sie sollte nicht mehr derart auf seine Trunksucht fixiert sein und meinen, daß sich ihre Situation nur dann verbessert, wenn er zu trinken aufhört.*

(4) *Sie sollte das eigene Leben wie das ihrer Kinder befriedigender gestalten, unabhängig davon, was der Alkoholiker zu tun gedenkt.* Eine solche »Freigabe« durchbricht die neurotische Interaktion, in der der Alkoholiker die Versuche seiner Frau, ihm zu helfen, als Eingriff in sein eigenes Leben auffaßt, was ihm wiederum zur Rechtfertigung seines fortwährenden Trinkens dient[24]. Gibt die Frau ihr Bedürfnis auf, ihn zu gängeln, und »läßt sie ihn los«, führt das oft um so schneller seine Kapitula-

[24] Nachdem sie sich den Anonymen Alkoholikern angeschlossen hatte, beschrieb die Frau eines Trinkers die Situation, in der sie sich befand, ehe ihr das »Loslassen« gelang, mit folgendem Zitat aus Leo Tolstois Schrift: Was sollen wir tun?: »Ich sitze auf dem Rücken eines Menschen und drücke ihn nieder, er muß mich tragen, und ich versichere dennoch mir selbst und anderen, daß er mir sehr leid tut und daß ich seine Bürde auf jede mögliche Weise lindern möchte – außer dadurch, daß ich von seinem Rücken steige.« Vielleicht ging sie zu hart mit sich ins Gericht, aber in vielen neurotischen Ehen vollzieht sich diese Art von Interaktion in beträchtlichem Maße.

tion herbei, durch die er in den Stand versetzt wird, Hilfe anzunehmen. Aber auch wenn das nicht der Fall ist, vermindert die »Freigabe« des Alkoholikers durch seine Frau auf jeden Fall den zerstörerischen Einfluß seiner Krankheit auf die Familie. Dieser Gesichtspunkt des inneren Loslassens ist in den meisten Fällen der Eheberatung ausschlaggebend, besonders dann, wenn der eine Partner die Hilfe ablehnt. Bringt man den anderen Teil so weit, daß er den Partner, der die Hilfe zurückweist, innerlich losläßt, wirkt sich das oft konstruktiv auf die Situation aus.

Fassen wir zusammen: Die Bedeutung der Krisenberatung kann gar nicht hoch genug veranschlagt werden. Anton T. Boisen hat das einmal so ausgedrückt: »Am meisten wird der Seelsorger von denjenigen gebraucht, die sich unglücklich fühlen, die gefährdet sind, die eine Zeit der Krise und des Umbruchs bestehen müssen.«[25] Es ist das Privileg des Pfarrers, diese Menschen durch die Zeit der Belastung hindurch stützend zu begleiten.

Praktische Übungen

1. Gemeindeglied: Sie sind Herr P. (der in diesem Kapitel beschrieben wurde). Wenden Sie sich an Ihren Pfarrer um Hilfe mit Ihrem Problem.

Pfarrer: Sie sind Herrn P.s Pfarrer. Sie bringen im Verlauf Ihrer Beratung so viele von den sieben Formen der stützenden Beratung ins Spiel, wie es die Entwicklung der Situation Ihres Erachtens erfordert.

2. Gemeindeglied: Sie sind eine Frau in mittleren Jahren, deren Mann vor vier Monaten starb. Sie empfinden diesen Verlust sehr intensiv und halten es fast für unmöglich, noch unter Menschen zu gehen, zumal zu Gottesdiensten. Ihr Mann erfuhr erst sechs Wochen vor seinem Tode von seinem Krankheitszustand[26].

Pfarrer: Sie haben Frau J. schon mehrmals seit der Beerdigung ihres Mannes besucht. Sie wollten sie jedoch nicht auf ihre Trauergefühle hin befragen, da ständig andere Leute mit dabei waren. Diesmal ist sie allein. Nach einer kurzen eröffnenden

[25] The Exploration of the Inner World, 271.

[26] Ein Verbatim der Beratung von Frau J. durch ihren Pfarrer steht bei *N. S. Cryer* und *J. M. Vayhinger*, Casebook in Pastoral Counseling, Fall Nr. 10, 67–70. Vergleichen Sie Ihr Vorgehen mit seinem.

Konversation über das Wetter fragen Sie: »Wie ist es Ihnen so ergangen, seit Johns Tod?«

Ein Beobachter sollte ebenso wie in den vorherigen Sitzungen anwesend sein. Man sollte auch ein Tonbandgerät verwenden, mit dem man Teile der Sitzungen wiedergeben kann.

IX. BERATUNG IN ÜBERWEISUNGSFÄLLEN

Überweisen heißt nicht, daß man als Seelsorger gescheitert wäre. Es ist vielmehr eine subtile und bedeutende Kunst der Beratungshilfe ... Meines Erachtens müssen wir dies sehen lernen als Beispiel für die weitergefaßten Möglichkeiten des Dienstes am Menschen, seine Bedürfnisse zu erkennen und seine Gefühle zu klären. Thomas W. Klink[1]

Für einen Gemeindepfarrer ist es unaufgebbar wichtig, daß er die Kunst, Ratsuchende weiterzuüberweisen, gelernt hat. Da seine Aufgaben und die vielen Anforderungen, die an ihn und seine Zeit gestellt werden, sehr vielschichtig sind, befindet er sich in ähnlicher Lage wie ein praktischer Arzt. Wayne E. Oates formuliert das treffend so:

»Daß manche Pfarrer keine Zeit finden, um ihrem seelsorgerlichen Auftrag nachzugehen, liegt daran, daß sie unbedingt alles allein machen wollen. Ihnen ist es nicht gelungen, sich detaillierte Kenntnisse über die Institutionen, Ärzte und Berater ihrer Ortschaft anzueignen, die ihnen in ihrer Arbeit helfen könnten.«[2]

Der Seelsorger, der ganz auf sich allein gestellt arbeitet, enthält durch eigenes Versäumnis manchen leidenden Menschen die spezielle Hilfe vor, die sie eigentlich benötigen und die in ihrer Stadt vorhanden ist. W. C. Brister trifft das Problem in seinem Kern, wenn er bei der Schilderung der Beratung einer minderjährigen, unverheirateten Mutter schreibt: »Der Pfarrer wendet sich an die kommunalen Stellen, nicht, um sich vor der Verantwortung zu drücken, sondern weil er möchte, daß dem Menschen die bestmögliche Hilfe geleistet wird.«[3]

»Da viele Menschen seinem Urteil trauen, befindet sich der Pfarrer in einer strategisch günstigen Position, um ihnen bei der Suche nach kompetenter, spezialisierter Hilfe beizustehen. Überweist er einen leidenden Menschen aus seiner Gemeinde an die richtige Stelle, ist dies einer der bedeutsamsten Dienste, den er ihm erweisen kann. Weiß eine Familie aus einem traumatischen Problem keinen Ausweg mehr, und bahnt der Pfarrer ihr dann den Weg zu einer Stelle, wo ihr wirklich

[1] The Referral. Helping People Focus Their Needs, in: Pastoral Psychology, Dezember 1962, 11.
[2] Protestant Pastoral Counseling, 112–113.
[3] Pastoral Care in the Church, New York 1964, 162.

geholfen werden kann, wird sie ihm stets dafür dankbar sein. Ein Pfarrer kann seinen Dienst an den Mühseligen und Beladenen um ein Vielfaches intensivieren, wenn er sämtliche Möglichkeiten beratender und ärztlicher Hilfe nutzt, die in seiner Ortschaft gegeben sind.«[4]

Leider haben viele Pfarrer das Gefühl, als wäre mit einer Überweisung das Eingeständnis der eigenen Unzulänglichkeit oder ihres Scheiterns verbunden. In einer Studie über Familien- und Eheberatungsstellen wurde registriert, daß nur 3 Prozent der Fälle durch Gemeindepfarrer vermittelt worden waren[5]. Eine großangelegte Untersuchung erforschte, wohin sich die Menschen mit ihren Problemen wenden; dabei fand man heraus: »In der Mehrzahl der Fälle endet der Prozeß der Hilfeleistung beim Arzt oder beim Pfarrer; bei den Geistlichen ist das jedoch weit häufiger der Fall als bei den Ärzten.«[6] Die Ärzte überwiesen ungefähr achtmal so viele Klienten an Beratungsstellen und psychiatrische Kliniken als die Geistlichen[7]. Daraus geht klar hervor, daß viele Pfarrer die »Seelsorgehilfe durch Überweisung«, wie Klink es einmal formulierte, erst noch lernen müssen. Auf der anderen Seite gibt es manche Pfarrer, bei denen die Überweisung zur automatischen und selbstverständlichen Reaktion geworden ist. Weil sie den Ratsuchenden allzuschnell weiterschicken, begeben sie sich der Möglichkeit, ihre eigene, einzigartige Chance zur beratenden Seelsorge wahrzunehmen. Sie verpassen viele der bewegendsten und erfüllendsten Momente ihres Dienstes, da sie gar nicht erst den Versuch unternehmen, zu Menschen, die vielleicht genau das brauchen, was sie ihnen zu geben vermögen, eine therapeutische Beziehung herzustellen. Die leidenden Menschen ihrer Gemeinden haben manchmal mit Recht das Gefühl, daß ihr Pfarrer die Verantwortung »abschiebt«.

Recht verstanden und genutzt, schafft die Beratung in Überweisungsfällen eine Möglichkeit, zur Heilung des Menschen ein Team einzusetzen. Die Verantwortung wird *geteilt und intensiviert,* nicht völlig auf den anderen Helfer *abgeschoben.* Hier kommt das Prinzip der Arbeitsteilung zum Zuge, das ja die Basis jeglicher interprofessioneller Zusammenarbeit ist. John L. Mixon und Seward Hiltner sagen es so:

---

[4] *H. J. Clinebell,* Mental Health Through Christian Community, 228.
[5] *J. L. Mixon,* The Church and Community Agencies. Board of Missions of the Methodist Church 1961, 6.
[6] Action for Mental Health, New York 1961, 104.
[7] Zitiert von *W. Klink,* in: The Referral. Helping People Focus Their Needs, 10.

»Der Pfarrer erkennt in manchen Fällen, daß hier ein spezialisiertes Wissen, das er nicht hat, nicht haben kann und auch nicht zu haben braucht, benötigt wird, um dem Menschen die beste Hilfe angedeihen zu lassen. Gleichzeitig weiß er aber, daß er auch dann noch eine wichtige Aufgabe zu erfüllen hat.«[8]

Nur wenn der Pfarrer das spezielle Können anderer einschaltet, wird ihm genug Zeit und Energie bleiben, um seine spezifisch *seelsorgerliche* Aufgabe zu erfüllen.

Wen überweist man?

Welche Personen sollte der Pfarrer weiterüberweisen, um so die Basis der Hilfe zu erweitern?
(1) Solche, denen andere wirksamer helfen können[9];
(2) die auch nach ca. fünf Unterredungen nicht auf seine Hilfe ansprechen;
(3) deren Bedürfnisse eindeutig seine Zeit und seine Ausbildung überfordern;
(4) die Probleme haben, für deren Behandlung effektive, spezialisierte Institutionen am Ort vorhanden sind. In größeren Städten sind das gewöhnlich Beratungsstellen für Alkoholiker, Blinde, ledige Eltern, Schwerbeschädigte, Kinder mit geistigen Geburtsschäden, Adoptiveltern, Menschen, die juristische Hilfe benötigen, Alte, Nichtseßhafte, emotional Gestörte und Geisteskranke.
(5) Personen in ernstlichen, chronischen finanziellen Schwierigkeiten. Für sie gibt es Fürsorgestellen mit ausgebildeten Sozialarbeitern.
(6) Personen, die eine medizinische Versorgung oder die Einweisung in ein Krankenhaus nötig haben;
(7) die intensive Psychotherapie benötigen;

---

[8] Community Help on Pastoral Problems, New York 1948, 9.
[9] Dankbar übernehme ich hier *P. Hershs* sieben Gründe für eine Überweisung: Offensichtliche Psychopathie, begrenzte Zeit und Ausbildung, Zweifel im Blick auf die Art des Problems, Notwendigkeit langfristiger Psychotherapie, Übertragungsprobleme, Gegenübertragungsprobleme, oder wenn der Pfarrer ganz allgemein das Gefühl hat, daß jemand anderes besser helfen kann als er selbst (A Study of Criteria for Guiding the Clergyman in his Care and Referral of Parishioners Who Are in Need of Special Counseling or Psychotherapy. Unveröffentlichte Dissertation, University of Southern California 1958).

(8) bei denen man sich nicht über die Natur ihrer Probleme im klaren ist;
(9) die ernstlich depressiv und suizidgefährdet sind.
(10) Personen, auf die der Pfarrer sehr stark negativ reagiert. Die Befangenheit, die gewöhnlich solchen Antipathien zugrunde liegt, hemmt in diesen Fällen die Effektivität der eigenen Beratung. Findet der Pfarrer heraus, warum er so reagiert, und gelingt es ihm, seine negativen Gefühle zu bewältigen, kann er mit solchen Menschen erfolgreich arbeiten und selber an dieser Beziehung innerlich wachsen.

Es ist für einen Pfarrer wichtig, daß er zu den Ärzten am Ort gute kooperative Beziehungen herstellt. Einen Ratsuchenden, der sich in letzter Zeit keiner ärztlichen Generaluntersuchung unterzogen hat, sollte man veranlassen, daß er dies nachholt. Im gegebenen Fall sollte sich der Seelsorger vom Gemeindeglied das Einverständnis erbitten, dessen Arzt zu konsultieren. Hat der Pfarrer den leisesten Verdacht, daß einem interpersonalen Konflikt neurologische, endogene oder andere medizinisch relevante Ursachen zugrunde liegen, sollte er darauf bestehen, daß der Betreffende seinen Arzt zu Rate zieht. Eine gute kooperative Beziehung zu einem Arzt ist auch wichtig für die Beratung von Klienten mit psychosomatischen Problemen, Depressionen, Selbstmordabsichten, Alkoholismus oder anderen Süchten (einschließlich der Eß- und Arbeitssucht), Problemen des Klimakteriums, physischen Behinderungen, chronischen oder unheilbaren Krankheiten, sexuellen oder geriatrischen Problemen, extremen Stimmungsschwankungen, starken Angstgefühlen und Ich-Schwächen. In jeder Gemeinde wird es wenigstens einen Arzt geben, der eine kooperative Beziehung zu einem kompetenten Seelsorger begrüßt. Eine solche Beziehung wird zu wechselseitigen Überweisungen führen.

Erkennt der Pfarrer eines oder mehrere der folgenden Symptome, hat er sie als Indiz für eine ernste psychische Erkrankung zu betrachten und den Ratsuchenden an einen Psychiater zu überweisen:

»(a) Der Betreffende glaubt, daß andere ihn verfolgen, sexuell bedrängen oder ihn auf rätselhafte Weise beeinflussen; (b) er leidet unter Größenwahn; (c) seine Verhaltensweise ändert sich abrupt; (d) er hört Stimmen, sieht Visionen oder nimmt Gerüche wahr, die nicht existieren; (e) er hat fixe, bizarre Ideen und Ängste, die sich jeder Logik entziehen; (f) es wiederholen sich bei ihm bestimmte Zwangshandlungen oder Wahnvorstellungen; (g) er ist desorientiert (er weiß nichts von Zeit, Ort oder persönlicher Identität); (h) er ist beinahe bis zur Erstarrung depressiv oder merkwürdig ausgelassen oder aggressiv;

(i) er zieht sich in seine innere Welt zurück und verliert alles Interesse an normalen Aktivitäten.«[10]

Sind solche Symptome vorhanden, sollte der Pfarrer der Familie dieses Menschen helfen, ihn ohne Verzögerung in psychiatrische Behandlung zu bringen. Die Aussicht auf Heilung einer psychischen Erkrankung ist um so größer, je früher eine intensive Behandlung zum Zuge kommt. Der Hausarzt ist in solchen Situationen der gegebene Verbündete des Pfarrers und der Familie. Er kann Beruhigungsmittel oder andere Arzneien zur Intensivbehandlung verschreiben und die Einweisung in ein Krankenhaus veranlassen. Oft hat er gute Verbindungen zu einer psychiatrischen Klinik oder einem Psychiater.

Die grundsätzliche Frage nach der Ich-Stärke, wie sie in Kap. VII besprochen wurde, entscheidet darüber, wie man überweist[11]. Personen mit schwachem Selbst reagieren im allgemeinen am besten auf eine Hilfe, die primär stützend und nicht so sehr analytisch ist.

Eine solche Therapie will dem Menschen helfen, seine Stärke zurückzugewinnen, indem man die Regression blockiert, sein impulsives »Aus-Agieren« einschränkt und ihm hilft, seine Verantwortung und Aufgaben zu meistern und die Fähigkeiten seiner eigenen Persönlichkeit zu nutzen (anstatt die Anforderungen, die an ihn gestellt werden, wegzunehmen). Fürsorgestellen sind sehr gut in der Lage, die Einzelfallhilfe, die psychosoziale Therapie der Ich-Anpassung, zu leisten. Menschen mit psychoneurotischen Problemen dagegen, die ein starkes Selbst haben, sprechen meist auf die verschiedenen Formen der aufdeckenden Psychotherapie, einschließlich der Psychoanalyse an.

Konsultation oder Überweisung?

Ein Geistlicher kann viele Menschen sicher und produktiv beraten, die er sonst überweisen müßte, wenn er regelmäßig einen psychiatrisch spezialisierten Arzt konsultieren kann. Die psychiatrischen Berufe werden sich der Tatsache immer bewußter, daß sie mit den »fürsorgenden Berufen«, einschließlich der Pfar-

---

[10] *H. J. Clinebell,* Mental Health Through Christian Community, 224.

[11] Einen guten Beitrag zu diesem Thema hat die psychiatrische Sozialarbeiterin *M. L. Waterman* geschrieben, vgl. Pastoral Decision to Counsel or Refer, in: Journal of Pastoral Care, Frühjahr 1960, 34 bis 38.

rer, zusammenarbeiten und diese beraten müssen, soll die Lücke, die zwischen dem Angebot an und der Nachfrage nach ausgebildeten Beratern klafft, auch nur einigermaßen überbrückt werden[12]. Regelmäßige Fallbesprechungen mit einem kompetenten Psychotherapeuten oder einem Spezialisten auf dem Gebiet der seelsorgerlichen Beratung vertiefen die Befähigung des Pfarrers zur Hilfe, helfen ihm, unter Assistenz eines Experten die Krisen seiner Beratungstätigkeit zu bewältigen und schärfen sein Bewußtsein für die subtilen Gefahren, die in bestimmten Beratungsbeziehungen lauern. Ein Psychiater ist als Konsultant besonders geeignet, da er medizinisch ausgebildet ist, vorausgesetzt, er ist ebenso auf dem Gebiet der Psychodynamik und der Psychotherapie bewandert. Die Supervision durch seelsorgerliche Fallbesprechungs- und Konsultationsgruppen wird in Kap. XIII besprochen.

Wohin überweisen?

John L. Mixon, ein erfahrener Sozialarbeiter, schreibt:

> »Die zwei wichtigsten Gesichtspunkte einer guten Überweisung sind folgende: (1) man muß die betreffende Institution, ihr Programm, ihre Funktion sowie ihre Aufnahmebedingungen gut kennen und (2) die verschiedenen Möglichkeiten, die zu Gebote stehen, und die Hilfe, die der Ratsuchende von ihnen erwarten darf, beraterisch gekonnt erläutern.«[13]

Ein Geistlicher sollte sich gleich nach seinem Beginn in einer neuen Gemeinde auf eine leistungsfähige Überweisungspraxis vorbereiten. Dabei sind zwei Ansatzpunkte zu beachten: er sollte eine »Überweisungsliste« zusammenstellen, in der die lokalen Einrichtungen erfaßt sind, und er sollte Beziehungen zu Fürsorgestellen und anderen helfenden Berufen herstellen. Die Überweisungsliste wird dem Pfarrer zunehmend wertvolle Dienste leisten, da er darin fortwährend mehr Angaben über soziale Einrichtungen sammeln wird: über Psychiater, klinische Psychologen und Eheberater, die verschiedenen Gruppen der Anonymen Alkoholiker, die Telefonnummern der Telefonseelsorge und son-

---

[12] Vgl. *G. Caplan:* Principles of Preventive Psychiatry, 212–265; er behandelt vortrefflich die Arten und Methoden der Konsultation bei psychischen und geistigen Erkrankungen.
[13] Mitgeteilt bei einer Unterredung im Mai 1965.

stiger psychiatrischer Notdienste, Nervenkliniken und Selbstmordverhütungszentren.
Der Pfarrer sollte sich erkundigen, ob es in der Stadtverwaltung ein Amt für soziale Angelegenheiten oder ähnliches gibt, das ein Verzeichnis herausgegeben hat (und vielleicht einen telefonischen Informationsdienst unterhält), um so über die fürsorgenden und beratenden Dienste der Kommune Auskunft zu geben. Der Pfarrer sollte in seinem Amtszimmer und in der Gemeindebibliothek stets ein Exemplar dieses Handbuches griffbereit haben. In ländlichen Ortschaften und kleinen Städten, in denen es zumeist an Voraussetzungen zur Überweisung fehlt, sollte der Pfarrer über die entfernungsmäßig nächstliegenden Möglichkeiten im Bilde sein. Man halte sich an die zutreffenden Fachleute (Ärzte und Pfarrer), die schon einige Zeit in dieser Gegend ansässig sind und so gute Hinweise und Informationen zu geben wissen. In abgelegenen Ortschaften kann man sich von den zuständigen Behörden Auskünfte über die Nervenkliniken und sozialen Institutionen, die am ehesten zu erreichen sind, geben lassen.
Welches sind die wesentlichen Problemkreise, bei denen der Pfarrer sich in seiner Beratung an kommunale Institutionen wenden kann? Ein Überweisungshandbuch von Charles F. Kemp[14] führt folgende Punkte auf: die Adoption und Unterbringung von Kindern, Alkoholismus, wirtschaftliche Probleme, Erziehungsfragen, die Betreuung von Kindern aus geschädigtem Milieu, Fürsorgefälle und Probleme, die eine Einweisung in eine Besserungsanstalt nötig machen; Ausbildungs-, Berufs-, familiäre und finanzielle Fragen; die Beratung Schwerbeschädigter, ethnischer und sonstiger Minoritäten, alter Menschen, Nichtseßhafter, lediger Mütter und Kriegsbeschädigter; Gesundheits-, Wohnungs- und Betriebsfragen; die juristische Beratung, die Behandlung von Geisteskrankheiten oder debiler bzw. schwachsinniger Kinder sowie Fragen und Probleme der Jugendarbeit.
Genaue Informationen über die Qualifikation der verschiedenen Berater und Psychotherapeuten, die im eigenen Bezirk ansässig sind, sind schwer zu erlangen. Man kann sich in dieser Hinsicht zunächst einmal von dem Ruf leiten lassen, den der jeweilige Therapeut bei Ärzten und Pfarrern genießt. Darüber hinaus ist es jedoch unerläßlich, daß ein Pfarrer mit möglichst vielen Therapeuten und Sozialarbeitern bekannt wird. Wenn er mit

[14] The Pastor and Community Resources, St. Louis 1960. Veröffentlicht im Auftrag des Department of Social Welfare des National Council of Churches.

ihnen zum Essen ausgeht, die örtlichen Beratungsstellen und Nervenheilanstalten besucht und zu den »Informationsveranstaltungen« der Anonymen Alkoholiker geht, knüpft er Beziehungen an, die ihm dann, wenn er jemanden überweisen muß, von großem Nutzen sein werden. Arbeitet er längere Zeit mit den einzelnen Fachleuten zusammen, vertiefen sich noch diese Beziehungen. Das verläßlichste Bild von der personalen Authentizität und Qualifikation eines Therapeuten kann man nur aus dem direkten Kontakt mit ihm gewinnen und aus den Erfolgen, mit denen er die Überweisungsfälle behandelt hat.

Ein kooperatives Teambewußtsein kommt bei den helfenden Berufen einer Stadt nicht von selbst zustande. Irgendeiner muß die Initiative ergreifen. Um seine eigene seelsorgerliche Arbeit optimal ausrichten zu können, ist der Pfarrer auf solch ein latentes, inoffizielles Team angewiesen. Mehr noch: seine Position befähigt ihn in besonderem Maße, die Initiative zu ergreifen, indem er zB. eine kleine Gruppe von Leuten seiner Gemeinde zusammenführt, die in helfenden Berufen tätig sind, und diese wöchentlich einmal zu einem Frühstück einlädt. Solche Treffen ermöglichen und vertiefen den Austausch über Probleme von allgemeinem Interesse und knüpfen kooperative Beziehungen an. Der Dialog, der hierbei stattfindet, kann den Beteiligten helfen, ihren jeweiligen Beruf unter dem Gesichtspunkt christlicher Verantwortung neu zu entdecken. C. W. Brister schreibt: »Das ›allgemeine Priestertum der Gläubigen‹ muß in den kommunalen sozialen Diensten konkret werden, sonst bleibt dieses große christliche Prinzip ein bloßes Ideal ohne jeglichen Realitätsbezug.«[15]

Wie überweist man?

Der Pfarrer einer ländlichen Gemeinde erkannte, daß der Mann, der von ihm »Schutz vor einer Verschwörung« erbat, unter starken paranoiden Halluzinationen litt. Gegen eine psychiatrische Überweisung, die zweifellos dringend nötig war, erhoben sich Schwierigkeiten, da sich dieser Mann der Eigenart seiner Erkrankung entsprechend nicht krank fühlte, kein Bedürfnis nach einer Behandlung empfand und diese deswegen ablehnte. Nur durch geduldige Beratung seiner Familie konnte der Pfarrer

[15] Pastoral Care in the Church, 160.

nach Wochen einen Termin bei einem Psychiater und eine spätere zwangsweise Einlieferung in eine Heilanstalt durchsetzen. In der Zwischenzeit übte er dem Mann gegenüber weiter seine stützende Funktion aus. Er hörte ihm geduldig zu und unternahm keinen Versuch, ihn von seinen Wahnvorstellungen abzubringen. Gelegentlich fragte er vorsichtig, ob all die Bedrohungen, denen er sich ausgesetzt sah, objektiv gesehen wohl realer Natur wären oder nur in seinen Gefühlen bestanden, aber er übte keinerlei Zwang auf den Mann aus. Er hielt mit der belasteten Familie engen Kontakt, während diese mit Hilfe ihres Arztes die Einweisung veranlaßte.

Hier haben wir ein Beispiel für die *überbrückende stützende Beratung* (stopgap supportive counseling), die emotionale erste Hilfe, die ein Pfarrer dem Pastoranden erweist, während dieser motiviert wird, gründlichere Hilfe zu akzeptieren, oder wartet, bis er solche Hilfe erhalten kann. Damit leistet man einen wichtigen Dienst, wobei man sich der Methoden der stützenden Beratung, wie sie in Kap. VII beschrieben wurden, bedient. Da die inneren Widerstände gegen psychiatrische Hilfe oft sehr groß, die Wartelisten sehr lang sind, erstreckt sich die Zeitspanne, die »überbrückt« werden muß, oft über viele Wochen oder gar Monate.

Folgende Leitlinien sind für eine wirksame Überweisungsberatung zu beachten:

(1) *Sorgen Sie dafür, daß sie vom Pfarrer erwartet wird.* Weist der Pfarrer in seinem Gemeindebrief oder Schaukasten auf seine beraterische Tätigkeit hin, sollte er auch immer erwähnen, daß er den Menschen helfen möchte, spezialisierte Hilfe zu finden. Ist beim Ratsuchenden das Fundament zu einer solchen Erwartung gelegt, wird der Schock oder die Bedrohung einer solchen Überweisung reduziert.

(2) *Erwähnen Sie die Möglichkeit einer Überweisung am Anfang einer jeden Beziehung, bei der sie wahrscheinlich stattfinden wird,* und erklären Sie, warum sie angezeigt ist. Menschen, die sich durchgerungen haben, zum Pfarrer zu gehen, und die von ihm Hilfe erwarten, fühlen sich gewöhnlich in gewisser Weise zurückgewiesen, wenn es notwendig wird, daß er sie überweist. Je länger der Pfarrer damit wartet, die Überweisung zu erwähnen, um so stärker wird das Gefühl der Zurückweisung sein.

(3) Der folgende Gesichtspunkt wird meist außer acht gelassen: *Beginnen Sie bei dem Bewußtsein, das der Betreffende von seinem Problem hat, und der Hilfe, die seiner Ansicht nach für ihn*

nötig ist. So lange der Pfarrer diese Vorstellungen des Menschen und die Gefühle, die daran geknüpft sind, nicht erfaßt und akzeptiert hat, ist er auch nicht in der Lage, ihn zu überweisen. Da ist nämlich auf der einen Seite das innere Bild, das sich der Ratsuchende von seinen Problemen und deren Lösung macht, und auf der anderen Seite, psychologisch gesehen oft in weiter Entfernung, befindet sich der Berater mit seiner Ansicht von der Natur des Problems und der Hilfe, die notwendig ist.

(4) *Versuchen Sie das Bewußtsein, das der Ratsuchende von dem Problem und dessen Lösung hat, der Sicht des Beraters anzunähern, damit die Überweisung »wirken« kann.* Dazu sind oft mehrere Sitzungen, manchmal sogar Monate geduldiger Beratungsarbeit vonnöten. Viele seelsorgerliche Überweisungen scheitern, da der Ratsuchende seine Situation in den wesentlichen Punkten völlig anders sieht als der Pfarrer. Deswegen leistet er der Überweisung des Pfarrers Widerstand, indem er die vorgeschlagene helfende Institution nicht aufsucht oder deren Behandlung vorzeitig fernbleibt, ehe sie therapeutisch wirksam werden kann.

Thomas W. Klink betont, daß man zwei wesentliche Hilfsprozesse kombinieren muß, um den Klienten in den Stand zu setzen, sich innerlich auf eine wirksame Überweisung vorzubereiten: *das Akzeptieren der Gefühlsebene und das Stützen des Menschen, damit dieser sich der Realität stellen kann.* Der Pfarrer muß den Gefühlen des Menschen nahe sein, während er ihm hilft, schrittweise die eigene Wirklichkeit zu akzeptieren, die von seinem Bedürfnis nach spezialisierter Hilfe geprägt ist. Versucht er, Druck auf ihn auszuüben, ohne seine Gefühle geklärt und akzeptiert und ohne sein Verständnis von den eigenen Bedürfnissen in eine realistische Richtung geleitet zu haben, wird die Überweisung normalerweise scheitern.

(5) Die fünfte Regel ist eigentlich ein Aspekt der vierten. *Helfen Sie dem Klienten beim Abbau der emotionalen Blockierungen, die bei ihm hinsichtlich der jeweiligen empfohlenen Institution bestehen.* Ehe man einem vorschlägt, daß er sich wegen seiner Trunksucht doch an die Anonymen Alkoholiker (AA) wenden soll, ist es nötig herauszufinden, wie er sein Problem sieht (Regel 3). Hat *er* das Gefühl, daß seine Trunksucht seine anderen Probleme verursacht, oder daß seine Probleme seine Neigung zum Alkohol hervorgerufen haben? Hat *er* das Verlangen, Hilfe zu erhalten, um mit dem Trinken aufhören zu können? Ist das der Fall, sind die AA für ihn die richtige Stelle. Schlägt man die AA vor, empfiehlt es sich, den Betreffenden zu befragen, was er

schon von dieser Gruppe gehört hat und wie er über sie denkt. Diese Erkundigung nach dem Urteil über die Stelle, zu der die Überweisung erfolgen soll, ist ein wichtiges Moment, um die Ängste, Fehlinformationen und emotionalen Widerstände freizulegen, die das Vorhaben in Frage stellen können. Das Eingehen auf diese inneren Widerstände ist oft ein langwieriger Prozeß, aber notwendig, um den Menschen zu motivieren, Hilfe von dieser Stelle zu akzeptieren.

(6) *Erklären Sie dem Klienten die besondere Art der Hilfe, die er von dieser Institution zu erwarten hat, und gehen Sie dabei auf seine Sicht ein, also was er nach eigenem Empfinden nötig hat.* Dabei sollte man nicht in den Fehler verfallen, daß man den zu erwartenden Effekt der Behandlung übertreibt – ein Fehler, der diese nur unnötig erschwert – oder daß man die Institution bzw. den Therapeuten auf eine bestimmte Behandlungsmethode festlegt (s. Anm. 17).

(7) *Stellen Sie einen genügend starken Rapport zu dem Klienten her, damit seine Beziehung zu Ihnen als Brücke dienen kann, über die er in eine andere helfende Beziehung gelangt.* Diese Vertrauensbrücke läßt sich leichter ausnützen, wenn der Betreffende weiß, daß der Pfarrer mit dem neuen Therapeuten gut bekannt ist. Der Pfarrer ist in einer glücklichen Lage, wenn er sagen kann: »Der Arzt, den Sie in der Klinik aufsuchen sollen, ist ein guter Freund von mir.« Er sollte in jedem Fall sagen: »Wenn Sie es gerne möchten, werde ich mit ihm über Ihre Situation reden, damit er schon Bescheid weiß, wenn Sie zu ihm kommen.« Damit ist für den Betreffenden bereits das Eis gebrochen und eine Brücke zum Therapeuten geschlagen. Überweist man Alkoholiker an die AA, sollte man das Brückenprinzip in der Weise nützen, daß man sagt: »Wenn ich Sie recht verstehe, dann haben Sie allmählich das Gefühl, daß Ihnen der Alkohol zum Problem wird. Wie wäre es, wenn Sie mit einem meiner Freunde sprechen würden, der durch dieselbe Schule hindurch mußte, und der eine Lösung fand, die ihm geholfen hat. Ich will ihn einmal anrufen, um zu hören, ob er Zeit für eine Tasse Kaffee mit uns hat. Ist Ihnen das recht?« Das AA-Mitglied (das hoffentlich auch zur Gemeinde des Pfarrers gehört) wird vermutlich bei dem Gespräch unter sechs Augen eine Verabredung mit dem Klienten treffen, um ihn demnächst zu einer Zusammenkunft der Anonymen Alkoholiker mitzunehmen.

Bei der Überweisung an Therapeuten und Beratungsstellen empfiehlt es sich im allgemeinen, *daß man den Klienten seine eigene Verabredung treffen läßt.* Dadurch behält er die Initiative, und obendrein kann sich der Kontakt zu dem neuen Partner schon am Telefon anspinnen. Mixon und Hiltner sagen:

»Es kommt nicht allein darauf an, daß das Problem auf bestmögliche Weise gelöst wird, sondern auch, *daß sich der Betreffende an der Suche nach der Lösung beteiligt* – und nicht nur hilflos dasitzt und darauf wartet, daß ein anderer sich für ihn darum kümmert. Selbst eine so einfache Sache wie der Anruf bei der Institution, um eine Verabredung zu treffen, mindert die Erwartungsangst.«[16]

Mit dem Therapeuten bzw. der Institution sollte man sich tunlichst verständigt haben, ehe man sie dem Klienten empfiehlt, um sicher zu sein, daß er Aufnahme findet, und um dem dortigen Personal den Fall kurz zu schildern[17]. Andererseits sollte man den Klienten bitten, daß er den Pfarrer anruft, sowohl nachdem er die erste Verabredung getroffen hat, als auch nach der ersten Sitzung. Unterläßt er das, wird der Pfarrer ihn anrufen und fragen, »wie es denn so war«. Damit bekundet er sein weiteres Interesse und vermag mit denjenigen in Kontakt zu bleiben, die sich gegen die von ihm empfohlene spezialisierte Hilfe sträuben.

(8) *Man sollte den Klienten zu motivieren suchen, daß er es auch dann mit dem angegebenen Therapeuten oder der betreffenden Stelle einmal probiert, wenn er ganz wenig »Lust« hat.* Ein erfahrener Therapeut weiß vielleicht Widerstände abzubauen, wo zuvor alle Versuche fehlgeschlagen sind. Ich versuche zB. bei widerstrebenden Alkoholikern zuerst einmal alles, um ihre Vorbehalte gegen die AA zu verringern; dann dränge ich sie, wenigstens einen Monat lang regelmäßig eine AA-Gruppe zu besuchen, ob sie nun diese Idee besonders sympathisch finden

---

16 Community Help on Pastoral Problems, 25.

17 *J. L. Mixon* empfiehlt folgende Leitlinien für die Überweisung an soziale Einrichtungen: (a) Verschaffen Sie sich die hauptsächlichen Informationen über die betreffende Stelle. Dazu gehören Programm, Funktion und Aufnahmebedingungen. Verläßt man sich auf Vermutungen, was diese Stelle zu leisten vermag, und es kommt zu einer vergeblichen Überweisung, ist die Zeit aller Beteiligten nur unnötig verschwendet und die Person, der man helfen möchte, frustriert. (b) Legen Sie die betreffende Stelle nicht auf einen bestimmten Dienst oder eine gewisse Methode fest. Die Stelle muß die Freiheit haben, im Rahmen ihrer Möglichkeiten und den Bedürfnissen des Betreffenden entsprechend die Behandlung vorzunehmen. (c) Versorgen Sie die Stelle, an die Sie sich wenden, telefonisch oder schriftlich mit den Informationen, die Ihnen zur Verfügung stehen. (d) Verfolgen Sie alle Überweisungsfälle auch weiterhin. Dadurch werden Sie in die Lage versetzt, die verfügbaren Dienste für künftige Fälle zu beurteilen. Ihre Kenntnisse von dem, was dort geschieht, werden Ihnen bei späteren Beratungen von Nutzen sein, wenn der Betreffende wieder zu Ihnen zurückkehrt (mitgeteilt bei einer Unterredung im Mai 1965).

oder nicht. In manchen Fällen gibt dieser Schritt der informellen Gruppentheorie und den Theorien der AA die Möglichkeit, »ihre Verteidigung zu umspielen«. Wenn sie schließlich die Befriedigung des Nüchternbleibens und die warmherzige Annahme seitens der AA-Gemeinschaft erfahren, lösen sich ihre Widerstände nach und nach auf. Will man warten, bis ein Alkoholiker für die Hilfe »völlig bereit« ist, kann es passieren, daß er vorher in einer Nervenklinik oder auf dem Friedhof landet. Ähnliches gilt für Ratsuchende mit anderen Problemen. Natürlich wäre es unvernünftig, einen Menschen über einen bestimmten Punkt hinaus zu bedrängen; es gibt eine Grenze, und wenn die überschritten wird, hat das Bemühen des Beraters nur den gegenteiligen Effekt: der Klient wird sich innerlich immer stärker gegen die Hilfe stemmen.

(9) *Lassen Sie den Klienten wissen, daß ihm auch nach der Überweisung Ihr seelsorgerliches Interesse und Bemühen unvermindert gilt;* dadurch verringert sich bei ihm das Gefühl der Zurückweisung. In einem »Handbuch für Pfarrer«, in dem sämtliche kommunalen Sozialeinrichtungen verzeichnet sind, steht folgende gute Empfehlung:

»Nachdem Sie die Überweisung vorgenommen haben, sollten Sie weiterhin Ihre christliche Fürsorge und herzliche Anteilnahme bekunden. Bleiben Sie mit der Stelle in Verbindung ... so daß Sie zu einer effektiven Zusammenarbeit kommen, um dem Klienten zu helfen. Keine kommunale Einrichtung kann den Seelsorger oder die Gemeinschaft der christlichen Gemeinde ersetzen. In einem offenen kooperativen Arbeitskontakt sollte sowohl die betreffende Stelle als auch das Pfarramt jede Frage stellen oder Kritik am anderen üben können, um so beiderseits Einvernehmen und Wertschätzung mehr und mehr zu vertiefen.«[18]

Häufig ist es nicht leicht, solch eine kooperative Beziehung zu unterhalten; sie ist jedoch das beste, was man für den Ratsuchenden tun kann. Überweist man jemanden zur Psychotherapie, kann es sich als notwendig erweisen, daß der Pfarrer seine stützende Beziehung schrittweise abbaut, um den Betreffenden zu motivieren, sich ganz auf die neue Beziehung einzustellen. Ist jemand in psychotherapeutischer Behandlung, sollte der Pfarrer diesem keine Gelegenheit geben, weiterhin seine Gefühle und Probleme im vorherigen Beratungsverhältnis zu ihm auszubreiten. In den meisten Fällen sollte er fortan nur einen allgemeinen Seelsorgekontakt, jedoch keine Beratungsbeziehung un-

---

[18] Herausgegeben von den Protestant Community Services des Los Angeles Council of Churches 1965. Der zitierte Abschnitt ist der Einleitung entnommen.

terhalten. Sonst kann es geschehen, daß der Betreffende die eine Vaterfigur gegen die andere ausspielt und damit nur sich selbst schadet[19].

Wenn es aber nichts gibt, wohin man überweisen kann?

Fehlen die wesentlichsten Einrichtungen, an die der Pfarrer weitervermitteln könnte, sollte er darauf nicht mit bloßer Frustration reagieren. Der Tatbestand müßte vielmehr an seinen prophetischen Nerv rühren und ihn motivieren, daß er sich für die Schaffung der dringendst benötigten Institutionen verwendet. Heute gibt es so viele staatliche und kommunale Quellen, daß es immer weniger entschuldbar ist, wenn eine Ortschaft ohne die wesentlichen Dienste existiert. Werden genügend gutmeinende Leute über diese unhaltbaren Zustände informiert und ergreift ein einzelner oder eine Gruppe die Initiative, lassen sich solche Einrichtungen, an die man überweisen kann, auch realisieren. Ein Pfarrer oder ein aktiver Laie, der einen helfenden Beruf ausübt, verfügt über eine strategisch günstige Position, um solch ein kommunales Projekt zu initiieren und zu realisieren.

In vielen Gemeinden herrscht ein akuter Mangel an psychiatrischen Überweisungsstellen auf einer sozialen Basis, die sowohl für mittlere als auch niedrige Einkommensgruppen zugänglich wären. Eine Studie über fünf sozioökonomische Gruppen in New Haven[20] offenbarte, daß die niedrigste Gruppe – die »Armen« – ungefähr dreimal so viele psychiatrische Erkrankungen zu verzeichnen hatte wie irgendeine andere Gruppe. 90 Prozent dieser Erkrankungen wurden als Psychosen diagnostiziert, im Vergleich dazu waren bei den oberen beiden Einkommensgruppen nur 35 Prozent der psychischen Probleme Psychosen. Bei den Armen ist sowohl der Prozentsatz als auch die Intensität geistiger Erkrankungen viel größer; sie bilden aber die Gruppe, die sich fast nie eine private psychiatrische Hilfe finanziell lei-

[19] Wird derselbe Klient zur gleichen Zeit von einem Pfarrer und einem Psychotherapeuten beraten, ist es ausschlaggebend, daß sie engen Kontakt miteinander halten und sich darüber austauschen, was hier wie dort in der Beratung vor sich geht. Wenn das geschieht, können die Behandlungsweisen des Pfarrers und des Therapeuten einander ergänzen.

[20] *A. B. Hollingshead* und *F. C. Redlich,* Social Class and Mental Illness.

sten kann. Die hohen Kosten der privaten Therapie machen sie auf einer langfristigen Basis selbst für die mittleren Einkommensklassen fast unerschwinglich.

Praktische Übungen

Gemeindeglied: Sie sind Frau B., die Mutter eines siebzehnjährigen Sohnes namens Jim, der aus der Ladenkasse des Geschäftes, in dem er nach Schulschluß ab und zu gearbeitet hat, Geld entwendete. Ihr Mann, Ed, ist Tischler. Sie haben noch zwei Töchter, die jünger sind als Jim. Ihr Mann und Sie selbst sind wegen der Straftat Ihres Sohnes sehr verstört, und Sie möchten gerne alle nötigen Maßnahmen treffen, um ihm zu helfen[21].

Pfarrer: Sie merken, daß Jims Verhalten wahrscheinlich nur ein Aspekt einer komplexeren Familienstörung ist, und daß die Eltern mit Jim zur kommunalen Familienberatungsstelle überwiesen werden sollten. Versuchen Sie diese Überweisung nach den Gesichtspunkten vorzunehmen, die in diesem Kapitel aufgestellt wurden.

Beobachter: Sie sollen sich in Frau B. und den Pfarrer einzufühlen versuchen und das Ausmaß wahrnehmen, in dem letzterer Frau B. hilft, ihre Gefühle zu klären und ihre Bedürfnisse zu erkennen.

Üben Sie in einer anderen Sitzung die Überweisung eines Alkoholikers zu den Anonymen Alkoholikern und die Überweisung eines emotional zerrütteten Menschen zu einem Psychiater.

[21] Ein Verbatim von der Beratung dieses Falles durch einen Pfarrer ist abgedruckt in *N. S. Cryler* und *J. M. Vayhinger,* Casebook in Pastoral Counceling, 162–166. Anderes Material zum Üben der Überweisung: Fall Nr. 35: eine Geisteskrankheit, die sich hinter einer religiösen Terminologie verbirgt, 196–199; Fall Nr. 36: eine gestörte, zerrüttete Frau wird an einen Psychiater überwiesen, 199–203; Fall Nr. 20: ein Familienproblem, das drei Generationen betrifft, wobei der Großvater in ein Altersheim überwiesen wird, 117–122.

X. SEELSORGE ALS GRUPPENBERATUNG

Und als der Tag der Pfingsten erfüllt war, waren sie alle beieinander an einem Ort ... Und sie wurden alle voll des heiligen Geistes.

Apg. 2,1.4

Es erhöht die Selbstachtung eines Menschen, vertieft sein Selbstverständnis und hilft ihm, mit anderen zu leben, wenn er seine Gefühle, Gedanken und Erlebnisse in einer Atmosphäre gegenseitiger Achtung und gegenseitigen Verständnisses offen mit anderen teilen kann. Eine solche Erfahrung kann Menschen dienlich sein, gleich, wie krank oder wie gesund sie sind.

Jerome D. Frank[1]

Methoden der Gruppenberatung stellen das verheißungsvollste Hilfsmittel dar, wenn es darum geht, größere, schöpferische Fortschritte in der Seelsorge zu erzielen. Angewandt auf ein weites Spektrum von Lebensproblemen können sie eine Welle an Hilfsbereitschaft und Unterstützung in einer Gemeinde auslösen. Sie können eine Kirche dazu befähigen, eine zunehmende Kraft zur Verhinderung von Persönlichkeitsproblemen zu werden, wenn sie nämlich Menschen dazu anregt, innerlich in Richtung einer harmonischen Ausgeglichenheit zu wachsen. Obwohl in der seelsorgerlichen Gruppenberatung an vielen verschiedenen Orten aufregende Dinge geschehen, haben die meisten Kirchen doch erst einen winzigen Teil der großartigen Möglichkeiten auf diesem Gebiet in den Blick bekommen. Es kann kein Zweifel darüber bestehen, daß, was auch immer ein Pfarrer oder Theologiestudent unternimmt, um seine Fertigkeit in der Kunst der Gruppenberatung zu steigern, dies seinen seelsorgerlichen Dienst in vielerlei Hinsicht bereichern wird.

Vorzüge und Wert der Gruppenberatung

Die Gruppenberatung bietet gegenüber den Methoden der Einzelberatung mehrere entscheidende Vorzüge:

[1] Group Methods in Therapy, in: Public Affairs Pamphlet 284, 3–4.

1. Vieles von dem, was jetzt in der Einzelberatung geschieht, könnte in kleinen Gruppen *wirksamer* getan werden. Im allgemeinen können die verschiedenen, in diesem Buch beschriebenen Beratungsmethoden auch in der Gruppenberatung angewandt werden, oft mit größerem Erfolg als in der Einzelberatung.
Ehepaare zum Beispiel, die nach der Methode Bernes vorgehen, erkennen sehr schnell die Spiele, die andere Paare in der Gruppe spielen. So werden die »Spiele der Erwachsenen« aufgezeigt, und man kann sie offen verhandeln.
2. Der Pfarrer nützt seine Zeit besser und verantwortlicher, wenn er fünf bis fünfzehn Menschen hilft, wo er sonst nur einem einzigen helfen könnte. Dies ist höchst bedeutsam, wenn man daran denkt, daß ein Pfarrer in der Zeit, die ihm zur Verfügung steht, so viele Menschen wie möglich von der Last befreien möchte, die auf ihren Schultern liegt. Gruppenberatung ist der Schlüssel zur Erweiterung des sorgenden und fürsorgenden Auftrages einer Gemeinde. Sie ermöglicht es sehr vielen Menschen, etwas von der tiefen Befriedigung zu erfahren, die durch bedeutungsvolle mitmenschliche Bezüge in einer kleinen Gruppe entsteht. Dem Pfarrer, der diese Methode beherrscht, eröffnet sich ein Weg, eine vielfach größere Zahl von Menschen zu stützen, anzuregen, zu trösten und ihnen beizustehen, als er jemals in der Einzelseelsorge erreichen könnte.
3. Gruppenberatung kann vielen helfen, innerlich zu wachsen, die sonst nicht zu einer förmlichen Beratung kommen würden. Einer, der sich selbst als »nicht der Typ, der in die Sprechstunde eines Pfarrers gehen würde« bezeichnet, berichtet, daß eine zweijährige Teilnahme an einer Gruppe »Intensives Bibelstudium« sein Leben gründlich beeinflußt hat. Der Pfarrer, der diese Gruppe leitet, arbeitet u. a. mit Methoden der Gruppenberatung, auch wenn sie nicht ausdrücklich als solche bezeichnet werden.
4. Die Form der Gruppenberatung erlaubt es den einzelnen, *einander zu helfen.* Eines der wichtigsten neuen Elemente der Gruppentherapie ist die Existenz gegenseitig »gebender Beziehungen« im Unterschied zu den weithin »nehmenden Beziehungen« der Individualtherapie. In derselben Sitzung kann sich der einzelne als Helfender erfahren, sowie als einer, dem *geholfen wird.* Dies ist ein wichtiger Gesichtspunkt für Menschen, die sich vor Abhängigkeit fürchten und sich vor einer therapeutischen Beziehung scheuen, die einseitig vom Ratgeber zum Ratsuchenden führt. Die Gruppenberatung steht damit der Reziprozität des Lebens näher. In jedem Menschen schlummert die

Begabung, anderen zu helfen; als eine Möglichkeit, sie zu wekken, stellt die Gruppenberatung eine zeitgemäße Verwirklichung des alten Gebotes dar: »Einer trage des anderen Last« (Gal. 6,2). In einer guten therapeutischen Gruppe wird die Gruppe als Ganzes zu einem Instrument des Heilens und einer Hilfe zu innerem Wachstum.

5. Die kleine Gruppe bietet einen natürlichen Rahmen für eine *kurzfristige erziehende Beratung*. Ein Taufunterricht über drei Sitzungen mit vier bis sechs Ehepaaren regt einen Lernprozeß an, der weit über das hinausgeht, was erreicht werden könnte, wenn jedes Paar einzeln käme. Die Ehepaare lernen voneinander und werden bestärkt von dem Wir-Gefühl (esprit de corps) der Gruppe. Die Anwesenheit anderer wird zB. auch zurückhaltende Paare ermutigen, sich zu öffnen.

Das Konzept der Gruppenberatung entspricht genau einer Gemeinde, deren Veranstaltungsprogramm allein schon zeigt, daß sie sich aus Gruppen aller Größenordnungen zusammensetzt. Es ist eine naheliegende Beratungsform für einen Pfarrer, der es ja ständig mit Gruppen zu tun hat, als Leiter eines Sozialgefüges, das sich aus vielen Subgruppen zusammensetzt. Seine Kenntnisse in Gruppendynamik (nämlich der Kräfte, die eine Gruppe »laufen« lassen) und sein Geschick in der Gruppenberatung können ihm auch in seiner Arbeit mit den vielen anderen Gruppen der Gemeinde, die nicht ausgesprochene Beratungsgruppen sind, unschätzbare Dienste leisten. Schon eine kleine Zahl lebendiger Beratungsgruppen kann das ganze geistliche Klima einer Gemeinde positiv beeinflussen. Als ein Mittel, durch das in einer Gemeinde Gemeinschaft (koinonia) gestiftet wird, bildet die Gruppenberatung »ein integrierendes Element des kirchlichen Dienstes«[2].

Zur Typologie kirchlicher Gruppen

Im Optimalfall sollte eine Gemeinde fünf verschiedene Gruppen anbieten können: (a) *Dienstgruppen*, (b) *Studiengruppen*, (c) *Gruppen, in denen man Gemeinschaft finden kann, die einen trägt und anregt*, (d) *Beratungsgruppen* und (e) *Psychotherapiegruppen*. Jeder dieser Gruppentypen vermag im Dienst am

[2] *W. J. Knowles*, Gruppenberatung als Seelsorge und Lebenshilfe, 1971, 9.

Menschen, der der Kirche aufgetragen ist, eine Rolle zu spielen. Die überwiegende Mehrheit kirchlicher Gruppen vereint die ersten drei Funktionen – Dienste, Studium, Gemeinschaft – in verschiedenen Anteilen. Von der Kirche getragene Psychotherapiegruppen findet man verhältnismäßig selten. *Gruppenberatung* oder modifizierte Gruppentherapie ist für die meisten Gemeinden noch ein brachliegendes Gebiet. Gerade hier sind die Möglichkeiten fast unbegrenzt.

An anderer Stelle habe ich darüber gesprochen, welch ungeheure Bedeutung den Dienstgruppen, den Studien- und Gemeinschaftsgruppen in einer dynamischen Gemeinde zukommt[3].

Hier muß der Hinweis genügen, daß der Hauptbeitrag der Gruppenberatung für diese Gruppen darin besteht, daß die ganz persönlichen Bedürfnisse des einzelnen befriedigt werden. Der Schlüssel zur Belebung schon bestehender Gruppen und Kreise liegt in der Ausbildung der Gruppenleiter nach den Methoden der Gruppenberatung.

Hier seien ein paar Aufgaben eines kreativen gruppenorientierten Leiters (und eines Gruppenberaters) aufgezählt:

(1) Er verteilt möglichst viele Führungsaufgaben unter die Gruppenmitglieder. (2) Er achtet darauf, daß alle Teilnehmer die Gelegenheit haben, an Gruppenentscheidungen mitzuwirken. (3) Er macht Mut zu einer freien Kommunikation. (4) Er sucht Möglichkeiten zur Mitarbeit der einzelnen zu vermehren. (5) Er bemüht sich, eine Atmosphäre zu schaffen, die auf niemanden frustrierend wirkt, eine Atmosphäre, in der Gefühle und Ansichten akzeptiert werden. (6) Er strahlt emotionale Wärme und Empathie aus und ermutigt durch sein Beispiel die anderen zu der gleichen Haltung. (7) Er schlägt den Ton an, der in der Gruppe herrschen soll, indem er allen Äußerungen seine volle Aufmerksamkeit widmet. Eine spiegelnde Wiedergabe mag dies zum Ausdruck bringen: »Lassen Sie mich sehen, ob ich verstanden habe, was Sie meinen ...« (8) Als »Verbindungsmann«, der die Beziehungen zwischen den verschiedenen Einzelbeiträgen im Gespräch aufweist, verhilft er zu gruppenorientierten Beiträgen (im Gegensatz zu individuell orientierten Äußerungen)[4].

Ein Leiter dieses Formats ist ein Kommunikationskatalysator, der den Gruppenprozeß in Gang setzt und die Fähigkeiten, die in der Gruppe stecken, zur Entfaltung kommen läßt. Die Bedürfnisse eines Menschen als personales Wesen werden befriedigt, sobald sich seine wichtigen zwischenmenschlichen Beziehungen durch Kommunikation vertiefen.

---

[3] Mental Health Through Christian Community, 157–161.

[4] In freier Wiedergabe aus *Th. Gordon*, Group Centered Leadership and Administration, Boston 1956, in: Rogers' Client-Centered Therapy, 45.

Welche Erfahrungen sind am besten dazu geeignet, kreative Leiter auszubilden, so daß die Schule, die Jugendgruppe, der Männerkreis, der Frauenzirkel, der Kreis der Ehepaare, der Altenclub und was es sonst an Gruppen gibt, ihre Fähigkeit, Menschen zu innerem Wachstum anzuregen, soweit wie möglich steigern können? Die Antwort lautet: *Gruppenberatung* und *Sensitivity Training*. Dies kann in Form einer Seminarreihe für Gruppenleiter geschehen, in Form einer intensiven Wochenendrüstzeit oder in Form einer fortlaufenden Weiterbildungsgruppe. Der Psychiater Gerald Caplan beschreibt eine gut arbeitende Gruppe als eine Gruppe, »in der die Autoritätsstrukturen durchsichtig und annehmbar sind, in der das Netzwerk der Kommunikation offenliegt und in der die Rollen der Gruppenmitglieder sich gegenseitig ergänzen«[5]. Die Leiter kirchlicher Gruppen, die ihre Autorität richtig einsetzen, die die Kommunikationslinien offenhalten und den Teilnehmern helfen, in gegenseitig befriedigender Art und Weise miteinander umzugehen, besitzen in der Tat einiges von jenem grundlegenden Geschick und Einfühlungsvermögen, das man zur Gruppenberatung braucht. Die Teilnahme an einem Sensitivity Training oder an einer Therapiegruppe bietet die beste Möglichkeit, sich zu einem kreativen Leiter oder Gruppenberater fortzubilden. *Leitungstechniken* sind wichtig, aber ihr Nutzen wird oft durch die eigenen Probleme des Leiters und sein mangelndes Einfühlungsvermögen eingeschränkt. *Ein Pfarrer, der die Gruppen in seiner Gemeinde mit neuem Leben erfüllen möchte, sollte eine »Gruppe zur Vertiefung der Gruppenleitung« einrichten, die mit Sensitivity Training und Methoden aus der modifizierten Gruppentherapie arbeitet.* Es wird sich reichlich auszahlen.

Gruppenpsychotherapie in der Kirche

Parallel zu den konventionellen Kreisen sollte es in jeder Gemeinde eine oder mehrere Gruppen mit einer spezifisch seelsorgerlichen Zielsetzung geben. Gemeint sind Gruppen, die sich offen mit den Gefühlen und Einstellungen ihrer Teilnehmer befassen, Gruppen, die ihnen in persönlichen Krisen beistehen, die Lebensprobleme zu bewältigen suchen, Gruppen, die Ehepaaren und Eltern mehr Befriedigung vermitteln wollen; ge-

[5] Principles of Preventive Psychiatry, 45.

meint sind Gruppen, die dem einzelnen helfen, in seinem geistlichen Leben zu wachsen, ein Gefühl dafür zu bekommen, was zwischen Menschen vor sich geht und sich selbst anzunehmen. Einige dieser Ziele können gleichsam als Nebenprodukt auch in anderen Gruppen erreicht werden, die schöpferisch geführt werden. Aber eine Kirche, die sich konkreter Nöte annehmen möchte, sollte auch bestimmte Gruppen anbieten können, die sich diese Ziele ausdrücklich zu ihrem raison d'être gemacht haben.

Der Begriff »Gruppenpsychotherapie« (oft abgekürzt als »Gruppentherapie«) ist ein Sammelname für eine Vielzahl gruppentherapeutischer Ansätze[6], die folgende gemeinsame Merkmale aufweisen:

(1) Die Gruppe hat einen ausgesprochen therapeutischen Zweck, den die Teilnehmer von vornherein kennen. (2) Die Gruppe kommt nur zu diesem psychotherapeutischen Zweck zusammen (auch wenn man nach den Sitzungen noch zwanglos beisammen sein kann). Es gibt keine bestimmten Vorhaben, keine Programme, keine Unterweisung im formalen Sinn. (3) Der Gruppe ist vorrangig daran gelegen, daß der einzelne Teilnehmer sich selbst besser kennenlernt, daß er es lernt, sich selbst anzunehmen und kreative zwischenmenschliche Bezüge herzustellen. (4) Der Mut zur freien Meinungsäußerung – einschließlich negativer Gefühlsäußerungen anderen Teilnehmern oder dem Leiter gegenüber – wird erwartet und bestärkt. (5) Das Schwergewicht der Arbeit liegt auf der Interaktion *innerhalb der Gruppe*, wobei man davon ausgeht, daß sich darin die allgemeinen Verhaltensmuster der Teilnehmer widerspiegeln. (6) Solche Gruppen sind normalerweise klein, in der Regel sechs bis acht Personen. Viele von ihnen kommen über mehrere Jahre hinweg zusammen[7].

Jerome D. Frank faßt die Möglichkeiten der Gruppenpsychotherapie folgendermaßen zusammen:

»Therapiegruppen unterscheiden sich von der Individualtherapie hauptsächlich darin, daß sie dem alltäglichen Leben näherstehen. Sie unterscheiden sich von gewöhnlichen sozialen Gruppen darin, daß sie zu ehrlichen Gefühlsäußerungen ermutigen und Menschen nach anderen Kriterien als dem der Leistung beurteilen[8]. All dies verhilft Patienten zu der unvermuteten Entdeckung, daß es anderen ganz ähnlich geht; dies wirkt ihrem Gefühl der Vereinsamung entgegen und erleichtert das Entstehen einer neuen Einstellung. Therapiegruppen aktivieren das Gefühlsleben der Patienten: sie üben auf sie einen Druck aus, etwas von sich selbst preiszugeben, sie konfrontieren sie mit verschiedenen

---

[6] In der Literatur zur Gruppentherapie finden sich mehr als 25 Methoden. Vgl. *R. J. Corsini*, Methods of Group Psychotherapy, 4.

[7] Nach *G. R. Bach*, Intensive Group Psychotherapy.

[8] Die »Eintrittskarte« heißt nicht: »Ich habe Erfolg gehabt«, sondern: »Ich bin gescheitert.«

Weltanschauungen und sie lassen sie Spannungen erleben, die aus den unterschiedlichen Lebenserfahrungen sowie aus der Gruppensituation selbst erwachsen. Die Teilnehmer schöpfen neue Hoffnung, sie bekommen mehr Achtung vor sich selbst, weil die Gruppe ihnen ein Gefühl der Zugehörigkeit gibt, weil sie sehen, wie andere Fortschritte machen, und weil sie Gelegenheit haben, einander zu helfen. Therapiegruppen begünstigen eine kognitive sowie eine verhaltensmäßige Änderung dadurch, daß sie mehrere Modelle bereitstellen, daß sie die Teilnehmer ermutigen, ihre Gefühle den anderen und dem Therapeuten gegenüber auszudrücken und zu überprüfen und dazu zwingen, die Kommunikation trotz eines Konfliktes aufrechtzuerhalten. Änderungen, die in der Gruppe hervorgerufen werden, festigen sich, da die Teilnehmer Gruppennormen internalisieren, die normalerweise in mancherlei Hinsicht gesünder sind als die Normen der einzelnen, aus denen sich die Gruppe zusammensetzt.«[9]

Unbewußt versuchen die Menschen gerne, ihre ursprünglichen familiären Beziehungen in den Gruppen, zu denen sie gehören, wiederherzustellen. In einer Therapiegruppe wird diese natürliche Übertragungstendenz zu einem wichtigen Bestandteil der therapeutischen Arbeit. Der Mensch hat in der Tat eine »neue Familie« gefunden und damit eine neue Gelegenheit, emotional zu reifen.

Eine Gemeinde an der Westküste unterhielt eine Psychotherapiegruppe, die von einem Gemeindeglied, einem Sozialarbeiter geleitet wurde. Der zweite Pfarrer der Gemeinde, der eine umfassende seelsorgerliche Ausbildung absolviert hatte, arbeitete als Ko-Therapeut. Die Gruppe war auf zehn Teilnehmer begrenzt, aber insofern offen, als neue Mitglieder aufgenommen wurden, sobald andere aufhörten. Die Gruppe kam einmal pro Woche für eineinhalb Stunden – wie in der Gruppentherapie allgemein üblich – im Bildungszentrum der Gemeinde zusammen. Teilnahmeberechtigt waren sowohl Gemeindeglieder als auch Menschen, die nicht zur Gemeinde gehörten. Die Therapeuten arbeiteten unentgeltlich. Die Teilnehmer zahlten pro Woche einen kleinen Betrag, der eventuelle Unkosten, wie zB. die Konsultation eines Psychiaters, decken sollte. Als ein Angebot für Menschen mit familiären Schwierigkeiten arbeitete die Gruppe mit größtem Erfolg. Während eines Zeitraums von zweieinhalb Jahren nahmen mehr als 70 Leute teil, viele von ihnen mit sehr ernsten Problemen. Dieses Unternehmen zeigte, welche therapeutischen Möglichkeiten sich eröffnen, wenn ein Pfarrer als Ko-Therapeut mitwirkt. Man hätte erwarten können, daß seine Gegenwart heftige Gefühlsausbrüche hemmen

---

[9] Persuasion and Healing, Baltimore 1961, 189–190.

würde, aber sie schien sie eher zu begünstigen. In der zweiten Hälfte ihres Bestehens nahm die Gruppe einen Theologiestudenten als Praktikanten in der Gruppentherapie auf.

Diese und ähnliche Gruppen zeigen, daß die reine Gruppenpsychotherapie ein wertvoller Bestandteil des Seelsorgeauftrages einer Gemeinde sein kann, *vorausgesetzt, daß gut ausgebildete Therapeuten zur Verfügung stehen.* Gruppenpsychotherapie ist – mehr noch als die Individualpsychotherapie – eine sehr vielgestaltige Kunst. Die Gruppe soll zu einem Instrument des Heilens werden, so daß Heilung nicht nur *in* der Gruppe, sondern *durch* die Gruppe geschieht. Wer nur eine begrenzte Ausbildung hat, sollte sich nur dann in der Gruppenpsychotherapie versuchen, wenn er unter Kontrolle eines voll ausgebildeten Gruppentherapeuten steht. Wenn die Teilnehmer einer Gruppe über einen längeren Zeitraum hinweg ihre Gefühle offen aussprechen, dann entstehen sehr tiefe Bindungen, die manchmal bis zu sexuellen Beziehungen führen. Starke Übertragungsreaktionen kommen vor. Ein bösartiges Aus-Agieren kann stattfinden. Nur eine erfahrene Leitung kann das Risiko vermindern, das in der Gruppentherapie liegt. Aber eine Kirche sollte nicht deswegen ihr Veto gegen eine Therapiegruppe einlegen, weil sie ein unvermeidbares Risiko beinhaltet. Die einzige Möglichkeit, jedes Risiko zu vermeiden, besteht darin, jede Beratung und alle Kontakte gerade zu den Menschen zu meiden, die die Kirche am meisten brauchen.

Wenn eine Gemeinde einen Pfarrer hat, der hauptamtlich in der Beratung tätig ist oder jemanden, der es beruflich mit psychisch Kranken zu tun hat und eine Ausbildung in Gruppentherapie mitbringt, dann sollte sie mit gutem Gewissen diese Form der Hilfe für Menschen bereitstellen, die in gewissem Sinne seelisch gestört sind. Steht eine solche fachmännische Leitung nicht zur Verfügung, dann sollte sie ihr Augenmerk auf eine *Gruppenberatung* (modifizierte Gruppentherapie) für relativ »normale« Menschen richten. Ob es nun in einer Gemeinde eine Psychotherapiegruppe gibt oder nicht, im Mittelpunkt aller Bemühungen auf diesem Gebiet sollte die Gruppenberatung für die Vielzahl der Menschen stehen, die zwar nicht psychologisch »krank« sind, die aber aus der Erfahrung des Sichaustauschens in einer kleinen Gruppe den größten Nutzen ziehen könnten.

Solche Menschen gibt es in jeder Gemeinde: Menschen, die eine Zeit schwerer seelischer Belastung durchmachen, Menschen, die alle möglichen Probleme mit sich herumschleppen, die sich unglücklich fühlen, oder Menschen, die ganz einfach geistlich weiterkommen, ihre zwischenmenschlichen Beziehungen vertiefen oder ihre Schaffensfreude steigern wollen.

Spielarten seelsorgerlicher Gruppenberatung

Ein Pfarrer, der etwas von Gruppendynamik versteht und eine allgemeine seelsorgerliche Ausbildung genossen hat, kann diese Erfahrungen mit großem Gewinn in der *Gruppenberatung* anwenden. Je gründlicher er ausgebildet wurde (besonders in klinischer Hinsicht), desto eher wird er erspüren können, zu welcher seelsorgerlichen Arbeit kleine Gruppen fähig sind; desto weniger wird er sich auch genötigt sehen, die direkte Gruppentherapie einzuschränken, nur weil sie sein Können überfordert.

Eine seelsorgerliche Gruppenberatung unterscheidet sich von der Gruppenpsychotherapie in einem oder mehreren der folgenden Punkte:

(1) Die Gruppe kann größer sein; das Maximum liegt gewöhnlich bei fünfzehn Teilnehmern. Die Intensität der Interaktionen nimmt freilich mit zunehmender Größe der Gruppe ab.

(2) Die Ziele der Gruppe sind weiter gesteckt; sie können etwa Fortbildung, soziales Engagement und persönliche Anregungen einschließen.

(3) Der Leiter kann die Rolle eines Lehrers übernehmen, der Inhalte und Strukturen anbietet.

(4) Die Lebensdauer der Gruppe kann kürzer sein und durch Vereinbarung von vornherein festgelegt werden.

(5) Die Häufigkeit der Zusammenkünfte kann eingeschränkt werden.

(6) Der Gruppenprozeß zielt eher auf bestimmte Probleme oder Themen als auf eine allgemeine Persönlichkeitsänderung.

(7) Der Leiter kann die Tiefe der Interaktion bewußt dadurch begrenzen, daß er jede Ermutigung zu sehr persönlichen Gefühlsäußerungen[10] unterläßt, einschließlich jener Gefühle, die die Teilnehmer füreinander empfinden.

---

[10] *R. L. Brizee* unterscheidet zwischen »privaten« und »allbekannten« Gefühlen und weist darauf hin, daß ein Pfarrer den Tiefgang einer Gruppe daran ersehen kann, in welchem Ausmaß private Gefühle geäußert werden. Er kann ferner einer Beratungsgruppe helfen, den Übergang in eine Psychotherapiegruppe zu vermeiden, indem er sehr persönliche (= private) Gefühlsäußerungen übergeht.

(8) Eine Gruppenberatung wird die Bedürfnisse verhältnismäßig »normaler« Menschen wahrscheinlich eher ansprechen und befriedigen als eine Gruppentherapie, obwohl auch die reine Gruppentherapie für diese Menschen sehr wertvoll sein kann.

Modifiziert man den gruppentherapeutischen Ansatz an einem oder mehreren dieser Punkte, dann wird man damit auch *die Intensität des therapeutischen Prozesses abschwächen;* gleichzeitig aber würde es auch einem nicht voll ausgebildeten Leiter eher möglich sein, mit dieser Methode erfolgreich zu arbeiten. Die Gruppenberatung behält folgende Merkmale der Gruppenpsychotherapie bei: im Rahmen einer kleinen Gruppe befaßt sie sich mit den persönlichen Problemen der Teilnehmer; Offenheit in bezug auf Gefühle und Themen, die in den meisten sozialen Situationen tabu sind, wird angeregt und erwartet; man bestärkt und schätzt eine Art der Kommunikation, die nicht an der Oberfläche stehenbleibt. All dies – hinzu kommt noch die Überwindung zwischenmenschlicher Barrieren – führt zu tief befriedigenden Beziehungen mit anderen Menschen. Beide, Gruppenberatung und Gruppenpsychotherapie, haben zum Ziel, daß Menschen innerlich weiterkommen, wachsen und reifen – auch wenn sie auf verschiedenen Ebenen arbeiten.

Außer der Phantasie der Leiter, ihrer Ausbildung und ihrer Bereitschaft zum Experiment sind der Gruppenberatung in einer Gemeinde keine Grenzen gesetzt. Lebendige Gemeinden arbeiten vielerorts mit allen möglichen neuen Gruppen. Die Hochblüte kleiner Gruppen, in denen Menschen das, was sie ganz persönlich bewegt, miteinander teilen und austauschen können, gehört zu den faszinierenden Entwicklungen im religiösen Leben der Gegenwart.

Viele verschiedene Bezeichnungen werden gewählt: »Entdekkungsgruppe«, »Personale Gruppe«, »Begegnungsgruppe«, »Gebetsgruppe«, »Koinoniagruppe«, »Wachstumsgruppe«, »Anteilnehmende Gruppe«, »Yokefellow-Gruppe«, »Bibel-Erkundungs-Gruppe«, »Gemeinschaftsgruppe« oder ganz einfach »Gruppe«. Ich stimme mit Robert C. Leslie darin überein, daß die große Zahl dieser Gruppen, die überall aus dem Boden schießen[11], eines der hoffnungsvollsten Zeichen kirchlicher Erneuerung ist.

Wie schon vorher angedeutet, bilden kleine Gruppen den besten Rahmen für eine *erziehende Beratung.* Im Idealfall *sollte eine*

---

[11] The Uniqueness of Small Groups in the Church, in: Pastoral Psychology, Juni 1964, 33.

Gemeinde ein ganzes Netz von Gruppen für eine erziehende Beratung schaffen, so daß Menschen jeden Alters und aller Lebensstadien, Menschen mit den verschiedensten Anliegen und Problemen persönliche Hilfe finden können. Um das weite Anwendungsgebiet für diese Arbeitsweise aufzuzeigen, seien hier Beispiele für eine erziehende Gruppenberatung angeführt, die auf die Bedürfnisse von Menschen in jeder der »acht Phasen«[12] des Lebens gerichtet sind.

1. Stadium: Kleinkindalter (Geburt bis fünfzehn Monate). *Entwicklungsziel:* Urvertrauen. *Zutreffende Beratungsgruppe:* »Vorbereitung auf die Elternschaft«. Eine Gemeinde in Ohio bot in regelmäßigen Abständen erziehende Beratungsgruppen für zukünftige Eltern an. Solche Gruppen helfen Ehepaaren mit der Erwartungsangst fertigzuwerden und widerstrebende Gefühle über die Elternschaft durchzuarbeiten. Ebenso geben sie dieser stark – nämlich aus einem Gefühl der Hilflosigkeit heraus – motivierten Gruppe wertvolle Informationen. Das Buch von Margaretha A. Ribble »The Rights of Infants« gibt künftigen oder jungen Eltern nützliche Ratschläge, ebenso das Buch von Stella Chess u.a.[13], »Your Child is a Person. A Psychological Approach to Parenthood Without Guilt«. Gerald Caplan nennt die Arbeit solcher Gruppen »antizipatorische Führung« oder »emotionale Vorbeugung«:

»Bei den Gesprächen in der kleinen Gruppe oder mit den einzelnen lenkt dann der Facharzt ihre Aufmerksamkeit auf die Details der bevorstehenden gefährlichen Situation und versucht, eine lebhafte Vorempfindung dieser Erfahrung mit all den dazugehörigen Gefühlen hervorzurufen ... Dann hilft er ihnen, verschiedene Lösungsmöglichkeiten für die anstehenden Probleme in Betracht zu ziehen; dazu gehört auch die Frage, wie man mit negativen Gefühlen fertig wird. Wenn dann der entscheidende Augenblick kommt, wird die Bedrohlichkeit der Situation etwas abgeschwächt sein, weil sie nicht mehr ganz unbekannt ist, und die Betreffenden werden es gelernt haben, darauf angemessen zu reagieren.«[14]

2. Stadium: frühe Kindheit (fünfzehn Monate bis zweieinhalb Jahre). *Ziel:* Autonomie. *Zutreffende Beratungsgruppe:* Eltern lernen und finden Gemeinschaft. Gemeinden, die sich der unge-

---

[12] *E. H. Erikson,* Identity and the Life Cycle (deutsch: Jugend und Krise, 1970). Eine Gemeinde sollte Gruppen einrichten, die die Bedürfnisse eines Menschen in jedem der acht Lebensstadien ansprechen. Um dies zu erreichen, könnten sich alle fünf Gruppentypen als nötig erweisen.

[13] *Ribble's* Buch bei Columbia University Press 1943, das von *Chess* bei Viking Press 1965.

[14] Principles of Preventive Psychiatry, 84.

heuren Bedeutung einer guten Eltern-Kind-Beziehung während des Vorschulalters bewußt sind, bieten den betreffenden Eltern oft eine Lerngruppe an. In einer Gemeinde befaßte sich eine Gruppe junger Ehepaare in der Sonntagsschule unter der Leitung eines erfahrenen Kinderpsychologen über mehrere Jahre hinweg mit der »Welt des Kindes«. Die gegenseitige Anteilnahme und das Sich-austauschen-Können wurde zu einer tiefen und lohnenden Erfahrung. Angstgefühle über die Elternschaft wurden abgemildert und wertvolle Informationen gegeben. Noch häufiger findet man eine Lern- und Gemeinschaftsgruppe für Mütter von kleinen Kindern. Was auch immer eine Gemeinde unternimmt, um Eltern von Kindern im Vorschulalter Ermutigung, sachliche Auskünfte und Anregungen zu geben, wird sich bis weit in die Zukunft reichlich auszahlen, sowohl geistlich als auch psychologisch.

3. Stadium: Spielalter (drei bis sechs Jahre). *Ziel:* Initiative. *Zutreffende Beratungsgruppe:* das Kind im Vorschulalter. Eine Gemeinde in Long Island bot für Mütter von Kindern im Vorschulalter eine fortlaufende Veranstaltung über die »Welt des Kindes« an; sie bediente sich dabei der Methode der erziehenden Beratung. Die Gruppe traf sich einmal wöchentlich, einen Vormittag lang, das ganze Schuljahr hindurch. Ein von der Gruppe gewähltes Leitungsteam entwarf im Einvernehmen mit dem Pfarrer das jeweilige Programm. Eine Zusammenkunft begann normalerweise mit einem zwanglosen Gespräch bei einer Tasse Kaffee. Danach kam eine kurze Information über ein Thema, das die Mütter gerade interessierte und bewegte, zB. die Besprechung eines Kapitels aus Dorothy Baruchs Buch »New Ways in Discipline«[15] oder ein Kurzreferat »Was ist zu tun, wenn sich ein Kind vor dem Tod fürchtet?«. In den lebhaften Diskussionen, die darauf folgten, kamen auf jeden Fall auch die Gefühle der Teilnehmerinnen zur Sprache. Während sich die Mütter im Empfangsraum der Kirche trafen, gingen die Kinder in die Kinderschule im gleichen Gebäude, die unter der Leitung geübter freiwilliger Helfer stand. Die Gruppenerfahrung nahm den Müttern etwas von der Einsamkeit, die das Los vieler junger Mütter ist, sie stärkte ihr Selbstvertrauen und gab ihnen zu vielen Problemen sachdienliche Informationen. Die Erfahrung in der Kinderschule half den Kindern, alle möglichen Geschicklichkeiten zu erwerben und mit anderen Kindern und Erwachsenen außerhalb der Familie umzugehen.

---

[15] New York 1949.

4. Stadium: Schulalter (sechs bis zwölf Jahre). *Ziel:* Werksinn. *Zutreffende Beratungsgruppe:* Elternlerngruppe. Während seiner seelsorgerlichen Tätigkeit traf Edgar N. Jackson bei Eltern mit Kindern vor der Adoleszenz oft ein Gefühl der Hilflosigkeit an. Deshalb lud er fünf oder sechs Ehepaare zu einer Reihe von acht Zusammenkünften ein, um gemeinsame Sorgen zu besprechen. Er begann jede Sitzung mit einer kurzen Einführung über Themen wie »Die Psychologie der Eltern-Kind-Beziehung«. Dies regte schnell ein Gespräch an, das sich in Richtung Gruppenberatung entwickelte, dh. die Gefühle und Probleme der Eltern wurden verhandelt. So kann man bei einer Vielzahl von Gruppen vorgehen, die eine »Bereicherung in der Elternschaft« zum Ziel haben. Man sollte diese Arbeit auf verschiedene Altersgruppen ausrichten und bei den besonderen Anliegen und Problemen dieser Altersgruppen einsetzen.

5. Stadium: Adoleszenz (Pubertät bis 20 Jahre). *Ziel:* Identität. *Zutreffende Beratungsgruppe:* »Sex und der ganze Mensch«. Mehrere Gemeinden an der Westküste haben für Jugendliche der Höheren Schulen einen Sexualunterricht nach Methoden der erziehenden Gruppenberatung gehalten. Diese Veranstaltung vermittelte exakte Fakten, fragte dabei nach dem spezifisch christlichen Beitrag und bot darüber hinaus den jungen Leuten eine Gelegenheit, ihre eigenen Einstellungen, Erwartungen und Befürchtungen auf sexuellem Gebiet zu erforschen. Die Eltern trafen sich zur gleichen Zeit in einer eigenen Gruppe, die ähnlich organisiert war.

Teenager-Selbsterfahrungsgruppen erweisen sich oft als sehr wertvoll. Eine Reihe von Gemeinden haben sowohl mit kurzfristigen als auch mit langfristigen Gruppenveranstaltungen experimentiert. Solche kleinen Gruppen helfen jungen Menschen, offen über ihre Gefühle und Probleme zu sprechen, besser und befriedigender miteinander umzugehen und zu ihrem eigenen, persönlichen Glauben zu finden. In einigen Fällen wurde die Methode der erziehenden Beratung bei Konfirmandengruppen und Bibelarbeitsgruppen für Jugendliche angewandt. Donald R. Rhoades schrieb: »Mehr als irgendeine andere Institution ... stellt die Kirche dem Kind und dem Heranwachsenden eine Gemeinschaft, eine Art zweiter Familie zur Verfügung, die den Prozeß des Sich-Lösens von der eigenen Familie unterstützt.«[16] Selbsterfahrungsgruppen und Wachstumsgruppen für Jugendliche können auf diese Weise den Reifungsprozeß erleichtern.

---

[16] A Faith for Fellowship, Philadelphia 1965, 112.

6. Stadium: der junge Erwachsene. Ziel: Intimität. *Zutreffende Beratungsgruppe:* »Voreheliche Gruppenberatung«. Die Psychiaterin Lena Levine und die Sozialarbeiterin Jeanne Brodsky haben die Wirksamkeit einer vorehelichen Beratung mit Gruppen von zwei bis acht Paaren nachgewiesen. Ihre Veranstaltung bestand aus drei Sitzungen von je drei Stunden Dauer, die jeweilig den Themen Liebe, Sex, Elternschaft gewidmet waren. Sie berichten:

»Die grundlegende, objektive Information, die gegeben wird, kann dazu beitragen, falsche Vorstellungen zu korrigieren und so den Weg für gesündere Einstellungen zu ebnen ... Die Gruppensitzung gibt ihnen einen Anreiz, miteinander über die Probleme zu sprechen und hilft ihnen in ihrer zwischenmenschlichen Kommunikation. Ebenso weist die Gruppe nachdrücklich darauf hin, daß alle Menschen bestimmte Urbedürfnisse haben und trägt so dazu bei, ein Bewußtsein für die Gleichheit aller zu entwickeln. Dies ermöglicht ein vermindertes Isolationsgefühl, weckt aber gleichzeitig ein Bewußtsein für die Einzigartigkeit eines jeden Menschen, die das Ergebnis seiner Erbanlagen und seiner Lebenserfahrungen ist. Der Gruppenprozeß ermöglicht eine schnellere Befreiung von Furcht, Ängsten und Schuldgefühlen und hilft bestimmte Konflikte offenzulegen, von denen eine ganze Anzahl unmittelbar durch die Gruppe gelöst werden können. Andere, tieferliegende Schwierigkeiten werden manchmal aufgedeckt, und die Notwendigkeit einer zusätzlichen fachmännischen Behandlung wird eher akzeptiert, wenn die Gruppe einen trägt und stützt.«[17]

»Zusammenfinden« – unter diesem Namen bot eine Gemeinde an der Westküste eine Bereicherungsgruppe für junge Erwachsene während der ersten Ehejahre an. Rollenspiele über typische Anpassungsschwierigkeiten in einer jungen Ehe wurden benützt, um die Gruppe schnell zu öffnen. Dies war ein hervorragendes Beispiel für eine vorbeugende Seelsorge. Mit einer einzigen Ausnahme nahmen die Ehepaare an der Gruppe teil, nicht weil ihre Ehen bedroht waren, sondern weil sie aus einer guten Ehe eine bessere machen wollten. Bereicherungsgruppen für Ehepaare sind für alle Altersstufen hilfreich. Ein Buch wie Eric Bernes »Spiele der Erwachsenen« bringt in solchen Gruppen auf sehr gute Weise das Gespräch in Gang.

7. Stadium: Erwachsenenalter. Ziel: zeugende Fähigkeit. *Zutreffende Beratungsgruppe:* »Die schöpferischen Jahre«. Die Zeit, in der wir leben, bringt für viele Menschen in den mittleren Lebensjahrzehnten große Belastungen mit sich. Eine Gemeinde an der Ostküste schuf eine Bereicherungsgruppe für Ehepaare von 35 bis 50 Jahren. Sie wurde vom Pfarrer geleitet, der sich

---

[17] Group Premarital Counseling, 1953.

Reuel Howes Buch »The Creative Years«[18] als Hilfsmittel bediente. In jeder Sitzung gab ein Ehepaar eine Zusammenfassung der wichtigsten Gedanken eines Kapitels. Dann gestaltete man in einem Rollenspiel eine Eheszene, die ein bestimmtes Problem deutlich machte. Ein großer Teil des Gespräches drehte sich um die Frage, wie man die ehelichen Beziehungen vertiefen und einen inneren Halt finden könnte, um mit den Wertkrisen der mittleren Lebensjahrzehnte fertigzuwerden.
8. Stadium: die reifen Jahre. Ziel: Ich-Integrität. *Zutreffende Beratungsgruppe:* »Vorbereitung auf den Ruhestand«. Eine New Yorker Gemeinde experimentierte mit Gruppen, die Männern, die kurz vor dem Ruhestand standen oder eben in den Ruhestand getreten waren, eine antizipatorische Führung geben sollten. Der Pfarrer bekam die Gruppen zusammen, indem er einfach sechs bis zehn Herren dazu einlud, sich mit ihm zu einem Gedankenaustausch zum Thema »Freude am Ruhestand« zu treffen; die Einladung erstreckte sich auf sechs Sitzungen.
Die Methoden der erziehenden Beratung haben sich bei kleinen Gruppen von älteren Mitbürgern[19] bewährt. Bei dieser Altersgruppe ist es besonders wichtig, die Bezeichnung »Beratung« zu vermeiden.
Zusätzlich zu den Beratungsgruppen, die altersmäßig zusammengesetzt sind, sollte eine Gemeinde sachorientierte Gruppen anbieten, die durch alle Altersstufen hindurchgehen. In den meisten Gemeinden haben sich Gruppen, denen es auf ein geistliches Wachstum ankommt, am besten bewährt, wenn es darum ging, möglichst viele Erwachsene, über alle Altersgrenzen hinweg, für eine erziehende Gruppenberatung zu gewinnen, also etwa Yokefellow-Gruppen oder »Intensives Bibelstudium«-Gruppen, wie Robert A. Raines »Koinonia«-Gruppen. Diese Versuche sollen im Kapitel über »Beratung bei religiös-existentiellen Problemen« besprochen werden.

Einige Grundregeln für eine erziehende Gruppenberatung

(1) Folgende Punkte scheinen eine Rolle zu spielen, wenn eine Gruppe für Menschen attraktiv sein soll: (a) das ganze Unter-

[18] New York 1959.
[19] Zur Diskussion über Methoden der Gruppenarbeit mit älteren Erwachsenen *H. I. Driver*, Counseling and Learning through Small-Group Discussion, 420–429.

nehmen muß darauf abgezielt sein, die *tatsächlich vorhandenen* Bedürfnisse eines bestimmten Personenkreises in der Gemeinde anzusprechen[20]. (b) Der Name der Gruppe darf nicht abschrekkend wirken, und die Werbung muß zurückhaltend sein. (c) Der Pfarrer oder der Gruppenleiter läßt den Leuten, die dafür in Frage kommen, eine persönliche Einladung zukommen. (d) Der Zweck der Gruppe wird von vornherein klar und deutlich ausgesprochen und bei der ersten Zusammenkunft noch einmal formuliert.

(2) Eine Gruppe, die eine wirksame erziehende Beratung leisten will, muß klein genug sein, damit alle ausreichend am Gespräch teilnehmen können.

(3) Die Einführung zu Beginn einer Sitzung sollte kurz sein und eine unmittelbare Beziehung zu den tatsächlich vorhandenen Bedürfnissen der Gruppe haben. Ganz am Anfang sollte der Leiter jeden einzelnen fragen, was er sich von dieser Gruppe erhofft. Die Antworten geben ihm einen ungefähren Überblick über die Bedürfnisse und über die Lernbereitschaft der Gruppe. Lange Vorträge sind verboten, weil sie das Gespräch töten! Nach höchstens zehn Minuten der »Aussaat« sollte der Leiter zu Rückäußerungen (feedback) einladen und so lange gezielte Fragen stellen, bis die ganze Gruppe in das Gespräch einbezogen ist. Er kann das gefühlsmäßige Engagement der Teilnehmer dadurch steigern, daß er ein Thema an Hand eines zwar erfundenen, aber doch alltäglich-möglichen Falles personalisiert oder etwas aus seinem eigenen Leben erzählt. Die meiste Zeit der Sitzung verbringt die Gruppe damit, daß sie sich um die aufgeworfenen Probleme im Blick auf die persönliche Situation eines jeden Teilnehmers bemüht.

(4) Der Angstpegel der Gruppe (und des Leiters) wird reduziert, wenn man ein Buch als Arbeitshilfe heranzieht, ein Thema gibt oder die einzelnen Sitzungen locker aufgliedert; die gleiche Wirkung wird erreicht, wenn der Leiter für kurze Zeit die Rolle eines Lehrers übernimmt. Je weniger eine Gruppe struk-

---

[20] Das Veranstaltungsprogramm vieler Gemeinden ist schon mit allen möglichen Zusammenkünften überladen. Eine sorgfältige Überprüfung bestehender Gruppen könnte ergeben, daß die Energien der Gemeinde an viele Projekte gebunden sind, die nicht mehr den Bedürfnissen der Menschen *heute* entsprechen. Die Entscheidung darüber, welche Typen der Gruppenberatung angeboten werden müßten, sollte von der Frage abhängen, welche Bedürfnisse in der jeweiligen Gemeinde bisher völlig ignoriert worden sind. Einige Gemeinden halten es so, daß sie eine Anzahl von Beratungsgruppen einrichten, die der soziologischen Gruppierung der Gemeinde entsprechen. Dieser Versuch hat einiges für sich.

turiert ist, desto höher ist der Angstpegel. Zuviel Strukturierung schränkt die Spontaneität der Gruppe ein und vermindert das persönliche Engagement der Teilnehmer. Ein Übermaß an Unterweisung oder Führung hält eine Gruppe in einem Abhängigkeitsverhältnis zum Leiter gefangen; der Sinn der Gruppenberatung wäre damit zunichte gemacht. Eine Gruppenorientierung wird dadurch erreicht, daß man die Gruppe auf ihre eigenen Fähigkeiten verweist, sich höflich weigert, sie zu »tragen«, und möglichst viele Teilnehmer bei den anstehenden Entscheidungen, bei der Planung und beim Arbeitsprogramm mitwirken läßt.

(5) Der Leiter arbeitet »gruppenorientiert«, so wie oben in diesem Kapitel beschrieben. Er versucht eine warme, verständnisvolle Atmosphäre zu schaffen. Er hört jedem aufmerksam zu und spiegelt beides wider, Inhalt und Gefühle. Er ermuntert zu völliger Offenheit in der Kommunikation. Zurückhaltende Teilnehmer versucht er durch eine Frage einzubeziehen: »Was meinen Sie denn dazu, Herr Fischer?« Er stellt die Gruppe als Ganzes in den Mittelpunkt, indem er die verschiedenen Einzelbeiträge miteinander verknüpft, die Gemeinsamkeiten oder die Gegensätze in den Stellungnahmen aufweisend. Gelegentlich mag er zusammenfassen, was gesagt worden ist; damit gibt er der Gruppe einen Überblick über das, was in ihr vorgeht. Er geht auf Gefühlsäußerungen ein, sobald sie auftauchen, und ermutigt damit die Gruppe zu einer Kommunikation auf der Gefühlsebene. Schildert jemand ein persönliches Problem und öffnet so eine Tür zu einer vertieften Interaktion, dann hilft er der Gruppe, durch diese Tür zu gehen, indem er dieses Problem aufgreift.

(6) Der Leiter kann der Gruppe Übungen vorschlagen, die die Interaktion verstärken würden. So kann man zB. alle bitten, die Familie ihrer Kindheit zu zeichnen; jeder erhält dazu runde Scheiben verschiedener Größe, die den relativen Einfluß aufeinander und die Distanz der Familienmitglieder voneinander symbolisieren sollen. Jeder Teilnehmer gibt dann einen Kommentar zu seiner Darstellung. Dieselbe Übung kann sich mit den gegenwärtigen Familienkonstellationen beschäftigen. Beide Versuche führen rasch zu einem lebhaften Engagement.

Ein anderes bewährtes Hilfsmittel ist das Rollenspiel. Ein Beispiel dazu: In einem »Treffpunkt für junge Erwachsene« berichtete ein junger Mann, daß er bei Stellenbewerbungen regelmäßig schon bei der Vorstellung abgewiesen worden sei. Der Leiter, ein Pfarrer, schlug vor, die Vorstellung vom Vortage noch einmal in einem Rollenspiel darzustellen; ein anderer Teilnehmer der

Gruppe sollte dabei die Rolle des Personalchefs der Firma übernehmen. Während des Spieles wurde der Gruppe sofort deutlich, daß der junge Mann durch sein Verhalten während der Vorstellung seine Chancen – ohne es zu merken – selbst zunichte machte. Daraufhin übernahm ein anderer Teilnehmer die Rolle des jungen Mannes, so daß er selbst gleichsam beiseite treten und beobachten konnte, welch negativen Eindruck er machte. In diesem Fall brauchte der junge Mann nicht die Ursache für sein selbstschädigendes Verhalten zu erforschen, um es soweit zu ändern, daß er die nächste Stelle, um die er sich bewarb, erhielt. Der Teufelskreis seines Mißerfolges war unterbrochen. Diese Art des Rollenspiels nennt man Soziodrama.

(7) Der Leiter versucht auf die Gruppe als Ganzes ebenso zu achten wie auf jeden einzelnen Teilnehmer. Von Zeit zu Zeit mag er den gesamten Gruppenprozeß – so wie er sich ihm darstellt – kommentieren. Er kann der Gruppe den Vorschlag machen, daß sie einen Beobachter wählt, der ihr hilft, sich ihrer Interaktion bewußt zu werden. Dies lohnt sich sehr, wirkt aber zunächst einmal beklemmend. Es sollte erst dann vorgeschlagen werden, wenn die Gruppe ein Gefühl für ihre eigene Identität entwickelt hat.

Das Christentum begann als eine kleine Gruppe, die bestimmte Erfahrungen miteinander teilte[21]. Die gegenwärtige Wiederentdeckung der Bedeutung der kleinen Gruppe stellt eine aufregende Entwicklung im kirchlichen Leben dar. Der phantasievolle Einsatz solcher Gruppen kann der Seelsorge neue Bereiche erschließen.

Praktische Übungen

Legen Sie – wenn möglich – zwei Übungsteams zusammen oder ergänzen Sie ein Team zu einer »Elterngruppe« von sechs Teilnehmern. Der Leiter soll – gruppen-orientiert – eine erziehende Gruppenberatung praktizieren. Ein Teilnehmer sollte als Beobachter und Protokollant bestimmt werden, um die dynamische Interaktion im Gruppenprozeß festzuhalten. Es wird keine leichte Sitzung sein, aber es sollte eine der lohnendsten werden.

---

[21] In den meisten geistlichen Erweckungsbewegungen aller Jahrhunderte haben kleine Gruppen eine bedeutende Rolle gespielt. Bemerkenswerterweise beschrieben *Th. Coke* und *F. Asbury* die methodistischen Zirkel des 18. Jahrhunderts als »geistliche Spitäler«. *S. Emerick*, The Role of the Church Renewal Center, in: Religion in Life, (Winter 1961–62) 27.

XI. KONFRONTIERENDE SEELSORGE

Güte und Treue begegnen einander. Ps. 85,11

Als Beratungstechnik bietet die Konfrontation dem Lehrer und Pfarrer zahllose Gelegenheiten zu einer schöpferischen Begegnung. Wenn Wahrnehmungsfähigkeit, Einfühlungsvermögen und Wissen vorhanden sind, dann eröffnet das Ringen von Angesicht zu Angesicht neue Wege zu einer tiefen Verbundenheit und Möglichkeiten des Wachsens und Reifens. James A. Knight[1]

Wohl dem, dem die Übertretungen vergeben sind ...
Denn als ich es wollte verschweigen,
verschmachteten meine Gebeine
durch mein tägliches Klagen.
Denn deine Hand lag Tag und Nacht
schwer auf mir,
daß mein Saft vertrocknete,
wie es im Sommer dürre wird.
Darum bekannte ich dir meine Sünde,
und meine Schuld verhehlte ich nicht ...
Da vergabst du mir die Schuld meiner Sünde. Ps. 32, 1–5

William A. Clebsch und Charles R. Jaekle haben auf den größten Mangel in der heutigen Seelsorge hingewiesen:

»Es gibt viele Anzeichen dafür, daß die Aufgabe der Versöhnung, ein schöpferischer und bedeutsamer Bestandteil der christlichen Seelsorge, heute unpopulär geworden ist. Vielleicht mehr noch als die anderen drei Funktionen der Seelsorge leidet die Versöhnung an Mißverständnissen und einer allmählichen Auszehrung.«[2]

In der Geschichte der Christenheit hat das Amt der Versöhnung Menschen dazu befähigt, ihr Verhältnis zu Gott und dem Nächsten wieder in Ordnung zu bringen; es bediente sich dabei zweier eng zusammenhängender Formen, der *Zucht* (ein brüderliches Wort des Tadels, eine seelsorgerliche Ermahnung oder die strengere Kirchenzucht) und der *Vergebung* (Beichte, Buße und Absolution). Innerhalb des Protestantismus wurde dieses Amt mehr und mehr vernachlässigt – eine übermäßige Reaktion auf einen sterilen Moralismus. Permissive Seelsorgetheorien ha-

[1] Confrontation in Counseling with Special Emphasis on the Student Setting, in: Pastoral Psychology, Dezember 1965, 48.
[2] Pastoral Care in Historical Perspective, 63.

ben diesen Prozeß noch verstärkt. Das Ergebnis: »In einer Zeit, in der die Entfremdung des Menschen die Ursache so vielen Leides und so vieler Ängste ist«, bleibt ein beträchtlicher Teil der Christenheit von dem seelsorgerlichen Dienst der Versöhnung buchstäblich ausgeschlossen. Es ist traurig, aber wahr, daß »es in der modernen Gemeinde nach ihrem Aufbau und ihrem Lebensrhythmus keinen Ort gibt, wo man mit einem ernsten Gespräch über den Zustand der eigenen Seele rechnet«[3].

Es ist dringend geboten, daß die heutige Seelsorge wieder entdeckt, wie wichtig das Amt der Versöhnung ist. Clebsch und Jaekle meinen dazu:

»Die Funktion der Versöhnung erfreut sich in der Kirche eines außerordentlich reichen Erbes; sie bleibt eine Weise des Helfens, für die es bis jetzt keinen erkennbaren säkularen Ersatz gibt. Die Last der Schuld, unter der der moderne Mensch lebt – Schuld, verursacht durch die Entfremdung vom Mitmenschen, die sich selbst als Entfremdung auch von Gott darstellt –, ist eine Form menschlicher Not, mit der das Seelsorgeamt länger und tiefer vertraut ist als irgendein anderer Beruf, der Hilfe anbietet. Die Seelsorge nimmt das menschliche Bedürfnis nach Versöhnung in einem Maß ernst, das von keiner anderen Heilkunst übertroffen wird; nicht zuletzt deswegen, weil sie geltend macht, daß zerbrochene menschliche Beziehungen einen Bruch jener tiefsten Beziehung des Menschen mit seinem Schöpfer in sich schließen.

In der Wiederentdeckung der Funktion der Versöhnung, verbunden mit der der Heilung, sehen wir die größte Hoffnung auf ein neues Seelsorgeverständnis; ein Verständnis von Seelsorge, das zur gleichen Zeit in der Kontinuität mit der Geschichte des Hirtenamtes steht, eingebettet ist in die theologischen Aussagen der Kirchen, offen für neue psychologische Erkenntnisse und in der Lage, die Erwartungen und Bedürfnisse moderner Männer und Frauen schöpferisch anzusprechen.«[4]

Mit der Erneuerung dieser Dimension der Seelsorge wäre nach Meinung beider Autoren eine gute Ausgangsbasis für einen interprofessionellen Dialog gegeben:

»Würde man der Aufgabe der Versöhnung wieder mehr Beachtung schenken, dann brächte der Seelsorger gute Voraussetzungen für Gespräche mit Vertretern der anderen heilenden Berufe mit. Er könnte in diese Gespräche eintreten, nicht nur als Zuhörer, sondern als ein Meister seines Fachs, der von jener Weisheit her wirklich etwas zu sagen hat, die in einer zweitausendjährigen Geschichte gewonnen wurde; einer Geschichte, in der – im Dienst der Versöhnung an einer unübersehbaren Zahl von Männern und Frauen überall in der westlichen Welt – Beichte gehört, Vergebung ausgesprochen und Zucht geübt wurde. Solch eine neuerliche Betonung des Versöhnens könnte rasch dazu

[3] AaO. 66.
[4] AaO. 81.

führen, daß sich die Seelsorge ihrer großen therapeutischen Möglichkeiten für unsere Zeit bewußt wird.«[5]

Protestantische Seelsorger neigen dazu, die Schuld des Menschen nicht so ernst zu nehmen, wie es ihre verderblichen Auswirkungen verdienen würden. Wir haben einen gesetzlichen Moralismus als nicht-christlich zurückgewiesen, aber wir haben es versäumt, annehmbare Methoden zu entwickeln, um Menschen von ihrer Schuld zu lösen. Es ist an der Zeit, daß wir dies nachholen. Der Psychiater Edmund Bergler hat festgestellt: »Ein Gefühl der Schuld folgt jedem Menschen wie sein Schatten, ob er davon weiß oder nicht.«[6] Das eigentliche Problem bei vielen von denen, die seelsorgerliche Hilfe suchen, heißt mit Sicherheit Schuld.

Die drei Gesichter des Gewissens

Ein Seelsorger wird drei Arten von Gewissensproblemen antreffen: *berechtigte* Schuldgefühle, *neurotische* Schuldgefühle und ein verhältnismäßig auffallendes *Fehlen* irgendwelcher Schuldgefühle. Schuld und Entfremdung[7] – beide gehören zusammen wie siamesische Zwillinge – bezeichnen sehr schwierige und vielgestaltige Phänomene. Ein Pfarrer, der sich um Versöhnung bemüht, muß sich bei seiner Beratungsarbeit dessen bewußt sein.

Wie Menschen mit ihrer Schuld fertig werden, hängt zu einem gewissen Maß davon ab, ob es sich um berechtigte oder neurotische Schuld handelt. Schuld hat immer einen objektiven und einen subjektiven Aspekt. Berechtigte Schuldgefühle sind – nach ihrem objektiven Aspekt das Ergebnis einer Handlung, die anderen Schaden zugefügt hat. Subjektiv gesehen entstehen sie aus dem Mißbrauch jener inneren Freiheit, die jeder besitzt. Man hat jene Werte verletzt, die die reife Seite unseres Gewissens als gültig und wichtig betrachtet. Im Gegensatz dazu werden neurotische Schuldgefühle von der unreifen Seite des Gewissens erzeugt, dh. von jenen Werten, die durch Belohnung oder Bestrafung seitens der Eltern entstanden sind. Furcht vor Bestrafung

---

[5] AaO. 82.
[6] The Battle of the Conscience, Westport, Conn. 1948, VII.
[7] Schuld ist sowohl die Ursache als auch die Wirkung der Entfremdung von Gott, von anderen und von wesentlichen Aspekten des eigenen Ich.

und Liebesentzug motivieren diese unreife Seite des Gewissens, nicht das Bemühen um etwas, was man aus vollem Herzen als gut bejaht. Neurotische Schuld entsteht aus einem Bruch von elterlichen Geboten, die man längst internalisiert hat. Objektiv gesehen handelt es sich dabei oft um ethische Geringfügigkeiten (von Teenagern »Micky-Maus-Moral« genannt), um negative Gefühle anderen Menschen gegenüber oder um sexuelle Regungen. Einem solchen Moralismus fehlt jede innere Freiheit. Er steht unter einem inneren Zwang und ist deshalb bar jeder echten ethischen Entscheidung.

Bei vielen Ratsuchenden sind berechtigte und neurotische Schuldgefühle ineinander verwoben. Die neurotischen Elemente sind an folgenden Merkmalen zu erkennen: (a) Sie reagieren nicht auf den Zuspruch der Vergebung. (b) Sie lassen nicht eine Besserung oder Änderung jenes Verhaltens entstehen, das Schuldgefühle hervorruft. (c) Sie erzeugen anscheinend ein masochistisches Glücksgefühl. Ein Pastorand drückte das etwa so aus: »Es macht ganz einfach Spaß, sich in Schuld zu wälzen.«

Die echten und berechtigten Elemente in den Schuldgefühlen eines Ratsuchenden können in einem Prozeß von fünf Stufen gelöst werden: *Konfrontation, Beichte, Vergebung, Wiederherstellung* und *Versöhnung*. Die Konfrontation ist ein unentbehrliches Werkzeug in der Seelsorge. Sie schließt den behutsamen Einsatz der Autorität des Pfarrers ein. Ihr Wesen ist »die Wahrheit in Liebe zu sagen« (Eph. 4,15) und so einem Menschen zu helfen, sich seiner wirklichen Lage bewußt zu werden und darin seine Verantwortlichkeit zu finden. Bei manchen Pastoranden liegt die Schuld, die jede Schaffensfreude abtötet, wie eine offene Wunde zutage. Eine Konfrontation ist hier unnötig. Aber bei anderen ist die Schuld für sie selbst und für andere Menschen verborgen. Soll diese Schuld gelöst werden, dann muß sie wahrgenommen und in der Offenheit des Seelsorgeverhältnisses besprochen werden. Verborgene Schuld wird leicht übersehen. So sind zB. in einem bösartigen Ehekonflikt die berechtigten Schuldgefühle der Ehepartner (berechtigt, weil sie sich gegenseitig tatsächlich Schaden zufügen) oft hinter dem beiderseitigen Versuch, sich das Leben zur Hölle zu machen, verborgen[8]. Falls der Seelsorger dies nicht erkennt und eingreift (zB.: »Eigentlich

---

[8] *L. S. Kubie* weist darauf hin, daß anscheinend dem Einfallsreichtum von Männern und Frauen keine Grenzen gesetzt sind, wenn es darum geht, neue Wege zu finden, wie man miteinander unglücklich sein kann (Neurotic Interaction in Marriage, hg. von Victor W. Eisenstein, 15).

müßten Sie doch ein ziemlich schlechtes Gewissen darüber haben, daß Sie sich so wehtun«), werden diese Schuldgefühle weiter wuchern, blinden Angriffen Nahrung geben und jede Versöhnung verhindern.
Ein Mann in den mittleren Jahren sprach mit seinem Pfarrer über das Verhältnis, das er mit seiner Sekretärin hatte. Der Pfarrer bemühte sich nicht um die inneren Konflikte, die ohne Zweifel zu dem Verhalten des Mannes beitrugen, sondern half ihm mit Bestimmtheit, die Folgen seines unverantwortlichen Verhaltens für sich selbst, für seine Kinder und für seine Frau zu vergegenwärtigen. Dies ließ berechtigte Schuldgefühle entstehen. Der Pfarrer stärkte jetzt jene Seite des Mannes, die dieses verlockende, aber schädliche Verhältnis abbrechen wollte. Er machte ihm Mut, dies sofort zu tun, und vermittelte für ihn und seine Frau eine Eheberatung.
In der Eheberatung, ob mit einem Paar oder mit einer Gruppe von Ehepaaren, besteht eine Möglichkeit der konfrontierenden Methode darin, daß der Seelsorger den Platz eines Ehegatten einnimmt und in einem Rollenspiel darstellt, was seiner Beobachtung nach zwischen beiden vor sich geht. Dies konfrontiert sie mit den sinnlosen, zerstörerischen Spielen, denen sie sich hingeben[9]. Eine eindrucksvolle konfrontierende Wirkung wird auch erzielt, wenn man die Interaktion eines Ehepaares (mit seiner Erlaubnis) während der Beratungsstunde auf Tonband aufnimmt und ihm dann diese Aufnahme vorspielt. In Gruppen für Ehepaare wird eine heilsame Konfrontation dadurch angeregt, daß man noch einmal das Eheversprechen nachliest und gemeinsam darüber nachdenkt oder daß man sich überlegt, welche Auswirkungen für die Ehe etwa folgendes Wort haben müßte: »Einen Menschen zu lieben, das beinhaltet, für ihn Sorge zu tragen und sich für sein Leben verantwortlich zu wissen, nicht nur für sein Äußeres, sondern auch dafür, daß all sein menschliches Vermögen sich voll entfalten kann.«[10] Solche Gespräche bringen latente Schuldgefühle an die Oberfläche; erst dann kann man sie in den Griff bekommen und sich überlegen, was zu tun ist. Das gleiche gilt für eine Predigt, die persönliche oder soziale Probleme konfrontierend aufdeckt[11].

---

[9] Dieser Vorschlag stammt von *E. Turner*.
[10] *E. Fromm*, Man for Himself, New York 1947, 100.
[11] Es ist völlig berechtigt, daß wir wegen so gigantischer sozialer Probleme wie Rassenungerechtigkeit, Verschwendung der Hilfsmittel unseres Planeten an selbstmörderische Waffen, zerstörerische Bevölkerungsexplosion, Unterernährung von mehr als der Hälfte der Erdbevölkerung Schuld empfinden, Schuld, weil wir durch Mitmachen oder aber

Der Seelsorger, der alles hinnimmt und für alles Verständnis aufbringt und niemals verstehend konfrontiert, macht sich einer »grausamen Güte«[12] schuldig. Einer, der Hilfe sucht, muß etwas von seiner Schuld und Entfremdung wissen, wenn ihm geholfen werden soll. Ein Seelsorger, der alles zuläßt, verhält sich wie jene grausam gütige Frau des Alkoholikers, die ihren Mann übermäßig in Schutz nimmt und gerade dadurch verhindert, daß er für eine wirksame Hilfe bereit wird (nämlich in dem Augenblick, in dem er hilflos »auf Grund läuft«). Die Menschen ändern sich erst dann, wenn ihnen ihre gegenwärtige Situation schmerzlich bewußt wird. Die Konfrontation setzt sie genau diesem Schmerz aus, der aus ihrem unverantwortlichen Verhalten entsteht.

Der Pfarrer symbolisiert in seiner Person – ob er es will oder nicht – die Werte seiner Kirche und ihrer Tradition. Viele Menschen suchen gerade deshalb bei *ihm* Hilfe, weil sie sich schuldig fühlen – oft ohne sich dessen voll bewußt zu sein. Wenn er ihre Gefühle akzeptiert und zu verstehen sucht, dies aber von ihnen irrtümlicherweise als Entschuldigung ihres verletzenden Verhaltens angesehen wird, dann werden sie verwirrt sein und sich von ihm im Stich gelassen fühlen. Der Pfarrer sollte in der Beratung niemals zu ängstlich sein, das auszusprechen, was er für richtig hält. Es bleibt natürlich die Frage, *warum* und *wie* er selbst zu dem steht, was er tut. Wenn er sich seiner eigenen Sünde und Unvollkommenheit bewußt ist und in seinem eigenen Leben Vergebung erfahren hat, dann wird es ihm leichter fallen, einen festen Standpunkt einzunehmen, ohne deshalb moralistisch oder selbstgerecht zu sein oder die Menschen zurückzuweisen, die Sünder sind wie er selbst. Wenn er wie ein Richter verurteilt – gewöhnlich das Ergebnis der eigenen ungelösten Schuldproblematik –, dann wird er die quälende Schuld und Entfremdung des anderen nur vertiefen.

Der Schlüssel zu einer wirksamen Konfrontation liegt in der Annahme des anderen. Wenn jemand spürt, daß die Wahrheit *in Liebe* ausgesprochen wird, dann wird er eher zu einer *Kon-*

---

durch Unterlassungen gesündigt haben. Unser Schuldgefühl sollte stark genug sein, damit wir endlich etwas Entscheidendes unternehmen, um diese schrecklichen Zustände zu beenden. Das Fehlen von Schuldgefühlen wegen solcher Probleme ist ein Zeichen dafür, daß das Gewissen unterentwickelt oder aber abgestorben ist. Gleichzeitig macht es deutlich, wie sehr wir in der Predigt und in der Seelsorge eine prophetische Konfrontation brauchen.

[12] *J. C. Ford's* Bezeichnung im Blick auf die Folgen, die entstehen, wenn man Alkoholiker übermäßig beschützt.

frontation mit sich selbst (der wirksamsten Art der Konfrontation) bereit sein. Andernfalls wird er in der Regel abwehrend reagieren. William Glasser macht deutlich, daß man nur dann einen Patienten mit der Realität konfrontieren kann, wenn ein Vertrauensverhältnis mit ihm besteht[13]. Nur dann kann der Therapeut ihm helfen, seine Bedürfnisse so zu befriedigen, daß er in der Wirklichkeit verantwortlich lebt. Eine ehrliche Konfrontation unter dem Vorzeichen der Annahme des anderen wird ein Verhältnis gewöhnlich nicht belasten, sondern vertiefen.

Beichte zu hören und im Namen Gottes Vergebung zuzusprechen (als Repräsentant der Kirche und ihres Auftrags) sind sowohl *seelsorgerliche* als auch *priesterliche* Funktionen. Was das heißt, wird in der Seelsorge oft übersehen. Nach einer längeren Beratung mit einem Mann, den seine Schuld niederdrückte – er hatte einem anderen einen nicht wiedergutzumachenden Schaden zugefügt –, schlug der Pfarrer vor, mit ihm in die Kirche zu gehen. Zum Zeichen seiner priesterlichen oder stellvertretenden Funktion legte er seinen Talar an. Als der Mann auf der Kommunionbank niedergekniet war, lud ihn der Pfarrer zu einem Gebet um die Erkenntnis der Vergebung Gottes ein. Dann betete der Pfarrer um die Absolution, und beide sprachen das Vaterunser[14]. Die priesterlichen Handlungen waren in diesem Fall Träger der »versöhnenden Symbole« der Christenheit, durch die Schuld umgewandelt und transzendiert werden kann (Tillich). Sie waren Wege der Gnade, durch die die Vergebung für diesen Mann lebendig erfahrbar wurde. Es sollte festgehalten werden, daß sich die Wirksamkeit der priesterlichen Handlungen auf eine tiefgehende seelsorgerliche Erfahrung aufbaute.

Wenn Beichte und Absolution zur Versöhnung führen sollen, dann dürfen sie niemals von der *Wiederherstellung* und einer ernsten Bemühung, verantwortlich zu leben, gelöst werden. Die innere Bereitschaft für die Vergebung wird bei einem Menschen so lange blockiert bleiben, bis er alles nur Mögliche getan hat, um den Schaden wiedergutzumachen, den er anderen zugefügt hat. Eine »billige Gnade« (Bonhoeffer) ist tatsächlich keine Gnade. Die »Zwölf Schritte« aus dem Genesungsprogramm der Anonymen Alkoholiker zeigen die Wichtigkeit der ethischen Selbstkonfrontation. Sieben der Zwölf Schritte sind einer »eingehenden und unerschrockenen moralischen Bestandsaufnahme«

[13] Reality Therapy, 21 ff.
[14] Das Abendmahl kann in solchen Situationen sehr viel bedeuten.

gewidmet. Dazu gehört: »Gott, uns selbst und einem anderen Menschen unsere Verfehlungen gewissenhaft und im einzelnen« einzugestehen; dazu gehört ferner: »ein Verzeichnis all jener Menschen, denen wir Schaden zugefügt haben«, anzufertigen; und schließlich: »diesen Menschen unmittelbar Wiedergutmachung zu leisten, wo immer es möglich ist, es sei denn, dies würde sie selbst oder andere verletzen«[15]. Es ist kein Zufall, daß dieses Verfahren oft zu einem »geistlichen Erwachen« führt. Der Pfarrer sollte seinen Pastoranden, auch wenn sie keine Alkoholiker sind, helfen, ihr Leben ebenso gewissenhaft und ausführlich von moralischem Schutt zu befreien. Dies ist der Preis für Vergebung, inneren Frieden und ein Verhältnis zu anderen Menschen, das wieder in Ordnung gekommen ist.

Philip A. Anderson berichtet aus seiner Seelsorgearbeit mit einem ehemaligen Alkoholiker, der ihm sagte, er wäre »einfach nicht glücklich mit sich selbst«:

»Ich antwortete ihm darauf, daß gewöhnlich ein recht einfacher Mechanismus ablief, wenn es mir so ging, wenn ich mich unglücklich über mich selbst fühlte: ich hatte dann etwas getan, worauf ich nicht sehr stolz sein konnte, worüber ich nicht glücklich sein konnte oder ich hatte etwas unterlassen, was ich hätte tun sollen. Ich verdeutlichte dies an einem persönlichen Erlebnis ... Wenn ich eine Predigt nicht ordentlich vorbereitet hatte, dann fühlte ich mich am Sonntagmorgen zutiefst unglücklich. So fragte ich denn Bill, was er in der letzten Zeit getrieben habe.«[16]

Er antwortete: »Eigenartig, daß Sie danach fragen. Um die Wahrheit zu sagen, mit dem Trinken habe ich aufgehört, aber ich vergeude immer noch zu viel Zeit.« Sie unterhielten sich darüber, wie sein unverantwortliches Verhalten dazu führte, daß seine geschäftlichen Unternehmungen niedergingen. Dann fragte ihn Anderson nach seiner Ehe. Bill fing an, seinem Ärger über seine Frau Luft zu machen.

Seelsorger: Aber was tun *Sie,* nicht Ihre Frau, für Ihre Ehe?

Pastorand: Eigenartig, daß Sie danach fragen. Seit ungefähr sechs Monaten habe ich ein Verhältnis mit einer anderen Frau – es ekelt mich an!

Seelsorger: Bill, es überrascht mich nicht, wenn Sie sich unglücklich fühlen. Sie führen ein verantwortungsloses Leben und Sie verbergen es vor Ihrer Frau und vor Ihren Geschäftskollegen. Sie haben kein Recht darauf, glücklich zu sein.

---

[15] Zur Diskussion der Zwölf Schritte siehe Alcoholics Anonymous, New York 1955, 58 ff, sowie »Twelve Steps and Twelve Traditions«, verfaßt von einem Mitgründer der Anonymen Alkoholiker, New York 1952.

[16] A Ministry to Troubled People, in: The Chicago Theological Seminary Register, Februar 1965, 5.

Bill stimmte zu. In der weiteren Beratung ging es um Bills Verantwortlichkeiten. Bald schloß sich auch seine Frau der Beratung an. Die Eheschwierigkeiten wurden untersucht und besprochen, und es kam zu einer Versöhnung. Sobald Bill mit mehr Verantwortungsgefühl zu leben begann – so berichtete er –, fing er auch an, sich ausgeglichen und glücklich zu fühlen.

Andersons Gesprächsführung zeigt sehr deutlich, welches Gewicht der konfrontierenden Methode in der heutigen Beratungsarbeit beigemessen wird. Weitere Ansätze in dieser Richtung liegen in der »Realitätstherapie« von Glasser und – in einer extremeren Form – in der »Integritätstherapie« von Mowrer vor. Die Arbeit konzentriert sich dabei mehr auf die gegenwärtigen Beziehungen als auf die vergangenen, mehr auf das verantwortliche Verhalten als auf die Gefühle des Ratsuchenden. Anstatt zu warten bis eine neue gefühlsmäßige Einstellung ein konstruktives Verhalten hervorbringt, wird alle Betonung darauf gelegt, »hier und jetzt« verantwortlich zu handeln.

Die Seelsorge sollte davon lernen. Die meisten Menschen sind in der Lage – mehr als sie selbst meinen –, *jetzt* verantwortlich zu leben. In den meisten Fällen werden sie auch mit sich selbst zufriedener sein, wenn sie dies tun. Sie werden diese Fähigkeit zu einem verantwortlichen Leben in Taten umsetzen, wenn der Seelsorger fest darauf besteht, daß sie sich in diese Richtung bewegen. Eine direkte, konfrontierende, auf Taten ausgerichtete Seelsorge wird einen Ratsuchenden in den Stand setzen, von seiner lähmenden Schuld freizukommen und verantwortlicher zu handeln. Wenn jemand ein verantwortungsloses Leben führt, ein Leben, das immer wieder Schuldgefühle erzeugt, ein Leben in ständiger Furcht entdeckt zu werden, ein Leben, das mangelnde Offenheit und Ehrlichkeit anderen Menschen gegenüber zur Folge hat, dann ist er in einem Teufelskreis gefangen. Je mehr Schuld er empfindet, desto mehr verbirgt er; und je mehr er verbirgt, desto stärker wachsen Furcht und Schuld und stauen sich an. Eine Seelsorgemethode, die die Schuld und das verantwortungslose Verhalten direkt angeht und dabei auf ein ehrliches Schuldbekenntnis und auf konstruktive Taten Wert legt, kann einem Menschen helfen, aus diesem Teufelskreis auszubrechen[17].

Die ungeheure Erleichterung und Befreiung, die viele Mitglieder der Anonymen Alkoholiker spüren, wenn sie ihre »moralische

---

[17] Diese Überlegungen spielen in der Integritätstherapie eine große Rolle. Vgl. die Bücher von *O. H. Mowrer* und *J. W. Drakeford.*

Bestandsaufnahme« machen und konstruktive Veränderungen erzielen, ist dafür ein gutes Beispiel.

Aufschlußreich für die existentielle Bedeutung der Konfrontation ist ein Gesichtspunkt, der von H. H. Garner und R. F. Jeans vorgetragen wird:

»Die Konfrontation macht dem Patienten, der seiner Entscheidungsfreiheit entsagt hat, unmißverständlich klar, daß ihm mit dem Therapeuten ein Mensch gegenübersitzt, der einem blinden Aus-Agieren dieser Fluchtreaktion entgegentritt, der die Art und Weise, in der der Patient seine Konflikte löst, in Frage stellt und ihn veranlaßt, darüber nachzudenken.«[18]

Hinter einer Vielzahl von Problemen, denen man in der Seelsorge begegnet[19], verbirgt sich verdrängte Schuld, sei es angemessene und/oder neurotische. Diese Schuld, derer sich die Menschen oft nur vage bewußt oder völlig unbewußt sind, nährt, erschwert, vertieft und verlängert die Probleme. Die Methode der Konfrontation und der Beichte kann dazu führen, den Verdrängungsprozeß rückgängig zu machen und Schuld an die Oberfläche zu bringen, wo sie durch die Beratungsarbeit und durch ein verantwortungsvolles Handeln seitens des Ratsuchenden gelöst werden kann.

Ein Schlüssel zu einer wirksamen Seelsorge ist das, was Paul Tillich das *Prinzip der Gegenseitigkeit* nennt:

»Das grundlegende Prinzip für die innere Einstellung in der Seelsorge heißt Gegenseitigkeit. Der Seelsorger muß innerlich teilhaben an der Lage dessen, der ihn aufsucht. Diese Teilhabe drückt sich nicht nur in Worten aus, die die Tatsache des Angenommenseins aussprechen, sondern auch darin, daß der Seelsorger dem Ratsuchenden vor Augen führt, daß er selbst in der gleichen Lage war und ist. Das kann in der Form geschehen, daß berichtet wird, wie der Seelsorger die gleichen Nöte erfahren hat, für die der Ratsuchende Hilfe begehrt. Es kann auch durch Worte vermittelt werden, die dem Ratsuchenden deutlich

---

[18] Zitiert bei *J. A. Knight,* Confrontation in Counseling with Special Emphasis on the Student Setting, 52. Das Zitat stammt aus dem Aufsatz »Confrontational Techniques in Psychotherapy: Some Existential Implications«, in: Journal of Existential Psychiatry, Frühjahr 1962, 397–398. *Garner* und *Jeans* stellen die Wirkung der Konfrontation der eines passiven Verhaltens des Beraters gegenüber: »Das Gefühl der Hilflosigkeit und des Ausgeliefertseins an vergangene Erlebnisse wird allzu oft verstärkt, wenn man die passive Haltung des Therapeuten als Bestätigung des eigenen Empfindens interpretiert, daß man nämlich unfähig ist, irgend etwas zu unternehmen, um die Situation zu ändern« (404).

[19] In einer Bemerkung über Mowrers Position schreibt *R. May:* »Die Verdrängung von Schuldgefühlen und das gleichzeitige Entstehen von neurotischer Angst ... hat in mancherlei Hinsicht unsere Kultur als Ganzes erfüllt.« The Meaning of Anxiety, New York 1950, 109.

machen, daß ihn der Seelsorger aufgrund seiner eigenen Erfahrung gut versteht. Wenn das geschieht, dann ist die Subjekt-Objekt-Situation, diese große Gefahr aller Seelsorge, überwunden.«[20]

An keinem anderen Punkt ist dieses Prinzip wichtiger als in der konfrontierenden Seelsorge. Irgendwie muß der Pfarrer sich selbst in den Augen des Pastoranden »entthronen«. Er muß den anderen wissen lassen, daß er – in einem fundamentalen Sinn – »im gleichen Boot« sitzt; auch er steht unter dem Gericht und bedarf der Gnade. Wenn er den anderen aus einer Position der ethischen Überlegenheit konfrontiert oder den Anschein erweckt, daß er es tut, dann ist der Schuldbeladene gezwungen, sich zu verteidigen. Wenn man aber das Prinzip der Gegenseitigkeit anwendet, dann werden verdrängte Schuldgefühle wieder ins Bewußtsein gehoben werden. In der »Integritätstherapie« geschieht dies so, daß der Berater ein Modell der Offenheit abgibt. »Im Gespräch ›öffnet‹ er sobald wie möglich dem Ratsuchenden sein eigenes Leben... Erst nach dieser eigenen Geste des Vertrauens wartet er auf eine Erwiderung seines Gegenübers.«[21] Diese Selbstoffenbarung bringt den Helfenden von jenem Thron herunter, den er in den Augen des Ratsuchenden eingenommen haben mag, und dient als eine dynamische »Einladung zur Offenheit« (Drakeford). Durch eine (kurze) Beschreibung seines eigenen Kampfes mit Schuld, Verzweiflung und Furcht übt der Pfarrer das Prinzip der Gegenseitigkeit aus. Welche Antwort er auch immer darauf gefunden hat, jetzt wirkt er glaubwürdiger[22]. Wenn die Selbstoffenbarung zur Heilung beitragen soll, dann muß hinter ihr mehr stehen als nur eine List, die dem anderen ein Bekenntnis entlocken soll. Sie muß aus der tiefen Überzeugung des Pfarrers kommen, daß auch er ein Sünder ist und daß er sich in seinem eigenen Leben und in seinem Verhältnis zu anderen Menschen der heilenden Kraft der Gnade wohl bewußt ist.

Es bleibt hervorzuheben, daß Schuldgefühle manchmal so gründlich verdrängt worden sind, daß nur eine intensive, fachmännische psychotherapeutische Behandlung sie erreichen kann. Wenn

[20] The Theology of Pastoral Care, in: Clinical Education for the Pastoral Ministry; Proceedings of the Fifth National Conference on Clinical Pastoral Education, 9.–11. November 1956, hg. von *E. E. Bruder* und *M. L. Barb* (veröffentlicht vom Advisory Committee on Clinical Pastoral Education), 1958, 5.

[21] *J. W. Drakeford,* Integrity Therapy, 79.

[22] Wenn ein Anonymer Alkoholiker mit einem Menschen spricht, der immer noch dem Alkohol verfallen ist, dann erzählt er von seinem eigenen Kampf gegen den Alkohol.

Schuld von tiefliegenden, unbewußten neurotischen Konflikten herrührt, dann werden Beichte und Verhaltenstherapie nicht mehr genügen. Aber es ist möglich und nützlich, einem Menschen zu helfen, daß er sich seiner Schuldgefühle, die er nur dunkel erahnt, voll bewußt wird. Dadurch könnte eine tiefliegende Schuld überhaupt erst zugänglich werden. Wenn man in der Seelsorge der Frage nachgeht, warum ein Mensch sich so schwer tut, verantwortlicher zu handeln, dann genügt dies manchmal, um in dem inneren Wirrwarr seiner Schuld die entscheidende Stelle zu finden.

Sobald jemand beginnt, sich verantwortlicher zu verhalten, eröffnen sich ihm neue Quellen der Bedürfnisbefriedigung. Glasser stellt fest: »So wichtig die Konfrontation mit der Realität auch ist, sie ist nur ein Teil der Therapie. Der Patient muß lernen, seine Bedürfnisse in der Wirklichkeit zu befriedigen... und wir müssen – wann immer wir dazu in der Lage sind – ihm beibringen, wie er das kann.«[23] Das Herzstück der konfrontierenden Seelsorge besteht darin, daß man dem Pastoranden hilft, der Wirklichkeit standzuhalten, der er beständig zu entfliehen sucht (daher seine Schuldgefühle), und mit dieser Wirklichkeit zu leben[24].

Neurotische Schuldgefühle und Seelsorge

Viele Pastoranden werden von einem neurotischen, anklagenden Gewissen geplagt, das ihr geistliches Leben und ihre Beziehungen zu anderen Menschen belastet. Sie empfinden ständige, unangebrachte Schuld, die von einem zweifelhaften, unreifen oder unerbittlich strengen Wertsystem herrührt. In ihrer Selbsteinschätzung findet sich keine Spur *lebendiger Gnade*. Sie neigen dazu, ihre ethischen Kräfte in einer zwanghaften Selbstkasteiung über unbedeutende moralische Fragen oder über ihr »Unwohlsein« aufzureiben. Als Folge davon bleibt nur wenig Kraft für die wichtigen »Grundtugenden« (Ross Snyder) übrig, und es mangelt an Gespür für die Bedürfnisse anderer Menschen. Die Seelsorge an solchen »puritanisierten« Pastoranden hat zum Ziel, daß sie ein weniger grausames, ein christlicheres Gewissen

---

[23] *W. Glasser,* Reality Therapy, 60.

[24] In Harmonie mit der Wirklichkeit zu leben, heißt in religiöser Sprache »den Willen Gottes tun«.

bekommen und sich mit den Menschen versöhnen, die ihnen durch die neurotischen Schuldgefühle fremd geworden sind.

Wenn jemand psychologisch »geschlagen« wird, dann schwächen sich seine neurotischen Schuldgefühle ab. Eine Bestrafung mildert die Schuldgefühle für eine Zeitlang. (Dies ist eine Erklärung dafür, daß schuldbeladene Menschen sich von moralistischen Predigern und Seelsorgern angezogen fühlen.) Regelmäßig verbale Puffer dienen als eine Form neurotischer Sühne und schwächen so Schuldgefühle ab. In den meisten Fällen hält das Ergebnis allerdings nicht lange an; ebensowenig wird eine konstruktive Verhaltensänderung erreicht. In der Terminologie von Eric Berne handelt es sich hier um eine Vergebung, die vom Eltern-Ich zum Kind-Ich läuft.

Das Idealziel der Seelsorge an Menschen, die von neurotischen Schuldgefühlen niedergedrückt werden, heißt *Selbstvergebung*. Es wird in zwei Schritten erreicht. Der erste Schritt: der sich selbst kasteiende Mensch identifiziert sich mit dem Seelsorger und internalisiert dessen Wertsystem und Gewissen, die weniger Strenge und mehr Selbstannahme zeigen.

Pastorand: Ich habe Ihnen wieder und wieder von meinen Schuldgefühlen wegen meiner sexuellen Empfindungen erzählt. Es hat mich tief getroffen, als Sie mir erwiderten: ›Ich möchte wissen, warum es Ihnen so schwerfällt, Ihre eigenen Gefühle mit christlicher Liebe anzusehen.‹

Der Pfarrer wird zu einer neuen, toleranteren Elternfigur, von der der Pastorand etwas von dem lernt, was Alfred Adler »den Mut zu den eigenen Unvollkommenheiten« nannte. Wenn er die positiven und lebensbejahenden Aspekte aus dem Wertsystem des Pfarrers internalisiert, dann wird sein inneres Eltern-Ich sein Kind-Ich weniger hart bestrafen[25]. Das strafende Eltern-Ich wird in einem gewissen Maß amtsenthoben, und der Pastorand erreicht eine zunehmende innere Freiheit von jenem zwanghaften Moralismus, der seine reifen ethischen Kräfte (nämlich Entscheidungen zu treffen) verkümmern ließ. Eine Aussöhnung der eigenen inneren Konflikte ermöglicht eine Aussöhnung in den Beziehungen zu anderen Menschen.

Der zweite Schritt zur Selbstvergebung ist die Selbstannahme, die sich auf die Bejahung der eigenen Persönlichkeit in ihrer Einzigartigkeit gründet. Dazu gehört, daß man ja sagt zu den Werten, die man als genuin gut empfindet. Der Seelsorger hilft dem Ratsuchenden das zu tun, wozu sein Erwachsenen-Ich fähig

[25] Neurotische Schuld besteht aus der Bestrafung des Kind-Ichs durch das Eltern-Ich, weil die Verbote des Eltern-Ich übertreten worden sind.

ist, nämlich miteinander konkurrierende Werte zu prüfen und die auszuwählen, die mit dem übereinstimmen, was er mit wachsender Gewißheit für ein richtiges Leben hält. Dieser Prozeß – vom Wertsystem der Eltern loszukommen und Werte zu finden, die einem selbst sinnvoll erscheinen – vollzieht sich normalerweise in der Adoleszenz[26]. Wenn dieser ethische Reifungsprozeß blockiert worden ist, dann dürfte eine längere Beratungsarbeit nötig sein, damit der Pastorand ethisch erwachsen wird. Neurotische Schuldgefühle sind oft mit tiefliegenden unbewußten Konflikten verbunden, die nur durch eine psychotherapeutische Behandlung wirklich gelöst werden können.

Sowohl neurotische als auch berechtigte Schuldgefühle verteilen sich oft auf verschiedene Ebenen der menschlichen Psyche. Neurotische Schuldgefühle verbergen oft – besonders dann, wenn sie sich an Belanglosigkeiten hängen – eine tatsächliche Schuld; Schuld wegen oberflächlicher Wertmaßstäbe, wegen eines nicht voll gelebten Lebens oder wegen eines verantwortungslosen Verhaltens, das andere verletzt hat. Die neurotischen Schuldgefühle werden zur Tarnung über die tatsächliche Schuld gestülpt. Andererseits könnte das, was als echte Schuld erscheint, tiefer liegende, Schuld erzeugende Konflikte verbergen, die von ungelösten Problemen in der psychosexuellen Entwicklung, zB. ödipalen Zuneigungen, herrühren[27].

In der Seelsorge an Schuldbeladenen sollte man sich am Anfang dem Schuldproblem zuwenden, das offen zutage liegt. Dieses Problem könnte sich freilich als eine an der Oberfläche liegende Manifestation einer Schuld oder eines Konfliktes erweisen, die tiefer liegen. Wenn der Pastorand auch nach ausgedehnten Beichtgesprächen und ernsthaften Bemühungen, sein Verhältnis zu anderen Menschen wieder in Ordnung zu bringen (Wiederherstellung), nicht beginnt, sich selbst zu vergeben, dann liegt wahrscheinlich ein tieferer Konflikt zugrunde. Dieser Konflikt wird tiefenpsychologisch behandelt werden müssen, wenn man hier Hilfe erreichen will. Wenn sich ein Pastorand hartnäckig weigert, seinen Schaden wiedergutzumachen, dann muß man sich der Frage zuwenden, warum er eine entscheidende Vorbedin-

---

[26] *S. Freud* bezeichnete dieses Loskommen von der Abhängigkeit von der elterlichen Autorität als »eine der notwendigsten, aber auch der schmerzlichsten Leistungen in der psychischen Entwicklung«. Three Essays on Sexuality, Collected Works, New York VII, 1953, 227.

[27] Zum Beispiel: Was bei unverheirateten jungen Mädchen, die schwanger werden, als berechtigte Schuld erscheint, verdeckt oft nur nach außen eine heftige, unbewußte neurotische Schuld, die von dem ödipalen Aus-agieren beim Entstehen der Schwangerschaft kommt.

gung für die Vergebung nicht erfüllen will. So wird ihm der Seelsorger entgegenhalten, daß er ein Bedürfnis danach hat, tätig zu werden, und zwar auf eine verantwortliche Art und Weise. Wenn neurotische Schuld den Vergebungsprozeß blockiert, dann könnte diese Art der Konfrontation Erfolg haben; allerdings muß der Seelsorger dem Ratsuchenden helfen, die inneren Konflikte durchzuarbeiten, die ihn davon abhalten, ein gestörtes Verhältnis wieder in Ordnung zu bringen. Die Konfrontation wird jedoch nicht weiterführen, wenn sie der andere in masochistischer Weise aufnimmt, wenn er die konfrontierenden Worte des Seelsorgers als eine Form neurotischer Bestrafung empfindet (die – wenn auch nur für kurze Zeit – den Druck der Schuld, der auf ihm lastet, etwas mildert). Andere Menschen, die von neurotischen Schuldgefühlen geplagt werden, unterlaufen die Konfrontation: sie reagieren mit einem anscheinend endlosen, zwanghaften büßerischen Verhalten, das ihnen eine Auseinandersetzung mit dem tieferen Konflikt zu vermeiden ermöglicht.

Eine vermutete oder vorhandene neurotische Schuld sollte die Konfrontation selbst dann nicht ausschließen, wenn der zugrunde liegende Konflikt durch die verfügbare Beratung nicht erreicht werden kann. Ist der Konflikt verhältnismäßig schwach, dann könnte die Konfrontation darin Erfolg haben, daß sie den Teufelskreis von sich gegenseitig bedingenden Verhalten und Gefühlen unterbricht, so daß die konstruktiven Lebenskräfte gestärkt werden, auch wenn der Konflikt ungelöst bleibt. Das passiert häufig in der Seelsorge an Jugendlichen und jungen Erwachsenen, bei denen die Entwicklung zur Reife oft sehr stürmisch verläuft.

Ein junges Mädchen, das sich wegen des ständig schlechter werdenden Verhältnisses zu seiner Mutter Sorgen machte, suchte den Pfarrer auf. Eine Reihe von Sitzungen war der Exploration seiner zwiespältigen Gefühle der Mutter gegenüber gewidmet. Das Mädchen sprach von seinem Ärger, aber auch von seinen positiven Gefühlen, es zeigte sich jedoch keine Besserung im Verhältnis zur Mutter. Schließlich empfahl ihm der Pfarrer, während der kommenden Woche den Versuch zu machen, seine positiven Gefühle in Taten umzusetzen. In der nächsten Beratungsstunde berichtete das Mädchen: »Ich habe mich fürchterlich über Sie geärgert, weil Sie sagten, ich sollte etwas tun, um zu zeigen, daß ich meine Mutter liebe ... Aber ich überraschte mich dabei, daß ich den Tisch deckte, ohne darum gebeten worden zu sein, und es machte mir sogar Spaß. Ich weiß nicht, warum. Es ist

einfach geschehen. Jetzt kommen wir prima miteinander aus – besser als jemals zuvor in den letzten fünf Jahren.«
Was offensichtlich geschehen war, war, daß der Pfarrer dem Mädchen einen konfrontierenden »Stoß« gab, der die Eigenkraft einer lang andauernden negativen Interaktion zwischen dem Mädchen und seiner Mutter unterbrach. Durch seine Hilfe minderte das Mädchen sein Schuldgefühl und stellte die Kommunikation mit der Mutter wieder her. Der Pfarrer setzte die Beratung mit dem Mädchen noch eine Weile fort und achtete dabei besonders auf seine Beziehungen zu anderen Menschen. Aber sein Einschreiten hatte es vor einer sich spiralförmig ausbreitenden Schuld bewahrt und eine Verbindung wieder geknüpft, der dann durch die Beratung weitergeholfen werden konnte. Normale Mutter-Tochter-Konflikte kamen häufig vor, aber die Kommunikation wurde nicht abgebrochen. Von seiner Kenntnis der Familiensituation her wußte der Pfarrer über die neurotischen Probleme Bescheid, die genügten, um die negative Spirale in der Mutter-Tochter-Beziehung auszulösen. Die kurzfristige seelsorgerliche Beratung legte sicherlich keinen der tiefen inneren Konflikte des Mädchens bei. Glücklicherweise war dies nicht nötig, um das Verhältnis mit der Mutter wieder in Ordnung zu bringen. Wären diese inneren Konflikte bezüglich der Mutter während der Zeit der Beratung sehr ernst gewesen, dann wäre die Empfehlung des Pfarrers wahrscheinlich nicht befolgt worden, oder wenn sie befolgt worden wäre, dann hätte sie wahrscheinlich keinen andauernden Erfolg gebracht.

Menschen mit einem schwach ausgeprägten Gewissen

In der Seelsorge an Menschen mit einem schwachen, unterentwickelten Gewissen sind konfrontierende Methoden unentbehrlich. Solche Menschen weisen eines oder mehrere der folgenden Merkmale auf: (a) Fehlen von berechtigten Schuldgefühlen, Angst und Verantwortungsgefühl; (b) eine unwirksame Selbstkontrolle; (c) ein chronisch verantwortungsloses Verhalten; (d) Oberflächlichkeit in den Gefühlen und Beziehungen zu anderen Menschen; (e) ein manipulierendes Verhalten. Freud bemerkte einmal in einem Brief an seinen Freund, Pfarrer Oskar Pfister: »Die Ethik ist eine Art Fahrordnung für den Verkehr unter den Menschen.«[28] Viele Menschen haben nicht gelernt, diese

[28] S. Freud/O. Pfister, Briefe 1909–1939, Frankfurt 1963, 132.

Ordnung zu respektieren. Sie haben die leitenden Werte ihrer Kultur nicht internalisiert und deshalb nicht gelernt, ihre asozialen Antriebe unter Kontrolle zu bringen. Solche »Charakterprobleme« haben verschiedene Ursachen: ein kaltes, liebloses Zuhause; ein schwacher oder ein abwesender Vater; Eltern, die »aus Liebe« alles durchgehen ließen und keine zuverlässige Ordnung aufrechthielten. Wie Erik H. Erikson gezeigt hat, sind Tugenden wie Hoffnung, Entschlußkraft, Können, Zuverlässigkeit, Liebe, Anteilnahme und Weisheit vitale Elemente der Ich-Stärke[29] Menschen, denen diese Tugenden fehlen, sind ernstlich benachteiligt. Bei einer extremen Ausprägung sprechen wir hier von einer »sozio-pathologischen Persönlichkeit«. Unsere Zivilisation mit ihrer »Markt-Orientierung« (Fromm) erzeugt ständig solche Charakterprobleme in allen Graden.
Die permissive (= nachsichtige), auf Einsicht ausgerichtete Beratung mag bei schuld- und angstbeladenen Psychoneurotikern Erfolg haben, aber bei Menschen mit Charakterproblemen scheitert sie normalerweise kläglich.

Ein siebzehnjähriges Mädchen kam zu seinem Pfarrer, um mit ihm über seine sexuellen Beziehungen zu sprechen. Sein Vater war gefühlsmäßig haltlos und unverbindlich. Obwohl dieses Mädchen wenig oder gar keine Schuld wegen seiner sexuellen Beziehungen empfand, fürchtete es doch, dabei »ertappt« zu werden. Hätte der Pfarrer seine Promiskuität widerstandslos oder permissiv hingenommen, dann hätte das Mädchen darin noch mehr von der schwachen, gleichgültigen Nachsicht seines Vaters gesehen. Es brauchte mehr Verständnis und Annahme als es zu Hause fand, aber nicht mehr Nachsicht. Im Gegenteil, der Pfarrer mußte für sie beides sein, eine verständnisvoll annehmende und eine starke Vaterfigur, von der her es Kraft gewinnen konnte, sein Verhalten unter Kontrolle zu bringen und sich seine eigenen, konstruktiven Grenzen zu setzen. Als zwischen beiden ein Vertrauensverhältnis entstanden war, machte ihm der Pfarrer deutlich, daß es seiner Ansicht nach ein bestimmtes Verhalten gäbe, das für Menschen schädlich und deshalb moralisch zu verurteilen sei. Mit einer annehmend-konfrontierenden Beratung half er dem Mädchen, die mutmaßlichen Folgen seines Verhaltens in den Blick zu bekommen, anstatt ihnen auszuweichen. Vor allem aber half er ihm, sich seiner Gefühle bewußt zu werden und sie zu verarbeiten; Gefühle der Verworrenheit, der Einsamkeit, der Rebellion, Gefühle, die Öl in das Feuer seines Verhaltens gossen. Im Rückblick auf diese Erfahrung wurde dem Pfarrer deutlich, daß dieses Mädchen durch sein Verhalten nach einem Erwachsenen rief, der Grenzen setzen konnte. In der Tat, dies ist wahrscheinlich der Grund dafür, daß es zu einem Pfarrer kam[30].

---

[29] Insight and Responsibility, New York 1964.
[30] *H. J. Clinebell,* Mental Health Through Christian Community, 232–233.

Der Soziologe David Riesman vermutet, daß permissive therapeutische Methoden bei Ratsuchenden hilfreich sind, die der Willkür ausgesetzt waren und für die eine permissive, akzeptierende Atmosphäre eine neue Erfahrung darstellt: »Aber viele Menschen mit einer akademischen Ausbildung sind sowohl zu Hause als auch in der Schule permissiv erzogen worden und finden bei einem Therapeuten, der sie verstehend annimmt, wenig, das für sie befreiend wirkt.«[31]

Ein Therapeut, der hauptsächlich mit psychisch gestörten Jugendlichen arbeitet, berichtet, daß bei seinen Klienten Charakterprobleme vorherrschen, daß Psychoneurosen selten sind und daß bei den meisten Klienten die Methoden von Rogers und der Psychoanalyse auffallend unwirksam geblieben sind. Die *»Lern-Therapie«* habe sich als wirksamste Methode erwiesen. Die Hauptarbeit des Therapeuten besteht darin, dem anormalen Verhalten Grenzen zu setzen, so daß konstruktive Verhaltensmuster eingeübt und durch ein System von Belohnungen und Sanktionen verstärkt werden können. Anstatt zB. bei Schulschwänzen nachsichtig und tolerant zu sein, empfiehlt er, daß die Schulbehörden sofort disziplinarische Maßnahmen ergreifen. Dabei ist entscheidend, daß die betroffenen Jugendlichen wissen, daß er dies empfohlen hat[32].

Hier seien einige Grundregeln der Seelsorge an Menschen mit einem schwach entwickelten Gewissen genannt:

(1) *Stelle ein Vertrauensverhältnis mit dem Pastoranden her.* Dies ist bei solchen Ratsuchenden der schwierigste, aber auch der wichtigste Schritt.

(2) *Führe ihm konfrontierend vor Augen, daß er sich mit seinem die Realität leugnenden Verhalten selbst betrügt.* Glasser drückt es so aus: »Der Therapeut muß das Verhalten, das unrealistisch ist, zurückweisen, aber den Patienten weiterhin annehmen und sein inneres Engagement mit ihm aufrechthalten.«[33]

(3) *Halte das verantwortungslose, aus-agierende Verhalten auf.*

(4) *Belohne ein verantwortungsvolles Verhalten mit Zustimmung.*

(5) *Hilf dem anderen, daß er lernt, seine Bedürfnisse auf eine gesellschaftlich konstruktive, realitätsbezogene Art und Weise zu befriedigen.*

(6) *Stelle fest, was er sich erwartet und vorstellt und hilf ihm,*

---

[31] *S. W. Standal* und *R. J. Corsini,* Critical Incidents in Psychotherapy, 84.

[32] Aus einer Korrespondenz mit *B. Sharp.*

[33] Reality Therapy, 21.

realistische, aber befriedigende Pläne für die Zukunft zu machen und in Angriff zu nehmen.

Jerome D. Frank behauptet, daß Menschen, denen es schwerfällt, ihre Antriebe unter Kontrolle zu bringen, das Gefühl haben müssen, daß der Therapeut unter Berücksichtigung der ihnen zur Verfügung stehenden Kräfte um sie besorgt ist.

»Diese Anteilnahme kommt am besten zum Ausdruck, wenn er das anormale Verhalten des Patienten als seiner unwürdig scharf angreift. Paradoxerweise erhöht eine solche Art der Kritik das Selbstgefühl des Patienten, anstatt ihm Schaden zuzufügen, weil es unverkennbar von wirklicher Anteilnahme und Achtung getragen ist.«[34]

Nachsicht und Toleranz auf der anderen Seite geben einem solchen Menschen das Gefühl, daß der Therapeut entweder gleichgültig ist oder aber nicht sehr viel von ihm erwartet. Dies verletzt sein sowieso schon erschüttertes Selbstgefühl noch mehr. Eine konsequente Festigkeit ist die unabdingbare Voraussetzung für eine Hilfe.

Die »Realitätstherapie« von William Glasser geht von der Annahme aus, daß es unmöglich ist, sein Selbstgefühl aufrechtzuerhalten, wenn man verantwortungslos lebt. Glasser sagt: »Die Moral, Normen, Werte, richtiges und falsches Verhalten hängen aufs engste mit der Erfüllung unseres Bedürfnisses nach einem Selbstwertgefühl zusammen.«[35] Deshalb will er die Patienten lehren, daß sie eine »befriedigende Norm des Verhaltens« entwickeln, damit sie selbst Genugtuung empfinden, wenn sie sich richtig verhalten haben und sich andernfalls korrigieren können. Selbstachtung wird durch Selbstdisziplin und eine liebende Nähe zu anderen Menschen erreicht.

Es ist sehr schwierig, Menschen mit ernsten Charakterstörungen zu helfen, selbst für einen hoch qualifizierten Psychiater. Aber für viele Menschen mit milderen Charakterproblemen kann eine geschickte seelsorgerliche Beratung nach den Methoden der Konfrontation eine Hilfe sein. Dies trifft besonders auf junge Menschen in der Adoleszenz zu, deren Schwierigkeit darin besteht, daß sich ihre Entwicklung zur Gewissensreife verzögert hat. Durch eine Identifikation mit dem (hoffentlich) reiferen Gewissen des Pfarrers kann ein Pastorand allmählich sein destruktives Verhaltensmuster verlernen und verläßlichere innere Kontrollen annehmen.

Bei vielen seelsorgerlichen Gesprächen ist es unbedingt nötig,

---

[34] Critical Incidents in Psychotherapy, 249.
[35] Reality Therapy, 11.

über die Zukunft des Pastoranden zu reden. Das gilt auch für die konfrontierende Seelsorge. In der Realitätstherapie lautet eine beliebte Frage: »Wie sehen Ihre weiteren Pläne aus?« Diese Frage regt den Ratsuchenden an, sich über seine Zukunft Gedanken zu machen und gibt ihm Zuversicht. Glasser schreibt: »Wir müssen sein Leben öffnen, über einen neuen Horizont sprechen, seine Interessen ausweiten, ihn auf das Leben aufmerksam machen, das jenseits von seinen Problemen liegt.«[36] Viele Menschen mit Problemen haben nicht das Gefühl, daß es noch wirklich eine Zukunft für sie gibt. Will man einem solchen Menschen helfen, mit dem unerträglichen Verhalten der Vergangenheit zu brechen, dann kann entscheidend sein, ob man in ihm konstruktive Zukunftserwartungen zu wecken vermag.
In der Beratung mit Menschen, deren innere Kontrollen schwach entwickelt sind, muß man irgend etwas finden, dessen sie sich sorgend annehmen können. Ein Pfarrer, der mit jungen Erwachsenen, die schon seit längerer Zeit Verhaltensprobleme haben, Gruppentherapie treibt, berichtet: »Ich versuche irgend etwas zu finden, das den einzelnen auch nur entfernt interessiert, und dann darauf aufzubauen.«

Die Konfrontation in anderen Seelsorgefällen

Konfrontierende Methoden sind bei einer Vielzahl von Seelsorgesituationen hilfreich, bei denen es sich nicht um Gewissensprobleme handelt. Ein Pfarrer sah einen Jugendlichen (Sam) aus seiner Gemeinde während der Schulstunden an einer Tankstelle herumlungern.

Pfarrer: Ich sehe, du hast dich entschlossen, nicht mehr in die Schule zu gehen.
Sam: Ja, ich bin dafür einfach nicht geschaffen.
Pfarrer: Was hast du jetzt vor? Vielleicht solltest du irgend etwas anderes lernen?
Sam: Ich weiß nicht so recht, was ich machen will. Ich denke, irgend etwas wird sich schon ergeben.

Sie sprachen über die Zukunft. Der Pfarrer betonte, daß es doch gut wäre, wenn Sam sich für einen Weg entscheiden könnte, der zu einer für ihn befriedigenden Tätigkeit führte. Im weiteren Verlauf – die Beratung wurde im Sprechzimmer des Pfarrers fortgesetzt – wurden der Bezirkspsychologe, der zuständige

[36] Reality Therapy, 31.

Leiter für besondere Ausbildungsfragen und der Vertreter des Arbeitsamtes eingeschaltet, um dem jungen Mann zu helfen, realistische Zukunftspläne zu entwerfen[37]. Schließlich begann er eine Ausbildung als Kühltechniker. Durch seine konfrontierende und erziehende Beratung hatte der Pfarrer eine Entwicklung unterbrochen, die möglicherweise zu ständigem Scheitern und Mißerfolg geführt hätte.
Der Psychiater James A. Knight hat festgestellt, daß die Konfrontation besonders in der Arbeit mit Jugendlichen nützlich ist, deren Reifungsprozeß unterstützt werden soll. Er sagt:

»Der junge Mensch braucht das Gegenüber von Autoritätspersonen, die ihr Interesse an ihm sowohl durch ihre Hilfe als auch durch ihre Kritik zeigen. Während der stürmischen Perioden des psychischen Wachstums wird eine Konfrontation zur rechten Zeit dem Jugendlichen Wege des Reifens eröffnen und seinem Verhalten notwendige Grenzen setzen.«[38]

Knight führt R. J. Liftons Konzept an, wonach sich die Änderung der Persönlichkeit in drei Schritten vollzieht: *Konfrontation, Umordnung* und *Erneuerung*[39]. Nach der Erfahrung der Konfrontation beginnt ein Prozeß der Umerziehung und der Änderung, den Lifton »Umordnung« nennt. Dazu kann ein persönliches »Sich-Ausleeren« durch Beichte und Exploration vergangener Gefühlseinstellungen gehören. Gleichzeitig werden neue Gefühle und Ideen aufgenommen, deren Gültigkeit in neuen menschlichen Bezügen überprüft wird. Dies führt zu dem Stadium der offenen Erneuerung:

»Die Erneuerung stützt sich auf eine neue Wechselwirkung zwischen Identitätsbewußtsein und Weltanschauung. Der Mensch sieht seine Beziehungen zu ehemaligen Autoritäten als Zwischenstationen an seinem Wege zu einer größeren Unabhängigkeit an. Die Erneuerung kann nur durch eine gründliche Selbstkenntnis und die Bereitschaft, die Konsequenzen daraus zu akzeptieren, gefestigt werden.«[40]

Die Methode der Konfrontation wird oft in der Beratung wichtig, die zu einer Überweisung führt. Ein junger Mann erzählte von seiner großen Furcht, er könnte seinem Mädchen etwas antun. Der Pfarrer, der seinen nur schwer zu kontrollierenden Jähzorn kannte und auch sein früheres impulsives Verhalten Frauen gegenüber, legte ihm eindringlich nahe, sich für

[37] Dies ist ein hervorragendes Beispiel dafür, wie die Seelsorge mit staatlichen und kommunalen Einrichtungen zusammenarbeiten kann.
[38] Confrontation in Counseling, 49.
[39] AaO. 54. – Liftons Buch: Thought Reform and the Psychology of Totalism, New York 1961, 463–464.
[40] Confrontation in Counseling, 54.

eine psychiatrische Behandlung zu verpflichten. Konfrontierend führte er ihm vor Augen, daß er tatsächlich etwas anrichten könnte, was nicht wiedergutzumachen wäre. Der junge Mann war über diese feste Haltung des Pfarrers nicht verärgert, ganz im Gegenteil, er fühlte sich offensichtlich erleichtert und willigte ein. Der Pfarrer hatte das ganze Gewicht seines Amtes eingesetzt, um den jungen Mann und seine Freundin vor den verderblichen Anfällen zu bewahren.

Bei einer seelischen Krise ist die Konfrontation oft unbedingt nötig. Krankenhauspfarrer wenden manchmal eine Art konfrontierender Schocktherapie an, um den Lebenswillen von Patienten, die sich schon aufgegeben haben, wiederzuerwecken. Thomas Klink weist darauf hin, daß dies eine »Methode hart an der Grenze« ist, die sehr großen Schaden anrichten kann, wenn sie nicht mit größter Umsicht gehandhabt wird. Sie ist jedoch manchmal als letztes Mittel nötig, um einen Menschen vor einem langsamen Selbstmord zu bewahren.

Der therapeutische Ansatz von Viktor Frankl stützt sich sehr auf die Konfrontation. Frankl hält seinen Patienten entgegen, daß sie Werte finden müssen, die ihrem Leben einen Sinn geben. Er unterbindet jeden Versuch der Patienten, jenes Spiel zu spielen, das Eric Berne »Holzbein« nennt[41], indem er mit Bestimmtheit seiner Überzeugung Ausdruck gibt, daß – wie düster auch immer die Lage eines Menschen sein mag – er frei bleibt, seine Einstellung dazu zu wählen und daß er dafür verantwortlich ist. Dann hilft er den Patienten, einen Sinn in ihrer Lage zu entdecken, der ihre Fähigkeiten mobilisiert, damit fertig zu werden.

Wenn man einem Pastoranden vor Augen führt, wie er sich in einer bestimmten Sitzung oder in einem bestimmten Augenblick zum Seelsorger verhält, dann kann diese Konfrontation die Offenheit in einer Seelsorgebeziehung wieder herstellen und dem Ratsuchenden die Möglichkeit geben, etwas Wichtiges über sich selbst zu lernen. Unnütze »Spiele« zwischen Ratsuchendem und Ratgeber können auf diese Weise unterbunden werden. In einer Eheberatung sagte die Ehefrau nach zwei Sitzungen des Hin-und-Her-Geplänkels: »Verstehen Sie, was ich sagen möchte? Wahrscheinlich bringe ich Sie bloß durcheinander.« Der Pfarrer antwortete: »Ich glaube, ich verstehe, was Sie im Augenblick sagen, aber ich möchte gerne wissen, was in unserer Beziehung als Ganzes vor sich geht. Ich habe das Gefühl, wir spielen hier

---

[41] Vgl. S. 130.

mit Worten herum – wir versuchen, das Problem herauszufinden, es aber gleichzeitig verborgen zu halten. Mir scheint, wir haben schon mehrere Sitzungen hindurch darum herum geredet.« Das überraschte Ehepaar kam bald auf die Sache zu sprechen, die ihm wirklich auf dem Herzen lag.

Wenn dem Seelsorger ein größerer Irrtum unterläuft oder wenn er den Sinn dessen, was der Pastorand sagen will, ganz und gar verfehlt, dann sollte er sobald wie möglich offen darüber sprechen.

Pfarrer: Als ich noch einmal über unser letztes Gespräch nachdachte, merkte ich, daß ich das, was Sie mir gegen Ende sagen wollten, wahrscheinlich nicht richtig verstanden habe. Mir fiel auf, daß Sie einmal sehr still wurden. Welches Gefühl hatten Sie, als ich sagte...?

In der Regel hilft eine nicht apologetische Selbstkonfrontation des Pfarrers, ein gestörtes Vertrauensverhältnis wieder in Ordnung zu bringen. Der Seelsorger vertieft eine menschliche Beziehung, wenn er seine Fehlbarkeit eingesteht.

Die Gefahr des Neomoralismus

Die konfrontierende Gesprächsführung läßt sich mit einer starken Medizin vergleichen. Richtig angewandt kann sie ein großartiges Heilmittel sein. Aber die Gefahr des Mißbrauchs wächst mit ihrer Heilkraft. James A. Knight sagt: »Pfarrer und Lehrer haben den Sinn der Konfrontation in der Beratung nicht immer erkannt. Oft wird sie mit einer Art vertikalen Anmaßung verwechselt, mit moralistischem Predigen oder mit bösartigen Attacken, die man sich unter dem Vorwand einer ›gerechten Entrüstung‹ meint erlauben zu können.«[42] Folgende Grundsätze können vor der Gefahr des Moralismus einigen Schutz bieten: (a) Eine Konfrontation sollte sehr vorsichtig und zurückhaltend angewandt werden. (b) Die Betonung sollte darauf liegen, daß man einem anderen hilft, der Wirklichkeit ins Gesicht zu sehen (Selbstkonfrontation), sobald *er* bereit ist, sie zu verstehen, und seine Verantwortung darin zu finden. Letzten Endes wird die persönliche Reife des Pfarrers darüber entscheiden, ob er die konfrontierende Gesprächsführung dazu mißbraucht, andere zu manipulieren, oder ob er die ungeheuren Möglichkei-

[42] Confrontation in Counseling, 49.

ten entdeckt, die sie als Werkzeug der Versöhnung in einer auf menschliche Beziehungen ausgerichteten Seelsorge hat.

Praktische Übungen

Rollen für Pastoranden:

1. Sie sind ein Mann, der im Korea-Krieg mehrere feindliche Soldaten getötet hat. Wegen dieser Schuld, die Sie fürchterlich quält, suchen Sie den Pfarrer auf.
2. Sie sind ein junger Erwachsener, 25 Jahre alt. Als Jugendlicher haben Sie gegen die rigorose ethische Einstellung Ihres fundamentalistischen Elternhauses rebelliert; aber immer noch empfinden Sie ein intensives Schuldgefühl, wenn Sie – was Sie regelmäßig tun – tanzen oder rauchen.
3. Sie sind das siebzehnjährige Mädchen, das wegen seiner sexuellen Beziehungen zum Pfarrer kam.

Rolle des Pfarrers: Diese drei Fälle repräsentieren die drei Arten von Gewissensproblemen. Wenden Sie die Beratungsmethoden an, die in diesem Kapitel beschrieben worden sind.

Es wird empfohlen, ein Tonbandgerät zu benutzen, um die Interaktion während der Sitzungen besser festhalten zu können.

XII. BERATUNG BEI RELIGIÖS-EXISTENTIELLEN PROBLEMEN

Wie man nicht versuchen sollte, die Augen ohne den Kopf zu heilen, oder den Kopf ohne den Körper, so sollte man auch nicht versuchen, den Körper ohne die Seele zu heilen ... denn der Teil kann niemals gesund sein, wenn nicht das Ganze gesund ist... Und deshalb, wenn der Kopf und der Körper gesund sein sollen, muß man mit der Heilung der Seele beginnen. Plato[1]

Angst ist das Gewahrwerden der Endlichkeit. Der Mensch... lebt in der bewußten oder unbewußten Angst vor dem Sterbenmüssen. Nichtsein ist in jedem Augenblick seines Seins gegenwärtig. Die Wechselfälle seines Lebens bedrohen ihn von allen Seiten. Leiden, Unglücksfälle, Krankheit, Verlust der Beziehung zur Umwelt und zum Mitmenschen, Einsamkeit, Unsicherheit, Schwachheit und Irrtum sind seine ständigen Begleiter. Schließlich wird die Drohung des Todes zur Wirklichkeit des Sterbens. All das muß der Mensch ertragen und all das kann er nur ertragen in der Macht dessen, in dem das Nichtsein in Ewigkeit überwunden ist – der Macht des Göttlichen. Es ist Aufgabe der Seelsorge, dem Hilfesuchenden etwas über diese Macht zu sagen und ihm den Mut zu geben, die Endlichkeit auf sich zu nehmen. Paul Tillich[2]

Ausgesprochen theologische Probleme – Fragen der Lehre, Glaubenszweifel, Unklarheit über das Bekenntnis, Fragen zum Gebet usw. – sind nur für eine kleine Minderheit derer, die seelsorgerliche Hilfe suchen, der entscheidende Beweggrund[3]. Wenn ein Pfarrer dennoch auf solche Probleme stößt, dann wird er sich unwillkürlich auf seine theologische Ausbildung, auf sein Herkommen und auf seine persönliche Überzeugung verlassen. Dabei sollte er sich die Grundregeln einer guten Seelsorge zunutze machen (Kap. III), besonders die der erziehenden Beratung. In der Arbeit als *Pastoraltheologe* verbindet er berateri-

[1] »Charmides«, The Dialogues of Plato, B. Jowett (Übersetzung), New York 1937, I, 6.
[2] The Theology of Pastoral Care, 3.
[3] Diese Tatsache ist kennzeichnend für das geistige Klima unserer Zeit. Unsere vorherrschenden Probleme werden im allgemeinen nicht theologisch verstanden oder in theologischer Begrifflichkeit vorgebracht.

sches Geschick mit theologischen Erkenntnissen. Der Berater als Theologe hat eine unschätzbare Aufgabe: er soll Menschen helfen, das kennenzulernen und sich anzueignen, was ihnen aus der Tradition an Weisheit über den Sinn des Lebens zukommt. Er hilft ihnen, traditionelle Symbole mit einer persönlichen Bedeutung zu füllen. Als theologischem Berater fällt ihm die Aufgabe zu, Hindernisse ausräumen zu helfen, die einen Menschen davon abhalten, zu einem reiferen Glauben (einem Glauben, der mit der Wirklichkeit in Einklang steht) zu finden und zu einer Beziehung zu Gott, die seine Bedürfnisse besser befriedigt.

Wenn in der seelsorgerlichen Beratung ausgesprochen theologische Fragen »anstehen«, dann sollte der Pfarrer wissen, daß es sich dabei um vordergründige Manifestationen tieferer psychologischer Probleme handeln *könnte*. Es ist gewöhnlich richtig, wenn man sich mit theologischen Problemen als solchen befaßt, aber man sollte für andere Probleme aufmerksam bleiben, die sich dahinter verbergen könnten. Ein Mann in den mittleren Jahren suchte die Hilfe des Seelsorgers, weil er sich damit quälte, daß sein Gebetsleben nicht mehr in Ordnung war. »Das Gebet ist für mich gestorben«, sagte er. Der Pfarrer möge ihm ein Buch nennen, eine Abhandlung über das Gebet. Der Seelsorger nannte ihm ein paar Titel, veranlaßte ihn aber, weiter über das zu sprechen, was ihm Sorgen machte, und fragte ihn: »Was ist in der letzten Zeit geschehen? Gibt es irgend etwas, was Ihnen zu schaffen macht?« Diese Frage öffnete die Schleusen. Der Mann schüttete sein Herz aus; er sprach von seinen Schuldgefühlen wegen des Selbstmordes eines nahen Verwandten, für dessen Tod er sich – unerklärlich, aber dennoch schmerzlich – mitverantwortlich fühlte. In der folgenden Zeit wurde dieses Problem in einer Reihe von Sitzungen durchgearbeitet, und die Gebetserfahrung des Mannes »lebte wieder auf«. Die Schuld, die sich in seinem Inneren aufgetürmt hatte und ihn von Gott trennte, war weggeräumt.

Am Anfang eines psychotischen Zusammenbruchs steht manchmal ein plötzliches, qualvolles Interesse an religiösen Fragen; man will zB. »mit Gott ins reine kommen« oder »das Geheimnis des Alls herausfinden«. Dieses Interesse mag eine paranoide Färbung haben und an Größenwahn (ein Messias-Komplex) oder Verfolgungswahn grenzen. Einer Studie über Patienten in Nervenkliniken zufolge kleideten 20 Prozent der Patienten ihre Psychosen ausschließlich in religiöse Vorstellungen. 10 Prozent schienen die Religion als letzten Strohhalm zu benutzen, weitere 17 Prozent zeigten Anhaltspunkte für zutiefst religiöse Probleme, die mit ungelösten Konflikten mit Elternfiguren verwoben waren[4].

Obwohl religiöse Probleme psychologische Probleme verdecken können, ist das Gegenteil ebenso richtig. Eine geistliche Leere ist bei vielen neurotischen Problemen ein entscheidendes Moment. Hiltner schreibt: »Menschen können nicht nur wegen unmittelbarer Frustrationserlebnisse gemütskrank werden, sondern auch deswegen, weil ihnen Sinn und Ziel ihres Lebens zu schaffen machen.«[5] Viktor Frankls Formulierung des »Wert-Vakuums« trifft genau diese Leere, die viele Menschen für Angst und Konflikte anfällig werden läßt. Geoffrey Brunn sagt in einer Besprechung von Peter Vierechs Buch »The Unadjusted Man. A New Hero for Americans«: »Es ist ein verwaistes Zeitalter, in dem wir leben, ein Zeitalter, das durch die Umwälzung einer dynamischen Technologie von seiner Vergangenheit getrennt ist. Jeder einzelne in der ›einsamen Masse‹ wird heute von einem Gefühl der Verlassenheit und der Vereinzelung, die sich nicht mehr mitteilen läßt, geplagt.«[6] In dieser »Zeit der Sehnsucht« (Arthur Koestler) haben unzählige Millionen kein Mittel gefunden, um mit jener allgemein menschlichen Erfahrung fertig zu werden, die Melville mit der Zeile »wenn nieselnder November in die Seele einzieht«[7] klassisch beschrieben hat. Wie die Figuren in dem Stück »Warten auf Godot« sind sie gelangweilt und angewidert von der Sinnlosigkeit ihres Lebens. Die Ziellosigkeit unserer »verführten Generation«[8] ist ein Nährboden, auf dem mittelmäßige Ehen, zwischenmenschliche Konflikte und geistige Erkrankungen gedeihen.

Starke Strömungen in der Psychotherapie der Gegenwart bestreiten die Ansicht einiger Therapeuten, daß alle religiösen Probleme lediglich Symptome tieferer psychologischer Probleme seien. Carl G. Jung, Erich Fromm, Viktor Frankl, Gordon Allport, Rollo May und andere »Existentialisten« in der Psychotherapie halten diese Ansicht für eine Verkürzung und durch solides klinisches Material nicht belegbar; klinische Beobachtung läßt vielmehr vermuten, daß psychologische Probleme oft in einer pathologischen Spiritualität wurzeln. Jung betrachtet »die religiösen Probleme, die der Patient vorbringt . . . als wichtig für

---

[4] *W. E. Oates,* Religious Factors in Mental Illness, New York 1955, 6 f.
[5] Pastoral Counseling, 17.
[6] In: Saturday Review of Literature, 5. Januar 1957, 20.
[7] *H. Melville,* Moby Dick, 1950, 13.
[8] *G. Sykes,* The Hidden Remnant, New York 1962, 72.

die Neurose und als ihre mögliche Ursache«[9]. Fromm sieht die Neurose als eine geheime, private Religion an. Der Therapeut muß wissen, welche Antwort der Patient auf die Sinnfrage hat; die meisten der Probleme, die man als »psychologische Probleme« ansieht, sind nur sekundäre Folgeerscheinungen dieser »Antwort« – seiner geheimen Religion, der alle Anstrengungen und seine ganze Leidenschaft gewidmet sind[10].

Man übersieht leicht die geistlich-existentiellen Aspekte der Probleme, die dem Pfarrer in der Seelsorge begegnen. Oft sind sie verborgen. Wenn ein Berater – aus welchem Grund auch immer – nur ein Ohr für die psychologische Seite der Probleme hat, dann wird er das geistliche Verlangen, das ebenfalls vorhanden ist, nicht hören. Auf der anderen Seite schließt ein einseitiges Achten auf die »religiöse« Dimension die Wahrnehmung der komplexen psychosozialen Faktoren aus, die mit den geistlich-existentiellen verwoben sind. Um als *seelsorgerlicher* Berater wirksam tätig zu sein, muß man gleichzeitig auf die horizontale und auf die vertikale Dimension *eines jeden Problems* eingestellt sein[11].

Eine schuldbeladene, bettlägerige Frau von 78 Jahren sagte zu ihrem Pfarrer: »Ich würde fast lieber sterben – so sehr ich mich davor fürchte – als hier noch lange liegen zu müssen.«[12] Anstatt sie zu ermutigen, weiter über ihr Gefühl des Zu-nichts-mehr-nütze-Seins und der Furcht vor dem Sterben zu sprechen, erzählte ihr der Pfarrer, daß es ihm leid täte, wenn sie so fühlte – ein fast sicherer Weg, Gefühlsäußerungen abzuwürgen. Während des nächsten Gesprächs sprach sie wieder über das Sterben:

Pfarrer: Sie fürchten sich doch nicht, nicht wahr? (Eine blockierende Frage!)

Frau: Nicht wirklich. Nein – das würde ich nicht sagen. Vielleicht. Aber es gibt so viele Dinge, die ich hätte tun wollen, die ich aber nicht getan habe. Glauben Sie, Gott bestraft uns wegen der Dinge, die wir tun, die aber nicht richtig sind?

Der Pfarrer antwortete: »Die Bibel lehrt, daß es ein Gericht gibt.« Dann versicherte er ihr eilfertig, daß sie eine gute Frau sei und sich keine Sorgen zu machen brauche. Die offensichtliche

---

[9] Modern Man in Search of a Soul, New York 1933, 269.

[10] Zen Buddhism and Psychoanalysis, New York 1960, 91.

[11] Die amerikanische Seelsorge hat im Blick auf menschliche Probleme die Gefahren eines religiösen Reduktionismus mit Recht betont, aber dabei ist sie manchmal einer psychologischen Verkürzung verfallen.

[12] Ein Verbatim dieses Seelsorgebesuchs bei *N. S. Cryer* und *J. M. Vayhinger*, Casebook in Pastoral Counseling, Fall Nr. 44, 240–245.

Schuld dieser Frau und ihre Furcht vor dem Sterben wurden nicht ernst genommen. Ihr zutiefst existentielles Problem – im Angesicht des Todes – wurde vom Pfarrer fast völlig übersehen, wahrscheinlich wegen seiner eigenen existentiellen Angst.

Die existentielle Dimension in allen menschlichen Problemen

Bei gewissen Problemen sind die religiös-existentiellen Aspekte gewöhnlich augenfällig und bedrängend. Nach Erik H. Erikson ist der Jugendliche in der ausgehenden Adoleszenz stark den Problemen einer existentiellen Identität ausgesetzt und somit der Angst[13]. Es ist kein Zufall, daß die Schizophrenie oft in dieser Zeit beginnt. Existentielle Gesichtspunkte spielen auch in den Krisen der mittleren Lebensjahrzehnte eine große Rolle, wenn die jugendlichen Illusionen physischer Unsterblichkeit vor den Realitäten des Alterns zerbröckeln. Der Psychologe Herman Feifel hat festgestellt, »daß die Frage nach dem eigenen Tod – projektive Tests machten es deutlich – das Unbewußte des über Fünfzigjährigen primär beschäftigt«[14].

Religiös-existentielle Faktoren liegen bei der Beratung in Lebenskrisen oft unter der Oberfläche, besonders in der Seelsorge an Kranken, Sterbenden und Trauernden. Solche Erfahrungen lassen die zerbrechliche Schale der Pseudoallmacht, die die meisten von uns tragen, zerspringen, indem sie uns die Kürze und die Verletzlichkeit unseres Lebens vor Augen führen und uns zwingen, die Uhr wahrzunehmen, die unaufhaltsam weitertickt und uns in jedem Augenblick dem Grab näher bringt.

Eine geistlich-existentielle Dimension liegt in *jedem Problem*, mit dem Pfarrer und Pastorand in der Seelsorge ringen, mag es auch nicht so deutlich sein und in manchen Fällen ganz verborgen. Dies ist so, weil existentielle Angst jeder menschlichen Erfahrung innewohnt.

Angst ist gewöhnlich die Reaktion des menschlichen Organismus auf alles, was als Bedrohung dessen empfunden wird, was man als zum eigenen Wohlbefinden oder zur eigenen Sicherheit gehörig betrachtet. Pathologische (neurotische) Angst entsteht, wenn gegensätzliche Impulse, Wünsche oder Bedürfnisse gleichzeitig nach Ausdruck oder Be-

---

[13] Der junge Mann Luther, rororo 6733/34, 1958, 122 ff. Dieses Buch ist eine lehrreiche Studie der Psychologie der späten Adoleszenz und des frühen Erwachsenenalters.

[14] *M. K. Bowers* u.a., Wie können wir Sterbenden beistehen, 1971, 10.

friedigung verlangen. Sie ist das Ergebnis eines inneren Konflikts. Sie dient der Aufgabe, etwas verdrängt zu halten, was dem Selbstbild als unannehmbar erscheint. Im Gegensatz dazu ist existentielle Angst nichtpathologische Angst oder Grundangst. Sie kommt aus dem Wesen menschlicher Existenz. Der Mensch ist das Lebewesen, das weiß, daß es einmal sterben wird. Die Verwurzelung in der Natur hält ihn gefangen. So ist er ihren Kräften der Krankheit, des Schmerzes und des Todes ausgesetzt und es fehlt ihm das, was der Big Daddy in Tennessee Williams Stück »Die Katze auf dem heißen Blechdach« den »Vorzug der Schweine« nennt, nämlich das Nichtwissen um die eigene Sterblichkeit[15].

Unser Wissen, daß wir sterben müssen ist, wie Martin Heidegger sagt, die Hintergrundmusik, die während unseres ganzen Lebens leise von ferne spielt. »Zuweilen mögen wir sie zum Verstummen bringen, aber es gibt Zeiten, wo sie in Umfang und Tempo anschwillt, und wir können sie nicht überhören.«[16]
Wie Paul Tillich deutlich machte, hat die Bedrohung des Nichtseins, die die existentielle Angst hervorruft, drei Formen: die Drohung des Schicksals und des Todes, die Drohung der Leere und der Sinnlosigkeit und die Drohung der Schuld und der Verdammung[17]. Tillich schreibt: »Diese Angst ist potentiell gegenwärtig in jedem Augenblick. Sie durchdringt das Ganze des menschlichen Seins.«[18] Sie ist Teil seines »Erbteils der Endlichkeit«. Sie ist der Schatten, der alle anderen Ängste berührt und ihnen ihre Macht gibt.
Existentielle Angst ist das Rohmaterial, aus dem alle Ängste geformt sind. Die Todesangst ist sowohl das Urbild als auch die Quelle aller anderen Ängste. Eine Frau, die wußte, daß sie unehelich geboren worden war, unerwünscht, das Ergebnis einer Panne, klagte: »Ich weiß, daß ich kein Recht habe, zu leben!« Damit drückte sie das quälende Gefühl der Zurückweisung und der existentiellen Angst aus, das aus den prekären Umständen ihres Ursprungs kam.
Für die existentielle Angst gibt es keine psychologischen oder psychotherapeutischen Lösungen. Sie ist in dem Sinn »existentiell«, als sie zur Existenz des Menschen als eines sich selbst wahrnehmenden Geschöpfes gehört. Aber *ihre Auswirkungen auf den einzelnen können entweder kreativ oder destruktiv* sein, es kommt ganz darauf an, wie man mit ihr umgeht. Das Mittel,

---

15 *H. J. Clinebell Jr.*, Philosophical-Religious Factors in the Etiology and Treatment of Alcoholism, in: Quarterly Journal of Studies on Alcohol, September 1963, 477.
16 Zitiert bei *M. K. Bowers* u.a., aaO. 28.
17 Der Mut zum Sein, Hamburg 1965, Kap. 2.
18 *P. Tillich*, Systematische Theologie I, 1956³, 227.

das man benutzt, um mit der existentiellen Angst fertig zu werden, ist – psychologisch gesprochen – die »Religion«. Es kann eine der vielen Formen des Götzendienstes sein: die Vergötterung von Besitz, Gesundheit, Erfolg, Alkohol, Staat, Kirche, Familie, – wenn man darin sein »höchstes Anliegen« (Tillich) sieht. Neurotische Probleme können ebenso als Versuche, der existentiellen Angst auszuweichen, verstanden werden. Ironischerweise erzeugen diese Abwehrbemühungen gegenüber dem Nichtsein genau das, was befürchtet wird, nämlich Nichtsein[19]. Die Neurose schränkt die Vitalität eines Menschen ein. Tillich sah in der neurotischen Angst eine Methode, der Bedrohung des Nichtseins durch Ausweichen vor dem Sein auszuweichen (dh. man wehrt sich gegen die Todesfurcht, indem man seine Lebendigkeit einschränkt).

Zwischen neurotischer Angst und existentieller Angst scheint ein wechselseitiges Verhältnis zu bestehen. Tillich stellte fest, daß ein hohes Maß an neurotischer Angst einen Menschen der Drohung des Nichtseins gegenüber empfindlich macht[20], und umgekehrt, daß die, »die keinen letzten Sinn kennen, leicht Opfer der neurotischen Angst werden«[21]. Die eine Form der Angst führt zur Verstärkung der anderen.

Wenn man mit pseudo-religiösen (dh. abgöttischen) oder neurotischen Mitteln mit der existentiellen Angst fertig zu werden versucht, dann ist eine Abnahme von Kreativität, Wahrnehmungsfähigkeit und Authentizität im Leben das unvermeidliche Ergebnis. J. F. T. Bugental schreibt:

»Neurotische Angst ist die Not, die dadurch verursacht wurde, daß wir unser authentisches In-der-Welt-Sein zugunsten illusionärer Hoffnungen auf Sicherheit und Vermeidung des Tragischen aufgegeben haben. Sie ist immer von einer gewissen Reduktion unseres ganzen Seins begleitet und deshalb unvermeidlich ein krebsartiges Gewächs in unserem Leben... Wir sind weniger wirklich in unserem Leben, und so wird unsere Angst erneuert, und dies erfordert größere Abwehrbemühungen. Daher ist neurotische meist eine ständig anwachsende Angst.«[22]

Ein authentisches religiöses Leben – mit der Verwirklichung des Bildes Gottes im Menschen – ist der einzige konstruktive Weg, um mit der existentiellen Angst fertig zu werden. In dem inzwischen meist zitierten Abschnitt aus »Modern Man in Search of a Soul« schreibt Jung: »Unter allen meinen Patienten jenseits

---

[19] Vgl. *J. F. T. Bugental*, The Search for Authenticity, 15.
[20] Der Mut zum Sein, 70.
[21] AaO. 70.
[22] The Search for Authenticity, 25.

der Lebensmitte, das heißt jenseits der 35, ist nicht ein einziger, dessen endgültiges Problem nicht das der religiösen Einstellung war.«[23] Dies stimmt mit Tillich überein, daß es die »Macht des Göttlichen« ist, in der »Nichtsein in Ewigkeit überwunden ist«. Die Religion, die Leben erweitert, befähigt einen Menschen, sich seine existentielle Angst zu vergegenwärtigen, anstatt ihr auszuweichen. Wie Tillich deutlich macht, wird diese Angst nur dann Leben vermehren, anstatt es zu lähmen, wenn sie auf sich genommen und in die Selbstbejahung mit hineingenommen wird. Wenn es um Sinn oder Vertrauen geht, wird sie – in Kierkegaards Worten – zu einer »Schule«. Mitten in der Erfahrung der Angst bekommt der Mensch die innere Gewißheit des Glaubens[24]. Die Angst ist der Lehrer, der das Leben gründlich durchsucht und das Kleinliche ausrottet[25]. So wird die existentielle Angst zum »Grund des Strebens nach Erkenntnis«[26].

Das Ziel der religiös-existentiellen Seelsorge

Diese Dimension der Seelsorge hat zum Ziel, Menschen zu helfen, in der Vitalität und Tiefe ihres geistlichen Lebens zu wachsen. Das Wachstum tritt ein, wenn sie eine Beziehung zu Gott, zu anderen Menschen und zu sich selbst erlernen, die ihnen hilft, *vier geistliche Urbedürfnisse* zu befriedigen, die alle Menschen haben, ob sie davon wissen oder nicht:
(1) Das Bedürfnis nach einer sinnvollen Einstellung zum Leben und nach einer Aufgabe, für die es sich zu leben lohnt.
(2) Das Bedürfnis nach Erleben des Numinosen und Transzendenten.
(3) Das Bedürfnis nach einer tiefen Erfahrung einer vertrauensvollen Beziehung zu Gott, zu anderen Menschen und zur Umwelt.
(4) Das Bedürfnis nach Erfüllung des Bildes Gottes in sich selbst, das so befriedigt wird, daß man durch Kreativität, Wahrnehmungsfähigkeit und innere Freiheit zu seiner tiefsten Menschlichkeit gelangt.
Diese Bedürfnisse sind nicht »geistlicher Natur« in irgendeinem

---

[23] AaO. 264.
[24] *S. Kierkegaard,* Der Begriff Angst, Düsseldorf 1965², 165.
[25] Ebd. 142.
[26] Vgl. *F. Berthold Jr.*, Anxious Longing, in: Constructive Aspects of Anxiety, hg. von *S. Hiltner* und *K. Menninger,* Nashville 1963, 71.

besonderen »kirchlichen« Sinn. Es sind vielmehr fundamentale *menschliche Bedürfnisse*, die nur dann befriedigt werden können, wenn man die vertikale Dimension aufnimmt, die Dimension der Sinnerfüllung und Gottes. Wie Dietrich Bonhoeffer so treffend formulierte: »Christsein heißt nicht in einer bestimmten Weise religiös sein, auf Grund irgendeiner Methodik... sondern es heißt *Menschsein.*«[27]

Die theologische Ausbildung sollte einen Pfarrer dazu ausrüsten, daß er Menschen zu geistlichem Wachstum führen kann. Dies ist sein einzigartiger und unaufgebbarer Beitrag in der Beratungsarbeit. Sein Wissen um die fundamentalen religiösen Bedürfnisse des Menschen und seine Fähigkeit, ihm bei der Befriedigung dieser Bedürfnisse zu helfen, sind die entscheidenden Vorzüge, die er für die Beratung bei dieser Dimension menschlicher Probleme mitbringt.

Erich Fromm meint, daß jeder Mensch ein tiefes, unvermeidliches Bedürfnis hat nach einem »von einer Gruppe getragenen Gedanken- und Aktionssystem, das dem einzelnen einen Bezugsrahmen und ein Objekt der Hingabe gibt«[28]. Die Erfahrung in der Beratungsarbeit bestätigt, daß es eine universale Sehnsucht nach Sinnerfüllung und »letztgültiger Betroffenheit« gibt, für die man leben kann. Jesus lehrte, daß man durch solche Selbsthingabe Leben findet.

Die »Logotherapie« des Wiener Psychiaters Viktor Frankl baut auf der Überzeugung auf, daß der »Wille zum Sinn« den Menschen zutiefst durchdringt, daß ein Mensch sinnorientiert lebt und daß die Hauptaufgabe der Therapie darin besteht, einem Menschen zu helfen, einen gewissen Sinn zu finden. Seine Grundthese lautet: »Leben wird umgewandelt, wenn eine Aufgabe aufgezeigt wird, die es wert ist ausgeführt zu werden.«[29]

Frankl weist seine Patienten auf drei Arten von Werten hin: *kreative Werte*, nämlich irgend etwas Lohnendes zu tun; *erfahrbare Werte*, Werte, die aus der Erfahrung etwa eines Sonnenuntergangs, einer guten Ehe, des Duftes einer Blume, einer kostbaren Erinnerung kommen; *Werte der inneren Einstellung*: es gilt, eine konstruktive Einstellung auch der schlimmsten Situation gegenüber zu gewinnen. Frankl betont die »Trotzmacht des Geistes«, seine Fähigkeit, sich über vergangene und gegenwärtige Einschränkungen zu erheben. Der religiöse Mensch ist seiner Ansicht nach der Mensch, »der zum Leben ›ja‹ sagt; der

---

[27] Widerstand und Ergebung, 1964[12], 244.
[28] Psychoanalysis and Religion, New Haven 1950, 21.
[29] *R. C. Leslie*, Jesus and Logotherapy, 75.

Mensch, der trotz allem, was das Leben bringt, sein Dasein in der grundlegenden Überzeugung ansieht, daß es sich zu leben lohnt«[30].

Die Betonung der Sinnfindung und der Werte seitens Frankl und anderer Vertreter der Existenzanalyse hat für die Seelsorge eine unmittelbare Bedeutung. Das gleiche gilt, wenn Entscheidung und Verpflichtung des Menschen betont werden. Der Therapeut versucht dem Menschen zu helfen, sein Leben in vollerem Umfang zu erfahren und zu entdecken, was ihn daran hindert, etwas zu finden, dem er sich uneingeschränkt verpflichtet fühlen könnte. Rollo May erklärt in einem Abschnitt, der die Überschrift »Beratung als Entscheidungshilfe« tragen könnte: »Der Patient kann sich erst dann Einsicht oder Wissen erlauben, wenn er in der Lage ist, sich zu entscheiden, wenn er eine entscheidende Orientierung auf das Leben hin unternimmt und wenn er die Vorentscheidung in dieser Richtung schon getroffen hat.«[31]

Wenn es in der Beratung um Wertfragen geht, dann muß man sich der Umstände bewußt sein, die es in der gegenwärtigen Wertkrise vielen Leuten schwermachen, eine tragfähige Einstellung zum Leben zu finden. Millionen sind aus jenen wechselseitigen Vertrauensbezügen herausgerissen, innerhalb derer gesunde Werte gedeihen und existentielle Angst konstruktiv verarbeitet wird[32]. Rollo May formuliert die Herausforderung des Lebens in unserer Zeit des kaleidoskopartigen Wandels:

»Wenn eine Kultur in den tiefen Erschütterungen einer Übergangsperiode gefangen ist, dann erleiden die Individuen in der Gesellschaft verständlicherweise einen geistlichen und emotionalen Umbruch; und wenn sie herausfinden, daß die bisher üblichen Verhaltensweisen und Denkschemata nicht mehr länger Sicherheit geben, dann werden sie entweder in Dogmatismus und Konformismus verfallen, wobei sie ihre Wahrnehmungsfähigkeit aufgeben, oder sie sind gezwungen, sich um ein erhöhtes Selbstbewußtsein zu bemühen, mit dem sie mit neuer Gewißheit und unter neuen Voraussetzungen ihr Leben wahrnehmen.«[33]

Diese Erkenntnis hat für das »Amt der Sinngehalte« in der Seelsorge wichtige Auswirkungen.

---

[30] AaO. 14.
[31] Existence, 87.
[32] *P. Tillich* faßt die Auswirkungen unserer Zeit zusammen: »Die Angst, die in ihren verschiedenen Formen in jedem Individuum potentiell gegenwärtig ist, wird allgemein, wenn die gewohnten Strukturen des Sinnes, der Macht, des Glaubens und der Ordnung zerfallen. Diese Strukturen ... halten die Angst gebunden ... In Epochen großer Umwandlungen funktionieren diese Methoden nicht mehr.« Der Mut zum Sein, 66 f.
[33] Existence, 17.

Der Pfarrer sollte seinen Pastoranden helfen, Möglichkeiten zu finden, wie sie ihr Bedürfnis nach Erleben des Numinosen und Transzendenten befriedigen können – jenen »ekstatischen Augenblick« (Tillich), etwas Wunderbares, das die Weltlichkeit des täglichen Lebens transzendiert. Damit verbunden ist das Bedürfnis nach einem Gefühl der Nähe zur Natur, der Einheitlichkeit des Lebens, das Bedürfnis nach einer vertrauensvollen Beziehung zu anderen Menschen und zu Gott. Abraham Maslow sprach von einem »ozeanischen Gefühl«, um das Gefühl, ein Teil des ganzen Universums zu sein, zu beschreiben. Der Therapeut J. F. T. Bugental, Vertreter der Existenzanalyse, drückt es so aus: »Der Mensch ist ein Teil des Ganzen... Der Mensch ist mehr als ein Geschöpf, und in seinem Erahnen des Ganzen, wie dunkel es auch immer sein mag, kommt er zu einer anderen Beziehung zum Ganzen.«[34]

Das Bedürfnis der Menschen nach einer lebendigen vertikalen Beziehung, in Tolstois »Durst nach Gott«[35] zusammengefaßt, ist in unserer Zeit nicht leicht zu befriedigen. Die heutige Religion hat weithin den Sinn für das Wunderbare verloren und ist blaß und oberflächlich geworden, arm am Ekstatischen und Transzendenten. Für den modernen Menschen hat Augustins Gebet »Daß Du in mein Herz kommst, daß Du es berauscht machst«[36] einen sehnsuchtsvollen Klang. Wenn eine Religion das Erhebende verliert, ihren Sinn für das Numinose, dann werden sich viele Menschen Pseudoreligionen zuwenden. Einige versuchen aus Alkohol oder Drogen eine chemische Religion zu machen. Aber alle Formen des Götzendienstes verraten mit der Zeit ihre Gläubigen.

Die seelsorgerliche Beratung bei religiös-existentiellen Problemen will Menschen helfen, in Übereinstimmung mit psychologisch-geistlichen Grundeinsichten zu leben, sich einer liebenden Beziehung zur Umwelt und eines offenen, stetig reifer werdenden Verhältnisses zu Gott zu erfreuen. Sie möchte den Menschen bewußt machen, daß sie zu aktiven Partnern[37] des lebendigen Gottes bestimmt sind, der in jeder *zwischenmenschlichen Beziehung aktiv* ist. Sie will dazu beitragen, daß Menschen sich sei-

---

[34] The Search for Authenticity, 412.

[35] *L. Tolstoi* meint, daß diese Sehnsucht nach Gott ihn während einer langen Periode tiefster Depression, die bis zu Selbstmordgedanken führte, am Leben gehalten hat. Vgl. *W. James,* Varieties of Religious Experience, New York 1902, 153.

[36] Bekenntnisse, Buch I.

[37] Dies ist das Thema von *Th. Bovets* Buch »Lebendige Seelsorge«, 1962.

ner bewußt werden und dadurch das Gefühl des »Ur-Vertrauens« neu erleben, daß sie in jenen Dimensionen ihres Leidens Heilung erfahren, die nur in dieser vertikalen Beziehung geheilt werden können. Sie versucht jedem zu helfen, seinen ureigenen Auftrag zu finden, seine Aufgabe, das, wofür er sein Leben, das er von Gott empfangen hat, hingeben kann.

Zusammen mit den existenz-analytisch orientierten Therapeuten sollte der Seelsorger zum Ziel haben, Menschen zu helfen, daß sie menschlicher leben, daß sie zu jener Kreativität, jenem Bewußtsein und jener inneren Freiheit finden, die die *imago dei* konstituieren. In dem Maß, wie ein Mensch die eigentliche Bestimmung seines Menschseins verwirklicht, findet er seinen Platz im Universum und wird fähig, die existentielle Angst in eine Kraft umzuwandeln, die sein Leben erweitert. Die Todesfurcht verliert ihre lähmende Macht, wenn man intensiver und authentischer lebt. Wer sich selbst wie eine Maschine behandelt, wer empfindet, daß er nie richtig gelebt hat, wessen Bewußtsein, innere Freiheit und Kreativität neurotisch gehemmt sind, der fürchtet sich am meisten vor dem Sterben. Umgekehrt, wer gelernt hat, tiefe Beziehungen zu anderen herzustellen, schöpferisch tätig zu sein, bewußt zu leben und innerlich frei zu sein, und wer so auf dem Weg ist, sein zutiefst menschliches Vermögen voll zu entfalten, der wird in der Lage sein, seine Todesfurcht in einen Antrieb zu einem umfassenderen Leben umzuwandeln. Er wird lebend sterben, anstatt sterbend zu leben. Je mehr seine einzigartigen menschlichen Anlagen erfüllt werden, desto mehr wird er teilnehmen an dem, was Bugental die »Festlichkeit des Seins« nennt.

Ein Mensch, der die vierzig überschritten hat und plötzlich merkt: »Mehr als die Hälfte meines Lebens ist vorüber«, mag von einer Welle existentieller Angst erfaßt werden. Ist sein Leben bar jedes schöpferischen Ausdrucks, dann mag er von dieser Erfahrung fast überwältigt werden. Wenn er aber an der biologischen Kreativität teilgenommen hat (dh. wenn er Kinder hat) oder wenn er seine Arbeitsfähigkeit in das Leben, das ringsumher weitergeht, einfließen ließ, dann findet er in dem, was er geschaffen hat und was ihn überleben wird, eine Quelle innerer Kraft. Wenn man schöpferisch tätig wird, dann überwindet man die Fesseln der Endlichkeit, erhebt sich über die Geschöpflichkeit und wird zum Konkreator Gottes. Was dies für die Seelsorge an älteren Menschen bedeutet, liegt auf der Hand: man muß ihnen Wege der Kreativität weisen.

Wenn ein Pastorand in der Seelsorge über das Altern und über den Tod spricht, über sein Verhältnis zu Gott (oder dessen Fehlen), über das, was seinem Leben einen Sinn gibt (oder über die Sinnlosigkeit des Lebens), über seine »Theologie der Hoffnungslosigkeit«, über seine »letztgültigen Betroffenheiten«, dann bittet er wahrscheinlich um Hilfe für die existentielle Dimension seiner Probleme. Oft ist das Verlangen nach existentieller Hilfe weniger augenfällig; es mag als gelangweilte Ziellosigkeit oder als eine ins Leere gehende Sehnsucht verkleidet sein.
Es gehört zur Aufgabe des Geistlichen, die Menschen zu einem Gewahrwerden der existentiellen Dimension ihrer Sorgen zu führen. In einem gewissen Sinn hat die seelsorgerliche Beratung zwei Aspekte: es geht um die unmittelbaren Probleme und um den »Grund« aller Probleme. Wenn ein Pfarrer einem Menschen lediglich hilft, mit seinen unmittelbaren Problemen besser fertig zu werden, dann hat er erst einen Teil seiner Arbeit getan, wenn auch einen wichtigen Teil. Der andere Teil besteht darin, ihm zur vollen Entfaltung seines menschlichen Vermögens zu helfen und Wachstum in der vertikalen Dimension seines Lebens anzuregen. Bugental beschreibt die beiden Aspekte in der Sprache der Existenzphilosophie: »Ganz einfach ausgedrückt geht es in der Psychotherapie hauptsächlich darum, dem Patienten bei seinen Bemühungen zu helfen, (a) die Verzerrungen in seiner Wirklichkeitserfahrung abzulegen, die entstanden sind, um existentielle Angst zu vereiteln, und (b) die Verantwortlichkeiten und Gelegenheiten eines authentischen In-der-Welt-Seins anzunehmen. In beiden Phasen richtet sich das zentrale Anliegen auf Authentizität.«[38]
Der Seelsorger kann einen Menschen dadurch ermutigen, in die existentielle Dimension einzutreten, daß er Fragen etwa folgender Art stellt: »Meinen Sie, daß Ihr persönlicher Glaube etwas mit diesem Problem zu tun hat?« oder: »Wie sehen Sie diese Entscheidung, wenn Sie daran denken, was für Ihr Leben letztlich wirklich wichtig ist?« Solche Fragen sollte man aber nur auf der Grundlage eines starken seelsorgerlichen Vertrauensverhältnisses stellen, nachdem sich der Pastorand um die anderen Aspekte seines Problems bemüht hat. Wenn der Zeitpunkt so gewählt wird, dann könnte eine solche Frage Türen im Beratungs-

---

[38] The Search for Authenticity, 31. *J. F. T. Bugental* nennt dies die »analytische Phase« und die »ontologische Phase«.

gespräch öffnen, die zu einer Untersuchung jener Hindernisse führen, die einem lebendigeren Glaubensleben und einer erhöhten Kreativität in den Beziehungen zu anderen Menschen im Wege stehen. Schuldgefühle und unreife religiöse Empfindungen könnten aufgedeckt werden, die eine Barriere zu innerer Freiheit und Schöpferkraft darstellen.

Wenn jemand in seinem Leben keinerlei tieferen Sinn entdeckt, dann werden stärker konfrontierende Fragen nötig sein. Robert C. Leslie nimmt Frankls Methoden für die seelsorgerliche Beratung auf:

»Wenn der Seelsorger es mit dem Problem der Sinnlosigkeit zu tun hat, dann muß er seine aktive Hilfe anbieten, damit der Sinn gefunden wird. An diesem Punkt hat er eine zweifache Aufgabe: auf der einen Seite muß er dem Pastoranden zu dem Gefühl verhelfen: das Leben ist lebenswert, es hat einen Sinn; auf der anderen Seite muß er dem Ratsuchenden helfen, den ganz persönlichen Sinn zu finden, der nach Erfüllung ruft, der auf Erfüllung wartet. Bei diesen beiden Aufgaben ist seine aktive Mitwirkung nötig.«[39]

Frankl benutzt provozierende Fragen, um Menschen zu helfen, den Sinn zu entdecken, den ihr Leben hat, dessen sie aber bisher nicht gewahr wurden. In Wirklichkeit teilt er ihnen mit: »Dein Leben *hat* einen Sinn; es gehört zu deiner Verantwortung, diesen Sinn zu finden, und ich werde dir dabei helfen!«

Wayne E. Oates schreibt: »Seelsorgerliche Beratung ist geistliche Kommunikation über die dauerhaft wichtigen Dinge im Leben, wie sie von den vergänglichen Dingen zu trennen sind.«[40] Viele Menschen hätten es nötig, diese Trennung vorzunehmen, aber sie fürchten sich davor. Die Furcht vor der Endlichkeit hat starke Abwehrhaltungen gegen das Gewahrwerden der Vergänglichkeit des Lebens entstehen lassen. In unserer Kultur, die den Tod verleugnet, können viele Menschen der Konfrontation mit der Tatsache ausweichen, daß ihr Leben dahinrinnt wie Sandkörnchen in einem Stundenglas. Aber ehe sie nicht den Mut finden, sich ihrer Endlichkeit voll bewußt zu werden und diese Erkenntnis als Antrieb zur Kreativität benutzen, wird ihr volles, reiches Menschsein weithin unausgefüllt bleiben.

Der Seelsorger sollte keine Scheu davor haben, nach der menschlichen Bestimmung zu fragen. Es ist sein Gebiet, dem all seine Sorge gelten muß. Er sollte Menschen helfen, die »großen Fragen« zu stellen und eine Antwort zu suchen, die Gewicht hat: »Welchen Sinn hat mein Leben?« – »Warum lebe ich?« – »Was

---

[39] Jesus and Logotherapy, 43 f.
[40] Protestant Pastoral Counseling, 165.

bin ich im Blick auf das Ganze?« Ein Patient im Krankenhaus sagte einmal: »So lange niemand die großen Fragen stellt, kann man sie ignorieren und außer acht lassen. Sind sie aber einmal gestellt, kann man sie nicht wieder zum Schweigen bringen, bevor man die Antwort hat.«[41] Die großen Fragen sind bei einem Menschen immer gegenwärtig, auch wenn man sie nicht bewußt wahrnimmt. Aber wenn es einem gelingt, sie ins Bewußtsein zu rufen und sich mit ihnen auseinanderzusetzen, dann hat er eine Chance, seine existentielle Angst zu vergegenwärtigen und in seine Selbstbejahung aufzunehmen. Der Seelsorger könnte zB. nach einer Methode Frankls den Pastoranden bitten, er möge sein Leben mit dem Gefühl anzusehen versuchen, das er am Ende seines Lebens im Rückblick auf seinen jetzigen Lebensabschnitt hätte. Eingehende Fragen wie »Schalten die dringenden Dinge die wichtigen Dinge in Ihrem Leben aus?«[42] können einen Menschen auf das Problem der vertauschten Werte aufmerksam machen.

Rollo May weist darauf hin, daß die existenzanalytische Richtung in der Psychotherapie nicht versucht, die Angst auszuräumen, sondern dem Menschen zu helfen, sie anzunehmen und sie dazu zu benutzen, tiefere Dimensionen seines Lebens zu entdecken. May sagt:

»Jeder ist ständig der Drohung des Nichtseins ausgesetzt, wenn er sich selbst die Tatsache erkennen läßt. In der Mitte steht hier das Symbol des Todes, aber solche Drohung der Zerstörung des Seins ist auch in zahllosen anderen Erscheinungen gegenwärtig. Der Therapeut tut dem Patienten keinen guten Dienst, wenn er ihm die Vorstellung abnimmt, daß es ganz und gar im Bereich des Möglichen liegt, daß er sein Leben verwirkt oder verliert und daß das sehr wohl genau in diesem Augenblick geschehen könnte.«[43]

Nach Erfahrungen, die einen mit der Vergänglichkeit des Lebens konfrontierten, sind existentielle Fragen gewöhnlich nahe an der Oberfläche. Ein Arzt fragt deshalb die Patienten, die sich von einem Herzinfarkt erholen, regelmäßig: »Was haben Sie aus dieser Erfahrung gelernt?« Aber selbst wenn Fragen nach einem letztgültigen Sinn nicht auftauchen, macht sie der behutsame Einsatz konfrontierender Fragen manchmal für das seelsorgerliche Gespräch zugänglich.

---

41 *M. K. Bowers* u. a., Wie können wir den Sterbenden beistehen, 20.
42 Paraphrase einer Äußerung von *R. Hutchins:* »Die Arbeit eines Verwaltungsfachmannes besteht darin, die dringenden Dinge von den wichtigen zu unterscheiden.«
43 Existence, 89.

Eine andere Möglichkeit, Menschen ihre wirklichen geistlichen Bedürfnisse nahezubringen, besteht darin, daß man ihnen hilft, ihre pseudo-religiösen »Lösungen« aufzugeben. Diese Methode ist besonders bei Menschen im mittleren Lebensabschnitt hilfreich, die ihr Leben dem »Erfolgreich-sein« verschrieben haben, die darüber erschreckt sind, wie wenig innere Befriedigung darin liegt, und die dennoch nicht wissen, wie sie von dieser Besessenheit loskommen können. Götzen zu entlassen, die einem einen Anschein von Sicherheit geben, ist so lange schwierig, bis ihr Zusammenbruch von selbst beginnt. Der Mechanismus der »Auslieferung«[44] – wie in Kapitel VIII beschrieben – wird an diesem Punkt wichtig. Solange wir an unserer grandiosen Selbstgefälligkeit festhalten, ist der Weg verstellt, der lebendigere Erfahrungen mit Gott, der Umwelt und anderen Menschen bringen könnte. Nur dann, wenn der Narzißmus zusammenbricht, läuft man »auf Grund« und wird – wie der Alkoholiker – offen für Leben und Hilfe.
Ein viel beschäftigter Pfarrer wird leicht durch Oberflächlichkeit (seine eigene und die seiner Gemeindeglieder) dazu verführt, die »letzten« Fragen zu vermeiden oder ihnen elegant auszuweichen, wenn sie in der Seelsorge auftauchen. Ein junger Mann, ein Trinker, der sich von der »Wege zu positivem Denken«-Literatur angezogen fühlte, wollte mit seinem Pfarrer über religiöse Fragen sprechen, die ihm »ziemlich zu schaffen machten.« Der Pfarrer erkannte nicht die existentielle Leere, seine Suche nach einem Sinn im Leben. Er fragte ihn kurz nach seinen Sorgen, schlug ihm vor, doch seine finanziellen Angelegenheiten zu überprüfen und gab ihm ein paar floskelhafte Ratschläge für sein Glaubensleben. Ein weiteres Gespräch wurde nicht vereinbart[45]. Der junge Mann hungerte nach Brot, aber er ging mit einem Stein in der Hand weg.

Die Gruppe auf der Suche nach geistlicher Erfahrung

Methoden der erziehenden Gruppenberatung sind in der Seelsorge bei religiös-existentiellen Problemen sehr wirksam. Geist-

---

[44] Es sollte hervorgehoben werden, daß »Auslieferung« hier eine positive Bewegung meint, weg von der Selbstvergötterung und hin zu der Annahme der eigenen Endlichkeit.
[45] Vgl. *N. S. Cryer* und *J. M. Vayhinger*, Casebook in Pastoral Counseling, Fall Nr. 38, 213–216.

liches Wachstum wird in einer Gruppe, die sich religiösen Werten verpflichtet weiß, äußerst rasch erzielt. Jede Gemeinde sollte mehrere Gruppen anbieten, die sich um eine geistliche Erfahrung bemühen, Gruppen, in denen Menschen zur gleichen Zeit ihre zwischenmenschlichen Beziehungen und ihren Glauben vertiefen können. Unter der Vielfalt solcher Gruppen haben zwei eine weite Verbreitung gefunden: die *»Koinonia«*[46]-Gruppen und die *»Yokefellow«*-Gruppen.

Die Ordnung der *Koinonia*-Gruppen wurde von Robert A. Raines entwickelt. Raines schreibt:

»In den letzten Jahren hat eine Reihe von Leuten in unserer Gemeinde von Neuem entdeckt, wer sie als Christen sind und welchen Auftrag sie haben. Keiner von uns hatte diese Erfahrung geplant oder gar erwartet. Sie kam als ein Geschenk, das überraschende Ergebnis des Zusammenkommens in kleinen Gruppen zum Bibelstudium, Gebet und Erfahrungsaustausch. Wir wissen, daß die Beschäftigung mit dem Neuen Testament dabei eine entscheidende Rolle spielte. Wir beobachteten, wie sich unsere Freunde durch diese Gruppen gründlich und nachhaltig geändert haben. Wir sind davon überzeugt, daß eine wirkliche Änderung in uns selbst nötig ist, wenn wir unseren Auftrag wiederentdecken wollen. Wir haben für unseren Teil die Gültigkeit des paulinischen Wortes erkannt: ›Ist jemand in Christus, dann ist er eine neue Kreatur.‹«[47]

Nach Raines' Überzeugung sollte man Erwachsenen die Gelegenheit geben, die Bibel kennenzulernen und zu einem reiferen Glauben zu finden; dies ist nicht nur wichtig an sich, es ist auch der beste Weg, eine entsprechende Anzahl Erwachsener für Gruppen zu gewinnen. Die Gruppen sind eine Möglichkeit, Menschen tiefgehend und rasch anzusprechen und »einen harten Kern hingebungsvoller und persönlich wachsender Christen, die als ein Sauerteig in der Gemeinde wirken«[48], auszubilden.

Koinonia-Gruppen – eine Gruppe besteht aus acht bis zwölf Personen – kommen zweimal im Monat für zwei Stunden zusammen. Die Zusammenkünfte beginnen mit einer viertelstündigen Andacht; darin ist eine Zeit gemeinsamen Schweigens enthalten, die zur »Konzentration auf die wesentlichen Dinge« führen soll. Darauf folgen eineinhalb Stunden, in denen man sich gründlich mit dem zugewiesenen Lernstoff beschäftigt, der aus einem auf zwei Jahre angelegten Studienplan des Neuen Testamentes entnommen wird und mit Markus beginnt. Eine Gebetsgemeinschaft beschließt die Zusammenkunft. Jeder kann dabei

---

[46] koinonia ist im Neuen Testament das griechische Wort, das die Gemeinschaft der Christen bezeichnet.
[47] New Life in the Church, 18.
[48] AaO. 78.

ein kurzes Gebet sprechen; wer nicht will, sagt einfach »Amen«, wenn die Reihe an ihn kommt.

Koinonia-Gruppen sind nicht Beratungsgruppen oder Therapiegruppen, aber ohne Zweifel geht von ihnen eine therapeutische Wirkung aus. Raines berichtet: »Ich konnte das Gespräch so akademisch wie möglich eröffnen, die Teilnehmer brachten es unweigerlich hinunter auf die Ebene ihres alltäglichen Lebens, dorthin, wo sie Hilfe brauchten.«[49] Das Leben von Menschen hat sich geändert und Ehen wurden neu geschlossen, als Ehemänner und Ehefrauen lernten, auf die Bedürfnisse des anderen einzugehen und ihnen dienlich zu sein.

Die Methode des intensiven Bibelstudiums, wie sie von den Koinonia-Gruppen beispielhaft gehandhabt wird, stellt eine ideale Form für die religiös-existentielle Gruppenberatung in der Kirche dar. Die Beschäftigung mit biblischen Stoffen hat – in Ergänzung zu den von Raines erwähnten Punkten – folgende Vorzüge:

(1) Sie führt die Gruppe direkt in die Auseinandersetzung mit theologisch-existentiellen Fragen, und zwar auf der Ebene persönlicher Bedürfnisse, Zweifel, Ängste und Konflikte.

(2) Sie weckt beim Leiter und bei den Gruppenmitgliedern weniger Angstgefühle als eine Gruppenberatung, die – ohne festes Thema – sich unmittelbar mit den Problemen der Teilnehmer beschäftigt.

(3) Die Verbindung von einem sachlichen und einem persönlichen Schwerpunkt hilft eine Gruppe davor zu bewahren, daß sie in fruchtlosem Psychologisieren steckenbleibt, wie es bei manchen Beratungsgruppen ohne erfahrenen Therapeuten passiert.

(4) Das, was die Bibel über das Leben sagt, kann als Eingang, als Impuls und als ein Leitfaden zu einer tieferen Untersuchung der inneren Probleme der Teilnehmer dienen. Die Religion ist, wie Hiltner aufzeigt, für den Pfarrer ein Zugang zu der Persönlichkeit eines Menschen[50]. Geistliche und emotionale Probleme sind immer miteinander verwoben. Man wird beiden begegnen, gleich, mit welchem man beginnt.

(5) Ein intensives Bibelstudium kann ohne weiteres von Personen geleitet werden, die keine formelle Ausbildung in der Gruppenberatung haben; es können Laien sein, die durch ihre Teilnahme in früheren Gruppen gelernt haben, wie man eine

---

[49] AaO. 84.

[50] Pastoral Counseling, 118.

Gruppe leitet. Je besser einer in der Gruppenmethodik ausgebildet ist, desto mehr Gelegenheiten zur Gruppenberatung wird er auch in diesem Rahmen entdecken.
Eine Methode geistlicher Gruppenarbeit, die ausdrücklich auf Beratung hin orientiert ist, bieten die Yokefellow-Gruppen[51]. Elton Trueblood gründete die Yokefellow-Bewegung als ein Mittel, um die Grundsätze geistlichen Wachstums in den Zusammenkünften der Moravian[52]-Gruppen wiederzubeleben[53]. An der Westküste hat die Organisation der »Yokefellow Associates« einen modifizierten gruppentherapeutischen Ansatz angenommen.
Vor etwa fünf Jahren begann eine Gemeinde in Kalifornien – versuchsweise für einen Zeitraum von 13 Wochen – mit einer Yokefellow-Gruppe. Im selben Jahr wurden vier weitere Gruppen ins Leben gerufen. Die eigentliche Absicht war dabei, Menschen (besonders Ehemännern und Ehefrauen) zu helfen, ihre Kommunikation zu vertiefen. Die Größe der Gruppen reicht von acht bis vierzehn Personen bei Ehepaaren und acht bis zehn bei Alleinstehenden. Jeder Teilnehmer verpflichtet sich, sich täglich mindestens eine halbe Stunde Zeit für Andacht, Bibelstudium und Fürbitte für andere Gruppenmitglieder zu nehmen. Die Zusammenkünfte beginnen mit einer Andacht, danach wendet man sich den Gebieten zu, in denen die verschiedenen Teilnehmer weiterkommen wollen. Einige Gruppen halten sich an eine empfohlene Leseordnung. Der Pfarrer dieser Gemeinde berichtet: »Ich glaube, von all dem, was wir je unternommen haben, haben die Yokefellow-Gruppen den Menschen dieser Gemeinde am meisten weitergeholfen ... Man müßte fast ein Buch schreiben, wollte man die Ergebnisse festhalten.« Ein anderer Pfarrer, der mit Yokefellow-Gruppen arbeitete, schreibt: »Ich habe festgestellt, daß die Menschen, die mitmachten, eine gewaltige Änderung und eine große geistliche Bereicherung in ihrem Leben erfahren haben.« Es gibt genügend Beweise dafür, daß die Yokefellow-Methode vielen Menschen geholfen hat. Die geistliche Ausrichtung läßt diese Gruppen im allgemeinen weniger angsterregend wirken als eine reine Gruppentherapie.
Joseph Knowles zeigt bestimmte Grenzen auf, die der »Gebets-Therapie« (die von vielen Yokefellow-Gruppen angewandt

[51] Yokefellow = der Mitmensch, der auch ein Joch trägt, der Leidensgefährte.
[52] Moravians = Mähren; Moravian Church oder Unity of the Brethren: die Brüderunität in Nordamerika.
[53] *J. W. Knowles,* Gruppenberatung, 66 f.

wird) gesetzt sind[54]. Meiner Meinung nach kann die Gruppentherapie nach dem Muster der Yokefellow-Bewegung von Pfarrern und Laien ohne gruppentherapeutische Ausbildung nicht so gefahrlos übernommen werden wie die Koinonia-Methode des intensiven Bibelstudiums. Ein Yokefellow-Gruppenleiter sollte in Beratung und Gruppentherapie ausgebildet sein, wenn er vermeiden will, daß ihm »die Sache über den Kopf wächst« und er – ohne es zu wissen – Schaden anrichtet. Hat er keine besondere Ausbildung, dann sollte er unter der Supervision eines erfahrenen Gruppenberaters arbeiten.
Ob von solchen Gruppen eine erlösende Wirkung ausgeht, das hängt von der Offenheit der Kommunikation und der *geistlichen Qualität der zwischenmenschlichen Beziehungen* ab. Es ist nicht die Benutzung eines religiösen Vokabulars, es sind nicht Gespräche um Fragen, die man als »religiös« bezeichnet, die einen Menschen in seinem Verhältnis zu Gott wachsen lassen. Die »Religion« kann, wie Buber sagte, dem Angesicht Gottes eine Maske aufsetzen[55]. Es kommt auf den Geist der Koinonia an, auf eine lebendige Verkörperung der »Frohen Botschaft« in den Beziehungen innerhalb einer Gruppe – dies ist geistliche Nahrung, dies verändert das Leben von Menschen. Wenn dies eintritt, dann wird die kleine Gruppe zu einem Werkzeug, das das Evangelium auf einer sehr tiefen und personalen Ebene verkündet.

Religiöse Hilfen in der Beratung

Weil geistliches Wachstum das letztgültige Ziel seiner Seelsorge ist, sollte der Pfarrer theologische Ausdrücke, biblische Hinweise und die »religiösen Hilfsmittel« Gebet, Schriftlesung und Sakramente mit großer Behutsamkeit gebrauchen. Solche Symbole und Handlungen haben für verschiedene Menschen eine verschiedene Bedeutung. Für manche sind sie emotional sehr belastet. Hier seien einige Grundregeln genannt, die die Gefahr vermindern sollen, daß geistliches Wachstum durch einen falschen Einsatz dieser Mittel blockiert wird[56]:

---

[54] AaO. 69 f.
[55] Buber on Good and Evil, in: Saturday Review, 7. April 1962, 18.
[56] Zur Diskussion um den konstruktiven Einsatz der Bibel in der Seelsorge siehe *E. Oates*, The Bible in Pastoral Care, Philadelphia 1953.

(1) Religiöse Symbole und Hilfsmittel sollten sparsam eingesetzt werden, u. z. erst dann, wenn man die Bedürfnisse des Pastoranden und sein »inneres Bezugssystem« – besonders im Blick auf die Religion – wirklich kennt.
(2) Nach einem Gebet oder nach einer Schriftlesung sollte man dem Pastoranden eine Gelegenheit geben, darüber zu sprechen, was er dabei empfunden hat. Der Pfarrer könnte etwa fragen: »Was ging in Ihnen vor, als ich diesen Abschnitt las?«
(3) Diese Mittel sollten so eingesetzt werden, daß sie das Verantwortungsgefühl eines unselbständigen Menschen nicht vermindern. Man sollte keine Gebete sprechen, die magische Erwartungen wecken oder die Katharsis negativer Gefühle dadurch verhindern, daß sie Schuldgefühle über sie wecken.
(4) Die Gefühle des Pastoranden, auch sein Ärger, seine Bitterkeit, sein Haß, sollten im Gebet aufgenommen werden, zum Zeichen dafür, daß Gott diese menschlichen Gefühle zuläßt.
(5) Religiöse Hilfsmittel sollten in der stützenden Beratung, in der Beratung bei Lebenskrisen, in der konfrontierenden Beratung und in der religiös-existentiellen Beratung einen größeren Raum einnehmen, weniger dagegen in der Beratung, die auf Einsicht ausgerichtet ist. Man muß sich darüber im klaren sein, daß religiöse Handlungen gewöhnlich die Autorität des Pfarrers verstärken, weil sie das innere Kind (Berne) im Pastoranden ansprechen.
(6) Das Gebet sollte niemals als ein »Mittel zum Zweck« benutzt werden. Wenn der Pfarrer nicht aufrichtig und ehrlich beten kann, dann wird er den Pastoranden durch seinen »Gebetsakt« nur verwirren.
(7) Religiöse Handlungen sollen zwischenmenschliche Beziehungen vertiefen, aber nicht ersetzen.
(8) Man sollte niemals das Gefühl haben, daß man beten *muß*. Gott ist ständig in allen therapeutischen Bezügen am Werk, ob »religiöse« Formen dabei benutzt werden oder nicht.

Der angemessene Einsatz religiöser Hilfen kann in der Beratung ein schöpferisches Ringen mit existentiellen Problemen anregen und erleichtern. Er kann dazu beitragen, daß sich ein Mensch der Macht des Geistlichen öffnet, die ihm angeboten wird.

Wenn ein Seelsorgeverhältnis zu Ende geht, dann mag ein Dankgebet angebracht sein, um die Dankbarkeit für das neue Leben, das einem geschenkt wurde, auszudrücken.

Manchen hilft es, wenn sie sehen, daß die Fragen, die im Mittelpunkt der Seelsorge stehen – Entfremdung, Schuld, Angst, das Ringen um Ganzheit, Versöhnung und Wiedergeburt –, zutiefst theologische Fragen sind. In manchen Fällen kann es deshalb hilfreich sein, das letzte Ziel der Seelsorge theologisch zu formulieren: Wiedergeburt durch Versöhnung mit sich selbst, mit anderen Menschen und mit Gott. Die Sprache der Theologie, sorgfältig gewählt, kann manchmal jene unaussprechlichen Erfahrungen artikulieren, die man in der seelsorgerlichen Beratung wieder und wieder macht.

Die inneren Kraftquellen des Pfarrers

Wenn ein Pfarrer bei existentiellen Problemen Seelsorge übt, dann wird die Theologie, die er »lebt« – die Art und Weise, wie er mit seiner eigenen existentiellen Angst fertig wird –, das Ergebnis mehr beeinflussen als die Theologie, die er im Kopf hat. Sein Ur-Vertrauen, seine Weise, die »Ängstigung des Ich«[57] zu bewältigen, sein Mut, in den Abgrund des Nichtseins zu blicken, das alles wird sich bewahrheiten müssen, wenn er einem Mann gegenübersteht, der an Krebs stirbt, oder einem Alkoholiker, der am Rande der Sinnlosigkeit und des Selbstmordes lebt. Die Einstellung zu seinem eigenen Leben und Sterben wird all seine Seelsorge beeinflussen, besonders dann, wenn er es mit existentiellen Problemen zu tun hat.

Glücklicherweise ist die Wirksamkeit des Seelsorgers nicht ausschließlich von dem Grad seiner eigenen geistlichen Reife abhängig. Als Christ, der mit einem Amt betraut ist, kann er sich auf die Hilfe stützen, die ihm eine reiche Tradition zur Verfügung stellt: eine Weisheit über das Leben, die in mehreren tausend Jahren menschlichen Ringens erprobt worden ist. Auch im besten Fall wird er ein unvollkommener Vermittler sein. Aber dennoch, wenn er dem Ratsuchenden ein »existentieller Partner«[58] ist, kann er oft die umwälzenden Symbole und tiefen Erfahrungen seines Erbes weitergeben. Obwohl sein eigener Glaube lange nicht vollkommen ist, »der geistlich gefestigte Pfarrer weiß, daß das Leben seines Pastoranden in Wirklichkeit in der Hand Gottes liegt, nicht in seiner eigenen. Der heilige Geist und nicht er selbst ist der Tröster.«[59]

---

[57] »ego chill«, E. H. Eriksons Bezeichnung für die existentielle Angst.

[58] Diese Bezeichnung aus der existentialen Psychotherapie meint eine Haltung des Therapeuten, die voller Menschlichkeit und bar jedes Professionalismus ist.

[59] *W. E. Oates*, Protestant Pastoral Counseling, 59.

Es ist wichtig, daß der Pfarrer in der Seelsorge eine Gebetshaltung einnimmt, d. h. eine Haltung grundsätzlicher Offenheit. Wenn er in ein Beratungsgespräch geht, dann wird ihm ein stilles Gebet helfen, sich selbst aus dem Mittelpunkt herauszuhalten. Es mag ihn der Gegenwart des »Großen Trösters«, des heiligen Geistes, bewußt machen, der in der zwischenmenschlichen Beziehung am Werk ist. Es mag ihm helfen, für die Kräfte des Geistlichen offen zu werden, die immer gegenwärtig sind; es mag ihn *geistlich bereit* machen, eine Begegnung zwischen Gott und Mensch zu ermöglichen, indem er Hindernisse beiseite zu räumen hilft, die einer lebendigen Gottesbeziehung im Wege stehen: Angst, Schuld, Haß, eine fehlende Selbstannahme und einen abwehrenden Stolz. Die Wirksamkeit eines Beraters bei existentiellen Problemen »kommt von einer tiefen und fortwährenden Verbindung mit Gott und ist von ihr gehalten«[60]. Das Verhältnis des Pfarrers zu Gott muß lebendig sein, wenn er in seine Seelsorge, die auf zwischenmenschliche Beziehungen ausgerichtet ist, auch die vertikale Dimension einbringen will.

Die existentiale Perspektive

Der Pfarrer erhöht seine Wirksamkeit als Berater, wenn er die *»existentiale Perspektive«* der Psychotherapie aufnimmt[61]. Sie betont Dinge wie Werte, Wahrnehmungsfähigkeit, Kreativität, Freiheit (der Wahl und der Verantwortung), Authentizität, existentielle Angst (ebenso existentielle Schuld und Freude), Sein, Aktualisierung, Begegnung, Bestätigung, Dialog und Sinn, und all dies läßt sich mit einer christlichen Sicht des Menschen vereinbaren. Ihre Auffassung verkürzt das Menschsein nicht – im Gegensatz sowohl zum Behaviorismus als auch zur Psychoanalyse –, sondern bringt das *spezifisch Menschliche* voll zur Geltung. J. F. T. Bugental sagt treffend:

»Vielleicht kann ich das, was existentiale Psychologie für mich bedeutet, am besten in dem Satz zusammenfassen: ›Sie gibt uns unsere Divinität wieder.‹ Ich gebe mich nicht damit zufrieden, den Menschen als einen Mechanismus oder Roboter oder selbst als einen Organismus zu sehen. Der Mensch muß teilhaben an Gott, welche Vorstellung auch immer er damit verbindet... Der Existentialismus gibt dem Men-

[60] *R. H. Niebuhr* u. a., The Purpose of the Church and its Ministry, 11.

[61] Das ausgezeichnete Buch von *J. F. T. Bugental* ist gerade für den Pfarrer ideal geeignet, um diese Perspektive kennenzulernen.

schen seinen zentralen Ort in der menschlichen Erfahrung zurück und gewährt uns die Möglichkeit, unsere kühnsten und weitestgehenden Träume im Blick auf das Menschsein zu verwirklichen, wenn wir nur den Mut und die Ausdauer aufbringen, sie zu durchschauen.«[62]

Das »revidierte Modell« der Seelsorge könnte die immer gegenwärtige Gefahr noch verstärken, daß der Seelsorger seine Aufgabe mehr von der Technik her sieht als von den zwischenmenschlichen Beziehungen. Ich kann mir nicht vorstellen, daß ihn irgend etwas vor dieser Gefahr besser schützt und seine Fähigkeit freisetzt, authentische Beziehungen zu fördern, als der Einfluß der existentialen Perspektive.

Praktische Übungen

Rollen für Pastoranden: 1. Du bist Jim, Schüler einer Höheren Schule. Du glaubst nicht, daß Gott existiert und daß das Gebet etwas hilft. Der Jugendpfarrer hat dich zu einem Gespräch eingeladen. Er will dich für eine Jugendgruppe gewinnen. Du hast wegen deiner Zweifel Bedenken[63].

2. Sie sind Frau T., 45 Jahre alt, verheiratet; sie haben zwei Töchter unter zwanzig. Mehrere Operationen haben Ihren Glauben erschüttert. Sie haben das Gefühl, daß Gott Sie im Stich gelassen hat. Ihr Mann scheint seinen Glauben ganz verloren zu haben. Er ist über die hohen Kosten der medizinischen Behandlung verbittert. Alles sieht für Sie düster aus. (Sie liegen in einem Bett im Krankenhaus. Legen Sie sich für die Übung hin)[64].

Rolle des Pfarrers: Führen Sie mit den oben erwähnten Personen ein seelsorgerliches Gespräch und wenden Sie dabei die Beratungsmethoden an, die in diesem Kapitel beschrieben worden sind. Achten Sie dabei besonders auf die Verbindung zwischen Konfliktsituation und den existentiellen Problemen.

Beobachter: Achten Sie auf die Interaktion in diesen Sitzungen. Achten Sie besonders darauf, ob es dem Pfarrer gelingt, die Pastoranden zu Gefühlsäußerungen zu ermutigen und eine Verteidigung Gottes oder eine intellektuelle theologische Diskussion zu vermeiden.

---

[62] The Search for Authenticity, 20.

[63] Ein Verbatim findet sich bei *N. S. Cryer* und *J. M. Vayhinger*, Casebook, Fall Nr. 26, S. 147-152.

[64] Aao. Fall Nr. 30, 167-171.

XIII. MÖGLICHKEITEN DER WEITERBILDUNG FÜR DEN SEELSORGER

In der Beratung geht es nicht allein um die Benutzung einer bestimmten Technik. In erster Linie geht es darum, daß der Berater sich selbst in einer Weise nutzbar macht, die dem Ratsuchenden hilft, sein Problem konstruktiv anzugehen. Der Schlüssel liegt nicht so sehr in der Technik, die zur Anwendung kommt, so wichtig diese auch ist, sondern vielmehr in der ganzen Einstellung des Beraters, wie er zu den Menschen steht, was er von ihnen hält und wie er sich selbst sieht. Dean Johnson[1]

Seelsorgelehrer werden gelegentlich von Theologiestudenten und Pfarrern bedrängt, deren Fragen letztlich lauten: »Wie kann es bei mir weitergehen? Ich weiß, daß ich noch viel mehr von der Seelsorge verstehen müßte. Was könnte ich tun, um weiterzukommen, nachdem ich einige Grundkonzeptionen kennengelernt habe? Was muß man können, wofür muß man ein Gefühl haben, und welche Ausbildung ist dafür am besten geeignet?« Dies sind berechtigte Fragen. Ich will in diesem Kapitel versuchen, Antworten zu geben, die hilfreich sind.

Der Schlüssel: Die Persönlichkeit des Pfarrers

Empirische Untersuchungen, von Rogers vorgelegt, ergaben drei entscheidende Verhaltensmerkmale eines Beraters[2]. Wenn ein Berater diese Merkmale aufweist und wenn sie vom Ratsuchenden wahrgenommen werden, dann wird die Beratung mit hoher Wahrscheinlichkeit zu einer positiven Änderung und zum Wachstum des Ratsuchenden führen. Die Verhaltensmerkmale sind: *Kongruenz, bedingungslos positive Wertschätzung* und *emphatisches Verstehen.*

Kongruenz meint in diesem Zusammenhang eine innere Echtheit, Integration und Offenheit. Rogers sagt: »Das Allerwich-

---

[1] Marriage Counseling, Theory and Practice, VII.
[2] *C. R. Rogers*, On Becoming a Person, 47–49.

tigste, was jeder lernen muß, der eine helfende Beziehung irgendeiner Art herstellen will, ist dies, daß man auf transparente Weise echt sein kann.«[3] Falschheit und Schauspielerei sind das Gegenteil von Kongruenz. Bei solch einem Menschen besteht ein Widerspruch zwischen seinen Worten und seinen tatsächlichen Gefühlen.

Menschen, die für längere Zeit ihre wirklichen Gefühle vor anderen verbergen mußten, um sich von ihnen angenommen zu fühlen, kennen möglicherweise am Ende ihre eigenen Gefühle gar nicht mehr. Solche verdrängten Gefühle erzeugen »blinde Stellen« im Gefühlsleben, häufig in den Bereichen Antipathie, Aggressivität, Sexualität und Zärtlichkeit. Die eigenen blinden Stellen hindern einen Berater daran, in den betreffenden Bereichen innerlich kongruent zu sein, der zu sein, der er wirklich ist. Dies wird ihm im Wege stehen, um in diesen blockierten Bereichen bei anderen Menschen therapeutisch tätig zu werden. »Jeder Mensch ist eine Insel für sich selbst ... Er kann nur dann zu anderen Inseln Brücken schlagen, wenn er zuerst einmal willens ist, er selbst zu sein.«[4]

Bedingungslos positive Wertschätzung erfahren heißt Gnade erfahren. Rogers meint:

> »In der Tat, nur durch die Erfahrung einer menschlichen Beziehung, in der man geliebt wird (etwas, was der Agape der Theologen nahe kommt, wie ich meine), kann der einzelne beginnen, Selbstachtung, Selbstannahme und schließlich sogar Liebe zu sich selbst zu spüren. Wenn er so anfängt, sich selbst als liebenswert und wertvoll anzusehen, trotz all seiner Fehler, dann wird er auch beginnen können, Liebe und Zärtlichkeit für andere zu empfinden.«[5]

Bedingungslos positive Wertschätzung faßt emotionale Wärme, Zuneigung, Sorge, Annahme, Interesse und Achtung für einen anderen Menschen zusammen. Eine wichtige Untersuchung von Julius Seeman »ergab, daß der Erfolg in der Psychotherapie eng zusammenhängt mit einer starken gegenseitigen Zuneigung und Achtung zwischen Klient und Therapeut«[6]. Der Berater wird zum Begleiter und Führer in einer emotional warmen, zwischenmenschlichen Beziehung, die den Ratsuchenden den Mut finden läßt, seine Lage zu sehen, seine Last zu tragen oder den oft ängstigenden Weg in die unerforschten Bereiche seiner Persönlichkeit zu gehen. Bedingungslos positive Wertschätzung ist –

---

[3] AaO. 51.
[4] AaO. 21.
[5] Rezension zu *R. Niebuhr,* The Self and the Drama of History, in: The Chicago Theological Seminary Review, Januar 1956, 14.
[6] *C. R. Rogers,* On Becoming a Person, 44.

nach Bubers bekanntem Wort – die Fähigkeit des Beraters, eine Ich-Du-Beziehung herzustellen.

Emphatisches Verstehen heißt, daß man durch aufmerksames Zuhören in die innere Welt der Sinngehalte und tiefen Gefühle eines Menschen eintritt. Die Liedzeile »Nimm das Dunkel von meiner Seele« könnte sehr wohl das ständige Gebet des Seelsorgers sein. Glücklicherweise ist selbst ein »unbeholfener und fehlerhafter Versuch, die wirre Vielfalt dessen, was für den Klienten von Bedeutung ist, zu erfassen«[7] für ihn hilfreich.

Ein egozentrisches Denken ist eine der Barrieren zu empathischem Verstehen. Menschen, die übermäßig mit sich selbst beschäftigt sind, haben es sehr schwer, in die innere Welt eines anderen einzutreten. Egozentrisches Denken und tiefgegründetes Selbstbewußtsein sind gegensätzliche psychologische Beschaffenheiten. Der egozentrische Mensch spürt hauptsächlich seine eigene schmerzhafte Unsicherheit und sein dringendes Bedürfnis nach Aufmerksamkeit. Die verzehrende Frage »Werden meine Bedürfnisse nach Zustimmung befriedigt werden?« blockiert die Wahrnehmung seiner eigenen tieferen Gefühle und schränkt seine Fähigkeit zu einem emphatischen Verstehen ein.

Herschel McLandress hat eine Methode entwickelt, die zeigt, in welchem Maß ein Mensch mit sich selbst beschäftigt ist. Dabei kommt es auf das Auftreten der Worte »ich«, »mich« und »mein« in geschriebenem und gesprochenem Material an. Man mißt die längste Zeitspanne, während der die Gedanken der Versuchsperson sich mit etwas anderem als mit sich selbst beschäftigen. Ein »McLandress-Koeffizient« von zwei Minuten bedeutet, daß der Betreffende für ein Maximum von zwei Minuten von sich selbst abgewandt bleiben kann. Eleanor Roosevelt hatte einen »McLandress-Koeffizienten« von zwei Stunden, John F. Kennedy von 29 Minuten und Elisabeth Taylor von drei Minuten[8]. Um ein wirksamer, emphatisch verstehender Berater sein zu können, benötigt ein Pfarrer einen einigermaßen hohen »McLandress-Koeffizienten« – die Fähigkeit, sich auf etwas außerhalb seiner selbst zu konzentrieren.

Zu den drei oben erwähnten Verhaltensmerkmalen möchte ich einen vierten Punkt hinzufügen: ein ausgeprägtes Gefühl für die *eigene Identität*. Ein Theologiestudent sagte im Rückblick auf eine Praxis-Übung, bei der er den Pastoranden gespielt hatte, in bezug auf den Pfarrer: »Ich spürte sein Mitgefühl, aber

[7] AaO. 53.

[8] *M. Epernay*, The McLandress Dimension, in: Esquire, Oktober 1962, 79 ff.

nicht seine Zuversicht, daß seine Kraft und sein Können mir helfen könnten, mich zusammenzunehmen und mir Mut zu machen, mit ihm zu arbeiten. Ich hatte das Gefühl, daß ich ihn zu mir hinuntergezogen habe, in mein Dilemma.« Um dies zu vermeiden, braucht ein Pfarrer dieses feste Gefühl seiner eigenen Identität, seines persönlichen Wertes, seines Könnens, die den Kern der Ich-Stärke ausmachen. Ein Berater wird in dem Maß in der Lage sein, »sich in die Nöte anderer einzufühlen und eine Antwort auf sie zu finden«, wie er dieses starke innere Bewußtsein seiner eigenen Vorzüge und seiner eigenen Persönlichkeit besitzt.

Eine fünfte wesentliche Beratereigenschaft besteht in einer *therapeutischen Haltung.* Sie stellt sich ein, wenn man lebhaft die eigene Nähe zu der Krankheit und Sünde, zu der Einsamkeit, Entfremdung und Verzweiflung des Pastoranden empfindet. Sie beginnt zu erwachen, wenn der Pfarrer in Gegenwart des Psychotikers, des Alkoholikers oder eines suizidgefährdeten Menschen spürt: »Ohne die Gnade Gottes (und einer guten Mutter) wäre auch ich dort.« Sie tritt noch deutlicher hervor, wenn er darüber hinaus zu der demütigen Erkenntnis kommt: »Das könntest du sein!« Dieses Mitgefühl trägt irgendwie die Mauern ab, die den Weg der heilenden Kräfte in den Beziehungen zwischen Menschen aufhalten. Sich dieses Mitgefühl zu bewahren, ist für die meisten von uns sehr schwierig. Sich mit dem tiefen Menschsein des Verzweifelten zu identifizieren, das bedroht die verletzlichen Abwehrbemühungen gegen unsere eigene Verzweiflung. Zu erkennen, daß der regredierte Katatone (Katatonie= eine Form der Schizophrenie) in der hintersten Station einer Nervenklinik mehr Ähnlichkeit als Verschiedenheit zu uns aufweist, das rüttelt an den Grundfesten unseres schützenden Selbstbildes. Für die meisten von uns ist es nur begrenzt möglich, diese Wahrheit in ihrer ganzen Tiefe zu akzeptieren. Dies erfordert, daß wir das leise Gefühl der Selbstvergötterung und geistlichen Überlegenheit innerlich aufgeben. Ein Student bezeichnete dies als »loskommen von der Einbildung, allmächtig zu sein«. Aber selbst eine teilweise Aufgabe der schützenden Überlegenheitsgefühle hilft, Türen zu gegenseitig erlösenden Beziehungen zu öffnen. An einer Stelle schmilzt dann die eisige Barriere des Stolzes, der eine echte Selbstachtung einfriert und Menschen – besonders kranke Menschen – auf Distanz hält.

Was muß ein Seelsorger lernen, damit er all die Seiten seiner vielgestaltigen Persönlichkeit in der Beratung schöpferisch einsetzen kann? Es geht um Lernerfahrungen, die seine innere Kongruenz, seine bedingungslos positive Wertschätzung, sein emphatisches Verstehen und das Gefühl seiner Identität und seines Wertes fördern und die seinen abwehrenden Stolz abbauen. Caroll A. Wise weist auf den entscheidenden Punkt hin: »Der Berater muß sowohl *sich selbst kennen* als auch die dynamischen Abläufe der Persönlichkeit verstehen, wie sie beim Ratsuchenden zum Ausdruck kommen.«[9] Ob ich eine helfende Beziehung mit einem anderen Menschen herstellen kann, hängt davon ab, ob ich »eine helfende Beziehung zu mir selbst«[10] zu schaffen vermag. Das Selbstbewußtsein des Pfarrers löst den Prozeß des Sich-selbst-bewußt-Werdens bei anderen Menschen aus. Seine innere Freiheit weckt die geistige Freiheit in anderen. Rogers faßt zusammen: »Das Ausmaß, in dem ich Beziehungen schaffen kann, die das Wachstum anderer, u. z. eigenständiger Menschen fördern, ist ein Maß für das Wachstum, das ich in mir selbst erreicht habe.«[11] Menschen, die Gnade weitergeben wollen, müssen selbst Gnade erfahren haben. Menschen, die zu Wachstum anregen wollen, müssen selbst ständig wachsen. Menschen, die im Dienst der Erneuerung stehen, müssen aus eigenem Erleben die Zucht und den Auftrieb kennen, die aus einer ständigen persönlichen Erneuerung kommen.

Welche Ausbildungsmöglichkeiten gibt es für Pfarrer? Welche Erfahrungen helfen ihnen am meisten, sich selbst kennenzulernen und sich selbst anzunehmen? Die meisten akademischen Vorlesungen, Seminare und Seelsorgebücher tragen – für sich allein genommen – in dieser Hinsicht verhältnismäßig wenig aus, auch wenn sie wertvolle theoretische Kenntnisse vermitteln können. Es gibt fünf verschiedene Lernerfahrungen, die – in unterschiedlichem Ausmaß – zu einer tieferen *Begegnung mit sich selbst* führen können, einer Begegnung, die das Wachstum des Beraters beschleunigt: eine psychotherapeutische Behandlung, eine klinische Seelsorgeausbildung, Supervision der eigenen Beratungsarbeit, Sensitivity Training und Praxis-Übungen. Jede dieser Erfahrung »gibt dem Aug' ein neu und köstlich Sehn«, um eine

---

[9] Pastoral Counseling, Its Theory and Practice, 11. Hervorhebung vom Vf.

[10] *C. R. Rogers,* On Becoming a Person, 51.

[11] AaO. 56.

vortreffliche Zeile Shakespeares zu zitieren[12]. Sie erweitert in zwischenmenschlichen Beziehungen den Raum für das »Du«.

Im Optimalfall sollte eine *psychotherapeutische Behandlung* zur Ausbildung eines jeden Pfarrers gehören. Der Dienst auch des gesündesten Menschen wird dadurch für immer vertieft und bereichert. Sie schärft sein Gespür für das, was zwischen Menschen vor sich geht und macht bisher ungenutzte Teile seiner Persönlichkeit für Beziehungen verfügbar, die ein Mehr an Personalität bringen. Die Persönlichkeit des Pfarrers ist das einzige Instrument, um die Frohe Botschaft durch das Medium zwischenmenschlicher Beziehungen weiterzugeben. Die psychotherapeutische Behandlung entfernt die inneren Blockierungen, die seine Fähigkeit beeinträchtigen, so empfindlich und wirksam zu sein, wie es tatsächlich sein könnte. Natürlich kann auch die Psychotherapie nicht alle inneren Konflikte beseitigen. Aber sie kann einem die übrigbleibenden Konflikte soweit bewußt machen, daß sie sich nicht mehr so störend auswirken. So wird der Pfarrer seine Beratungsarbeit nicht mehr so leicht dadurch beeinträchtigen lassen, daß er seine inneren Konflikte in die Beziehungen zu anderen Menschen hineinprojiziert.

Eine Gruppentherapie unter einem gut ausgebildeten Therapeuten kann auf verschiedenen Ebenen wirksam sein, von der tiefenpsychologischen Analyse bis zur Hilfe bei Kommunikationsschwierigkeiten. Es kommt auf die Methode an. Für viele Pfarrer trägt die Gruppentherapie mehr aus als eine Individualtherapie, weil sie weiterreichende Möglichkeiten bietet, Störungen der zwischenmenschlichen Beziehungen zu erkennen, mit den eigenen feinen Unehrlichkeiten konfrontiert zu werden und mit kreativeren Methoden des Umgangs zu experimentieren. Eine Einzeltherapie ist dort angezeigt, wo Verhaltensstörungen ihren Ursprung hauptsächlich im Vorschulalter haben, als bestimmte Bedürfnisse keine Befriedigung fanden. Gruppentherapie eignet sich besonders gut zur Korrektur von Verhaltensstörungen, die durch spätere unzulängliche Beziehungen zu Gleichaltrigen entstanden.

Die wachsende Verbreitung therapeutischer Gruppen für Pfarrer und Theologiestudenten und deren Ehefrauen stellt eine neue Quelle der Kreativität in der Kirche dar. Es ist dringend geboten, daß eine psychotherapeutische Behandlung, sei es individuell oder in der Gruppe, von einem gründlich ausgebildeten Fachmann vorgenommen wird. Es kann ein Psychiater sein, ein

[12] Verlorene Liebesmüh, 4. Akt, 3. Szene.

Sozialarbeiter, ein klinischer Psychologe oder ein Fachmann für die seelsorgerliche Beratung[13]. Wegen der langen Ausbildungszeit, die dafür erforderlich ist, und wegen des Mangels an qualifizierten Therapeuten sind die Kosten gewöhnlich hoch. Normalerweise ist eine Gruppentherapie weniger kostspielig als eine Einzelpsychotherapie. Aber, wie teuer auch immer die Teilnahme ist, eine psychotherapeutische Behandlung ist eine lohnende Investition. Sie steigert die eigene Fähigkeit, mit Menschen auf eine Art und Weise umzugehen, die erlösend wirkt. Oft müssen Pfarrer ein finanzielles Opfer bringen, um eine Therapie zu erhalten. Mit wenigen Ausnahmen berichten sie, daß sie sich mehr als ausgezahlt hat. In der Tat, Pfarrer, die sich einer intensiven psychotherapeutischen Behandlung unterzogen haben, bezeichnen in der Regel diese Erfahrung als den wertvollsten Teil ihrer Ausbildung. Sie hat sich über Jahre hinweg sowohl für ihr privates als auch für ihr berufliches Leben ausgezahlt. Dem Pfarrer, der eine Therapie ins Auge faßt, würde ich das weitergeben, was mir Fritz Künkel auf das Vorsatzblatt eines seiner Bücher schrieb: »Viel Glück für die Reise in Höhen und Tiefen!«

Eine *Klinische Seelsorgeausbildung* (Clinical Pastoral Training) ermöglicht ebenfalls eine tiefgreifende Begegnung mit sich selbst. In mehr als 200 anerkannten Zentren, die sich vor allem in allgemeinen Krankenhäusern, in Nervenkliniken und Besserungsanstalten befinden, arbeiten Theologiestudenten und Pfarrer von 12 bis 48 Wochen unter der Supervision des Anstaltsgeistlichen mit Menschen in Lebenskrisen. Einige theologische Hochschulen verlangen den Nachweis eines 12-Wochen-Kurses für die Abschlußprüfung. Würden alle Hochschulen dies oder etwas Vergleichbares fordern, dann könnte das Pfarramt innerhalb einer Generation eine bemerkenswerte Belebung erfahren.

Vieles spricht für eine klinische Ausbildung. Sie zwingt den Seelsorger, sich den eindringlichen und unbequemen Fragen nach der Bedeutung der Religion für einen leidenden Menschen zu stellen. Sie konfrontiert den Seelsorger mit der Frage der Relevanz: »Welche Bedeutung hat mein Verständnis von Religion für die

---

[13] Der Therapeut wird den Pfarrer am besten zu einer tiefen Selbstkenntnis führen können, wenn er eine psychoanalytische Ausbildung, einschließlich einer Lehranalyse, hat. Er muß nicht unbedingt ein Psychoanalytiker sein, aber er sollte mit unbewußtem Material – Träumen, Phantasien, freier Assoziation, Übertragungsgefühlen – umgehen können. Andere Methoden einer intensiven Psychotherapie können durchaus wertvolle Lernerfahrungen vermitteln, aber nicht auf dieser tiefen Ebene der Psychoanalyse.

wirklichen Bedürfnisse eines geisteskranken Patienten, für den Gestrauchelten, für den Rauschgiftsüchtigen, für den Krebskranken?« Die klinische Ausbildung bringt – wie die Therapie – die Stärken und Schwächen der eigenen Verhaltensmuster zutage. Sie bietet Gelegenheiten, die Zusammenarbeit mit Vertretern der anderen helfenden Berufe zu lernen und die eigene berufliche Aufgabe und Identität in bezug auf sie und im Licht der eigenen Tradition zu definieren. Zur klinischen Ausbildung gehört die Teilnahme an einer Gruppe, die sich persönliches Wachstum, Therapie oder Selbsterfahrung zum Ziel gesetzt hat. Sie besteht aus den Kursteilnehmern und dem Supervisor.

Gemeindepfarrer, die sich von ihren Kirchen für drei Monate zur Teilnahme an einem klinischen Kurs freistellen lassen, halten diese Zeit meistens für eine der lohnendsten Erfahrungen in ihrem Leben. Einige der Zentren bieten eine »Klinische Ausbildung unter Supervision« an, die sich auf einen oder zwei Tage pro Woche erstreckt und für die gedacht ist, die nicht an einem vollen Kurs teilnehmen können. Die klinische Ausbildung, sei es in der vollen oder in der begrenzten Form, bietet einzigartige Möglichkeiten, seine ganze Seelsorgearbeit zu bereichern.

Eine der besten Möglichkeiten, sein Geschick im Umgang mit Menschen weiterzubilden, ist für die meisten Pfarrer ohne größere Schwierigkeiten erreichbar, oft ohne ihr Wissen. Ich denke an Möglichkeiten der *Supervision der eigenen Beratungsarbeit.* Eine gute Supervision ist ein direkter und sehr wirksamer Weg, sein Beratungsvermögen zu steigern. Jeder Pfarrer, der nicht allzu weit von einem gut ausgebildeten Berater oder Psychotherapeuten wohnt, kann diese wertvolle Hilfe ohne allzu großen Aufwand an Zeit und Geld erhalten. Es dreht sich einfach darum, einmal pro Woche oder alle zwei Wochen eine Zusammenkunft zu vereinbaren, in der man Orientierung in der Behandlung von Seelsorgefällen bekommt. Die meisten Fachleute, die auf dem Gebiet der Psychotherapie tätig sind, freuen sich, wenn sie ihre therapeutische Arbeit dadurch verbreitern können, daß sie Pfarrern in ihrer seelsorgerlichen Beratung zu größerer Wirksamkeit verhelfen. Ich kenne eine ganze Reihe kleiner Gruppen von Pfarrern (von drei bis acht Teilnehmern), die sich mit Psychiatern zu einer Gruppen-Supervision verabredet haben und die Kosten dafür gemeinsam tragen.

Mit den Ausbildungsprogrammen, die von einer wachsenden Zahl kirchlicher Beratungsstellen entwickelt werden, haben sich gerade in letzter Zeit neue, wichtige Fortbildungsmöglichkeiten für Pfarrer ergeben. Diese Programme stellen eine Ergänzung zu der klinischen Ausbildung und zu den Seelsorgekursen der Hochschulen dar. Ihre weite geographische Ausbreitung läßt hoffen, daß endlich ein Durchbruch erzielt wird, so daß sich die Kluft zwischen der Seelsorgeausbildung der meisten Gemeindepfarrer und den tatsächlichen Anforderungen, die an sie gestellt werden, schließt. Meiner Meinung nach sollte jede kirchliche Beratungsstelle wenigstens ein Drittel des Zeitaufwandes ihres Personals für Fortbildungszwecke zur Verfügung stellen.

Ein Seelsorgezentrum an der Westküste hat eine »Beratung für Seelsorgefälle« eingerichtet, die nach folgendem System arbeitet: Die Gruppe, die auf zehn Gemeindepfarrer begrenzt ist, kommt einmal pro Woche zu einer zweistündigen Sitzung zusammen. Der Direktor des Zentrums, ein Pfarrer mit Zusatzausbildung in Beratung, leitet die Gruppe. In jeder Sitzung zeichnet ein Pfarrer für die detaillierte Beschreibung eines seiner Seelsorgefälle verantwortlich. Andere Beratungsprobleme werden besprochen, sobald sie von Gruppenmitgliedern vorgebracht werden. Von Zeit zu Zeit berichtet der Gruppenleiter über neue Entwicklungen auf dem Gebiet der seelsorgerlichen Beratung. Tonbandaufnahmen von Gesprächen und Praxis-Übungen werden regelmäßig in die Arbeit einbezogen. Jeder Pfarrer zahlt pro Sitzung ein kleines Entgelt an die Kasse des Seelsorgezentrums.

Eine Supervision der eigenen Beratungstätigkeit ist besser und leichter erreichbar als irgendeine andere Form der Fortbildung. In vielen Fällen wird von einem Pfarrer nicht mehr verlangt, als daß er die Initiative ergreift und sich – allein oder mit einer kleinen Gruppe von Kollegen – mit einem Therapeuten verabredet. In einer langfristigen[14] Supervisions-Gruppe rückt die Interaktion oft in den Bereich der Gruppentherapie. Wenn man eine Seelsorge-Beziehung in ihrer ganzen Tiefe versteht, dann sagt dies sowohl über den Seelsorger als auch über den Pastoranden etwas aus. Die Supervision kann wie die klinische Ausbildung die Selbsterkenntnis eines Pfarrers schärfen und seine Fähigkeit, leidenden Menschen zu helfen, erhöhen.

Sensitivity Training-Gruppen bieten Pfarrern wertvolle Lernerfahrungen, wenngleich sie nicht als Ersatz für eine psychotherapeutische Behandlung, eine klinische Ausbildung und eine langfristige Supervision angesehen werden dürfen. Solche Gruppen werden oft in Seminaren und Veranstaltungen, in denen es

---

[14] Eine Supervision sollte – wenn sie etwas austragen soll – auf mindestens ein Jahr anberaumt sein; wenn möglich, sollte man sich aber für eine noch längere Zeit mit einem hochqualifizierten Therapeuten verabreden.

um zwischenmenschliche Beziehungen geht, eingesetzt. Sie sollen den Umgang miteinander dadurch vertiefen, daß sie die Wahrnehmungsfähigkeit der Teilnehmer im Blick auf die eigene Person und im Blick auf andere schulen. Die Methode der »T-Gruppen« – eine Bezeichnung, die dafür oft gewählt wird, wobei T die Abkürzung für Training ist – wurde von dem »National Training Laboratory in Group Relations« (Bethel, Maine) vorangetrieben. Einer kleinen Anzahl von Menschen wird die schlichte (und angsterregende) Anweisung gegeben: »Werden Sie eine Gruppe!« Ein ausgebildeter Beobachter hilft den Teilnehmern, sich ihrer selbst und ihrer Interaktion untereinander gewahr zu werden. Solche »labs« (= Laboratorien) erstrecken sich gewöhnlich über einen Zeitraum von ein oder zwei Wochen. Mehrere Denominationen benutzen Sensitivity Training-Gruppen in den Fortbildungsveranstaltungen für Führungskräfte. Eine theologische Hochschule bietet den Studenten im ersten Studienjahr einen Kurs über »Gruppendynamik« an, der sich über das ganze Semester erstreckt; diese Veranstaltung soll die Studenten in ihren zwischenmenschlichen Beziehungen sensibler machen. Die Gruppen entwickeln sich leicht über das Sensitivity Training hinaus in Richtung einer modifizierten Gruppentherapie. Ein Forschungsprojekt dreier Hochschulen zeigte kürzlich den Wert zweisemestriger Therapiegruppen in der Vorbereitung von Theologen für den Dienst an Menschen auf. Diese Untersuchung ist ein überzeugender Beweis dafür, daß Sensitivity Training und Gruppentherapie zum Ausbildungsprogramm einer jeden Hochschule gehören sollten.

Theoretische Grundkenntnisse

Ich habe zuerst über klinische Erfahrungen gesprochen, um zu betonen, daß sie für jede solide Seelsorge-Ausbildung unerläßlich sind. Eine vertiefte Wahrnehmungsfähigkeit im Blick auf die eigene Person und im Blick auf andere Menschen ist unentbehrlich, wenn theoretische Kenntnisse wirklich etwas nützen sollen. Wenn man allein die Theorie beherrscht, dann ist man ein guter Techniker, ein Funktionär, aber nicht ein Mensch, der andere zu innerem Wachstum führt. Nur wenn ein Pfarrer menschlich wächst und reifer wird, wird sein theoretisches Verständnis der Psychodynamik und der Seelsorgelehre für seinen Dienst an leidenden Menschen wertvoll. Durch sorgfältig ausgewählte Lek-

türe und durch akademische Vorlesungen sollte sich ein Pfarrer oder Theologiestudent brauchbare Kenntnisse auf folgenden Gebieten aneignen:
(1) *Die normale Entwicklung des Menschen;* dazu gehört die Psychologie des Kindes, des Jugendlichen und des Erwachsenen. Die »Acht Phasen des Menschen« nach Erik H. Erikson[15] bieten ein nützliches begriffliches System zum Verständnis des Lebenszyklus.
(2) *Dynamische Prozesse in Ehe und Familie*
(3) *Gruppendynamik*
(4) *Psychopathologie* (pathologische Psychologie)
(5) *Methoden der Einzelberatung*
(6) *Methoden der Gruppenberatung*
(7) *Öffentliche Einrichtungen,* an die man Pastoranden überweisen kann.
(8) *Mensch und Umwelt* (der Einfluß sozio-ökonomischer Faktoren auf Persönlichkeit, Gesundheit und Wachstum)
(9) *Geschichte und theoretische Grundlegung der Seelsorge*
(10) *Theologie und Beratung,* einschließlich einer Theologie *der* Beratung[16].

Diese Liste könnte die Reaktion hervorrufen, die Chaucer mit den Worten ausdrückt: »Das Leben so kurz, des Lernens so viel.«[17] Aber hier geht es um grundlegende Gebiete, die irgendwann während der Ausbildungszeit eines Pfarrers bewältigt werden sollten – im College, an der Hochschule oder danach –, wenn er für eine gute Arbeit mit Menschen in allen Bereichen seines Berufes ausgerüstet sein soll.

Viele Hochschulen haben im Blick auf die psychologischen Aspekte ihrer Lehrpläne seit dem 2. Weltkrieg große Fortschritte erzielt. In einer Untersuchung der theologischen Ausbildung kommt dies zum Ausdruck:

»Wenn man die vielfache Neubelebung im theologischen Ausbildungsplan unserer Tage betrachtet, die durch neue Schwerpunkte in Psychologie und Seelsorge erzielt wurde, dann muß man schließen, daß ein bedeutungsvoller Umschwung in der Ausbildung zum Pfarramt stattgefunden hat. Wegen der Arbeit auf diesem Gebiet werden durch den ganzen Lehrplan hindurch äußerst hilfreiche, neue Veranstaltungen angeboten.«[18]

---

[15] Vgl. Kap. X, Anm. 12.
[16] Diese Zusammenstellung ist den Anforderungen der AAPC entnommen.
[17] The Parlament of Souls, 1.
[18] *H. R. Niebuhr, D. D. Williams* und *J. M. Gustafson,* The Advancement of Theological Education, New York, 1957, 128.

Dennoch – viele von uns, die in der theologischen Ausbildung tätig sind, sind sich darüber im klaren –, es muß noch viel mehr geschehen, besonders im Blick auf die klinische Ausbildung, ehe Hochschulabsolventen mit einer auch nur minimalen Qualifikation zur Seelsorge und Beratung in die Gemeinden gehen können. Eine Reihe von Hochschulen bietet Gemeindepfarrern »Auffrischungskurse« auf seelsorgerlichem Gebiet an. Es müßten viel mehr sein. Neue Studienprogramme, die zu einem akademischen Grad in Seelsorge führen, müßten entwickelt und schon bestehende Programme müßten ausgebaut werden, um hochqualifizierte Fachleute zum Dienst in kirchlichen Beratungsstellen vorzubereiten, in denen dann erstklassige Fortbildungskurse für Gemeindepfarrer veranstaltet werden könnten.
Die Januar-Ausgabe der Zeitschrift *Pastoral Psychology* bringt verdienstvollerweise jährlich eine Liste heraus, die alle Trainingsmöglichkeiten in den Vereinigten Staaten enthält, sowohl die klinischen als auch die akademischen. Es ist ermutigend, daß diese Liste von Jahr zu Jahr länger wird. Allmählich kommt auch ein Erfahrungsaustausch mit kirchlichen Mitarbeitern zustande, die in anderen Ländern Trainingsmöglichkeiten aufbauen. Es ist zu hoffen, daß dadurch die Entwicklung dieser pastoralen Disziplin eine Erweiterung und vielfache Anregung erfährt.
Die seelsorgerliche Beratung macht natürlich nur einen Teil der Arbeit eines Pfarrers aus. Wenn er aber begreift, wie wichtig sein Können für das Leben belasteter Menschen ist, dann wird seine Motivation, auf diesem Gebiet weiterzukommen, stark sein. Viele Pfarrer merken, daß das Argument »Ich habe zu viel zu tun« – nämlich um an einer psychotherapeutischen Behandlung, an Supervision, an Auffrischungskursen und Seelsorgeseminaren teilzunehmen – doch in etwa an jenen Zimmermann erinnert, der »zu viel zu tun hat«, um seine Werkzeuge zu schärfen. Diejenigen, die sich sorgfältig ihre Fortbildungskurse aussuchen, finden fast immer, daß das Ergebnis den Aufwand mehr als rechtfertigt.

Seelsorge in Gegenwart und Zukunft

Trotz der unbefriedigenden Seelsorge-Ausbildung vieler Pfarrer leistet die Mehrzahl anscheinend doch eine bemerkenswert wirksame Beratungsarbeit. Nach der schon erwähnten Nationalen

Umfrage zum Thema »An wen wenden sich die Menschen mit ihren Problemen?« berichteten 65 Prozent derer, die zu einem Pfarrer gegangen waren, daß ihnen »geholfen« oder »sehr geholfen« wurde. Weitere 13 Prozent gaben an, daß ihnen mit Einschränkungen geholfen wurde. Nur 18 Prozent deuteten an, daß diese Kontakte nicht geholfen haben[19]. Die Prozentzahl derer, die das Gefühl hatten, daß ihnen geholfen worden war, übertraf das Ergebnis jeder anderen Berufsgruppe (wobei die nicht-psychiatrischen Ärzte mit nur geringem Abstand folgten). Natürlich ist die Aussage des Ratsuchenden darüber, inwieweit ihm geholfen wurde, ein subjektives Kriterium. Dennoch, diese Zahlen zeigen, daß Pfarrer im allgemeinen der Mehrzahl der Pastoranden eine *bedeutsame Hilfe* leisten.

Diese Statistik sollte uns aber nicht gegenüber der dringenden Notwendigkeit blind machen, daß das Seelsorgegeschick vieler Pfarrer gehoben werden muß. Die Umfrage erwies, daß den meisten Menschen durch einen »Rat« geholfen wurde (34 Prozent), dann durch »Trost« und »Fähigkeit zu tragen« (23 Prozent). 10 Prozent erhielten Hilfe durch eine Änderung, die bei einem anderen Menschen bewirkt wurde, 9 Prozent durch Abbruch einer negativen Beziehung. *Nur 7 Prozent bezeichneten eine positive Änderung in sich selbst oder in einer belasteten zwischenmenschlichen Beziehung als die Art und Weise, in der ihnen geholfen wurde*[20]. Einigen von denen, die durch stützende oder beratende Methoden Hilfe erfuhren, hätte ohne Zweifel tiefer und dauerhafter geholfen werden können, wenn die betreffenden Pfarrer besser vorbereitet gewesen wären. Die Untersuchung zeigt auf jeden Fall, daß die Beratungsmethoden der Pfarrer einer *Ausweitung* bedürfen.

Das Potential an Hilfe, das im Seelsorgeamt steckt, ist noch kaum freigesetzt. Nur wenn mehr und mehr von uns ihr Können als Berater steigern, wird diese Quelle der Heilung und des Wachstums den Millionen zur Verfügung stehen, die dringend brauchen, was sie geben kann. Jeder von uns ist herausgefordert, dieses Potential dadurch freisetzen zu helfen, daß er ein Berater wird, der *Inkarnation ermöglicht:* ein Mensch, der durch die Art und Weise seines Umgangs mit anderen Menschen das freimachende Wort Fleisch werden und in seiner heilenden Kraft unter uns wohnen läßt und die, die mit ihm zu tun haben, dazu führt, daß sie ihre wahre Menschlichkeit entdecken.

---

[19] Americans View Their Mental Health, 319.

[20] AaO. 323.

Es ist hilfreich, wenn man bei der Beratungsarbeit an ein paar Dinge denkt, die zeigen, worum es geht:

(1) Der Pfarrer widmet einen Großteil seiner Aufmerksamkeit den akuten Nöten der Menschen, die zur Beratung kommen. Aber dies sollte immer durch eine breit angelegte, stützende Seelsorgearbeit ausgeglichen werden, die der ganzen Gemeinde gilt. Viele Menschen, die keine Beratung nötig haben, brauchen dennoch die Anteilnahme und die Inspiration ihres Pfarrers.

(2) Man kann vielen Menschen, die in Not sind, helfen, auch wenn man kein »Experte« ist. Jeder Seelsorger – Pfarrer oder Laie – sollte seine Fähigkeit zu helfen ständig weiterbilden. Aber an jedem Punkt dieser Entwicklung gibt es Gelegenheiten, wo man wirklich Hilfe leisten kann.

(3) Jeder Berater, auch der beste, scheitert bei manchen Menschen. Es ist gut, sich der unvermeidlichen Grenzen zu erinnern, die jedem Berater und jeder helfenden Beziehung gesetzt sind. Daß Jesus bei Judas scheiterte, obwohl er ihm so nahestand, ist dafür ein schlagendes Beispiel. Wie in Jesu Gleichnis vom Sämann, fällt die Saat des Beraters nicht immer auf fruchtbaren Boden. Aber ihm kommt es zu, weiter zu säen, im Vertrauen auf die Kräfte des Wachstums. Er sollte daran denken, daß er im besten Fall ein Werkzeug heilender Kräfte ist, die jenseits seiner selbst sind.

(4) Sein Beratungsgeschick und sein Einfühlungsvermögen zu steigern, ist eine fortwährende, lebenslängliche Aufgabe. Man »kommt nie an«. Das Entscheidende in der Beratung kann nur durch Praxis gelernt werden. Dieses Lernen wird ungeheuer beschleunigt, wenn die eigene Praxis der systematischen Reflexion und Auswertung unterzogen wird. Deswegen sind Supervision, Konsultation und Praxis-Übungen so fruchtbar.

(5) Was auch immer ein leidender Mensch braucht, sein erstes und dringendstes Bedürfnis ist, verstanden zu werden[21]. Ein verstehender Zuhörer zu werden, ist für die meisten Pfarrer, die den brennenden Wunsch verspüren, anderen zu helfen, ein erreichbares Ziel.

(6) Zum Schluß: nachdem wir uns mit einer Vielzahl von Theorien und Methoden beschäftigt haben, muß erneut betont werden, worum es letztlich geht: um eine *Beziehung von Mensch zu Mensch!* Jungs Ratschlag an die Adresse von Psychotherapeuten

---

[21] *D. Johnson,* Marriage Counseling, Theory and Practice, *VI–VII.*

gilt auch für Seelsorger: »Lernen Sie Ihre Theorien so gut Sie können, aber legen Sie sie beiseite, wenn Sie sich mit dem Wunder der lebendigen Seele befassen. Nicht Theorien, sondern Ihre eigene kreative Individualität ganz allein muß den Ausschlag geben.«[22] Jeder Pfarrer sollte sich tief die Worte einprägen: die *zwischenmenschliche Beziehung – das Medium der Hilfe!*

Ohne eine emotional warme, annehmende Beziehung werden die Beratungsmethoden, die auf diesen Seiten beschrieben worden sind, reine Techniken bleiben, steril, manipulierend, wirkungslos. Aber wenn man sie in einer *annehmenden, therapeutischen Beziehung* gekonnt einsetzt, dann werden sie zu einem Mittel, durch das die Heilkraft freigesetzt wird, die in jeder mitmenschlichen Beziehung potentiell vorhanden ist.

Paul Tillich sagte einmal:

»Diejenige Macht, die Selbstannahme ermöglicht, ist auch die Kraftquelle aller Seelsorge. Sie muß wirksam sein in dem, der hilft, und sie muß wirksam werden in dem, dem geholfen wird ... Das bedeutet, daß sowohl der Pfarrer wie der Ratsuchende... unter einer Macht stehen, die sie beide transzendiert. Diese Macht kann als neue Schöpfung oder neues Sein bezeichnet werden. Der Seelsorger kann nur dann Hilfe gewähren, wenn er selbst von dieser Macht ergriffen ist.«[23]

Der Pfarrer, der von ihr ergriffen ist, wird zu einem Werkzeug, durch das diese Macht den Gefangenen Befreiung bringt, den Blinden, daß sie sehend werden, und den Zerschlagenen, daß sie frei und ledig sein sollen.

---

[22] Psychological Reflections, New York 1953, 73.
[23] The Theology of Pastoral Care, 4.

NACHWORT

Clinebells Buch »Modelle beratender Seelsorge« ist bei seiner Übersetzung ins Deutsche bereits fünf Jahre alt. Trotzdem ist es nicht veraltet oder überholt, sondern *im gegenwärtigen Entwicklungsstand der deutschen Seelsorgebewegung von hochaktueller Bedeutung*. Um diese Meinung zu begründen, wird es gut sein, unseren gegenwärtigen Standort kurz zu skizzieren.

Im Rückblick ist deutlicher zu erkennen, daß das Jahr 1968 offensichtlich einen Wendepunkt in der Geschichte der Seelsorge in unserem Lande bedeutet. Seither zeigt sich, ablesbar an Tagungsthemen und längeren Fortbildungsveranstaltungen, ein wachsendes Interesse für pastoralpsychologische und seelsorgerliche Fragestellungen. Dies läßt sich auch an den theologischen Fakultäten verfolgen, wo die starke Beteiligung an exegetischen und systematischen Veranstaltungen sich verlagert hat auf die praktische Theologie und ihren konkreten Umgang mit Menschen. Neue Formen des auch die Emotionalität umfassenden Lernens in dem ständig laufenden Zirkel von Praxis, Reflexion und Theorie haben durch ihre Anregung zur Selbsttätigkeit und Selbstentdeckung wesentlich mit dazu beigetragen.

Die Jahre vorher waren gekennzeichnet durch die Gefangenschaft der deutschen Seelsorge in einem theologischen bzw. psychotherapeutischen Ghetto. Auf der einen Seite stand die verbalistisch verengte kerygmatische Seelsorge mit ihrer These »Seelsorge als Verkündigung«[1], auf der anderen Seite die klassische, an Freud, Adler oder Jung orientierte Psychotherapie mit ihrem umfassenden methodischen Rüstzeug und hohem therapeutischen Ziel der Persönlichkeitsveränderung durch Bearbeitung der frühkindlich geprägten Strukturen. Wie die Diskussionen im Bereich der Gemeinschaft »Arzt und Seelsorger«[2] zeigen, ist das Gespräch zwischen beiden Lagern nicht ganz einfach gewesen. Jede Seite brachte von ihrem speziellen Ansatz her Vor-

---

[1] Asmussen, H., Die Seelsorge, München 1935. Thurneysen, E., Die Lehre von der Seelsorge, München 1948.

[2] Vgl. dazu die von Wilhelm Bitter herausgegebenen Tagungsberichte.

verständnisse anthropologischer Grundbegriffe wie Schuld, Gewissen, Heilung, Wandlung etc. mit, die eine Verständigung außerordentlich erschwerten. Einfacher war es, im Bereich der täglichen Praxis einen modus vivendi klarer Abgrenzung der Zuständigkeiten zu finden: die pathologischen Fälle gehören zum Psychotherapeuten, die religiösen Fragen zum Pfarrer! Im Hintergrund dieser schiedlich-friedlichen Trennung lag vielleicht auch die Angst, von der anderen Seite infrage gestellt zu werden, wenn man sich allzutief auf sie einließe. Das Ergebnis war, daß der Ertrag dieser interdisziplinären Gespräche für die Theorie und damit auch für eine veränderte Praxis relativ gering geblieben ist. Ausnahmen bilden einige Autoren, die sich intensiver auf ein Studium der anderen Seite eingelassen haben, um deren Erfahrungen und Theorien von innen her kennen und verstehen zu lernen[3]. Bestürzend war dabei gerade für Theologen das Erlebnis, daß Begriffe wie zB. Annahme, Mitleiden, Umkehr, Vergebung, die weithin theologische Leerformeln für sie geworden waren, wieder erlebbare Wirklichkeit wurden in der Kommunikation zwischen zwei Menschen im Rahmen einer therapeutischen Situation. Die Reaktion auf die erregende Entdeckung dieser Analogien war bei diesen Theologen ganz verschieden und reichte von Abwehr (Behauptung der eigenen theologischen Identität) bis hin zur Reduktion des Theologischen auf Psychologisches. Dazwischen liegen Versuche, zu einem beiderseitigen Gespräch zu kommen, wobei zum Beitrag des Theologen gehörte, die Psychologie auf ihre impliziten Voraussetzungen hin zu befragen und ihr damit zu einer anthropologischen Bewußtseinserweiterung zu verhelfen[4]. Wirkung dieser Arbeiten war, Mißtrauen und Begriffsverwirrungen aufzuhellen und Ansätze zu

[3] Als Beispiele erwähnen wir: Pfister, O., Analytische Seelsorge, Göttingen 1927; Thilo, H., Der ungespaltene Mensch, Göttingen 1957; Allwohn, A., Das heilende Wort, Göttingen 1958; ders., Evangelische Pastoralmedizin, Stuttgart 1970; Rössler, D., Der »ganze« Mensch, Göttingen 1962; Schär, H., Seelsorge und Psychotherapie, Zürich–Stuttgart 1962; Affemann, R., Tiefenpsychologie als Hilfe in Verkündigung und Seelsorge, Stuttgart 1965; Harsch, H., Das Schuldproblem in Theologie und Tiefenpsychologie, Heidelberg 1965; Scharfenberg, J., Sigmund Freud und seine Religionskritik als eine Herausforderung an die Kirche, Göttingen 1968; Stollberg, D., Therapeutische Seelsorge, München 1969; ders., Seelsorge praktisch, Göttingen 1970.

[4] Zur abwehrenden Haltung vgl. Affemann, R., Psychologie und Bibel, eine Auseinandersetzung mit C. G. Jung, Stuttgart 1957. – Zu den Rückfragen an die Psychologie vgl. Harsch, H., Das Schuldproblem in Theologie und Tiefenpsychologie, Heidelberg 1965, bes. S. 175 ff; Oden, Th. C., Kerygma and Counseling, Philadelphia 1966 (referiert bei Stollberg, Therapeutische Seelsorge, 342 ff).

einem gegenseitigen Verstehen zu schaffen. Sie reichten aber nicht aus, eine breitere Seelsorgebewegung auszulösen, da schon allein die Verfolgung dieser Diskussion einen hohen Kenntnisstand voraussetzte. Die Bewegung mußte stärker von der Praxis, von der Basis der Gemeinde und des »Normal-Pfarrers« her kommen.

Die Psychologie hatte inzwischen auf einem anderen Weg Einzug in die Kirche gehalten durch die Errichtung von Telefonseelsorgediensten, Erziehungs- und Eheberatungsstellen. Man hatte sie zunächst geschaffen als *diakonische* Einrichtungen für bedrängte und ratlose Menschen. Die theoretische Reflexion der hier gemachten Erfahrungen zeigte aber immer deutlicher, daß Beratung ein wesentlicher Zweig kirchlicher *Seelsorge* ist, in dem implizit all die Dinge vorhanden sind, von denen die Kirche in ihrer Verkündigung redet. Einzelne Pfarrer fingen an, sich an diese Stellen zu wenden, um durch Selbsterfahrungs- und Fallbesprechungsgruppen Hilfen für ihre Seelsorge zu finden[5]. Hinzu kam, daß sich in den letzten Jahren die Beratung aus der Dominanz psychoanalytischer Methoden befreite, neue Wege des beraterischen Umgangs mit Menschen suchte und dadurch flexibler und für psychologische »Laien« lehrbarer wurde.

Von einer Kommission der »Evang. Konferenz für Familien- und Lebensberatung« wurde in den Jahren 1968/69 das Programm eines dreijährigen Fortbildungskurses für Pfarrer in »Seelsorgerlicher Beratung« entwickelt als Hilfe zum Umgang mit einzelnen und Gruppen in der Gemeinde[6], das bereits in zahlreichen Landeskirchen seit Herbst 1969 läuft und deren erste Absolventen 1972 den Landeskirchenleitungen zu gezieltem Einsatz zur Verfügung stehen.

Gleichzeitig erfolgte eine breitere und gründlichere Information über die schon länger bestehenden Seelsorgebewegungen in den USA und anderen Ländern (für uns am nächsten liegend in den Niederlanden) durch Pfarrer, die sie dort selber über längere

---

[5] Faber, H., Eine ›Balint-Gruppe‹ für Pastoren, in: WZM 20 (1968), I, 12–18; Seelsorgeseminar in München, WzM 20 (1968), XII, 498 bis 500; Sievers, E. F., Selbsterfahrungsgruppen mit Theologen, WzM 21, (1969), XI, 433–443; vgl. auch die anderen Beiträge in diesem Heft. WPKG 59 (1970) Heft 9 die Beiträge von Winkler, Scharfenberg und Stollberg. Doebert, H., Balintgruppenseminare mit Theologen als Form der praktisch-theologischen Aus- und Weiterbildung, in: DtPfrBl 70 (1970), 5, 138–143.

[6] Siehe Schreiben an die Referenten für Pfarrerausbildung und -fortbildung in den Gliedkirchen der EKD, WzM 21 (1969), XI, 422–424. Diese Fortbildung wurde bisher durchgeführt in Bayern, Württemberg, Rheinland und Westfalen.

Zeit hin kennen gelernt hatten[7]. Sechswöchige und dreimonatige Kurse in Clinical Pastoral Training (CPT) wurden bereits abgehalten.

Im katholischen Bereich hat sich die Entwicklung recht ähnlich vollzogen. Das »Zentralinstitut für Ehe- und Familienfragen« in Köln führt systematische Lehrgänge in pastoraler Beratung für die Mitarbeiter in den Beratungsstellen der Diözesen durch. Die Kurse finden teilweise in den Bistümern selbst statt.

Infolge dieser immer mehr zunehmenden Fortbildung in Seelsorge ist der Bedarf an sachgemäßer Information und Unterweisung in Theorie und Praxis außerordentlich groß. Das zeigt zB. die Auflagenhöhe, die die deutsche Übersetzung des Buches von Faber und van der Schoot »Praktikum des seelsorgerlichen Gesprächs«[8] gefunden hat. Ein gewisser Nachteil zeigte sich allerdings darin, daß von vielen die neue Seelsorgebewegung mit der dort allein vertretenen Methode der non-direktiven Gesprächsführung nach Carl Rogers identifiziert wurde.

In diese Situation trifft nun das Buch von Clinebell, das dem auch in den USA empfundenen Ungenügen der Beschränkung auf eine einzige Methode kritisch zu begegnen sucht. Clinebells »Modelle der beratenden Seelsorge« helfen dem Pfarrer, sein Methoden-Arsenal zu erweitern und damit flexibler auf Situationen reagieren zu können, in denen er mit der Methode Rogers' allein nicht weiter kommt.

Mit Zustimmung des Verfassers hat der Verlag in der deutschen Übersetzung die Kapitel II, XI, XV und XVI der amerikanischen Originalfassung ausgelassen, da sie in unserer augenblicklichen Situation nicht so bedeutungsvoll oder sogar hinderlich sind.

In Kap. II (amerikanische Fassung) stellt Clinebell sein revidiertes Beratungsmodell dem bis dahin gültigen gegenüber. Das alte Modell charakterisiert er als »Rogers mit einem Schuß Freud« (28). Es beruhte auf fünf Prinzipien: 1. dem formellen, strukturierten Beratungsgespräch als Arbeitsmodell; 2. der klienten-zentrierten Methode als beinahe ausschließlicher Verfahrensweise; 3. der Einsichtsvermittlung als zentralem Beratungsziel;

[7] Siehe Stollberg, D., Therapeutische Seelsorge, München 1969; Rosenboom, E., Clinical Pastoral Training als Form theologischer Ausbildung in den Niederlanden, WzM 21 (1969), XI, 468 ff.; Piper, H. C., Ein Zentrum für Clinical Pastoral Training in Hannover, WPKG 59 (1970), 419–427.

[8] Faber, H.,/van der Schoot, E., Praktikum des seelsorgerlichen Gesprächs, Göttingen 1968.

4. der unbewußten Determiniertheit des Verhaltens; 5. der strukturellen Verwurzelung des Verhaltens in den frühen Kindheitserlebnissen. Diese aus der Psychotherapie stammenden Erkenntnisse dürfen nicht aufgegeben werden, Clinebell möchte sie aber flexibler handhaben und mehr auf die Realität der gemeindlichen Praxis beziehen; denn es hatte sich gezeigt:

1. daß die informellen, nichtstrukturierten, oft zufälligen Gespräche u. U. nicht weniger wirkungsvoll sein können und meist zeitlich einen viel breiteren Raum einnehmen als die offiziell vereinbarten Sprechstunden im Amtszimmer.

2. daß die passive, auf Autorität verzichtende Beratungsmethode Rogers' viele ich-schwache, depressive und aus den sozialen Unterschichten stammende Ratsuchende überfordert, da sie ein beträchtliches Maß an Kooperation, Intelligenz und Ausdrucksfähigkeit voraussetzt. Hier sind aktivere Methoden am Platz in Richtung auf Beistand, Belehrung, Klärung, Vorschlag neuer Möglichkeiten etc. Formen von Gruppenberatung haben in diesem Zusammenhang auch ihre besondere Bedeutung, da sie die oft belastende Zweiersituation erweitern.

3. daß psychotherapeutische Methoden (auch die von Rogers) nur von ausgebildeten Fachleuten gehandhabt werden können, da sie sonst leicht zu einer Verstrickung in interpersonaler Dynamik führen. Der beratende Seelsorger sollte sich deshalb weniger den innerpsychischen Problemen zuwenden und Einsicht vermitteln wollen, als vielmehr sein Augenmerk auf die jetzt und hier ablaufenden Interaktionen in den gegenseitigen Beziehungen des Klienten richten.

4. daß der Berater sich vornehmlich mit bewußten oder latent bewußten Inhalten (sog. Vorbewußtem) befaßt und die tiefergehenden Deutungen unbewußter Inhalte vermeidet, wenn er sie für sich selbst auch wahrnimmt.

5. daß die frühkindlichen Prägungen, wenn die neurotische Störung nicht allzu stark ist, nicht direkt angegangen werden müssen, um eine Verbesserung des Verhaltens in den gegenseitigen Beziehungen zu erzielen. Diese Prägungen sind stets im aktuellen Verhalten gegenwärtig und können hier bearbeitet werden.

Die starke Konzentration auf »Beziehung« im Unterschied zum Interesse an »Innerpsychischem« hat bei Clinebell auch eine theologische Wurzel: er sieht den Menschen als ein Wesen, das in Beziehungen lebt, und zwar in Beziehung zu sich selbst, zu seinem Nächsten und zu Gott. Das Zwischenmenschliche betrifft immer auch die Gottesbeziehung.

Das Kap. XI (amerikanische Fassung) befaßt sich mit unterwei-

sender, Information vermittelnder Beratung (educative pastoral counseling). Wir haben dieses Kapitel ausgelassen, weil es uns im gegenwärtigen Entwicklungsstand eher gefährlich erschien. Die hier angesprochenen Methoden und Haltungen sind dem Pfarrer aus seiner bisherigen Ausbildung und Einstellung schon vertraut. Wichtig wäre es, daß er zunächst die non-direktiven, Emotionalität aufnehmenden Verfahren gründlich kennen lernt, um die Gefahren der belehrenden Beratung zu vermeiden.
Das Kap. XV (amerikanische Fassung) befaßt sich mit tiefenpsychologischer Beratung (depth pastoral counseling), was deutlich macht, daß Clinebell die Tiefenpsychologie und die daran orientierte Psychotherapie nicht aus der Kirche verbannen möchte. Er möchte sie nur speziell ausgebildeten Fachleuten vorbehalten. Die Lage bei uns ist dadurch erschwert, daß in den letzten Jahren Theologen grundsätzlich von der vollen psychotherapeutischen Ausbildung durch die zuständigen Fachorgane ausgeschlossen worden sind. In den letzten Monaten bahnt sich hier allerdings eine Änderung an. In der Fallarbeit mit Pfarrern hat sich gezeigt, daß bestimmte Gruppen von Menschen beim Pfarrer Hilfe suchen, die sich sonst kaum an andere Beratungsstellen wenden. Zum Umgang mit ihnen bedarf der Pfarrer der Hilfe und Unterstützung anderer, im Sinne der Sozialpsychiatrie tätiger Berufsgruppen. Besonders die Leiter der seelsorgerlichen Pfarrerfortbildung sollten deshalb eine fachlich zureichende Psychotherapieausbildung besitzen. Der Vorstand der »Deutschen Gesellschaft für Psychotherapie und Tiefenpsychologie« hat sich deshalb bereit gefunden, eine tiefenpsychologische Ausbildung zum »pastoralpsychologischen Supervisor« in Zusammenarbeit mit entsprechenden kirchlichen Beratungsstellen ins Auge zu fassen, um diesem Bedürfnis zu begegnen. Da die Zahl der so Ausgebildeten in den nächsten Jahren begrenzt sein wird, glauben wir auf dieses Kapitel verzichten zu können, was aber nicht bedeutet, daß diese Thematik für die künftige Entwicklung ohne Bedeutung sein wird.
Das Fehlen des Kap. XVI der amerikanischen Ausgabe ist vom Thema – Das Amt des Laien in der beratenden Seelsorge – her gesehen ein Manko; denn es weist darauf hin, daß diese Aufgabe nicht nur Sache speziell ausgebildeter Pfarrer sein kann. Beratende Seelsorge im besten Sinne aktiviert ein breites Feld von Gaben und Möglichkeiten zur Hilfe an anderen. Wobei auch die Helfer selbst Hilfe empfangen. In jeder Gemeinde gibt es Fachleute, deren berufliche Kenntnisse oder sonstige Fähigkeiten die beratende Seelsorge des Pfarrers unterstützen und ergänzen

könnten. In der Eröffnung solcher »Felder der Hilfe« könnten Pfarrer viel lernen von der modernen Gemeinwesenarbeit[9].
Vom Inhalt her gesehen, läßt sich dieses Kapitel jedoch nicht ohne weiteres auf unsere Verhältnisse übertragen, weshalb sein Fehlen gerechtfertigt ist. Wir verweisen statt dessen auf geplante deutsche Veröffentlichungen, die die spezielle Aufgabe der Schulung von Laienmitarbeitern zum Inhalt haben werden.

Nach diesen mehr grundsätzlichen Erörterungen möchte ich noch etwas auf die Gedanken eingehen, die einen deutschen Leser nach der Lektüre von Clinebells Buch aller Voraussicht nach beschäftigen werden.
Sofern er Theologe ist, wird er wahrscheinlich mit Verwunderung feststellen, wie wenig im Unterschied zu deutschen Publikationen dieser Art von »eigentlicher Theologie« die Rede ist. Je nach Eigenart und theologischem Standort wird der einzelne dies begrüßen oder für einen großen Nachteil halten. Ich möchte dazu anregen, diesen ersten Eindruck gründlicher auf seine Stichhaltigkeit hin zu reflektieren, da mir hier ein wesentliches Moment für die weitere Entwicklung der Seelsorge im Rahmen der gesamten Theologie zu liegen scheint. Bereits aus Stollbergs »Therapeutischer Seelsorge« konnte der Eindruck entstehen, als sei die amerikanische Seelsorgebewegung lehrreich in der Praxis aber schwach in der theologischen Theorie. Der hermeneutische Zirkel zwischen Theorie und Praxis läßt sich aber in dieser Weise nicht auflösen. Wir dürfen annehmen, daß wir genau die – von vielen beklagte – Seelsorgepraxis besaßen, die unserer Theorie entsprach. Wenn sich in der Praxis etwas ändert, muß sich auch unsere Theorie ändern. Der theoretische Vorsprung der amerikanischen Seelsorgebewegung scheint mir darin zu liegen, daß sie die Erkenntnisse der modernen Kommunikationsforschung über die Bedeutung nonverbaler, prälogischer, emotionaler Kommunikationsprozesse bereits aufgenommen und verarbeitet hat. Es ist ihr gelungen, das Evangelium in die »Sprache von Beziehung« zu übersetzen. Wenn sie von der methodischen Gestaltung seelsorgerlicher Beziehung redet, treibt sie daher kein »Allotria« und keine »Vorhofsarbeit«, sondern ist bei der die Theologie bewegenden Sache selbst. Nicht zufällig erinnern wir uns an dieser Stelle vielleicht an die zahlreichen im Neuen Testament vorhandenen Wundergeschichten, die diesen Aspekt besonders zum

[9] Boer, J./Utermann, K., Gemeinwesenarbeit. Einführung in Theorie und Praxis, Stuttgart 1970.

Ausdruck bringen. Von diesem Ansatz her kommt auch die Unbefangenheit, mit der Clinebell u. a. die kirchlichen Rituale und Kasualien aufgreifen, die uns heute so problematisch geworden sind. Sie stellen für sie Möglichkeiten der hilfreichen Kommunikation in Schwierigkeiten und Lebenskrisen dar, die wir uns im Augenblick durch unsere verbalistische und rationale Verengung noch selbst verbauen. Man sollte daher Clinebells Buch nicht vorschnell aus der Hand legen, sondern sehen, was für einen langdauernden und schwierigen Prozeß des Umdenkens und Neuorientierens es bei uns bewirken könnte.

Damit ist allerdings auch die Frage nach den Möglichkeiten seelsorgerlicher Aus- und Fortbildung in unserem Land gestellt. Clinebells Buch enthält durch den Verzicht auf fachliche Überfrachtung und durch das praxisbezogene Angebot von Gesprächsübungen einen starken Anreiz zum Selbststudium. Es bietet die Möglichkeit, sich in kleinen Gruppen von Interessierten zusammenzufinden und es systematisch durchzuarbeiten. Dabei wird sicher das Bedürfnis wachsen, Fälle aus der eigenen Praxis in gewissen Abständen mit einem Fachmann zu besprechen. Die Gruppe kann sich dazu einen erfahrenen Psychotherapeuten oder Psychologen aus der freien Praxis bzw. aus der nächstgelegenen kirchlichen Beratungsstelle wählen. Gruppendynamische Trainings sind auch eine gute Möglichkeit, die »Sprache der Beziehung« zu lernen. In letzter Zeit haben die meisten Landeskirchen und Diözesen seelsorgerliche Themen in ihre Fortbildungsveranstaltungen aufgenommen in Form von Pastoralkollegs, dem oben angeführten dreijährigen Kurs in Seelsorgerlicher Beratung und in CPT-Kursen unterschiedlicher Länge. *Eine* dieser Fortbildungsmöglichkeiten wird heute für jeden Pfarrer, der willens und geeignet ist, möglich sein. In Zukunft wird die Seelsorgeausbildung stärker noch als bisher bereits an der Universität beginnen müssen[10], um dann über die Vikarsausbildung und Pfarrerfortbildung weitergeführt werden zu können.

---

[10] Die ev. Fakultäten in Bethel und Kiel haben dafür schon eigene Lehrstühle, in München, Hamburg und Berlin bestehen Lehraufträge. Das pastoraltheologische Institut der katholischen Theologischen Fakultät der Universität Innsbruck führt einen zweijährigen pastoralpsychologischen Hochschullehrgang durch, der von Priestern, Ordensleuten und Laien besucht wird und mit einer Gesamtprüfung schließt. Daneben organisiert das Institut auch Kurse und gruppendynamische Laboratorien. Die Konferenz der Direktoren deutscher Konvikte und Seminarien für katholische Theologiestudenten hat 1970 und 1971 einen vier- bzw. dreiwöchigen Kurs eingerichtet für Teilnehmer, die gegenwärtig oder künftig Begleitungsaufgaben in der Theologenausbildung wahrzunehmen haben. Diese Kurse haben sich gründlich

Die Folge dieser neuen intensiven Beschäftigung mit Seelsorge wird voraussichtlich sein: eine Veränderung der Theologie, wie sie oben angedeutet wurde, und eine Veränderung der Identität des Pfarrers. Die einseitige Verschulung der Kirche als »ecclesia mater et magistra« wird rückgängig gemacht werden müssen zur »ecclesia mater et medica«. Wenn es für manchen Pfarrer in unserem Land schwierig ist, sich mit der Rolle des Seelsorgers zu identifizieren, wie sie hier bei Clinebell in Erscheinung tritt, dann liegt dies nicht nur an den anderen soziologischen Verhältnissen und an dem Faktum, daß die amerikanischen Kirchen »Freikirchen« sind mit einer viel intensiveren Beziehung des Pfarrers zu seiner Gemeinde und umgekehrt. Es liegt auch daran, daß die »therapeutische«, seelsorgerliche Ausrichtung des Pfarramtes dieses Beziehungsfeld intensiver gestaltet.
Abschließend läßt sich sagen, daß wir den Verlagen und den beiden Übersetzern, Herrn Vikar Christian Hilbig und Herrn Studieninspektor Waldemar Pisarski, für diese Gemeinschaftsleistung zu großem Dank verpflichtet sind. Sie haben durch die noch über Stollberg hinausführende Übersetzung amerikanischer Fachtermini in deutsche Begriffe unser sprachliches Handwerkszeug vermehrt. Als Beispiel sei die Übersetzung von »Pastoral Counseling« mit »beratender Seelsorge« erwähnt, die mir etwas weniger mißverständlich zu sein scheint als die bisher gängige der »seelsorgerlichen Beratung«. Es wird sich zeigen, ob sie als Kennzeichnung dieses wichtigen Bereiches kirchlicher Arbeit eine Zukunft hat.

München, im September 1971 Helmut Harsch

---

den Belangen pastoraler Beratung zugewandt. Sie sollen künftig jährlich angeboten werden.

LITERATURVERZEICHNIS

I. Die gegenwärtige Herausforderung der beratenden Seelsorge

Aldrich, C. K./Nighswonger, C., A Pastoral Counseling Casebook, Philadelphia 1968.

Baden, E. u. a., Zeitgerechte Seelsorge, Missionierende Gemeinde Heft 20, Berlin 1971.

Brister, C. W., Pastoral Care in the Church, New York 1964.

Doebert, H., Neuordnung der Seelsorge, Göttingen 1967.

Harsch, H. (Hg.), Seelsorge als Lebenshilfe, Beiträge zur Praktischen Theologie 4, Heidelberg 1965.

Hiltner, S., Pastoral Counseling, New York 1949.

Hiltner, S., Preface to Pastoral Theology, Nashville 1958.

Jackson, E. N., The Pastor and His People. A Psychology for Parish Work, New York 1963.

Jetter, H. (Hg.), Die Stunde der Seelsorge, Heidelberg 1970.

Johnson, P. E., Psychologie der pastoralen Beratung, Wien 1969.

Müller, E./Stroh, H. (Hg.), Seelsorge in der modernen Gesellschaft, Hamburg 1964.

Oates, W. E. (Hg.), An Introduction to Pastoral Counseling, Nashville 1959.

Oates, W. E., Protestant Pastoral Counseling, Philadelphia 1962.

Stollberg, D., Therapeutische Seelsorge. Die amerikanische Seelsorgebewegung. Darstellung und Kritik, München 1969.

Uhsadel, W., Evangelische Seelsorge, Heidelberg 1966.

Wise, C. A., The Meaning of Pastoral Care, New York 1966.

Wise, C. A., Pastoral Counseling. Its Theory and Practice, New York 1951.

Wölber, H. E., Das Gewissen der Kirche, Göttingen 1963.

II. Die theologische Begründung der beratenden Seelsorge, ihr Aufgabenfeld und ihre einzigartige Chance

Browning, D. S., Atonement and Psychotherapy, Philadelphia 1956.

Clebsch, W. A./Jaekle, Ch. R., Pastoral Care in Historical Perspective, Englewood Cliffs 1964.

Furrer, W., Psychoanalyse und Seelsorge, München 1970.

Harsch, H., Das Schuldproblem in Theologie und Tiefenpsychologie, Heidelberg 1965.

Hiltner, S./Colston, L. G., The Context of Pastoral Counseling, Nashville 1961.

Homans, P. (Hg.), The Dialogue Between Theology and Psychology, Chicago 1968.

Hulme, W. E., Counseling and Theology, Philadelphia 1956.

Kurth, W./Bartning, G., Psychotherapie in der Seelsorge, Basel 1964.

McNeill, J. T., A History of the Cure of Souls, New York 1951.
Oden, Th. C., Contemporary Theology and Psychotherapy, Philadelphia 1967.
–, Kerygma and Counseling, Philadelphia 1956.
Outler, A. C., Psychotherapy and the Christian Message, New York 1954.
Roberts, D. E., Psychotherapy and a Christian View of Man, New York 1953.
Rössler, D., Der »ganze« Mensch, Göttingen 1962.
Scharfenberg, J., Johann Christoph Blumhardt und die kirchliche Seelsorge heute, Göttingen 1959.
–, Sigmund Freud und seine Religionskritik als Herausforderung für den christlichen Glauben, Göttingen 1968.

III. Die gemeinsamen Elemente aller Beratungsformen

Argelander, H., Das Erstinterview in der Psychotherapie, Darmstadt 1970.
Bang, R., Hilfe zur Selbsthilfe, München/Basel 1960.
–, Das gezielte Gespräch, München/Basel 1960.
Frankl, V., Theorie und Therapie der Neurosen. Einführung in die Logotherapie und Existenzanalyse, München/Basel 1967[2].
–, Ärztliche Seelsorge, Wien 1966[7].
Hiltner, S., Pastoral Counseling, New York 1949.
Horney, K., Der neurotische Mensch unserer Zeit, Suttgart 1951.
Hruschka, E., Versuch einer theoretischen Grundlegung des Beratungsprozesses, Meisenheim 1969.
Langen, D., Psychotherapie, München 1971.
Lattke, H., Das helfende Gespräch, Freiburg i. B. 1969.
Maeder, A., Der Psychotherapeut als Partner, München 1968.
Porter, E. H., An Introduction to Therapeutic Counseling, Boston 1950.
Rogers, C. R., Counseling and Psychotherapy, Boston 1942, 85–114, 131–173.
–, On Becoming a Person, Boston 1961, 39–57, 107–124, 125–159.
–, Client-Centered Therapy, Boston 1951, 131–196.
Schraml, W. J. (Hg.), Abriß der klinischen Psychologie, Stuttgart 1969.
Tausch, R., Gesprächspsychotherapie, Göttingen 1968[2].
Wise, C. A., Pastoral Counseling. Its Theory and Practice, New York 1951.

IV. Die Methoden der informellen und kurzfristigen Beratung

Alexander, F./French, Th. M., Psychoanalytic Therapy, New York 1946.
Berne, E., Sprechstunden für die Seele, Hamburg 1970.
Caplan, G., Principles of preventive Psychiatry, New York 1964.
Castelnuovo, T. P., The Twenty-minute Hour, Boston 1965.
Brister, C. W., Pastoral Care in the Church, New York 1964.
Faber, H./van der Schoot, E., Praktikum des seelsorgerlichen Gesprächs, Göttingen 1968.
Greenwald, H. (Hg.), Active Psychotherapy, New York 1967.

Hiltner, S., Pastoral Counseling, New York 1949, 171–183.
Howe, R. L., Menschen müssen miteinander reden. Vom Wunder des Dialogs, Kassel 1967.
Malan, D. H., Psychoanalytische Kurztherapie, Bern/Stuttgart 1965.
Oates, W. E. (Hg.), An Introduction to Pastoral Counseling, Nashville 1959, 69–80.
Perlman, H. H., Social Casework. A Problem Solving Approach, Chicago 1957.
Phillips, E. L. u. a., Short-Term Psychotherapy and Structured Behavior Change, New York 1966.
Rensch, A., Das seelsorgerliche Gespräch. Psychologische Hinweise zur Methode und Haltung, Göttingen 1963.
Strotzka, H., Kleinburg – Eine sozialpsychiatrische Feldstudie, Wien/München 1969.
Wolberg, L. R. u. a., Short-Term Psychotherapy, New York 1965.
Wolberg, L. R., The Technique of Psychotherapy, New York 1954, 103–105.
Zirkle, G. A., Five-minute Psychotherapy, in: American Journal of Psychiatry, 1961, 118, 544–546.

V. Rollenbezogene Eheberatung

Ackerman, N. W., The Psychodynamics of Family Life, New York 1958.
Bach, G. R./Wyden, P., Streiten verbindet. Formeln für faire Partnerschaft in Liebe und Ehe, Gütersloh 1970.
Baruch, D. W., How to Life With Your Teen-ager, New York 1953.
Baruch, D. W./Miller, H., Sex in Marriage. New Understandings, New York 1962.
Bateson, G. u. a., Schizophrenie und Familie, Frankfurt 1969.
Becker, R. J., Family Pastoral Care, Englewood Cliffs 1965.
Berne, E., Spiele der Erwachsenen. Psychologie der menschlichen Beziehungen, Hamburg 1967.
Blees, R. A., Counseling With Teen-agers, Englewood Cliffs 1965.
Captein, R., Ehescheidung und Wiederverheiratung, Göttingen 1963.
Carrington, W. L., The Healing of Marriage, Great Neck 1961.
Clinebell, H. J./Clinebell, Ch. H., The Intimate Marriage, New York 1970.
Eichenlaub, J. E., New Approaches to Sex in Marriage, New York 1967.
Eisenstein, V. (Hg.), Neurotic Interaction in Marriage, New York 1956.
Ginott, H. G., Eltern und Kinder, Stuttgart 1965.
–, Between Parent and Teenager, New York 1969.
Graevenitz, von J., Ehe im Wandel. Sorgen und Hoffnung, Stuttgart 1966.
Greene, B. L. (Hg.), The Psychotherapies of Marital Disharmonies, New York 1965.
Hamilton, E., Partners in Love, New York 1968.
Harsch, H. (Hg.), Das neue Bild der Ehe, München 1969.
Heigl-Evers, A./Heigl, F., Geben und Nehmen in der Ehe, Stuttgart 1961.

–, Gelten und Geltenlassen in der Ehe, Stuttgart 1963.
–, Lieben und Geliebtwerden in der Ehe, Stuttgart 1969.
Hudson, R. L., Marital Counseling, Englewood Cliffs 1963.
Johnson, D., Marriage Counseling. Theory and Practice, Englewood Cliffs 1961.
Klerner, R. H., Counseling in Marital and Sexual Problems. A Physicians Handbook, Baltimore 1965.
Mandel, A./Mandel, K. H./Stadter, E./Zimmer, D., Einübung in Partnerschaft durch Kommunikationstherapie und Verhaltenstherapie, München 1971.
McGinnis, T., Your First Year of Marriage, New York 1967.
Morris, J. K., Marriage Counseling. A Manual for Ministers, Englewood Cliffs 1965.
Moser, U., Psychologie der Partnerwahl, Bern/Stuttgart 1965[2].
Mudd, E. H., The Practice of Marriage Counseling, New York 1951.
Nash, E. M. u. a., Marriage Counseling in Medical Practice, Chapel Hill 1964.
Rainer, J. und J., Sexual Adventure in Marriage, New York 1965.
Snyder, R., Inscape Discovering Personhood in the Marriage Relationship, Nashville 1968.
Stewart, Ch. W., The Minister as Marriage Counselor, Nashville 1970.
Stollberg, D., Seelsorge praktisch, Göttingen 1970.
Struck, G./Loeffler, L., Einführung in die Eheberatung, Mainz/Zürich 1971.
Struck, G., Konfliktberatung und Konflikttherapie in der Eheberatung, in: Ehe, Zentralblatt für Ehe und Familienkunde, 1970, 7, 51.
Toman, W., Familienkonstellationen, München 1965.
Wrage, K. H., Mann und Frau, Gütersloh 1966.
Zuber, H., Gestörte Ehen, Bern/Stuttgart 1967.

VI. Familientherapie und Transaktionsanalyse

Ackermann, N. W., Emergence of Family Psychotherapy on the Present Scene, in: Stein, M. I. (Hg.), Contemporary Psychotherapies, New York 1961, 228 ff.
Berne, E., Spiele der Erwachsenen. Psychologie der menschlichen Beziehungen, Hamburg 1967.
–, Transactional Analysis in Psychotherapy, New York 1961.
Harris, Th. A., I'm OK – You're OK. A Practical Guide to Transactional Analysis, New York 1969.
Lemaire, J. G., Ehekonflikte. Ursachen und Hilfe, Göttingen 1968.
Mandel, A./Mandel, K. H./Stadter, E./Zimmer, D., Einübung in Partnerschaft durch Kommunikationstherapie und Verhaltenstherapie, München 1971.
Minuchin, S. u. a., Families of the Slums, New York 1967.
Neumann, U., Wieviel Liebe braucht ein Kind? Erfahrungen aus einer kinderpsychologischen Praxis, Stuttgart 1970.
Richter, H. E., Eltern, Kind und Neurose. Psychoanalyse der kindlichen Rolle, Stuttgart 1967.
–, Patient Familie. Entstehung, Struktur und Therapie von Konflikten in Ehe und Familie, Hamburg 1970.
Satir, V. M., Conjoint Family Therapy. A Guide to Theory and Technique, Palo Alto 1964.

VII. Formen der stützenden Beratung

Bang, R., Hilfe zur Selbsthilfe, München/Basel 1960.
–, Das gezielte Gespräch, München/Basel 1960.
Dworschak, R., Der Verwahrloste und sein Helfer. Aus der Praxis des Sozialarbeiters, München/Basel 1969.
Johnson, P. E., Psychologie der pastoralen Beratung, Wien 1969.
Parad, H. J. (Hg.), Ego Psychology and Dynamic Casework, New York 1958.
Perlman, H. H., Social Casework. A Problem-Solving Process, Chicago 1957.
Perlman, H. H., Soziale Einzelhilfe als problemlösender Prozeß, Freiburg 1970.
Wolberg, L. R., The Technique of Psychotherapy, New York 1954, 170–175, 523–547.

VIII. Beratung in Lebenskrisen

Allwohn, A., Evangelische Pastoralmedizin, Stuttgart 1970.
Bachmann, C. Ch., Ministering to the Grief Sufferer, Englewood Cliffs 1964.
Bang, R., Sexuelle Fehlhaltungen, Basel/München 1968.
Blum, E. M. und R., Alcoholism. Modern Psychological Approaches to Treatment, San Francisco 1967.
Bowers, M. K. u. a., Wie können wir Sterbenden beistehen, München/Mainz 1971.
Bräutigam, W., Reaktionen, Neurosen, Psychopathien, München 1971.
Bruder, E., Ministering to Deeply Troubled People, Englewood Cliffs 1964.
Caplan, G., Principles of Preventive Psychiatry, New York 1964.
Clinebell, H. J., Understanding and Counseling the Alcoholic, Nashville 1956.
Dieckmann, H., Probleme der Lebensmitte. Krise-Umkehr-Neubeginn, Stuttgart 1968.
Erikson, E. H., Jugend und Krise, Stuttgart 1970.
–, Kindheit und Gesellschaft, Stuttgart 1965.
Jackson, E. N., Understanding Grief, Nashville 1957.
Knischewski/Rieth, E. u. a., Psychotherapie und Seelsorge bei Suchtkranken, Kassel 1968.
Lewis, C. S., A Grief Observed, New York 1961.
Oates, W. E./Lester, A. D., Pastoral Care in Crucial Human Situations, Valley Forge 1969.
Parad, H. J. (Hg.), Crisis Intervention. Selected Papers, New York 1965.
Prest, A. P. L., Die Sprache der Sterbenden, Göttingen 1970.
Zwingmann, Ch. (Hg.), Psychologie der Lebenskrisen, Frankfurt 1962.

IX. Beratung in Überweisungsfällen

Kemp, Ch. F., The Pastor and Community Resources, St. Louis 1960.
Klink, Th. W., The Referral. Helping People Focus Their Needs, in: Pastoral Psychology, Dezember 1962, 10–15.

Mixon, J. L., The Church and Community Agencies, Philadelphia 1961.
Oates, W. E., Where to Go for Help, Philadelphia 1957.
Oglesby, W. B., Referral in Pastoral Counseling, Englewood Cliffs 1968.

X. Seelsorge als Gruppenberatung

Anderson, Ph. A., Church Meetings That Matter, Philadelphia 1965.
Bach, G. R., Intensive Group Psychotherapy, New York 1954.
Bion, W. R., Erfahrungen mit Gruppen, Stuttgart 1971.
Bradford, L. u. a., T-Group Theory and Laboratory Method, New York 1964.
Brocher, T., Gruppendynamik und Erwachsenenbildung, Braunschweig 1967.
Burton, A., Encounter, San Francisco 1970.
Cartwright, D./Zander, A., Group Dynamics. Research and Theory, Evanston 1960.
Casteel, J. L., The Creative Role of Interpersonal Groups in the Church Today, New York 1968.
–, Spiritual Renewal Through Personal Groups, New York 1957.
Clinebell, H. J., Mental Health Through Christian Community. Mental Health and the Group Life of the Church, Nashville 1965, 149–170.
Corsini, R. J., Methods of Group Psychotherapy, New York 1957.
Däumling, A. M., Sensitivity Training, in: Battegay, R. u. a., Gruppenpsychotherapie und Gruppendynamik. Göttingen 1968.
Douglass, P. F., The Group Workshop Way in the Church, New York 1956.
Driver, H. I., Counseling and Learning Through Small-Group Discussion, Madison 1958.
Durkin, H. E., The Group in Depth, New York 1965.
Gable, L. J. (Hg.), Encyclopedia for Church Group Leaders, New York 1959.
Gruppenarbeit mit älteren Menschen. Ein Werkbuch, Freiburg 1969.
Hollweg, A., Theologie und Empirie, Stuttgart 1970.
Knowles, J. W., Gruppenberatung als Seelsorge und Lebenshilfe, München/Mainz 1971.
Konopka, G., Soziale Gruppenarbeit: ein helfender Prozeß, Weinheim 1969.
Luft, J., Einführung in die Gruppendynamik, Stuttgart 1971.
Malamud, D. J./Machover, S., Toward Self-Understanding, Group Techniques in Self-Confrontation, Springfield 1965.
Moreno, L. J., Gruppenpsychotherapie und Psychodrama, Stuttgart 1959.
Moser, T./Künzel, E., Gespräche mit Eingeschlossenen, Frankfurt 1969.
Ohlsen, M. M., Group Counseling, New York 1970.
Reid, C., Groups Alive – Church Alive, New York 1969.
Rogers, C. R., Carl Rogers on Encounter Groups, New York 1970.
Scharfenberg, J., Religionspädagogik und Gruppendynamik, WPKG 59 (1970), 453 ff.
Slavson, S. R., Einführung in die Gruppentherapie, Göttingen 1956.

Spangenberg, K., Chancen der Gruppenpädagogik. Gruppendynamische Modelle für Erziehung und Unterricht, Weinheim 1969.
Stollberg, D., Seelsorge durch die Gruppe. Praktische Einführung in die gruppendynamisch-therapeutische Arbeitsweise, Göttingen 1971.

XI. Konfrontierende Seelsorge

Blees, R. A., Counseling With Teen-agers, Englewood Cliffs 1965, 65–80.
Colston, L., Judgment in Pastoral Counseling, Nashville 1969.
Drakeford, J. W., Integrity Therapy. A New Direction in Psychotherapy, Fort Worth 1965.
Fierman, L. B. u. a., The Contribution of Hellmuth Kaiser, in: Effective Psychotherapy, New York 1965.
Glasser, W., Reality Therapy. A New Approach to Psychiatry, New York 1965.
Mowrer, O. H. (Hg.), Morality and Mental Health, Chicago 1967.
Parlour, R. R., Responsibility Therapy, Claremont 1968.
Sievers, E.-F., Bilder der Neurose heute. Ein Leitfaden zum Verständnis seelischer Konflikte, Bern 1971.
Stein, E. V., Guilt, Theory and Therapy, Philadelphia 1968.

XII. Beratung bei religiös-existentiellen Problemen

Belgum, D. (Hg.), Religion and Medicine. Essays on Meaning, Values, and Health, Ames 1967.
Bowers, M. K. u. a., Wie können wir Sterbenden beistehen, München/Mainz 1971.
Bugental, J. F. T. (Hg.), Challenges of Humanistic Psychology, New York 1967.
Bugental, J. F. T., The Search for Authenticity. An Existentialist-Analytic Approach to Psychotherapy, New York 1965.
Faber, H./van der Schoot, E., Praktikum des seelsorgerlichen Gesprächs, Göttingen 1968.
Curran, Ch. A., Religious Values in Counseling and Psychotherapy, New York 1969.
Frankl, V. E., Ärztliche Seelsorge, Wien 1966[7].
–, Theorie und Therapie der Neurosen. Einführung in die Logotherapie und Existenzanalyse, München/Basel 1967[2].
Haller, E., Seelsorge im Zeichen der Hoffnung, München 1969.
Harsch, H., Das Schuldproblem in Theologie und Tiefenpsychologie, Heidelberg 1965.
Jung, C. G., Psychoanalyse und Seelsorge, in: Ges. Werke XI, Zürich 1963.
Kemp, C. G., Intangibles in Counseling, Boston 1967.
Leslie, R. C., Jesus and Logotherapy, Nashville 1965.
May, R. u. a., Existence. A New Dimension in Psychiatry and Psychology, New York 1958.
May, R. (Hg.), Existential Psychology, New York 1965.
Oates, W. E., The Bible in Pastoral Care, Philadelphia 1953.
–, Religious Dimensions of Personality, New York 1957.
Pattison, E. M. (Hg.), Clinical Psychiatry and Religion, Boston 1969.
Raines, R. A., New Life in the Church, New York 1961.

Seitz, M., Seelsorge und geistliches Leben. Persönliche Voraussetzungen zum Üben der Seelsorge, Nürnberg 1962.
Thornton, E. E., Theology and Pastoral Counseling, Englewood Cliffs 1964.
Thurneysen, E., Seelsorge und Psychotherapie, München 1952.
–, Seelsorge im Vollzug, Zürich 1968.
Tillich, P., Der Mut zum Sein, Hamburg 1965.
Uhsadel, W., Evangelische Seelsorge, Heidelberg 1966.
Wise, C. A., Religion in Illness and Health, New York 1942.

XIII. Möglichkeiten der Weiterbildung für den Seelsorger

Drakeford, J., Counseling for Church Leaders, Nashville 1961.
Faber, H., Klinische Semester für Theologen, Bern 1965.
Guerney, B. G., Psychotherapeutic Agents. New Roles for Nonprofessionals, Parents, and Teachers, New York 1969.
Kemp, Ch. F., Learning About Pastoral Care, Nashville 1970.
Leslie, R. C./Mudd, E. H. (Hg.), Professional Growth for Clergymen, Nashville 1970.
Riess, R., Zur Analyse der poimenischen Ausbildung und zur Aufnahme des Clinical Pastoral Training, in: Deutsches Pfarrerblatt, Mai 1971, 277–279.
Roessler, R., (Hg.), Beruf und Bildung. Entwurf zur Neuordnung des Fortbildungswesens für Pfarrer und Mitarbeiter im kirchlichen Dienst, München 1971.
Seelsorge heute. Themenheft WzM 21 (1969), XI.
Seelsorge und Gruppendynamik. Themenheft WPKG 59 (1970), IX.
Zijlstra, W., Klinisch pastorale vorming, Assen 1969 (deutsch München/Mainz 1972).